Romain Pascal

LES MAUX DE PANDORE

Une exception française

ISBN numérique : 979-10-262-3996-3

EAN papier : 9791026239970

Librinova

Courriel : contact@librinova.com
Internet : www.librinova.com

À Aurélie et son amour
qui ont permis et accompagné toutes les étapes de cette éclosion.

À ces terres mosellanes qui ont inspiré l'imaginaire.

Remerciements confraternels à Céline, Françoise et Jean pour leur soutien amical et leurs précieux conseils.

En langage populaire, le terme **Pandore** désigne les gendarmes.
L'origine de cette expression est obscure.
Certains l'attribuent au vieil hollandais '*pandoer*' qui, à l'époque, désignait un gendarme.
D'autres au hongrois '*pandour*' qui évoque un soldat appartenant aux corps francs.
En France, l'expression fut popularisée par une chanson de Gustave Nadaud écrite en 1852 :
Pandore ou les deux gendarmes.

«Ah ! c'est un métier difficile :
Garantir la propriété ;
Défendre les champs et la ville
Du vol et de l'iniquité [...].

Brigadier, répondit Pandore,
Brigadier, vous avez raison. »

« Il m'appelait perfide et ce mot de perfide m'a toujours fait plaisir ; c'est après celui de cruelle le plus doux à l'oreille d'une femme ».

Les Liaisons dangereuses,
Pierre Choderlos de Laclos

Avertissement

En 2015, un matin de printemps, je suis morte.

Mon âme, diront certains, mon esprit, penseront les autres, m'ont été volés.

Je ne suis plus qu'une enveloppe vide. Un mannequin de peau qui erre.

Hagarde. Perdue. Orpheline.

Pourtant cette journée devait être radieuse. Identique à ces folles journées qui constituaient alors mon existence.

J'étais l'incarnation de la frénésie et de la vitalité.

L'horreur m'a submergée et le maelström a tout emporté.

Poupée désarticulée.

J'ai été suppliciée. Les stigmates de cette journée souillent encore mon corps.

J'étais journaliste. Mon rédacteur en chef disait que j'étais sacrément douée.

Paix à son âme. Lui aussi...

J'étais naïve, ou trop orgueilleuse.

Puisque je rapportais les faits divers pour le compte de mon quotidien régional, je pensais connaître cet univers.

À cette époque, je couvrais l'enquête la plus marquante du moment.

Je relatais tous les jours des drames. J'écrivais sans vraiment savoir. Mes mots étaient supposés glacer le sang des spectateurs. Je les jetais en pâture. Complice patentée de mes lecteurs voyeurs.

Sans comprendre, j'ai été reléguée au même rang que les victimes que je dépeignais jusqu'alors.

Désormais je connais le goût de ce sang, la saveur glaçante de la peur, les frissons de ces nuits qui n'en finissent plus de finir. La succion diabolique qui aspire inéluctablement toute trace de vie et d'espoir.

Les faits relatés dans ce livre sont avérés.

Les sceptiques eux-mêmes se souviendront de l'émoi causé alors.

Je n'ai rien occulté de la sauvagerie des actes commis. Pourquoi aurais-je dû l'épargner ? L'assassin a-t-il retenu sa main ?

Les procès-verbaux dressés par les enquêteurs dégoulinent de cette barbarie. Je les ai compulsés. Tous, un à un. J'ai retrouvé ma trace dans ces documents. Ces textes froids, administratifs, constituent la trame de ce livre.

Les acteurs, les autres pantins, ont également bien voulu se confier à moi. Leur témoignage est là, dans les pages qui suivent.

Mais le reste ?

Puisque les portes de l'enfer se sont refermées aux yeux du monde, il m'a fallu, pour écrire ce texte, dépasser le secret de huis clos à jamais perdus. Comprendre et imaginer la cavalcade d'un cerveau malade et fou. Me glisser en elle. Maïeuticienne omnisciente, j'ai aidé le corps du démon à vivre à nouveau. J'ai posé des mots, les miens, dans sa gueule. J'ai hurlé à la place de bouches désormais closes.

Être elle.

Les lecteurs se gausseront peut-être de ces élucubrations. Ils douteront. Ils moqueront l'exagération supposée, la mise en scène. Une telle folie ne saurait être, asséneront-ils.

Nous, les morts de ces pages, savons. Les hurlements qui furent les nôtres lorsque notre route croisa la sienne, résonnent encore.

Moi.
Ce fut un matin de printemps.
En 2015.
Le jour où la femme que j'étais est morte…

Préambule

25 novembre 2015 — Metz. « Nous sommes aujourd'hui réunis pour rendre un dernier hommage à l'adjudant-chef Julie Demery. Vous, officiers et sous-officiers de gendarmerie qui l'avez... »

La voix nasillarde du ministre de l'Intérieur égrenait avec solennité l'hommage que la Nation rendait à ce gendarme décédé en service le 19 novembre 2015 à Kanfen en Moselle.

Comme à chaque manifestation patriotique, un imposant parterre était agglutiné. Une partie de la vaste place bruissait d'une mer de parapluies entremêlés que le vent agitait de ressacs multicolores. À l'abri sous cette carapace vivante, autorités locales et badauds anonymes patientaient sagement. Les plis des drapeaux tricolores claquaient sèchement. L'attachement viscéral aux représentants de l'État transpirait. Le ministre s'en était d'ailleurs ému au préfet à son arrivée sur la place d'Armes.

La forte pluie qui ne cessait de tomber depuis le matin et la température déjà glaciale n'avaient pas empêché la présence massive de la population. Les gendarmes et les enquêteurs, collègues de la défunte, avaient apprécié de voir affluer cette foule indistincte, consolés par cette présence sans doute plus désœuvrée que réellement affligée. L'architecture gothique de la cathédrale Saint-Étienne et le long bâtiment de l'hôtel de ville écrasaient les acteurs de ce rassemblement. Revêtus de leur vareuse noire, le visage grave sous leur couvre-chef militaire, les gendarmes écoutaient, sans vraiment l'entendre, le long discours de l'homme politique. Le rigide garde-à-vous qui les immobilisait ne masquait pas les trépignements des plus émotifs.

Le drapeau tricolore recouvrant le cercueil s'agitait mollement, presque solennel lui aussi. Dès son arrivée, le ministre accompagné des plus hautes autorités de la gendarmerie s'était longuement incliné devant la dépouille mortuaire.

Tout à la gravité imposée par la cérémonie, la première à laquelle il assistait depuis sa nomination récente place Beauvau, le ministre contenait l'énervement qui était le sien depuis son réveil.

Couché bien plus tard qu'à son habitude à cause d'une réception officielle qui n'en finissait plus, il avait mal dormi. Les agapes trop riches que la République savait encore offrir à ses hôtes de marque avaient gâché sa courte nuit. À la différence de certains de ses pairs, ses origines bourgeoises l'avaient préparé à ce luxe ostentatoire. Nullement impressionné, il se saoulait à satiété des ors républicains. Peu importaient finalement les déclarations péremptoires sur la nécessaire austérité, lui, il aimait se gaver de ces avantages qu'il méritait. Hélas, comme à chaque fois, le réveil avait été brutal, douloureux même pour ce gros dormeur qui peinait face au rythme imposé par ses fonctions gouvernementales.

Se lever aussi tôt, prendre ce TGV toujours aussi inconfortable, passer une journée dans cette Moselle qu'il ne connaissait pas mais qu'il savait par avance ne pas apprécier. Quel ennui ! Cette région était bien trop éloignée de son sud natal pour trouver le moindre charme à ses yeux. L'antipode de la gouaille méridionale qui était la sienne. Tout cela pour des obsèques ! Lui qui, depuis le décès de sa mère dix-huit ans plus tôt, avait, quelles que soient les circonstances, refusé sans ambages d'assister à un tel rituel. Voilà que l'État lui imposait cette épreuve. Il avait pourtant juré sur une tombe maternelle à peine recouverte de ne jamais plus assister à un tel cérémonial. Il détestait cela. Presque autant que la pluie qui lui dégoulinait dans le cou. Sa jeune collaboratrice, chargée de communication, l'avait enjoint de refuser le parapluie qu'un huissier de la préfecture avait ouvert à sa sortie de la voiture officielle.

— Pas chez les militaires, Monsieur le Ministre ! avait-elle murmuré en retenant familièrement, de sa main gantée de rouge, le bras de l'homme politique.

Elle avait eu raison une fois encore. La plupart des officiels présents ruisselaient stoïquement sous l'assaut glacial de la pluie. Cette femme l'agaçait prodigieusement. Malgré cette voix chaude et suave qui l'avait immédiatement séduit, malgré ce cul divin dont il se gavait avidement, elle commençait réellement à l'indisposer.

Il continuait de lire le discours écrit par l'énarque boutonneux qui lui servait de plume, tentant de ne pas perdre le fil malgré le malaise qu'il ressentait. Pitoyablement étranger dans cette cérémonie bien trop pesante, il n'était qu'un pantin déclamant les phrases d'un nègre anonyme. Au moins, cette femme gendarme n'avait pas de famille, il échapperait à la sinécure de l'entretien avec les parents, le mari ou les enfants. Par le passé, spectateur de scènes identiques, il n'avait pu que s'interroger sur les mots que ses prédécesseurs pouvaient adresser aux proches des fonctionnaires tués dans l'exercice de leur fonction. Pouvaient-ils être consolants ? Empathiques ? Véritablement à l'écoute ? Lui, naturellement taiseux face à la souffrance d'autrui, il savait par avance qu'il ne parviendrait qu'à bafouiller de désespérantes banalités. C'était au-dessus de ses forces, il détestait la mort autant qu'il la craignait, et tout ce rituel d'adieu lui était insupportable.

Une sonnerie militaire retentit. La stricte mélodie glaça l'assemblée. L'atmosphère se suspendit aux notes mortuaires. Le cercueil porté par six gendarmes embarqua dans le véhicule des pompes funèbres. Le ministre salua d'un mot les politiques locaux avant d'être rapidement happé par les autorités de la gendarmerie pour la dernière séquence de cette interminable matinée. Il avait promis de dire, en aparté, quelques mots aux collègues de la victime. Histoire d'affirmer une fois encore la détermination du président de la République, et par conséquent la sienne, à châtier les meurtriers. Quelques membres de la presse avaient été priés de l'accompagner. Quitte à jouer son rôle, autant que les échos retentissent au-delà de ces murs.

S'il n'ignorait pas que les circonstances de la mort du gendarme Demery demeuraient particulièrement singulières et inexpliquées, il se devait de prononcer ces phrases de circonstance. Ces obsèques étaient une bonne opportunité pour imposer sa toute nouvelle autorité.

Dans un tel exercice de langue de bois, il retrouva sa gouaille politicienne et se prêta avec aisance à ce moment particulier. La grandiloquence de ses propos trouvait un écrin à sa mesure sous les dorures de la salle du conseil municipal. Il joua sur des registres convenus mais attendus, et afficha le masque de son intransigeance lorsque les journalistes immortalisèrent l'instant.

Douze semaines plus tard, le ministre aurait la primeur des conclusions de l'enquête relative à la mort de l'adjudant-chef Demery.

Partie 1
Agonie dans la carrière

Chapitre 1

Ce soir-là, lendemain de Noël 1989, dix-huit heures sonnaient au clocher de la cathédrale Saint-Maurice. L'imposante architecture gothique écrasait le centre-ville de Vienne. Laura dut se résigner à quitter l'appartement qu'elle occupait rue Molière. Elle avait retardé le plus possible l'abandon du cocon surchauffé. Rejoindre Le Tringlot en mobylette lui coûtait, surtout sous ces bourrasques de neige fondue. Moins de dix minutes plus tard, frigorifiée, elle pénétrait dans l'établissement où elle travaillait depuis plus d'un an. Elle avait espéré que Maurice, le tenancier, ne relèverait pas le retard de sa serveuse. Vain espoir puisqu'en cette période de fêtes de la Nativité, elles n'étaient que deux filles chargées du service. La clientèle était principalement composée des soldats du contingent affectés pour leur service militaire au régiment implanté à deux rues de là. La plupart d'entre eux désertaient traditionnellement la garnison en cette fin d'année. Au moment de Noël, l'armée peinait visiblement à occuper ses appelés. Accorder des permissions masquait facilement, et à moindre coût, la vacuité de leur emploi du temps.

— Hé, mistinguette ! Tu en fais quoi de tes pourboires ? Tu pourrais t'acheter une montre au moins !

La sempiternelle diatribe de Maurice cueillit Laura dès son entrée dans le bar. Elle y avait droit plusieurs soirs par semaine et s'amusait de ce sermon plus paternel que patronal. Elle n'avait jamais été ponctuelle. Elle avait l'habitude des remontrances, familiales, puis professorales et aujourd'hui ici.

— Tu aurais dû en demander une pour Noël !

La bise claqua sur la joue couperosée du quinquagénaire

ventripotent et sans répondre, Laura fila dans l'arrière-salle. La mue en lieu et place de la pointeuse ! Revêtir l'affligeant costume que le patron obligeait systématiquement chaque employée à arborer marquait le début de son service. Comme si la vulgarité de ces déguisements suffisait à masquer l'ineffable banalité de l'établissement.

Elle fit à nouveau son apparition alors que les premiers clients pénétraient dans la salle. Ils affichaient tous le même profil. Celui d'une génération. Âgés de dix-huit à vingt-cinq ans, issus des provinces françaises, le plus souvent sans réel bagage scolaire, ils se moulaient dans le creuset que le service national leur imposait durant douze mois. Certains se distinguaient. Une distinction inhabituelle, une maturité affirmée, un ego déjà développé. La majorité brillait pourtant par une timidité niaisement dissimulée derrière un machisme d'opérette. Aucun n'était originaire de Vienne et la plupart n'avait jamais demandé à venir ici. Seule la proximité des lieux et l'ennui existentiel poussaient les soldats dans le cloaque de Maurice.

La soirée promettait d'être calme. Le 26 décembre, seuls ceux retenus pour le fonctionnement et la sécurité de la caserne étaient présents et parmi eux, beaucoup restaient consignés.

Laura laissa le premier trio s'installer avant de s'approcher, son vieux carnet à spirale à la main. Elle reconnut immédiatement ces habitués et leur sourit d'un air complice.

— Joyeux Noël, les gars !

Accoudée avec nonchalance, jouant avec une mèche de cheveux, Laura laissait son regard se perdre au gré du décor suranné de la salle. Le comptoir dissimulait son corps ostensiblement dénudé. La tenue de soubrette était trop bon marché pour ne pas être vulgaire et ridicule.

Si Maurice interdisait tout contact physique avec la clientèle, il savait parfaitement que les soldats ne choisissaient son établissement que pour profiter des atours de ses serveuses. Lui-même ne se lassait pas de les regarder déambuler entre les tables. Son regard croisait alors celui, libidineux, de ces hommes jeunes et seuls.

La soirée était interminable.

Maurice profita de la faible affluence pour offrir une coupe de mousseux à ses deux hôtesses.

— Bas les pattes ! souffla une voix essoufflée.

L'obèse épouse du cafetier franchit la porte battante.

Maurice retira la main qu'il venait de déposer sur le bras dénudé de la serveuse. La patronne déposa deux assiettes sur le zinc du bar.

— Pour vous les filles ! indiqua-t-elle d'un mouvement gras du menton en désignant les deux parts de bûche pâtissière ruisselant de crème au beurre.

Peu après une heure du matin, les dernières chaises remisées sur les tables et le sol encore luisant du coup de serpillière passé à la hâte, Maurice autorisa les deux employées à quitter le bar. Il se chargerait seul des dernières tâches de la soirée.

Lorsqu'elle se glissa dans sa Renault Cinq glaciale, la collègue de Laura aperçut la mobylette rouge s'engager sur l'avenue. Elle ne put s'empêcher de la plaindre. Affronter de telles bourrasques de pluie et de vent aurait été au-dessus de ses propres forces ! Malgré son insistance fréquente, Laura refusait systématiquement de se faire raccompagner en voiture.

Laura serrait les cuisses contre la selle de sa mobylette. L'engin, offert par son père pour son quinzième anniversaire, accusait plus de trois ans d'usage régulier. Il peinait à dépasser les trente-cinq kilomètres à l'heure, freiné par le vent qui balayait la longue avenue.

La jeune femme connaissait chaque mètre de cette route reliant le quartier Saint-Germain, dominé par le vaste ensemble de la caserne militaire, au centre-ville de Vienne où elle habitait.

Le deux-roues faisait parfois de dangereuses embardées lorsque le vent redoublait d'intensité. Une rafale plus violente que les autres surprit Laura. La jeune femme ne put maîtriser le brutal sursaut de la mobylette et elle fut propulsée sur la partie de la chaussée empruntée par les véhicules venant en sens inverse.

Une fois le feu tricolore passé au vert, la camionnette beige à l'immatriculation militaire prit rapidement de la vitesse. Les trois occupants pestaient encore contre leur stupide supérieur. Le sous-officier les avait tirés de leur chambrée pour leur enjoindre de « dégoter rapidement une cartouche de clopes ». Non pas que leur morne soirée fut d'un quelconque intérêt. Les trois appelés avaient protesté. Mollement. Par principe. Ils savaient tous trois que face à la méchanceté teigneuse de leur interlocuteur, ils avaient tout intérêt à s'exécuter.

Même une remarque quant à leur niveau d'alcoolisation n'avait pas rendu raison au gradé, visiblement plus ivre qu'eux trois réunis.

Depuis plus de vingt minutes, ils erraient à l'aveuglette, arpentant à des vitesses bien trop élevées les rues du centre-ville. Vienne n'avait jamais brillé par sa vie nocturne. Cette période de fêtes familiales accentuait encore la léthargie ambiante. Les rideaux métalliques des lieux de vente étaient fermés.

La bouteille de whisky, embarquée à leur départ, circulait de main en main.

Lassés et soucieux de retrouver au plus tôt leur partie de cartes, ils rentraient. Résignés à l'idée de la bordée d'injures qui ne manquerait pas de les accueillir.

À la sortie d'une courbe à droite, les phares dévoilèrent brusquement une mobylette empiétant sur leur propre voie de circulation. L'alcool et la visibilité réduite par la pluie rendirent vaine la tentative d'évitement.

Le choc ne fut pas si violent. Le conducteur eut même le sentiment que le deux-roues allait simplement le frôler. Celui-ci pourtant chuta sur le macadam trempé. La tête casquée rebondit lourdement sur le sol.

En se penchant sur le corps de la conductrice, les soldats reconnurent immédiatement une des serveuses d'un bar qu'ils fréquentaient souvent. Depuis dix mois qu'ils étaient présents à Vienne, ils ne pouvaient se remémorer le nombre de soirées passées dans cet établissement miteux. Une de ses rares qualités était de recenser quelques jolis brins de femme. Le conducteur se rappelait parfaitement la première fois qu'il avait vu cette fille. Au cours de la soirée, il avait tenté de la peloter dans un recoin et cette conne l'avait giflé. Depuis, elle le toisait avec un air hautain qu'il s'était pris à détester.

— Tu vois... T'as fini par tomber dans mes bras ! ne put-il s'empêcher de ricaner en soulevant le corps inanimé.

— On devrait pas faire venir les pompiers ? s'inquiéta immédiatement le moins téméraire des trois appelés.

— C'est ça ! Pour que les flics débarquent à leur tour et qu'on en soit quitte pour des emmerdes ! T'es vraiment un con !

Depuis le début de leur service militaire, ce soldat s'affirmait comme le chef autoproclamé de la petite bande qu'ils formaient. Mouchés par son aplomb, ses deux comparses se contentèrent de hisser la mobylette à l'arrière de la fourgonnette où reposait déjà Laura.

Dans les secondes qui suivirent l'accident, il avait envisagé d'utiliser l'abri offert par la camionnette afin de protéger la fille de la pluie qui ne cessait de tomber.

Une idée plus perverse venait finalement de chasser cette bienveillance.

— Roule ! ordonna le meneur. On se casse ! Le juteux attendra ! Je vais d'abord me taper cette petite pute ! Finalement je l'ai eu, mon cadeau de Noël, pérora-t-il.

— On va où ? Tu comptes tout de même pas la ramener à la caserne ?

— T'as vraiment rien dans le ciboulot ! On va à la carrière ! Grouille, je t'ai dit !

Tous feux éteints, la camionnette emprunta l'étroite voie carrossable qui, après le pont de chemin de fer, conduisait à la carrière désaffectée. Cette ancienne exploitation balafrait le coteau au-dessus du quartier Saint-Alban. Les jeunes soldats connaissaient ce site. Ils passaient régulièrement à proximité à l'occasion des interminables marches qui ponctuaient leur service. Nombre d'entre eux se retrouvaient d'ailleurs dans cet endroit reculé lorsqu'ils voulaient passer un moment tranquille, fumer du haschisch ou flirter.

Depuis longtemps, l'entrée était condamnée. La fourgonnette stoppa face à un bosquet touffu. Un vaste bois courait ensuite sur toute la colline environnante.

Sans un mot, portant le corps de Laura, le meneur s'extirpa difficilement du véhicule. Du sang perlait du nez de la jeune femme. Il avait profité du court trajet pour examiner son corps et avait tout de suite remarqué l'angle inhabituel formé par son genou droit. L'articulation s'était luxée lors de la chute. Il pénétra dans le bosquet et se dirigea vers la clairière qui, à dix mètres du parking, accueillait les regroupements de jeunes du quartier. Des restes de feux de camp et des détritus maculaient l'herbe piétinée.

Sans ménagement, il laissa tomber Laura.

— Tu vas faire quoi ? pleurnicha une fois encore le moins

téméraire.

— À ton avis ? Je vais la baiser, cette petite pétasse ! Et toi aussi d'ailleurs. Tu crois que je vois pas comment tu la reluques à chaque fois. Ne me dis pas que t'as jamais rêvé à elle en te branlant ! Hein que tu t'astiques ta petite nouille en pensant à cette salope ! On va tous se la taper. Et comment ! Tu vas voir comment qu'elle va glousser !

Lorsqu'elle reprit ses esprits, la première sensation qui envahit Laura fut le froid. Un froid humide, pénétrant. Elle grelottait. Les frissons qui parcouraient son dos la tirèrent de sa torpeur. Elle avait horriblement mal à la jambe droite. Le sang tapait douloureusement dans ses tempes à chaque battement de cœur.

En ouvrant les yeux, elle ressentit un soulagement. Un homme dont elle ne distinguait que la silhouette occupait tout son champ de vision. Un pompier ou un ambulancier, pensa-t-elle. Un véhicule était stationné à proximité. L'étroit halo de lumière jaune des phares nappait l'espace d'une atmosphère surréaliste. Elle ne parvenait pas à remuer. Ses bras semblaient coller au sol froid. Quant à ses jambes, la douleur qui irradiait lui ôtait toute envie de les remuer.

Lorsqu'il la força de tout son poids, elle comprit qu'il n'avait aucune intention de lui porter secours. Une insoutenable onde de douleur lui déchira le bas du ventre et le long râle qu'elle vomit sembla faire écho à l'atrocité qu'elle ressentait. Tout autour, elle percevait plus qu'elle ne voyait les branches dénudées s'agiter sous les bourrasques de vent mêlé de pluie. Cherchant à s'extraire de cet étau qui la suppliciait, elle se cambra et hurla de terreur. L'inconnu la violait avec des déhanchements saccadés.

Les râles bestiaux faisaient écho aux hurlements de la jeune femme. Bientôt, sa gorge brûla tant que Laura ne put plus émettre que des gémissements. Elle ne parvenait toujours pas à bouger et comprit que deux autres hommes la plaquaient au sol. Placés de part et d'autre de son corps, à hauteur de ses épaules, ils pesaient chacun sur un de ses bras.

Les rictus de l'homme qui la violentait surgissaient devant son visage au gré des saccades qu'il lui infligeait. Les rires et exclamations des trois agresseurs peinaient à déchirer les cris de la nature hivernale déchaînée. L'environnement forestier était secoué de spasmes. Les trombes d'eau s'affolaient sous les rafales d'un vent qui sifflait entre les troncs. Comme si l'agression qui durait depuis plusieurs dizaines de minutes n'était qu'une réplique du déchaînement de violences naturelles.

Sauvagement, il s'arc-bouta davantage en elle. Son rire satisfait accompagna la jouissance qu'il déversait au creux de ses reins déchirés. Il se retira d'un bond et lui cracha au visage.

Sans laisser une seconde de répit, un second homme s'agenouilla entre les cuisses, écrasant sans ménagement le genou blessé. Une douleur atroce vrilla Laura et elle ne put retenir un hurlement.

— Tu vas te taire, salope !

Un violent coup de poing porté à sa mâchoire arrêta net le cri. Laura sentit sa gorge se remplir de sang. Elle étouffa en avalant les débris de plusieurs de ses incisives. Son appareil dentaire s'était désagrégé sous la violence du coup. Elle sentait des morceaux de métal taillader l'intérieur de ses joues. Secouée par un hoquet, paniquée par la peur, elle vomit un mélange abject de sang, de dents cassées et de restes alimentaires.

Les vingt minutes suivantes furent une longue succession de souffrances. Vaincue moralement, détruite physiquement, Laura abandonna la lutte. Elle n'attendait plus que la fin de l'atroce torture. Elle priait pour mourir.

L'idée que seule la mort la délivrerait de ce calvaire s'imposa à elle. Elle acceptait cette issue avec résignation et une certaine impatience.

Rassasiés après avoir pris leur tour, les hommes avaient relâché leur étau. Nul besoin désormais de la maintenir au sol. Ses forces s'étaient amenuisées. Seuls des sanglots ponctués de gémissements signifiaient qu'une once de vie subsistait encore dans le corps supplicié. Un des leurs avait retourné le corps. À cheval sur les fesses de Laura, il souillait son intimité anale. Incapable de rester immobile, un autre tortionnaire appliquait avec attention le tison de sa cigarette sur l'épaule de la jeune femme. Il accompagnait d'un rire stupide le grésillement que la cigarette émettait au contact de la peau. Il montrait une application sage. Chaque brûlure donnait chair à la forme d'un cœur.

Le soldat à la cigarette jura d'une voix rauque. Le rut bovin de son compagnon se manifesta par un soubresaut. Le corps nu glissa de quelques centimètres empêchant la touche finale. Le tatouage était foutu. De rage, il écrasa le mégot sur la peau tremblotante et mouillée de pluie. Il se releva en rentrant le sexe mou qui pendait toujours de sa braguette. L'homme qui venait de jouir glissa sur des feuilles humides en se redressant à son tour. Il haletait des efforts et la pluie coulait le long de son nez.

— Putain, quel pied ! Quelle salope ! Je vous l'avais bien dit qu'elle aimait ça, cette pute.

Elle voulait mourir. Pour arrêter la douleur aiguë de son genou désarticulé. Pour mettre fin à l'écartèlement qui sciait son bas-ventre. Plaquée contre le sol, sa bouche haletante gobait la boue qui ruisselait sur le sol détrempé.

— On fait quoi maintenant ? s'inquiéta le plus malingre des trois hommes, celui qui, dès le début et à son habitude, n'avait cessé de renâcler.

— À ton avis… Tu crois qu'elle a son compte ? Elle va pas

tarder à te supplier de la baiser à nouveau… Hein, petite pute, que t'en veux encore ?

Le soldat ponctua son affirmation d'un coup de pied. Le son mat du brodequin militaire frappant la cuisse dénudée se perdit dans le vent.

— T'aurais pas dû lui péter les dents à cette conne, comment qu'on va faire pour qu'elle nous suce maintenant avec tout ce sang ?

— J'aimais pas son appareil. Ça me rappelle trop la honte que j'avais avec le mien, ricana l'autre.

Dans le halo jaune des phares, les trois hommes fumaient en contemplant le corps nu à leurs pieds. L'excitation furibonde laissait place à l'apathie.

— Faut qu'on rentre, sinon on va se faire choper par le connard de juteux, suggéra l'inquiet qui ne cessait de lorgner sa montre.

— T'as raison, on se casse ! Mais avant, faut qu'on s'occupe d'elle. Faut pas qu'elle puisse raconter…

— Moi, je fais rien ! hoqueta l'impatient en reculant en direction de la camionnette.

En quelques pas, il se réfugia dans l'habitacle en pestant contre le froid.

Il poussa au maximum la tirette rudimentaire pour augmenter le chauffage. La bouche entrouverte au-dessus de sa lèvre pendante, il assista au déchaînement de violence. Sa moue débile se crispa subrepticement.

Laura souffrit de longues secondes supplémentaires avant que son cerveau mis à nu par l'effroyable fracture de ses os crâniens ne s'éteigne. Puis le cœur exténué se décida à s'arrêter.

Le trois janvier suivant, deux enfants, après une course rendue folle par la terreur, alertèrent leurs parents. Moins de trente minutes plus tard, le premier véhicule des pompiers était rejoint par deux camionnettes de police.

Chapitre 2

Ryszard Jankowski était un habitué du commissariat de police. Un de ces ivrognes qui empoisonnaient, plusieurs dizaines de fois par an, l'activité nocturne des forces de l'ordre de la sous-préfecture iséroise. Les crises d'hystérie, les esclandres et déambulations bruyantes, les tentatives de suicide, toutes plus farfelues les unes que les autres, aboutissaient systématiquement à des fins de nuit en cellule de dégrisement. Les procédures le concernant s'accumulaient chaque année davantage, enferrant le Polonais dans son costume de personnage grand-guignolesque.

Le 3 janvier 1990, vers dix-sept heures, une patrouille reçut l'ordre de se rendre rue Rabelais au domicile de Ryszard.

— Encore un coup de sang du vieux Polak ! commencèrent à pester les deux agents. Pourtant, très vite, ils reçurent des directives différentes.

Le père de Laura occupait un bouge insalubre au dernier étage d'un immeuble délabré. Les rives de la rivière Gère avaient été le cœur industriel de Vienne. Les ruelles étroites grouillaient alors d'une population cosmopolite employée dans les nombreuses industries textiles qui avaient fait la prospérité de la ville. Au gré des fermetures d'usines, la misère avait gangrené le quartier. Les façades se lézardaient, stigmates d'une prospérité perdue. La vie des habitants s'étiolait pendant que les espoirs des plus jeunes s'amenuisaient autour d'emplois précaires.

Les policiers tambourinèrent de longues minutes avant que la porte ne s'ouvre. Une petite fille de sept ans environ les accueillit dissimulée derrière une poupée dont elle mâchouillait un pied.

Par l'entrebâillement de la porte, les gardiens de la paix aperçurent le corps affalé de Ryszard. Il ronflait, roulé en boule sur un canapé élimé, devant une télévision hurlant en noir et blanc les rires d'une émission enfantine.

Après avoir secoué sans ménagement Ryszard pour le réveiller, les deux policiers confièrent l'enfant à une voisine compatissante, chez qui la petite avait visiblement ses habitudes. Après une demi-heure de palabres, les agents regagnèrent leur véhicule en compagnie du père de Laura plus frustré d'avoir été tiré de sa sieste qu'anxieux quant aux raisons de cette intrusion policière. Une odeur âcre, effluve de mauvais vin et remugle, émanait de Ryszard. Les relents avaient totalement envahi l'habitacle lorsqu'ils pénétrèrent sur le parking de l'hôtel de police.

L'inspecteur de police Éric Guiberton était un anachronisme. Les trente années passées au SRPJ, le service régional de police judiciaire, de Lyon le désignaient comme le doyen du service. Il avait tout connu, été de toutes les grandes affaires liées au milieu lyonnais. Flic à l'ancienne dans une police qui cherchait à écrire une nouvelle page, dubitatif face aux évolutions d'une crim qui n'était plus vraiment la sienne, il avait pris le parti de se taire. Alors que certains de ses pairs avaient claqué la porte, persuadés que le chaos allait emporter cette police émasculée, lui se murait le plus souvent dans un mutisme grognon. Il n'en sortait que pour asséner des vérités cinglantes. Le surnom de Grizzli, employé par son ex-femme, avait été repris par ses collègues et collait au faciès fermé comme un étau de ce sombre taiseux.

De permanence en cette semaine de Noël, Grizzli et son collègue n'avaient pas tardé à être contactés par la police de Vienne. La découverte d'un corps supplicié était de leur ressort et ils avaient pris la route. Grizzli ne décrocha pas un mot. Il se contenta à deux reprises d'indiquer d'un borborygme la direction à suivre. Quatre mois auparavant, plus pour emmerder le commissaire que par conviction, il s'était porté volontaire pour cornaquer le nouveau. Depuis, il traînait la bleusaille dans son sillage, n'échangeant jamais plus d'une vingtaine de mots quotidiens avec ce jeune premier tout juste sorti des jupes de sa mère.

Dans la clairière, l'inspecteur n'avait passé que quelques minutes, penché sur le corps de Laura. Temps suffisant pour lui donner une image précise de la brute qui avait torturé et violé la pauvre gamine. Temps nécessaire pour que l'impression initiale se grave en lui. Que le bleu fasse des photos puisque c'était la mode du moment, lui faisait confiance à sa mémoire. Son regard chirurgical ne laissait guère de place à la compassion ou à l'empathie. Il se contentait de saisir la violence et la longue succession de souffrances qui avaient précédé la mort.

Houspillant les deux techniciens viennois penchés sur le corps qui lui demandaient de ne pas polluer la scène, Grizzli s'était mis en retrait, une cigarette vissée dans sa gueule de vieux con. Charge au bizut de veiller au respect scrupuleux des procédures nouvellement mises en place en matière de police technique et scientifique. Cette science policière, en plein essor depuis quelques années, prétendait révolutionner la pratique des enquêtes. Les services peinaient cependant à rattraper le lourd retard accumulé en la matière. Éric Guiberton, le premier, considérait cette immixtion de la science comme une remise en question de son propre savoir-faire. Il vivait cette révolution de son art avec la mauvaise foi colérique dont il accompagnait chacune de ses postures.

Il ruminait encore les impressions laissées par la scène découverte deux heures plus tôt lorsqu'il pénétra dans le bureau mis à sa disposition. Là, l'épave paternelle de la victime l'attendait déjà.

L'extrait du casier judiciaire remis à Grizzli mentionnait quarante-cinq ans. Ryszard Jankowski paraissait plus proche de la soixantaine. Le teint jaunâtre de sa peau et la maigreur de son visage à la barbe clairsemée trahissaient la maladie. Le regard hagard ne laissait que peu de doute sur le mal qui rongeait cette carcasse. Incapables de se fixer, les pupilles rougies roulaient sous le battement tremblant de paupières lourdes. Ryszard suintait le mauvais alcool. Il puait la mort qui le rongeait déjà.

La silhouette malingre était plus fluette encore face à l'imposante carrure de Grizzli. L'air mauvais, le vieux flic se laissa tomber en soupirant sur la chaise de bureau. Silencieux, presque invisible, le jeune policier était déjà en place, derrière la machine à écrire, prêt à consigner les échanges.

Mauvais coucheur à l'humeur détestable avec ses collègues, Grizzli se métamorphosait lors des auditions.

Avec des mots choisis, l'horreur vécue par Laura fut occultée. Précautions inutiles. L'exubérante détresse du père empêchait toute conversation censée. Crises de larmes et lamentations démonstratives hachaient l'entretien. Entre deux scènes, Ryszard Jankowski n'apportait que peu d'éléments aux policiers. Il ne leur permit pas de dessiner une image de la vie de Laura au cours des semaines écoulées. Incapable de désengluer des dates précises de sa mémoire confuse, il se contenta de vomir un fatras d'informations. Pelote mêlant souvenirs tirés de la prime jeunesse de Laura, de son adolescence et de quelques détails relatifs à l'ultime visite qu'elle lui avait rendue. Ce dernier épisode remontait à plusieurs mois à l'occasion de l'anniversaire du père. Celui-ci se bornait le plus souvent à ressasser la « si gentille gamine qu'elle avait toujours été ».

Ryszard resta évasif ou totalement muet lorsque le

policier lui demanda de nommer des connaissances proches, des lieux fréquentés ou des données relatives à la vie professionnelle ou intime de Laura.

Finalement, face cette perte de temps, Grizzli mit un terme à la mascarade. Il serra la main moite et molle de Ryszard Jankowski et depuis le perron, regarda le vieil alcoolique se perdre dans la brume nocturne qui enveloppait Vienne d'une ouate glaciale et collante.

Les deux policiers s'engouffrèrent dans la salle d'autopsie.

Grizzli avait anticipé le froid mortel qui régnait dans l'antre du professeur Nomiak. En cette période hivernale, la température intérieure était identique à celle qui figeait l'extérieur du vieux bâtiment de l'institut médico-légal de Lyon, verrue dérangeante installée depuis 1933 au cœur d'une des facultés de médecine de Lyon. Le cou drapé d'une écharpe en grosses mailles et les cheveux poivre et sel dissimulés sous un bonnet de la même laine, il ne fit aucun geste trahissant une quelconque volonté de se dévêtir. À l'inverse, il incita d'un mot son jeune collègue à retirer le long duffle-coat vert bouteille dans lequel le bleu semblait se recroqueviller pour échapper à l'air glacé. La face rubiconde et joviale du médecin légiste apparut. Manœuvrant un chariot métallique recouvert d'instruments chirurgicaux, le médecin les accueillit par de tonitruants vœux de bonne année.

— Toi, le bleu, viens me filer un coup de main ! enchaîna-t-il rapidement. Le garçon de salle n'est pas là aujourd'hui, tu feras bien l'affaire non ? ricana le professeur Nomiak en s'adressant au jeune inspecteur.

Grizzli ne put s'empêcher de sourire. La traditionnelle séance de bizutage était un classique. Tout le service avait un jour ou l'autre dû mettre, au sens propre, la main à la pâte aux côtés du professeur Nomiak. Le vieux légiste avait ses manies. Chaque inspecteur devait faire ses preuves. Des années plus tard, certains flics payaient encore les haut-le-cœur mal réprimés ou la gerbe crachée honteusement.

Durant plus d'une heure, le jeune inspecteur ne cessa d'être sollicité. Le large sourire du légiste avait laissé place à un masque inexpressif. Seules des directives lancées avec fermeté ou des constatations médico-légales formulées à voix haute répondaient aux couinements des outils de dissection.

Consignant les éléments dictés, Grizzli griffonnait sur le bloc-notes confié par le médecin. Celui-ci utiliserait ces notes pour rédiger le rapport final remis à la justice.

Très vite, les circonstances précises de la mort de Laura furent énoncées par Nomiak.

— Des bouchers, ces salopards !

Le profond traumatisme crânien avec épanchement n'avait été que le point final d'une lente agonie au cours de laquelle, outre les viols vaginaux et anaux répétés, le corps de Laura avait subi des traumatismes divers pour la plupart causés par des coups assénés avec violence.

— Certainement des brodequins de type militaire, conclut le médecin. Je suis persuadé que le laboratoire établira que les tâches noirâtres présentes sur certaines ecchymoses sont des résidus de cirage ou de graisse d'entretien.

— Cela pourrait coller avec les marques de semelles que tu as relevées tout à l'heure sur son flanc, non ? se permit Grizzli prenant la parole pour la première fois depuis le début de l'autopsie.

— Il y a un régiment à Vienne ! s'enflamma le jeune inspecteur, soulagé d'être arrivé au terme de son calvaire macabre.

— Avant de penser à ton enquête, t'as encore du boulot,

le bleu ! On doit la refermer, cette pauvre gamine, le rappela à l'ordre le médecin, déjà occupé à replacer les organes disséqués dans l'abdomen béant.

Mouché par la remarque du professeur, le policier assista à la remise en état du corps de Laura. Les derniers points de suture terminés, il aida le médecin à manœuvrer le chariot permettant de replacer le cadavre dans la chambre froide.

Petite cité provinciale sur le déclin, Vienne se passionna pour le fait divers qui lui permettait d'exister à nouveau à la une des médias nationaux. La ville bruissa durant de longues semaines de rumeurs entourant les circonstances de la mort de Laura.

Grizzly était par nature parfaitement insensible à l'inhabituelle agitation régnant autour du commissariat de Vienne. Bien au contraire, il sut utiliser à son avantage l'intérêt des riverains qui voulaient parler. Même ceux qui n'avaient rien à dire, accueillaient avec entrain les policiers chargés de l'enquête. L'engouement était tel que les derniers jours de Laura Jankowska furent rapidement reconstitués.

Chapitre 3

Maladroitement, avec des gestes gourds, il se hissa sur la table jusqu'à atteindre la poutre. Lever les bras au-dessus de sa tête l'étourdissait. Le roulis était tel qu'il se pencha en avant pour retrouver le peu d'esprit que l'alcool ingurgité tout au long de la journée lui laissait.

La vision tronquée par les larmes humidifiant ses yeux en permanence, il peina à nouer solidement le drap.

Quelques secondes plus tard, la vieille poutre de chêne sollicitée brutalement grinça imperceptiblement. Des râles étouffés retentirent durant deux longues minutes. Puis les soubresauts du corps se firent moins frénétiques. Insidieusement, la mort soufflait une à une les ultimes flammèches de vie.

Fulgurante, une ultime pensée traversa l'esprit du pendu. Il vit son épouse, décédée sept années plus tôt, jour pour jour, un 21 janvier aussi glacial que celui-ci. Elle lui apparut non pas comme cette femme si jeune au corps exsangue, morte d'une hémorragie que les médecins n'avaient pas réussi à contenir. Si blanche qu'elle semblait avoir revêtu, d'un coup, le masque d'une vieillesse qu'elle ne connaîtrait jamais. Non ! Sa dernière vision fut celle de l'Agnès de leur rencontre. Si belle, si blonde, si élancée qu'il avait rendu jaloux toute la bande de copains pour qui Agnès avait toujours paru « trop » riche, « trop » distinguée, « trop » française pour qu'elle s'intéresse à eux, les Polonais mal dégrossis. La vie était alors si pleine de promesses. Quelle foutue déchéance !

Environné de la présence de son épouse, Ryszard Jankowski rendit à Dieu son âme d'alcoolique et sa vie de drames.

Ce jour-là, la petite Anna-Julia fêtait son septième anniversaire. Comme à son habitude, elle vivait cette journée avec l'étouffante tristesse qui ne la quittait jamais. Les voisins de la rue Rabelais ne se rappelaient pas avoir vu, un jour, rire cette petite fille. Elle était si grave, si sérieuse.

Le père, ravagé par le décès de son épouse et désormais incapable d'émerger réellement du monde qu'il se créait une bouteille aux lèvres, ne l'avait pas élevée. Ania, comme l'avait baptisée ses amies d'école en raccourcissant son double prénom polonais, n'avait jamais eu le loisir de vivre l'insouciance de l'enfance. Dès sa naissance, elle avait accepté l'accusation jamais formulée mais si présente dans les yeux paternels. Elle savait que sa mère était morte en lui donnant naissance. Elle avait volé la vie de sa maman. Elle vivait une existence qui ne lui appartenait pas. Son père n'avait de cesse de lui rappeler. Et même s'il ne l'avait jamais vraiment accusé de ce vol, il ne l'aimait tout simplement pas. Il ne s'intéressait pas à elle. Ni violent, ni insultant, Ryszard était juste incapable de montrer la moindre empathie pour sa fille cadette.

Seule Laura, l'aînée, parvenait à sortir l'enfant, de sa lourde culpabilité. Les deux sœurs, malgré une différence d'âge importante, avaient toujours été complices. Laura avait joué le rôle de la parente disparue, sans jamais se plaindre ni formuler le moindre reproche.

Mais Laura, elle aussi, était morte. Comme sa maman. Si Ania n'avait pas vraiment saisi les causes de la disparition de sa grande sœur, elle avait tout de même compris qu'elle était désormais irrémédiablement seule. Elle ne comptait pas sur son père. Ses yeux d'enfants n'avaient jamais été dupes. Les obsèques de Laura, quelques jours plus tôt, avaient rassemblé une foule nombreuse. Mais les badauds curieux et les amateurs de détresse humaine avaient constitué la majorité de cette foule. Seules quelques amies d'école et les voisines au visage inondé de larmes rompaient avec l'anonymat malsain de ceux qui se pressaient pour apercevoir les « malheureux ».

Ania avait surpris l'assemblée par ce masque imperturbable qui ne l'avait pas quitté de toute la journée. À l'église, au cimetière, chez la voisine ensuite, pas une larme n'avait souillé son visage. Sa retenue tranchait avec la détresse démonstrative de son père. Ryszard, dans son sempiternel état second, s'était répandu, serpillière de pleurs et gémissements.

Ania n'attendait rien de cette journée d'anniversaire. Forte de sa petite expérience d'enfant gâchée par une maturité trop vite acquise, elle savait que son père ne lui réserverait aucune surprise. Son anniversaire avait toujours eu un goût de mort dans sa famille. On ne le fêtait pas ! Piétinant les interdits paternels, Laura avait tout de même, chaque année, une attention pour sa cadette. Le rituel était identique à chaque bougie supplémentaire. Le soir, au moment d'offrir le câlin du couché, Laura dévoilait le petit présent d'anniversaire. Ania s'endormait alors en serrant contre elle la poupée de chiffon, le livre de contes ou le gilet offert.

Ce 21 janvier 1990, il n'y aurait pas de cadeau. Depuis la mort de sa sœur, elle vivait chez la voisine. Cette femme subvenait naturellement aux besoins de l'enfant, palliant le désintérêt d'un père ravagé par une ivrognerie désormais ininterrompue.

En empruntant la rue Rabelais, son cartable sur le dos, Ania discerna les gyrophares qui peignaient la nuit de leurs lumières stroboscopiques. Avant même d'imaginer que l'animation pouvait avoir un lien avec elle, la petite fille fut happée par les bras grassouillets de la voisine. Cette femme d'origine turque, mère de quatre enfants déjà adolescents, roucoulait un français hésitant mais sa gouaille était réputée dans le quartier. Sous le foulard coloré couvrant sa chevelure et noué à la paysanne derrière la tête, ces traits étaient défigurés par une tristesse folle.

— Pauvre petit bébé, que vas-tu devenir ? Pauvre petit bébé, que vas-tu devenir ? se contentait-elle de marmonner inlassablement.

Une poigne solide et inamicale arracha l'enfant à l'étreinte étouffante d'une odeur âcre mais rassurante. Ania se retrouva face à une femme d'un certain âge. Cette intruse lui parut bien veille et surtout bien terrifiante. Avec des mimiques de circonstance et un vocabulaire enfantin, elle expliqua que « papa avait choisi de partir au ciel », qu'« il était maintenant avec ta maman et ta grande sœur », que « de là-haut toute ta famille te regarde et veut que tu sois forte ». La petite fille retint surtout qu'elle allait devoir suivre cette femme.

— On va bien s'occuper de toi, ma petite ! assura la femme en s'asseyant à côté d'Ania dans un petit véhicule.

Des années plus tard, en se remémorant cette soirée qui avait fait d'elle une orpheline, Ania se rappellerait surtout son excitation. Pour la première fois, elle avait fait un tour en voiture et ça, c'était finalement un chouette cadeau d'anniversaire !

L'enquête dirigée par Grizzli progressait chaotiquement. Plusieurs hypothèses habituellement envisagées en de pareilles circonstances étaient tour à tour écartées. Laura ne fréquentait aucun garçon au moment du drame et les trois relations sérieuses qui avaient constitué la vie amoureuse de la jeune femme furent aisément mises hors de cause. L'entourage de la serveuse avait été passé au peigne fin sans mettre en évidence la moindre piste.

Les policiers durent alors se rendre à l'évidence. La seule trame restante était celle qu'ils redoutaient le plus. Celle liée au hasard d'une rencontre crapuleuse, d'un dramatique concours de circonstances.

Les recherches conduites dans le voisinage immédiat du lieu de découverte du corps, aux abords de l'établissement Le Tringlot où Laura avait été aperçue pour la dernière fois, ou à proximité de son domicile n'avaient pas permis de progresser outre mesure. Pourtant, la solution était locale, Grizzli en était certain. Aucune autre agression similaire n'avait été signalée en Isère ou dans la région. Le policier n'avait aucune raison d'imaginer que Laura ait pu croiser le chemin d'un prédateur déjà signalé. Les conclusions du médecin légiste confirmaient également la pluralité des auteurs. Les traces de coups assénés sur le corps avaient été relevées par différentes sources. Laura avait également été violée à de nombreuses reprises et par plusieurs individus. Cette multiplicité d'auteurs ne cadrait pas avec la piste d'un tueur itinérant. Si le professeur Nomiak ne pouvait se permettre d'être formel, il indiquait clairement dans son rapport remis à la justice que deux à trois hommes avaient eu des rapports sexuels, vaginaux et anaux, non consentis et violents, avec la victime. Les traces relevées, poils pubiens et liquide spermatique, semblaient accréditer ce scénario. Grizzli avait pesté intérieurement à la lecture de ces lignes. Il n'arrivait à rien, pataugeait dans un bourbier inextricable. Déjà, ses supérieurs, trop heureux de se payer sa tête, le sommaient d'obtenir rapidement des résultats. La priorité n'était plus cette gamine inconnue. Il sentait bien que très vite le peu de moyens consentis à son profit allaient être redistribués au profit d'enquêtes prioritaires. Grizzli était décidé à persévérer envers et contre ces ronds de cuir binoclards.

Près de cinq mois après la découverte du corps de Laura, Éric Guiberton connut enfin un coup du sort favorable. Quelques courtes secondes, un sourire éclaira le visage patibulaire du vieux flic. Il tenait enfin un fil. Il lui suffisait désormais de dérouler la pelote en évitant les foutus revers qu'il accumulait depuis le début.

L'intuition du professeur Nomiak s'avérait exacte et prémonitoire. Le 5 mai 1990, l'enquête faisait une entrée fracassante dans l'univers militaire du régiment viennois tout entier occupé à préparer la dissolution qui venait d'être décidée. D'ici quelques semaines, en juillet, le régiment fermerait définitivement ses portes, sacrifié par une énième réorganisation des armées.

Un parterre de hauts gradés attendait l'inspecteur devant le bâtiment de commandement à l'architecture surannée. Les mines renfrognées des soldats traduisaient leur malaise. Ils avaient pertinemment compris que le scandale allait éclater et qu'ils seraient en première ligne pour affronter un épisode bien peu glorieux. Leur régiment mourrait englué dans un scandale écœurant.

Dès qu'il stationna sa voiture, Grizzli s'engouffra dans le PC du régiment, précédant ostensiblement ses hôtes militaires à l'encontre de toutes les règles de la préséance qu'ils affectionnaient. Ils devaient bien comprendre que maintenant, il était le seul patron et que naturellement ou non, ils devraient collaborer. Dans la guerre des nerfs qui s'instaurait, Grizzly possédait les armes requises. Même face à des hommes rompus à l'art de la guerre. Dans de tels combats, il savait être à la hauteur de sa réputation de vieux con, et ces gradés allaient bien vite le comprendre.

Dans la salle de réunion jouxtant le bureau du colonel Pelletier de la Sauvegrote, chef du régiment, Grizzly découvrit l'indice qui venait de relancer positivement son enquête. Sur une enveloppe de papier kraft, une carte nationale d'identité était déposée. Le lien que Grizzli et ses hommes attendaient : la carte de Laura Jankowska. Nul besoin d'attendre une quelconque confirmation, il s'agissait bien d'elle. Grizzli reconnut sans hésiter le visage d'ange de la victime.

À l'occasion d'une panne du réseau de chauffage, deux ouvriers étaient intervenus dans le bloc sanitaire d'un bâtiment occupé par des militaires du contingent. Ils avaient découvert le document dissimulé à l'intérieur du faux plafond démonté pour faciliter leur travail.

Lors des premières constatations en décembre dernier, le cadavre dénudé ne recelait rien qui put favoriser son identification. Les policiers avaient pourtant rapidement levé l'anonymat. La mobylette de la victime avait été découverte à proximité. À l'intérieur de la sacoche arrière, deux cartes de fidélité d'échoppes viennoises avaient été retrouvées. L'une d'elle était agrémentée d'une photographie correspondant à la victime. Aucun document plus officiel n'avait été retrouvé malgré la battue organisée.

La carte d'identité était passée dans un nombre conséquent de mains différentes depuis sa découverte. Cela n'allait pas faciliter le relevé d'empreintes digitales. Mais pour le moment Grizzli s'en moquait. Il souriait avec satisfaction. Désormais, il avait la certitude qu'un ou plusieurs individus impliqués dans l'assassinat de Laura étaient en lien avec l'institution militaire.

Le colonel Pelletier était lui aussi parvenu à cette conclusion. Avant même que Grizzli ne formule sa demande, l'officier lui tendit une pochette cartonnée de couleur rouge.

— Vous trouverez là-dedans la liste des militaires du contingent qui ont occupé ce bâtiment depuis un an. J'imagine, inspecteur, que vous en aurez besoin ! glissa-t-il d'une voix bien moins hautaine que celle qu'avait imaginée le policier.

— J'aurais également besoin d....

— De l'identité des militaires de carrière affectés au sein du régiment ? l'interrompit le chef de corps. La liste est déjà dans la pochette. Autre chose, Inspecteur ?

— Rien pour le moment, Colonel.

— Vous savez où me trouver si nécessaire ! Pour les demandes accessoires, vous traiterez avec le commandant Pignotte qui me seconde au quotidien. Bonne journée, Inspecteur. Au plaisir !

Au moment de franchir le seuil de la salle de réunion, l'officier se retourna et glissa son regard froid dans celui de l'inspecteur.

— J'espère pouvoir compter sur votre discernement dans cette affaire.

Sans laisser le temps à Grizzli de répondre, il quitta la pièce.

Les deux journées suivantes furent consacrées à un lent travail de recoupement.

Près de cinq cent identités de soldats avaient été communiquées. Objectivement, les enquêteurs n'avaient pas le temps d'éplucher cette liste nom après nom.

Il fallait faire des choix. Grizzly choisit de se concentrer dans un premier temps sur les appelés du contingent. Ceux qui n'avaient que cette caserne comme lieu de vie. Son intuition lui dictait que la clé était là. S'il se plantait, il aurait bien le temps de reprendre le travail à zéro.

Les policiers expurgèrent la liste en retirant tous les contingents non présents sous les drapeaux lors de la disparition de Laura. Juste une petite centaine de militaires était effectivement affectée dans ce bâtiment au moment du drame.

Réduire cette liste aux hommes présents lors des fêtes de fin d'année fut une formalité. L'armée était avant tout une implacable machine administrative. Tout était consigné, enregistré, paraphé, archivé.

Finalement, une page tapée à la machine à écrire fut remise à Grizzli. Le policier lut les douze noms.

— Je les veux en audition dans les deux jours qui viennent ! Bougez-vous le cul ! aboya-t-il.

Chapitre 4

Depuis près de sept ans, Anna était pensionnaire de l'œuvre Saint-Luc. Les vieilles bâtisses situées dans le centre-ville de Vienne étaient devenues son univers. Un lieu qu'elle quittait rarement et uniquement pour se rendre au collège François Ponsard, à deux pas, où elle était scolarisée en classe de quatrième.

Suite au suicide de son père, aucune possibilité d'accueil par un membre de la famille n'avait été retenue. La justice avait placé l'orpheline dans la vieille institution viennoise. Depuis plus d'un siècle, à l'initiative d'une congrégation religieuse, l'œuvre était spécialisée dans la prise en charge des enfants et adolescents laissés pour compte, sans famille ou retirés de la leur.

La vie de Anna se déroulait au milieu de dizaines d'autres enfants âgés de trois à dix-huit ans. Cette société avait ses règles propres, ses coutumes, ses excès, ses rites. Les adultes, qu'ils soient personnels administratifs, psychologues ou éducateurs, assuraient l'encadrement et la gestion du site. En façade seulement. Derrière le règlement interne et l'emploi du temps bien établi, une autre vie prenait place. Celle créée par les enfants eux-mêmes. Avec ses lois dictées par les plus grands, ses codes incontournables sous peine de lourdes déconvenues, ses punitions bien plus cruelles et humiliantes que celles des adultes.

La petite notoriété qu'avait connue Ania à son arrivée s'était vite évanouie. Son statut d'orpheline et de sœur de suppliciée lui avait conféré quelques jours durant la considération de ses pairs. Mutique et continuellement triste, elle se montrait incapable d'intégrer un groupe humain. Rapidement, elle avait donc dégringolé du petit piédestal, puis, au fil des semaines, la stigmatisation et le rejet s'étaient installés comme une gangue qui l'accompagnerait des années durant.

Âgée de quatorze ans, la gamine triste avait mué en une belle adolescente aux longs cheveux blonds. Avec la puberté, son corps de fillette avait disparu. En grandissant, Ania avait peu à peu changé de cercle au sein de la communauté. Le regard des autres enfants, notamment des plus âgés, avait lui aussi évolué. Désormais, les seules vexations venaient d'adolescentes jalouses de l'aura de leur camarade. Elles la détestaient pour la beauté qui rendait plus douloureuse encore leur peau grêlée par l'acné. Elles la moquaient pour mieux oublier que ses seins qui pointaient les renvoyaient à la planche qui leur servait encore de torse. Elles l'humiliaient pour que les garçons cessent de ricaner devant elle. Car elle était déjà un de ces objets de convoitise qui hantent l'univers des adolescents gauches au zizi souvent douloureux d'érections inutiles.

La maturité qui était la sienne à son arrivée, douloureuse rançon d'une courte vie marquée par le drame, lui avait permis d'affronter avec recul les vicissitudes de la promiscuité. Les railleries n'avaient que peu de prise sur Ania. Elle n'était jamais allée contre sa personnalité et ne s'efforçait pas d'intégrer un des nombreux clans. Elle se sentait à sa place dans la solitude qui était la sienne. Au contraire des filles de son âge, elle ne se rassasiait pas de jacasseries sans fin.

Elle avait sa confidente secrète ! Une petite voix intérieure avait commencé à résonner en elle dans les mois qui suivirent son placement. Elle avait d'abord été effrayée par cette vie qui emplissait sa tête. Elle se rappelait ces premières nuits passées la tête dissimulée sous le polochon, cherchant vainement à arrêter ces murmures. Comme si le traversin pouvait la couper de cette immixtion ? Elle se sentait comme violée par cette intruse. Puis, elle avait fini par reconnaître celle qui se cachait derrière. Cet écho qui égayait sa vie lui était bien plus utile que toutes les amitiés, cancanières et volatiles, de ses condisciples. Ania choquait parfois la vieille psychologue lorsque celle-ci proposait de l'accompagner sur la tombe de sa grande sœur Laura. Pourquoi se recueillir sur un marbre froid et sans vie alors que sa chère disparue était là, en elle, en permanence ? Elle avait appris à domestiquer ce murmure et entendait désormais distinctement la voix de Laura. Sa sœur était là pour elle. Pour la consoler, la guider, lui offrir ses réparties si cassantes qu'elle rétorquait avec un aplomb remarqué. Parfois, Ania pensait que sa sœur avait quitté l'enveloppe charnelle juste pour venir vivre en elle. Elles conversaient des heures durant, coupées du monde. Jugée réservée et bien peu expansive par les adultes, elle bouillonnait d'une vie intérieure insoupçonnable. Ania avait très vite décidé de taire cette compagnie. Pas question d'en parler au jeune médecin qui chaque année auscultait un à un les pensionnaires. Dissimuler cette vie intime était un réflexe de protection, de préservation de cette sœur déjà disparue.

Les années passant, la violence physique avait pénétré son univers et Ania avait alors traversé trois périodes distinctes.

Les autres ne se contentaient plus d'insultes, les coups accompagnaient souvent leurs affronts. Ania, à son corps défendant, avait dans un premier temps fait partie de ce groupe d'enfants sur qui les plus grands ou les plus méchants s'acharnaient afin de prouver aux autres, mais surtout à eux-mêmes, leur supériorité animale. Elle avait eu droit à toutes les méchancetés nées de l'inventivité infantile de ses bourreaux. Ses longues boucles blondes avaient été coupées, ses doigts avaient été écrasés, son visage avait été souillé par les crachats, ses affaires avaient été dégradées, maculées de pestilentielles potions concoctées à partir des restes de repas chapardés au réfectoire.

Elle avait acquis de cette période un détachement et une hargne rentrés au plus profond d'elle-même qui lui permettaient de devenir plus forte à chaque mauvais coup reçu. Sa voix intérieure l'enjoignait avec force à garder la tête haute.

Fais-moi confiance, Skarbie moje, tu auras ta revanche un jour, mon trésor, je te le promets.

Ensuite, plus tard, avec l'adolescence débutante, la chose corporelle était peu à peu entrée dans sa vie. Certaines filles, les plus délurées, offraient déjà à la vue concupiscente de leurs camarades masculins, le spectacle de leurs formes naissantes. Celles, qui comme Ania refusaient de se dévoiler, étaient rejetées davantage encore ou régulièrement victimes de vicieuses embuscades. Au cours de ces guets-apens, une horde de jeunes chiots prépubères acculaient la victime, la déshabillaient de force et tripotaient ce qui pouvait l'être, avec la maladresse malfaisante des premiers émois.

À compter de son douzième anniversaire, ces jeux d'enfants avaient fait place au difficile apprentissage de la sexualité. Des comportements d'adultes mimés par des corps d'enfants. Les garçons, abreuvés de lectures pornographiques, rendus ivres de désirs par la vision clandestine de cassettes vidéo coquines, n'avaient de cesse de tourner autour des adolescentes les plus désirables. Ses formes déjà appétissantes avaient donc fini par propulser Ania dans un troisième état, celui des filles fantasmées.

Guidée par la voix intérieure de sa sœur qui ne la quittait plus, elle avait compris tout l'avantage qu'elle pouvait retirer de ces sollicitations nouvelles. Autrefois bouc émissaire, elle devenait aujourd'hui la maîtresse des désirs de ses anciens tortionnaires. À l'âge où ses amies de collège jouaient encore avec leurs poupées, Ania inventait donc des jeux au cours desquels elle rendait les coups autrefois reçus. Débutés bien innocemment, ces occupations inavouables devenaient l'occasion de blesser à son tour. Elle riait désormais ouvertement du manque d'expérience de ces garçons émoustillés, mais si gauches. Elle moquait leur incapacité à maîtriser leur désir et leur précipitation. Elle régentait d'un clignement de paupière les hiérarchies des clans auxquels elle n'avait jamais appartenu. Elle savait utiliser ses nouvelles accointances pour obtenir le bannissement d'une autre fille. Un mot de sa bouche, susurré opportunément, valait sanction immédiate. Un baiser de sa part était un adoubement. Elle se vengeait avec froideur. Un plaisir malsain l'envahissait grâce à cette domination de cour de récréation. Ania prenait l'ascendant et découvrait avec un délice certain qu'elle aussi pouvait, à sa manière, martyriser les plus faibles.

Si elle devait inévitablement payer de son corps pour obtenir gain de cause et conserver sa mainmise, elle sut en permanence garder la maîtrise de la situation et ne fut plus jamais contrainte d'offrir ce qu'elle ne désirait pas.

Âgée de cinquante-neuf ans, Anne-Chantal Landréon était la directrice de l'œuvre Saint-Luc depuis douze années consécutives. Désignée à l'unanimité à l'occasion des trois dernières assemblées générales, cette ancienne psychologue pour enfants avait travaillé toute sa vie au profit de l'association.

Jeune diplômée, elle avait découvert cette institution, et postulé bien avant la clôture de sa scolarité. Anne-Chantal avait toujours voulu travailler auprès d'enfants et la grande précarité de la plupart des pensionnaires avait fait écho aux motivations de son engagement. Durant près de vingt-huit ans, elle avait donc été le pilier de l'équipe d'encadrement. Elle avait tout sacrifié pour ses petits patients, y compris sa vie personnelle. À bientôt soixante ans, Anne-Chantal n'avait jamais eu de compagnon. Elle ne souffrait pas de ce célibat vécu comme un sacerdoce. Si certains la plaignaient parfois de ne pas avoir fondé sa propre famille, elle rétorquait simplement qu'elle était « un peu la maman de tous ces pauvres enfants ».

Quelques années plus tôt, Anne-Chantal avait, bien malgré elle, profité du décès du précédent directeur. En sa qualité de doyenne de l'institution, elle avait alors assuré les fonctions par intérim puis fait acte de candidature, convaincue qu'elle pourrait toujours continuer à influer directement sur la politique de suivi qu'elle ambitionnait.

Elle devait bien avouer plus tard que, si cette fonction de directrice était particulièrement gratifiante, elle n'avait plus le temps de s'impliquer personnellement dans le traitement des pensionnaires.

Aussi, lorsque le procureur de la République la contacta pour l'informer des dates d'un procès d'assises impliquant une adolescente de l'œuvre, Anne-Chantal perçut tout l'intérêt égoïste qu'elle pouvait tirer de cette opportunité. Il lui revenait de représenter en justice certains des enfants confiés. Tel était le cas pour la petite Anna-Julia Jankowska. Elle assura le magistrat qu'elle se chargerait elle-même de cette fonction de tutrice ad-hoc et que l'avocat de l'œuvre représenterait l'enfant, partie civile, lors du procès des trois individus impliqués dans le meurtre de Laura.

La belle adolescente qui pénétra dans le bureau de la directrice n'avait plus rien à voir avec la petite fille timide et renfermée recueillie sept ans plus tôt. Seules les longues boucles blondes permettaient encore de faire le lien.

Anne-Chantal Landréon avait toujours eu un faible pour

Anna-Julia. Au-delà des circonstances très particulières de l'arrivée de l'enfant, elle avait assisté avec intérêt à l'éclosion d'une personnalité singulière.

Elle accueillit l'adolescente avec un large sourire.

Anna entra et s'assit sur l'un des fauteuils installés face au bureau de la directrice. Elle replia ses jambes gainées dans un long caleçon à fleurs et les enserra de ses deux bras. La directrice s'abstint de toute remarque. Certes, les semelles n'avaient rien à faire sur le tissu mais peu lui importait finalement. Rien ne servait de braquer d'entrée l'adolescente. La pâleur de la peau laiteuse renforcée par la blondeur qui recouvrait ses épaules lui donnait un air maladif. Menue, la jeune adolescente resta muette, dévisageant Anne-Chantal de ses yeux bleus et froids. Un soupçon de provocation allumait son regard d'une flamme particulière.

— Bonsoir Anna ! Je sais que monsieur Mathias t'a encore infligé une punition pour ton attitude à l'étude hier mais ce n'est pas pour cela que j'ai souhaité te voir. Je t'avouerai même que ce nouveau pion est vraiment fatiguant.... Mais bon, passons ! Bientôt, toi et moi, nous allons devoir nous rendre à Grenoble pour deux ou trois jours, continua la responsable du foyer avant de s'arrêter pour laisser le temps à son interlocutrice de réagir.

Le regard fixe d'Anna ne cilla pas et elle resta désespérément muette. Espérant malgré tout une réaction de la jeune fille, Anne-Chantal sentit une nouvelle fois qu'elle resterait inaccessible, comme à son habitude. La directrice en fut quitte pour reprendre son monologue.

— Je viens d'être avisée que le procès va avoir lieu. Les trois hommes qui ont été arrêtés par la police vont être jugés. Tu étais toute petite au moment de cet affreux drame mais malgré ton jeune âge et encore aujourd'hui, tu es la seule famille de Laura. Il y a quelques mois, maître Novatte, tu te souviens de Matthieu, t'a longuement expliqué que tu devrais assister au procès. Il t'avait expliqué que tu serais « partie civile » afin de représenter ta famille, tu te rappelles ?

Aucune émotion n'avait filtré sur le visage d'Anna depuis qu'elle était entrée dans le bureau. Les mâchoires serrées, elle dévisageait effrontément la femme qui lui parlait, sans offrir la moindre aspérité permettant l'engagement d'un vrai dialogue. Seuls ses longs doigts, qui s'amusaient mécaniquement avec les boucles de ses chaussures, trahissaient une certaine nervosité.

— Tu peux me poser des questions si tu veux, tu le sais, non ? J'ai toujours essayé de t'aider depuis ton arrivée ici, tu sais que tu peux avoir confiance en moi ?

— ....

— Tu le sais, Ania, non ?

Anne-Chantal essayait désespérément de percer la carapace. L'utilisation de ce diminutif d'affection resterait malgré tout une tentative vaine.

— ....

— En tout cas, lorsque tu le voudras, je suis là, ma puce. Comme je te le disais, Matthieu, toi et moi, nous allons nous retrouver au procès. C'est d'accord ?

— ....

— Tu ne veux toujours rien me dire, Ania ?

— ...

— Le procès commencera dans deux semaines exactement.

— ...

— La semaine prochaine, Matthieu viendra te voir une nouvelle fois pour t'expliquer en détails la manière dont le procès se déroulera. D'ici là, tu peux me poser toutes les questions. Pas aujourd'hui si tu n'en as pas envie mais à n'importe quel moment tu peux venir me trouver. Tu ne me dérangeras jamais. Je te le promets...

Aucun son ne filtrait des lèvres pincées de l'adolescente. La directrice admit qu'insister ne résoudrait rien. Mal à l'aise face à son échec, Anne-Chantal préféra mettre fin à l'entretien.

— Tu peux y aller, ma grande. Rejoins les autres au réfectoire, c'est déjà l'heure de dîner.

Anna s'esquiva rapidement et la directrice n'entendit plus que le bruit des semelles de Converse glissant sur le vieux parquet. Elle comprit aux échos soudainement rapprochés qu'Anna parcourait en courant les derniers mètres la séparant de la sortie.

La lourde porte n'était pas encore totalement refermée qu'Ania éclata en sanglots. Toute la pression accumulée dans le bureau de la directrice jaillit instantanément. Elle avait accéléré le pas pour ne pas s'effondrer dans le couloir. Elle n'avait jamais flanché devant un adulte et n'avait pas l'intention de le faire ce soir. Surtout pas devant cette vieille bique qui n'arrêtait pas de vouloir la cajoler ! Ania. Ma grande. Putain ! Elle se prend pour ma mère ou quoi, cette pétasse ? S'assurant que personne n'était là pour la voir, elle franchit en courant l'étroite cour pavée et se glissa derrière le préau utilisé pour stationner certains véhicules. Elle affectionnait cet endroit et en avait souvent fait un refuge. Elle le rejoignait dès qu'elle voulait être seule, vraiment seule. Là, à l'abri du petit muret de parpaings recouvert de lierre, prostrée, elle laissa libre cours à sa détresse. Ses mains tremblantes mirent du temps à maîtriser la pierre du briquet. Elle tentait nerveusement d'enflammer la cigarette dérobée plus tôt dans le paquet d'une surveillante. Elle avait beau aspirer de toute la force de ses poumons, le parfum suave du tabac semblait incapable de calmer sa panique. D'habitude, une ou deux bouffées la plongeaient dans une béatitude immédiate. C'était cet effet presque enivrant qui lui plaisait et qu'elle tentait de retrouver à chaque cigarette depuis quelques mois. Mais pas ce soir !

Jamais elle n'aurait la force d'affronter le regard de ces hommes qui lui avaient volé sa sœur. Même les encourageantes paroles que la voix de Laura ne cessait de distiller dans son esprit ne parvenaient pas à lui donner le courage nécessaire.

Les trois jours passés à Grenoble furent une lente descente aux enfers. Comme promis, Anne-Chantal mit tout en œuvre pour soulager la jeune fille. Las ! La confrontation avec les trois meurtriers de Laura fut éprouvante et cruellement déstabilisante.

Le procès intervenait tardivement. Très tardivement même, au regard des délais habituels en matière criminelle. Plus de sept années s'étaient écoulées depuis la nuit des supplices. La police avait pourtant rapidement identifié les trois militaires du contingent impliqués dans le rapt puis le supplice de Laura. Deux d'entre eux avaient été interpellés dès septembre 1990, soit neuf mois après le drame. Il avait été beaucoup plus difficile de mettre la main sur le troisième larron, celui qui visiblement avait été le chef d'orchestre de la nuit. À l'issue de son service militaire, il avait soudainement quitté le pays. À l'abri dans un état ne collaborant pas avec la justice française, il avait coulé de beaux jours durant plusieurs années. Il avait savouré avec ravissement sa mise en cause formelle par la police. La lecture des médias français lui avait permis d'être informé de la traque dont il était l'objet. Finalement, courant 1995, plus de cinq ans après les faits, gravement malade, il avait rejoint la France afin de bénéficier de soins que son pays d'accueil ne pouvait pas lui offrir. Il avait été incarcéré dès sa descente d'avion. C'était un homme moribond, rongé et affaibli par le sida qui comparaissait devant la cour d'assises.

Anna percevait la tension qui régnait dans la salle d'audience. La description de l'agonie de sa sœur lui fut épargnée, pourtant elle comprit parfaitement l'ignominie qui précéda la mort de Laura.

Lorsqu'elle était présente, l'adolescente se recroquevillait sur le banc, au premier rang. Elle fixait stoïquement le box des accusés. Elle souhaitait que l'image de ces trois bourreaux s'imprègne à jamais dans son esprit. Elle voulait aussi que Laura, qui ne cessait de pleurer et de hurler dans sa tête, puisse voir les trois hommes qui lui avaient ôté la vie. Le procès marqua en effet un bouleversement dans la relation qui unissait les deux sœurs. Laura abandonna le rôle de grande sœur rassurante et cajoleuse pour revêtir un costume plus déconcertant. Elle, d'habitude si stoïque et positive, par nature bonne conseillère, devint une force plus ambiguë. La noirceur qui habillait jusqu'alors l'environnement se distilla subrepticement dans l'esprit de l'adolescente.

Ania en était persuadée. Sa sœur vivait par ses yeux. Ils paraissaient si décevants, ces trois assassins. Tassés sur eux-mêmes, le regard fuyant nerveusement. Répondant d'une voix presque fluette. Ils n'avaient rien de la superbe sanguinaire qu'Anna pensait trouver chez eux. Des jeunes chiens craintifs présentant l'échine pour contrer les coups. Elle avait toujours détesté les chiens. Ces sales clébards méritaient juste de crever ! Elle aurait aimé leur donner les coups de pieds qu'elle réservait habituellement au vieux bâtard qui traînait aux abords du foyer.

La nervosité était palpable lorsque les magistrats accompagnés des membres du jury firent solennellement leur entrée après la longue délibération. Le président portait une pochette qu'Anna identifia immédiatement. L'avocat lui avait expliqué le déroulement et l'importance de cette pochette qui renfermait les conclusions des jurés.

Elles allaient enfin savoir. Être délivrées. Vengées aux yeux de tous.

Dans la tête de l'adolescente, Laura hurlait sans discontinuer. Depuis le matin, elle suppliait sa petite sœur de l'aider. Ania avait beau tenter de la rassurer, la voix ne se taisait pas. Laura était paniquée. A l'approche du dénouement, elle revivait son calvaire. Comme encouragée par les cris insupportables, Anna sentait poindre une colère sourde. La fatigue physique et nerveuse transformait sa haine pour ces hommes en une migraine insupportable. Elle détestait ces hommes. Étrangement, elle haïssait tout autant les autres qui ne cessaient de la regarder avec un regard apitoyé. Ces vieux cons de juges ! Cet avocat pédant qui passait son temps à caresser son bras en lui parlant ! Elle avait bien vu son regard concupiscent glisser sur son corps ! Putain, il ne valait pas mieux que les autres ! Elle repoussa nerveusement la main que Mathieu Novatte lui présentait. Croyait-il qu'elle avait besoin de lui pour supporter cette mascarade ! Sa rage intérieure se déversait toute entière contre ce magistrat cacochyme qui égrenait le jugement d'une voix empâtée. Ania ne comprenait pas cette longue litanie d'articles du code pénal, cet interminable rappel d'attendus insaisissables. Et cette rapide et brutale conclusion. Pour le viol, les actes de torture et le meurtre de Laura Jankowska, les trois hommes étaient reconnus coupables et condamnés à des peines de prison de sept, quatorze et vingt ans.

À l'écoute de ce verdict incompréhensible qui déclencha un brouhaha de contestations dans le public serré sur les travées de bois, Anna sentit une boule de feu ravager son cerveau. Elle mit du temps à saisir que la voix de Laura hurlait en elle avec une intensité jamais perçue. Les mains plaquées contre ses oreilles, elle tenta vainement d'obtenir le silence. Elle glissa du banc de bois, roula sur elle-même quelques secondes avant de s'écrouler, inanimée, sur le sol de marbre blanc de la salle d'audience.

Partie 2
Vengeance initiatique

Chapitre 1

15 mai 2012 — Quartier du Neuhof — Strasbourg. Le caporal-chef Amadou Tioré était rentré d'Afghanistan depuis un peu plus d'une semaine. Il peinait toujours à récupérer du décalage horaire et de la fatigue accumulée durant les quatre mois et demi passés sur place. Depuis son retour, il vivait dans une torpeur permanente. Il dormait presque toute la journée, se contentant de brèves périodes éveillées pour ingurgiter tout ce qui lui tombait sous la main. Plus les mets glanés étaient sucrés, plus il les avalait goulûment. Il dévorait, en quelques secondes, paquets de gâteaux chocolatés, barres glacées ou litres de sorbet. Il était gourmand et compensait en se gavant la monotonie roborative des menus militaires de là-bas.

Engagé dans l'armée depuis onze ans, Amadou était tireur de précision dans une unité parachutiste. Il avait passé plus de dix-huit semaines à arpenter, en véhicule blindé ou à pied, le fond de vallées sans fin, à une quarantaine de kilomètres de la capitale, Kaboul. Scrutant le terrain avec vigilance à travers le réticule de la lunette grossissante placée sur son fusil, il avait comme mission de repérer une éventuelle présence ennemie, si possible avant l'attaque surprise ou l'embuscade meurtrière. Lorsque les talibans, qui se fondaient si aisément dans les paysages rocailleux de ce district afghan, harcelaient ses camarades, Amadou devait immédiatement trouver une position. Son job était alors de rendre coup pour coup à ceux d'en face. Amadou avait, à plusieurs reprises, tenu en ligne de mire un de ces salopards. Sans réfléchir, reproduisant à la perfection les gestes maintes fois répétés en France sur des cibles de carton, il avait, dans la même seconde, bloqué sa respiration et exercé une pression continue, sans à-coup, sur la queue de détente du fusil afin d'ouvrir le feu. À chaque tir, il lui avait semblé que le corps visé s'affaissait. Il l'espérait. Froidement. Juste pour le bien de ses camarades qui, dans les secondes suivantes, devaient s'élancer à l'assaut de la position ennemie.

Dès son retour en France, il n'avait pu s'empêcher de rejoindre Strasbourg. Toutes ses attaches étaient dans cette ville. À Pamiers, la commune où il était basé, le caporal-chef Tioré s'était contenté de déposer hâtivement son lourd paquetage. Il avait filé directement à la gare.

Dans la capitale alsacienne, il s'était réfugié dans l'appartement familial au rez-de-chaussée d'une barre HLM au cœur du quartier de Neuhof. Malgré la mauvaise réputation de cet endroit, Amadou s'y sentait chez lui. Il avait grandi là, à l'abri des tours. Sa jeunesse s'était construite autour de la même bande de copains. Certes, adolescent, il était turbulent. Certes, il avait bien souvent franchi la ligne rouge et passé quelques mauvaises nuits en garde à vue. Mais Amadou savait depuis toujours ce qu'il voulait faire de sa vie. Contrairement à la plupart de ses acolytes qui, des années plus tard, étaient toujours là, profitant à l'identique des petits trafics, enchaînant galères et embrouilles, Amadou avait un objectif, une ambition. Il avait toujours voulu être parachutiste dans l'armée ! Alors, le lendemain de son dix-huitième anniversaire, il avait rejoint le centre de recrutement de Strasbourg, dans les beaux quartiers. Là, il avait rapidement rempli le dossier et s'était engagé.

Depuis, il revenait souvent au Neuhof, saluait toujours avec effusion ses amis d'enfance. Ils le pressaient de raconter, de parler. Mais comment leur expliquer l'inexplicable, l'indicible ? Amadou préférait combler le vide qui les séparait désormais en partant dans un immense éclat de rire.

À son retour d'Afghanistan, il avait décidé de passer une partie des trois semaines de vacances offertes par l'armée, chez lui, au plus près de sa mère qui avait tant pleuré durant son absence.

— Tous les jours, tous les soirs, lui avait assuré Fatima, sa petite sœur.

Amadou avait serré contre son cœur ses deux petites femmes fluettes. Sa maman, toujours vêtue de ses longs boubous colorés qui lui rappelaient le Sénégal de son enfance. Et Fatima, qui du haut de ses bientôt dix-huit ans, évoquait de plus en plus souvent son départ du giron maternel.

Ce jour-là, il dut faire un effort pour se lever du canapé où il était allongé depuis le matin, s'abrutissant de programmes de télé-réalité. Il avait promis à son cousin de l'accompagner en boîte de nuit et ne pouvait pas revenir sur cet engagement. La discothèque Le Dream, dans le centre-ville de Strasbourg, annonçait depuis de longues semaines la venue d'un disc-jockey réputé et son cousin Nasser voulait absolument assister à cet événement. Malgré les dix années les séparant, ils étaient très proches, Amadou endossant avec plaisir le rôle de grand frère.

Il récupéra Nasser à l'heure dite. Et trois quarts d'heure plus tard, peu avant minuit, les deux garçons pénétraient dans l'établissement déjà bondé, sans même endurer l'interminable file d'attente, à la plus grande joie de Nasser. Amadou connaissait de longue date l'un des physionomistes, strasbourgeois comme lui, ancien du même régiment et reconverti en agent de sécurité à la fin de son contrat militaire.

La soirée fut conforme aux attentes de Nasser. Musique électronique assourdissante. Spots lumineux aveuglants. Foule en liesse scandant en sautillant chacun des morceaux mixés par le DJ. Amadou avait toujours détesté cette ambiance étouffante. Lui, la musique qu'il aimait et qui le faisait vibrer, c'était depuis toujours le rap. Pas la mélasse que certaines radios diffusaient en France et qui se réclamait de ce courant musical ! Non ! Le rap américain *hardcore*, celui que les premiers artistes de Philadelphie enregistraient au tout début des années 80 avec les moyens du bord dans des studios improvisés. Alors ce soir, forcément, il était à des années-lumière de son univers. Il n'avait pas quitté son fauteuil de toute la soirée. Plutôt mourir que se laisser aller sur cette soupe électronique !

Vers trois heures du matin, il dut argumenter de longues minutes, hurlant dans l'oreille de son cousin pour se faire entendre, avant que ce dernier ne daigne quitter la boîte. L'air frais de cette nuit printanière fut salutaire à Amadou qui appréhendait de prendre le volant. Les quelques verres d'alcool fort, cumulés avec la fatigue, lui faisaient craindre l'endormissement. Finalement, il réussit à ramener Nasser sans encombre.

Les ennuis commencèrent ensuite. En déposant le jeune cousin au pied de sa tour, Amadou s'aperçut avec agacement que le blouson de toile beige qu'il portait au début de la soirée, n'était pas dans la voiture. Il se rappelait pourtant bien l'avoir réclamé aux vestiaires en quittant la discothèque et il lui semblait encore ressentir le poids du vêtement négligemment plié sur son bras. Où avait-il pu l'égarer ? Sur le trajet séparant la boîte de la place de stationnement ? Lorsqu'il avait cherché les clefs qu'il ne retrouvait plus ? Peu importait ! Il en était quitte pour un détour de quelques kilomètres. Les trois cent euros déboursés pour acquérir cette merveille de mode italienne valaient bien un petit contre-temps.

— Putain, et mes clés en plus ! grogna Amadou en s'apercevant que le trousseau de l'appartement de sa mère était lui aussi introuvable.

De retour aux abords de la boîte de nuit, il parvint à se garer pas très loin de la place quittée moins d'une heure plus tôt. Absorbé par sa quête, tentant de scruter chaque parcelle du trottoir parfois bien sombre, il parcourut à grandes enjambées les quelques dizaines de mètres en question. Nulle trace de son blouson ! Pas réellement surpris mais franchement furieux, il s'approcha des deux vigiles qui fumaient une cigarette devant la porte de l'établissement. La musique continuait à hurler à l'intérieur. Chaque sortie de clients laissait filtrer des bouffées de sons étouffés. Aucun des deux physionomistes n'avaient aperçu le fameux blouson.

Amer, Amadou revint vers son véhicule en traînant les pieds.

— Salut toi, beau militaire ! Tu es finalement revenu ?

Perdu dans ses ruminations, Amadou sursauta. Dans un réflexe instinctif, il se retourna brusquement, tassé sur lui-même, tous les sens en éveil, prêt à en découdre.

Malgré l'obscurité qui l'environnait, il aperçut une femme à quelques mètres de lui, le dos nonchalamment appuyé contre un mur. Il ne distinguait pas son visage dissimulé par une capuche. Elle s'approcha, entrant peu à peu dans la zone de lumière blafarde diffusée par un lampadaire. Amadou jura aussitôt.

— Putain ! Vous l'avez trouvé !

La jeune femme lui tendit le blouson.

— J'ai essayé de te le ramener tout à l'heure mais tu ne m'as pas vue en démarrant. Visiblement ton copilote t'accaparait totalement.

— Oui ! Mon cousin n'avait aucune envie de partir, il adore cette boîte, répondit Amadou en désignant de la main les néons de l'établissement. Merci en tout cas pour le blouson ! Je suis revenu spécialement, je pensais vraiment me l'être fait voler...

— De rien, tu as eu raison de revenir. C'est un chouette blouson... Je l'aurais bien gardé, crois-moi. Laura ! Enchantée !

Elle retira sa capuche de la main désormais débarrassée du blouson et lui tendit l'autre.

— Merci Laura, je m'appelle Amadou.

Le contact chaud et agréable de la main fine de la jeune femme dans la sienne fut fugace. Néanmoins, l'insistance qu'elle y mit électrisa doucement son bras.

Amadou tentait vainement de reprendre le fil de ses esprits. Il avait initialement capté un danger et restait sur cette impression. Désormais face au sourire de Laura, il ne parvenait pas à établir de lien et cela le déstabilisait.

— Militaire... Comment vous savez ?

— Hé ! Pas de stress ! enchaîna Laura pour calmer la nervosité qu'elle percevait. Rappelle-toi, je t'ai croisé dans la boîte tout à l'heure... Militaire ? Franchement, tu ne t'en caches pas. Tu as vu ton T-shirt ? C'est un aspirateur à filles, ça, non ?

Amadou baissa instinctivement les yeux et se détendit immédiatement. Quel nigaud ! Il avait oublié ! Le T-shirt des parachutistes ! Orné d'une tête de mort coiffée du fameux béret rouge qui affirmait « Le diable rit avec nous » en larges lettres jaunes. Il était fier de son métier et avait toujours aimé la provocation.

— Ok ! ricana finalement le jeune homme. Pas très subtil en effet !

— Oui... mais au moins, on te remarque tout de suite, enchaîna-t-elle en posant son index sur le torse du jeune homme et en suivant le contour du dessin. Dommage que tu ne danses pas. J'ai eu beau me trémousser devant toi, tu ne m'as même pas remarquée de toute la soirée, regretta Laura. Elle plongea un regard faussement peiné, mais vraiment provoquant et enjôleur dans celui d'Amadou.

— J'ai... J'ai jamais vraiment aimé cette ambiance. Et puis danser... ben, c'est pas trop mon truc, parvint-il à ânonner.

— Ouais, je vois bien... Et c'est quoi, toi, ton truc ? ... À part délaisser les filles ?

Subjugué, il suivait des yeux la main de la jeune femme qui s'attardait sur son torse, lui caressait ostensiblement la poitrine.

— Pfff ! Je sais pas moi... Tu m'embrouilles là ! Des trucs moins chelous ! C'est ça, mon truc. Tu me fais quoi comme plan, là, cousine ?

— J'ai pas de plan. Je crois juste que j'ai mérité une récompense pour ton blouson ? susurra Laura en réduisant encore la distance la séparant d'Amadou.

— ....

Décontenancé, Amadou comprenait aisément ce que Laura proposait sans aucune retenue. Il peinait pourtant à réaliser l'étrange concours de circonstances de cette fin de nuit. Malgré un physique avenant et une désinvolture naturelle, il était rarement à l'aise face aux filles. Ses copains de l'armée se moquaient assez souvent de lui et de son incapacité presque légendaire à terminer une soirée autrement que seul...

— Ben, si ! Ouais... Bien sûr...

Il se faisait vraiment l'impression d'être en-dessous de tout. Même pas capable de rétorquer une phrase un peu moins cruche que ses ridicules balbutiements.

— T'aimes pas danser ! T'es pas très causant ! Pfff ! Bien ma veine, minauda Laura.

— Si, attends, c'est juste que ! Tu vois quoi ?

— Tu veux pas me raccompagner ? Je n'ai pas vraiment envie de rentrer seule, finit-elle par avouer.

Quelques minutes plus tard, la voiture quittait sa place de parking. À peine installée à ses côtés, Laura avait glissé sa main sur la cuisse musclée du jeune homme.

— Tu m'emmènes où ?

— Je suis chez ma mère là ! C'est pas possible qu'on aille chez moi, avoua Amadou.

— Tant pis... On n'a pas forcément besoin d'un lit, non ? le rassura Laura. Je connais bien d'autres manières de s'amuser, tu sais ?

Penchée contre lui, le visage à quelques centimètres du sien, elle glissa sa langue le long du cou du conducteur. Sa main câline s'arrêta sur la partie du corps d'Amadou qui prouvait le mieux le trouble incontestable du jeune homme. Bien que contraint par l'étoffe du pantalon, son sexe était durci par le désir.

— Je vais t'indiquer un endroit tranquille. Ne t'inquiète pas ! Laisse-moi faire !

Dans un état second, Amadou se laissa guider. Ils traversèrent plusieurs quartiers et se dirigèrent vers le vaste espace occupé par le port fluvial de Strasbourg.

La lumière naissante du jour commençait à percer l'obscurité. Laura indiqua un recoin boisé, très à l'écart des derniers bâtiments de la zone industrielle. La voiture s'engagea sur l'étroite route sans issue. Face aux premiers bosquets, Amadou stoppa la voiture. Il sentait la sueur perler le long de sa nuque. Il n'avait pas cessé de retourner dans sa tête les derniers événements de la nuit. Impatient, il recula son siège tout en l'inclinant afin de gagner un peu d'espace. Sans prononcer aucune parole, la jeune femme se pencha sur lui. Il sentait ses doigts dégrafer maladroitement les boutons de son pantalon. Ivre de désir, le sexe d'Amadou se dressa bientôt à l'air libre. Il se souleva de quelques centimètres et aida la jeune femme à baisser davantage encore le pantalon et le caleçon coloré. La bouche de Laura se referma autour de lui et le jeune homme poussa un long soupir. La caresse était divine. Les boucles de cheveux noirs de la jeune femme battaient contre son bas-ventre dénudé. Les mèches se confondaient presque, dans la lumière encore faible, avec sa peau ébène. Malgré les efforts pour se contenir davantage, il succomba en quelques secondes et éjacula brusquement, se mordant les lèvres pour ne pas jurer. Laura, visiblement surprise, hoqueta mais resta collée à lui, prolongeant habilement le plaisir du jeune homme. Il finit de se décharger en elle en de longs spasmes durant lesquels il ferma les yeux de plaisir.

Les yeux rieurs mais les lèvres closes pour retenir la semence qui remplissait sa bouche, elle se releva et ouvrit la portière. Après quelques mètres, elle se pencha en avant et cracha bruyamment ce qu'elle n'avait pu avaler.

Amadou était confus, rageur de conclure si rapidement. Il s'attendait à une bonne partie de baise mais venait de tout gâcher par son manque de contrôle. Penaud à l'idée de l'image qu'il venait de donner, il s'approcha. Retenant son pantalon dégrafé d'une main, il posa l'autre sur le dos toujours penché de Laura.

— Je suis désolé, ma puce ! Tu m'as tellement chauffé, se justifia-t-il en cherchant vainement à convaincre la jeune femme de ne pas s'enfuir à toutes jambes.

— T'inquiète pas ! J'ai adoré, le rassura-t-elle en se redressant. Tu m'as surprise, c'est tout. Viens ! À toi de me donner du plaisir maintenant. T'as intérêt à vite récupérer ! J'ai vraiment envie de toi !

Elle lui prit la main et fit quelques pas en direction du bosquet. Amadou se laissa mener, heureux de la tournure finalement prise.

Il se ravisa soudainement.

— Je dois avoir un plaid ou une couverture dans la voiture. Attends-moi !

— Je t'attends ! Promis ! Je ne compte pas partir sans toi, plaisanta Laura.

Il la regarda. Elle lui souriait joyeusement et

effrontément. Elle avait toujours ce regard ensorcelant, à la limite de la vulgarité. Il adorait ce genre de fille qui ne s'embarrassait pas. Elle voulait la même chose que lui et basta ! Il fit demi-tour et rejoignit en petites foulées la voiture.

Elle était toujours là ! La vieille couverture à motifs écossais gisait roulée en boule au fond du coffre de la voiture de sa mère. Heureusement que la vieille ne change pas, pensa Amadou goguenard. Il n'avait pas touché une fille depuis près de cinq mois, et encore la dernière avait été payée ! Voilà qu'une « bimbo » lui tombait entre les mains sans rien avoir à demander. Il se promit d'assurer cette fois-ci. Elle allait voir ce dont il était capable !

Laura faisait face au bois, tournant le dos au jeune homme. Celui-ci, le pantalon remonté mais toujours béant sur son sexe sorti, la rejoignait à grandes enjambées en agitant le plaid de laine.

– J'avais raison ! On va pouvoir s'allonger, lui cria-t-il, presque euphorique.

Laura ne se retourna pas immédiatement. Amadou voyait qu'elle regardait ses mains, serrées autour d'un sac assez volumineux qu'elle n'avait pas lâché depuis leur rencontre. Amadou pensa qu'elle cherchait un téléphone portable, ou un mouchoir en papier. Lorsqu'elle se retourna enfin, le jeune militaire se figea, tétanisé.

Les belles promesses des yeux trop maquillés avaient disparu pour laisser place à un masque terrifiant. La mâchoire était crispée en un rictus déterminé. Laura le toisait d'un regard glacial. Tout le charme coquin de la jeune femme s'était envolé. Une rage folle, proche de la haine, semblait l'habiter. Sans oser le moindre mouvement, ahuri, Amadou baissa instinctivement le regard. Il vit le pistolet électrique au moment où la jeune femme pressait la détente.

Deux dards métalliques vinrent se planter dans le torse du jeune homme. Les deux poinçons s'enfoncèrent de quelques millimètres dans sa chair transmettant une décharge électrique de plusieurs dizaines de milliers de volts. Terrassé, il s'effondra lourdement sur le sol. Ses membres tressautaient sous l'action paralysante du courant électrique. La main toujours crispée autour de la couverture, il perdit connaissance.

La jeune femme s'approcha du corps inanimé. Méticuleusement, elle passa une paire de gants en latex, qu'elle doubla par une paire en nylon noir. Avec des gestes proches de ceux utilisés en secourisme, Laura retourna assez aisément le corps. Les deux aiguillons métalliques étaient toujours fixés dans la peau noire. Elle tira d'un coup sec afin de les retirer.

La capuche de son blouson rabattue sur le visage, elle scruta rapidement les alentours. Un dimanche matin, la zone industrielle qui s'étendait entre l'aérodrome et le port fluvial du Rhin était déserte. Comme prévu.

Il lui fallut plusieurs minutes pour déplacer le corps des quelques mètres nécessaires. Elle avait été trop impatiente : elle aurait dû le laisser s'approcher encore davantage avant de le foudroyer. Une erreur stupide qu'elle payait maintenant. Elle tenait à le positionner à l'endroit précis repéré quelques jours plus tôt. La mise en scène était essentielle et elle voulait absolument respecter ce qu'elle avait imaginé.

Le déshabiller fut un jeu d'enfant. La période printanière était propice aux vêtements légers et l'homme lui avait involontairement facilité la tâche en ne reboutonnant pas son pantalon.

Le sac de sport d'une grande contenance acheté dans une enseigne commerciale grand public était toujours à sa place, dissimulé dans le bosquet sous des branchages.

Après avoir retiré la lourde pochette de plastique renforcé qui se trouvait à l'intérieur, elle y fourra les vêtements d'Amadou et ajouta la foutue couverture écossaise.

L'aboutissement de son scénario approchait. La succession de scénettes jouées depuis trois jours allait enfin trouver son dénouement.

— Tout commence maintenant, ne put-elle s'empêcher de murmurer.

Avec des gestes méthodiques, elle déballa ses instruments. Le tranchant des lames reflétait les premiers rayons du soleil levant.

La vengeance débuta par un coup porté avec précision. L'objet du péché glissa piteusement sur l'herbe sèche.

Chapitre 2

Je suis fière de toi, Skarbie moje ! Tu as été si courageuse hier, ma chérie !

La voix de Laura la tira de sa torpeur. Anna sourit. Couchée sur son lit, entièrement nue, elle avait dormi plusieurs heures d'affilée. Depuis quelques minutes, elle somnolait par intermittence, goûtant la relative fraîcheur qui régnait dans l'appartement. Elle ne relevait jamais les stores, entretenant ainsi quelle que soit la saison, une température fraîche, bien plus agréable que la moiteur qui étouffait ce mois de mai.

Je savais que tu pouvais le faire ! Tu es si forte, ma sœur.

Anna roula sur le côté, entourant de ses bras le coussin rose qui ne la quittait pas depuis sa plus tendre enfance. Un des rares vestiges de sa vie d'avant.

Elle ferma les yeux de plaisir. Elle avait douté d'elle. Trop même. Mais finalement, tout s'était passé à la perfection. Le plan qu'elles avaient établi avait été suivi à la lettre.

Désormais, ils vont devoir payer pour ce qu'ils ont fait, continua Laura. Sa voix bourdonnait dans la tête d'Anna. *Ils vont connaître la peur grâce à toi, ma petite princesse.*

Anna hocha la tête. La vengeance avait commencé hier.

— *Zemsta* ! *Zemsta* ! *Zemsta* ! murmurèrent en chœur les voix mêlées des deux femmes. Ce terme polonais désignant la vengeance résonnait, leitmotiv, battement de cœur partagé par ces sœurs siamoises.

Toujours nue, Anna quitta sa chambre et se rendit dans la cuisine. Profitant du silence, les yeux clos, avançant à l'aveugle dans le court labyrinthe du couloir, ouvrant alternativement un bras puis l'autre pour mieux laisser le bout de ses doigts caresser les murs au gré de ses déplacements. Elle se laissait juste guider par ses sensations digitales. Tout son corps se résumait alors à la pulpe de ses doigts, chacun de ses nerfs semblait relié à ces capteurs prodigieux. Anna avait toujours aimé ce contact rassurant. La froide présence d'une cloison, la présence immuable de lieux familiers. Enfant déjà, en pleine nuit, elle quittait parfois le dortoir des filles, trompant la vigilance des pions, et errait de longues heures le long des couloirs sans fin de l'hospice viennois, usant ses doigts jusqu'au sang à trop les frotter contre le plâtre craquelé des vieux murs. Avec l'expérience, elle anticipait parfaitement les ruptures produites par les portes ou les angles.

Une fois pourtant, une nuit de juillet 1991, les errances de la petite orpheline avaient pris une autre tournure. Alors que la chaleur brûlante accumulée tout au long de la journée régnait encore dans le labyrinthe du bâtiment, Anna s'était arrêtée quelques secondes pour épancher sa soif dans les sanitaires du dernier étage. Sa route avait croisé celle d'un monstre.

Pourtant, malgré le traumatisme, elle n'avait jamais perdu cette habitude et plusieurs années plus tard, désormais femme, sa silhouette fine et musculeuse errait encore sans but, offrant sa nudité en spectacle au dépouillement ambiant. Ses doigts reconnaissaient d'instinct la moindre imperfection du revêtement. Aucune fantaisie ne venait rompre la monotonie des pièces toutes peintes à l'identique, d'un blanc cassé immaculé. Aucun élément de décoration n'apportait une quelconque touche personnelle. L'impression inhospitalière qui émanait de l'appartement tenait principalement au vide absolu qui y régnait. Comme si ces mètres carrés étaient en attente, entre deux occupants, boîte close en jachère. Difficile de penser qu'un être humain vivait ici depuis plusieurs années. Peu de signes tangibles trahissaient une présence quotidienne. Et pourtant, Anna passait de longues heures dans ces lieux dont seul l'aspect fonctionnel du très rare mobilier avait guidé la mise en place.

Un lit trônait dans la pièce dédiée au repos. Une lourde couette était roulée au pied et l'unique coussin rose égayait d'une touche de couleur les draps invariablement blancs tout au long de l'année. Anna avait choisi à dessein ce matelas immense. Bien qu'aucune personne n'ait franchi les portes de son antre depuis qu'elle s'était établie ici et qu'elle n'ait jamais accueilli le moindre partenaire sur cette couche, elle aimait les proportions démesurées de son lit. Elle l'avait installé au centre de la pièce en veillant à maintenir un espace suffisant tout autour. Elle voulait avoir ses aises la nuit et il lui arrivait, le jour, de marcher de longues minutes autour du lit, arpentant sans but la douve créée, mimétisme troublant d'un animal pris en cage. L'unique armoire de l'appartement était disposée dans la pièce jouxtant cette chambre. Elle n'avait choisi ce dressing massif et sans aucun charme, juste pour ses caractéristiques matérielles : les nombreuses possibilités de rangement et grands volumes valaient, à ses yeux, toutes les fioritures extérieures. L'armoire débordait de vêtements. Ermite volontaire vivant le plus souvent en retrait de la société, Anna aimait pourtant jouer de sa féminité dès lors qu'elle devait quitter son lieu de vie. Son vestiaire débordait de robes, jupes, chemisiers, pantalons de tous styles, aux tissus raffinés et aux coupes précises. Elle ne concevait pas de s'offrir à la vue des autres autrement qu'apprêtée avec attention. Anna abhorrait les vêtements amples et *sportwear* presque informes, qu'une partie des filles avait adoptés sans aucun respect pour leur propre corps. Elle, qui avait besoin de ce terrier monacal et aseptisé pour conserver le contrôle de ses émotions, avait paradoxalement toujours aimé les atours des silhouettes féminines raffinées. Et puis quel meilleur moyen de se fondre dans le paysage que de se couler dans les codes attendus. Anna n'avait jamais approfondi ses recherches et se référait donc à ce seul personnage, mais elle se plaisait à incarner un archétype moderne du légendaire Janus. Elle vivait au quotidien les deux facettes de sa personnalité. L'antre de son appartement était le seul cocon où sa double personnalité pouvait s'exposer sans protection. Dichotomie assumée qui la voyait muer de la nudité qui était la sienne dans le ventre protecteur de son intimité à sa carapace apprêtée de femme assumée à l'extérieur. Si elle ne recherchait pas le regard des autres, elle jouissait des possibilités infinies que la mode offrait aux femmes. Elle s'habillait avec un goût assuré et ne comptait jamais lorsqu'elle remplissait les paniers virtuels de boutiques en ligne. Elle achetait compulsivement. Là résidait sa seule lubie, presqu'un défaut qu'elle assumait sans ambages. Ses nombreux manteaux comme toutes les autres pièces de son vestiaire étaient étiquetés des marques françaises et étrangères les plus en vogue. Des dizaines de paires d'escarpins et de bottes s'entassaient dans un placard. Un entêtant et perturbant parfum de détergent utilisé pour nettoyer les semelles se mêlait à celle du cirage qu'elle appliquait régulièrement sur le cuir de chacune de ses paires. Dès qu'elle rentrait chez elle, Anna mettait un soin maladif à nettoyer chaque millimètre de ses chaussures. Aucun miasme extérieur ne devait contaminer la pureté de son univers domestique. Elle préservait scrupuleusement ce protocole garant de l'asepsie qu'elle souhaitait. Il lui arrivait régulièrement de se débarrasser d'une paire ou d'un vêtement si elle le pensait souillé au-delà de ce qu'elle pouvait accepter.

Dans la cuisine, la jeune femme avait comblé un de ses rares désirs gourmands en acquérant une machine à café italienne. Ce bijou aux chromes rutilants préparait les cafés expresso qu'elle avalait à n'importe quelle heure du jour ou de la nuit. Anna sortit une grande tasse blanche du meuble fixé au-dessus du plan de travail. Elle lança la confection d'un long café. Durant tout le travail de la machine, elle regarda avec attention, couler le breuvage aux reflets ténébreux. La vapeur aux parfums intenses trahissant un Robusta guatémaltèque grand cru parfumait la pièce. La dernière goutte tombée, elle nettoya consciencieusement les ustensiles et quitta la cuisine, la tasse fumante à la main.

Après avoir ôté toutes les traces visibles des précédents locataires, Anna avait appliqué une couche de peinture blanche sur les plafonds et murs de tout l'appartement. Elle avait équipé chaque pièce d'appliques électriques dotées de puissants spots halogènes. Elle aimait baigner dans une lumière crue, étincelante. La luminosité chirurgicale était accentuée par la réverbération aveuglante sur les peintures murales. Elle détestait l'ombre et les lustres restaient souvent allumés toute une nuit. Cette manie ne l'empêchait jamais de s'endormir. Elle lui évitait les crises d'angoisse qui pouvaient la paralyser lorsqu'elle s'éveillait dans le noir complet. Elle mettait alors de longues minutes à retrouver des repères et à oser bouger. Les réminiscences de son enfance n'étaient jamais aussi perturbantes que dans ces instants de terreur brute.

Au centre d'une autre pièce, un large plateau en verre trônait, déposé sur deux tréteaux de bois, semblables à ceux qu'affectionnent les dessinateurs. La table de travail était occupée par un écran plat relié à un ordinateur connecté vingt-quatre heures sur vingt-quatre à internet.

La tasse fermement tenue, Anna se lova sur le fauteuil de cuir et d'un doigt, tira l'ordinateur de sa veille.

Dans sa bibliothèque musicale en ligne, elle cliqua immédiatement sur le morceau du compositeur hongrois

Ernó Dohnányi qu'elle écoutait en boucle depuis des mois. Le final du sextet en do majeur, Opus 37 pour piano, violon, viole, violoncelle, clarinette et cor. Elle ferma les yeux pour savourer les premières notes qui entraînaient immédiatement l'auditeur dans une envolée lyrique. Les instruments s'annonçaient les uns à la suite des autres, s'interpellant en une danse enlevée. Ce morceau découvert par hasard avait immédiatement fait écho à ce qu'Anna ressentait depuis l'enfance. Les instruments à cordes qui se coupaient, s'interpellaient, s'appelaient pour mieux se répondre les uns les autres tout en respectant le tempo donné par un piano étincelant, étaient pour elle la traduction des dialogues sans loi qui occupaient sa tête. Le fouillis précis et ordonné de ce morceau était selon elle la quintessence de la musique. De sa propre musique. De celle qui résonnait en elle en toutes circonstances.

Au début de l'adolescence, Laura s'annonçait sans prévenir, obligeant Ania à cesser toute activité et à s'isoler pour supporter cette intrusion. Elle avait longtemps été l'esclave de cette maîtresse fougueuse et indisciplinée. Non pas que la voix soit à l'origine autoritaire, mais Ania gérait très mal les apparitions perturbantes Elle avait été totalement dépassée. Peu à peu, avec l'habitude, elle était parvenue à domestiquer la voix de sa sœur disparue. Désormais canalisée, celle-ci avait compris puis appris qu'elle ne devait pas intervenir de manière aussi anarchique. Un agréable *modus vivendi* régnait désormais entre elles.

Anna pouvait aujourd'hui supporter avec application les obligations de la vie sociale. Si Laura avait besoin de parler, Anna sentait en elle l'approche de cet appel discret. Elle parvenait alors à donner le change le temps nécessaire puis s'isolait pour converser avec l'esprit parleur.

Chienne désormais tenue en laisse, Laura demeurait une

hydre imprévisible à la violence distillée au plus profond de l'être qu'elle habitait, cancer ruinant toute velléité de vie normale.

Ainsi apparemment sociable, préservant les apparences dans sa vie professionnelle, Anna restait une authentique solitaire. Elle ne se liait pas. Elle aurait été incapable de nommer un ami ou une copine. Son téléphone ne sonnait pas. Le tintement de la sonnette n'annonçait jamais l'arrivée de proches. Son temps libre, Anna le passait seule, cultivant méticuleusement une vacuité apaisante. Elle lisait beaucoup mais uniquement sur internet. Son appartement n'abritait aucun livre.

Depuis l'escapade aux bords du Rhin, la veille, Laura ne cessait de chantonner, guillerette et mutine. Anna était fière d'avoir pu lui procurer ce plaisir et ces instants de répit. Pour la première fois depuis de trop longues années, la voix semblait apaisée. Anna ressentait directement les bienfaits et la volupté de ce bien-être. Son cerveau bénéficiait directement de ce calme. L'impétueux bouillonnement qui l'agitait habituellement s'était calmé.

Au printemps 1997, après l'annonce de la condamnation des trois meurtriers, Laura avait disparu. Cet épisode judiciaire marquait clairement une rupture dans la vie d'Anna. Sa tête ne résonnait plus de cris, de pleurs, de joies. Étrangement, la jeune femme, avait eu les plus grandes difficultés à surmonter l'épreuve de cette solitude nouvelle. Visiblement suffisamment perturbée pour attirer l'attention, elle avait systématiquement refusé l'aide que les psychologues de l'orphelinat lui proposaient à périodes régulières. Dans un premier temps, elle avait pensé que la réponse apportée par la justice avait permis à Laura de partir à tout jamais pour goûter le repos qu'elle méritait. Anna avait ressenti une certaine forme de tristesse face à ce départ si soudain, cet abandon inattendu. Elle était petite lors de la mort de sa sœur et n'aurait alors pu nommer l'épreuve qu'elle traversait, mais là, de nouveau abandonnée, il lui sembla vivre un second deuil. Peu à peu, elle apprit à vivre sans la seule amie qu'elle n'ait jamais eue. Plongeant tête baissée dans cette nouvelle vie, elle avait alors tenté de rompre toute attache avec son passé, fuguant du foyer d'accueil la nuit même de son retour à Vienne. Durant quelques temps, avant d'être attrapée par la police, la jeune adolescente avait évolué dans les franges de la société. Anna n'avait jamais livré de détails sur cette période. Il n'y avait qu'elle qui savait quels chemins de traverse elle avait empruntés et à quelles flammes elle s'était brûlé les ailes. Étroitement encadrée par deux agents de police, elle avait finalement rejoint l'œuvre, subi la commisération de la directrice visiblement émue et retrouvé les habitudes sordides de l'orphelinat.

Et puis, trois ans plus tard, le jour-même de son anniversaire et de sa majorité, la voix était revenue sans crier garde. Cette immixtion avait mis fin à la longue errance solitaire. Le vide avait été comblé. Deux pièces s'étaient à nouveau assemblées.

Laura avait à nouveau pris possession de sa sœur. Elle n'avait jamais justifié sa disparition soudaine et ne s'était guère souciée de la vie de sa cadette durant ces trois années. Laura n'était plus la même. Elle semblait plus amère que jamais. Elle ne cessait de ressasser les mêmes ressentiments, son abjection pour le simulacre de justice. Comment accepter d'avoir souffert une telle agonie et de voir ses bourreaux repartir sur leurs deux jambes et continuer à vivre paisiblement ? Certes, ils étaient enfermés mais ils vivaient ! Cette idée même cristallisait toute la haine de Laura. Ils n'avaient pas suffisamment payé ! La prison était trop douce.

Durant les années suivantes, Anna dut supporter en permanence ce discours acariâtre.

Les nerfs à vif, Anna avait finalement accepté d'entrer dans le jeu de sa sœur pour mettre fin à ces diatribes atrabilaires. Tout accepter pour que la voix se taise !

— Oui, oui, oui ! hurla Anna. Oui, tu as raison ! Tes souffrances méritent autre chose que cette réponse. Tu as été humiliée une nouvelle fois lors du procès ! C'est injuste, dégueulasse ! ...Oui, je vais t'aider. On va se venger une bonne fois ! ...Oui, oui, oui ! ...Mais je t'en supplie ! Tais-toi maintenant... Tais-toi s'il te plaît ! Je n'en peux plus...

Les jérémiades prenaient fin. Quelques heures, quelques jours, parfois une semaine, la relation s'apaisait. Mais le remède était faillible, pas assez puissant pour juguler définitivement le mal. Et cycle infernal, Laura s'acharnait à nouveau contre sa cadette, métastasant à chaque crise une nouvelle parcelle saine.

Les rouages de la vengeance se mettaient en mouvement. La voix rongeait. Ania luttait puis finissait par capituler pour s'acheter un shoot apaisant dont elle savait devoir payer le prix. La voix n'avait de cesse en effet de rappeler chacune des promesses d'Anna. Elle attisait la volonté de sa sœur cadette lorsque celle-ci feignait d'oublier sa capitulation.

Laura était une marionnettiste tyrannique. Le pantin Anna se pliait à ses caprices, à ses ordres. La moindre tentative d'esquive était durement rabrouée.

Ébauchant un plan, le reprenant, envisageant les options, les deux sœurs parvinrent à la seule hypothèse qui ait trouvé grâce aux yeux de Laura. L'équation était basique, animale. Une réminiscence de la loi ancestrale du Talion : s'en prendre au clan adverse, rendre coup pour coup.

Elles allaient s'attaquer à des militaires, tuer, faire couler le sang. Rendre au centuple le mal qu'ils leur avaient fait.

Elles étaient des victimes. Elles avaient le droit de se venger. Elles le devaient ! La machination était basique. Affligeante de banalité.

La jeune femme serait l'appât. Elle attirerait ces hommes qui se permettaient de faire souffrir impunément le sexe opposé en se cachant derrière l'uniforme que la République leur octroyait ! Anna et Laura savaient ce qu'il fallait faire pour les punir ! Ces porcs ne pensaient qu'à satisfaire leurs plus bas instincts ! Les mener à l'abattoir ne serait pas difficile. Une affaire vieille comme le monde

Une fois ferré, n'importe lequel d'entre eux accepterait de suivre Anna vers l'endroit minutieusement choisi à l'avance. Elles les voyaient déjà bavant d'excitation.

Le reste ne serait que l'aboutissement.

Ils expieraient dans la souffrance ! Œil pour œil ! Dent pour dent !

Choisir la première cible avait été facile.

Par hasard, à son travail, Anna était tombée sur un article de la revue que la mairie de quartier du Neuhof éditait puis distribuait gracieusement une fois par mois. À chaque numéro, histoire d'améliorer un peu l'image du quartier, la publication en question mettait un habitant à l'honneur. Cette fois-ci, en avril, Amadou Tioré avait été choisi. La revue vantait l'enfant des barres HLM. Un garçon du quartier qui ne défrayait pas la rubrique des faits divers mais revenait en héros d'une mission en Afghanistan, bardé de médailles et de récompenses. Un modèle à suivre pour les gamins désœuvrés. La preuve évidente que la fatalité pouvait être surmontée par la volonté et le travail.

Un cliché pris devant les barres du quartier montrait l'athlétique militaire dans un uniforme camouflé. Les manches roulées sur des bras aux muscles développés, la poitrine bardée de médailles qui brillaient au soleil, un sourire éclatant aux lèvres alors qu'il serrait la main du maire de Neuhof.

Anna et Laura avaient immédiatement compris que ce militaire était la proie rêvée.

— *Choisi sur catalogue !* s'était amusée Laura.

Le reste n'avait été que pure formalité. Même si Amadou Tioré ne s'esquivait que très rarement de son HLM, Anna avait facilement localisé son domicile et observé à loisir chacune de ses sorties.

Trois journées à le guetter, à l'épier. Anna avait même pris la liberté de le suivre dans la petite supérette où il dévalisait le rayon des gâteaux. Elle l'avait frôlé, ressentant la force animale qui émanait de chacun de ses gestes, la tranquille assurance de la brute. Traqueur né, il devenait pourtant un gibier naïf et imprudent.

L'opportunité rêvée s'était présentée lors de cette sortie en boîte de nuit.

Dès qu'il avait pénétré dans l'établissement, Anna s'était jointe à la longue file d'attente. Elle n'était plus une chasseuse mais une fringante jeune femme piétinant d'impatience à l'idée de se trémousser toute une soirée.

Quelques heures auparavant, devant son dressing béant, elle avait opté pour une mini-jupe étincelante de sequins disposés en motifs géométriques. La dernière acquisition qu'elle venait de recevoir. Un court débardeur décoré de dentelles avait complété l'ensemble. Cette tenue dévoilait ses longues jambes tout en restant parfaitement fonctionnelle, ce qui lui importait par-dessus tout au cours de ces journées de traque. Anna aurait souhaité terminer sa tenue par une jolie paire de bottes à talons ou des escarpins. Raisonnable, elle s'était finalement rabattue sur des bottines en daim sombre et semelles plates. Impossible de savoir à l'avance ce que réserverait la journée et elle devait pouvoir faire face d'emblée à toutes les opportunités. Ce soir, perdue dans l'anonymat de la longue file d'attente, elle se fondait dans la masse des filles de son âge. Glamour et sexy. Prête à s'amuser.

En pénétrant dans le Dream, la jeune femme avait craint de ne pas repérer sa proie. Partout des groupes se déhanchaient et la piste de danse débordait d'une foule déchaînée. La carrure, la peau noire et le crâne rasé lui avaient permis de ne pas le perdre de vue lors de ses séances d'observation. Mais là ! Dans la pénombre ! L'approche était incroyablement difficile. Impossible même ! Les jeunes noirs portaient souvent une coupe de cheveux très courte ; à plusieurs reprises, Anna eut une désillusion en s'approchant d'un danseur qui n'était pas Tioré.

Découragée et sur le point d'abandonner, elle s'accorda un dernier tour de la salle principale. Il était là ! Elle croisa le regard désœuvré du soldat. Réfugié dans un coin, affalé sur un sofa, il fixait, sans vraiment la voir, la foule des danseurs. Isolé, il tripotait un verre vide en mâchouillant nerveusement son agitateur en plastique fluorescent.

La jeune femme sortit de la discothèque juste à temps pour apercevoir les deux hommes s'éloigner à pied le long de l'avenue. Elle éconduisit sèchement l'importun qui, planté devant elle, prétextait la recherche d'une cigarette pour entamer la conversation. Suivie par une bordée d'injures, elle s'engagea derrière Amadou et son cousin. Son cerveau bouillonnait. Elle cherchait une idée pour entrer un contact avec la cible. Rien ne venait. Elle rageait à l'idée d'échouer bêtement alors que tout son être lui signifiait qu'une telle opportunité ne devait pas être gâchée. Pourtant, rien ne semblait aller de soi. Toute la soirée, Amadou n'avait pas quitté son fauteuil, annihilant toute tentative classique d'approche.

Laura chantonnait un air de musique électronique que le DJ avait passé à plusieurs reprises. Cet écho accentuait encore le malaise d'Anna. Elle rêvait de gueuler à sa sœur d'arrêter ces enfantillages. Elle avait besoin de calme, pas d'une midinette qui hurlait à tue-tête.

Alors que le militaire traînait de force son compagnon visiblement peu enclin à quitter la fête, Anna vit le blouson beige de Tioré glisser sur le sol. Elle accéléra le pas. Elle tenait enfin le prétexte suffisant pour lui adresser la parole. Le blouson à la main, elle vit un véhicule s'extraire d'une place de stationnement situé de l'autre côté de la rue et démarrer en trombe. Amadou, hilare, était au volant. Trop tard ! Il lui échappait.

Dépitée, elle rejoignit sa propre voiture et se laissa couler sur le siège. Incapable de décider ce qu'elle devait faire.

Fatiguée et indécise, Anna s'abandonna quelques minutes à son dépit. Un trousseau de clés pesait dans la poche du blouson ; le jeune homme allait tôt ou tard s'apercevoir de la perte. Si la chance décidait de lui sourire, Anna pouvait s'attendre à le voir revenir sur ses pas.

Trois heures quinze du matin. La jeune femme décida de patienter jusqu'à quatre heures. Et s'il ne revenait pas, et bien, elle aurait encore la possibilité de dormir quelques heures avant de reprendre la direction du Neuhof en milieu de matinée pour une nouvelle journée de surveillance.

À trois heures cinquante-cinq, Anna sursauta. Dans son rétroviseur, la démarche décidée, Amadou Tioré approchait. Elle avait dû s'assoupir et somnoler quelques minutes. En un instant, la fatigue disparut et Laura arrêta enfin de chantonner bêtement.

Il était revenu ! Visiblement, il cherchait son blouson.

Elle allait pouvoir passer à l'acte.

Plus rien ne s'opposait désormais à son destin.

Chapitre 3

La Ford Mondéo blanche s'engagea lentement sur la route du Rohrschollen. À sa gauche, la surface parfaitement étale du Rhin semblait un miroir immaculé. Les hauts peupliers qui bordaient l'autre bord de la chaussée se reflétaient distinctement sur l'onde lisse. Canalisé pour permettre les activités portuaires, le grand fleuve semblait dompté, vaincu par l'homme. Depuis plus de vingt minutes, aucune péniche n'était venue troubler la quiétude de son écoulement. Seuls quelques canards et de rares poules d'eau nageaient tranquillement au milieu de son cours.

Le conducteur poursuivit sur quelques centaines de mètres puis ralentit en approchant d'un barrage formé par plusieurs véhicules.

— Qu'est-ce que c'est que ce bordel ? grommela le passager en s'extirpant de son siège.

Un gendarme s'approcha et salua en portant brièvement sa main droite à hauteur de sa tempe.

— Bonjour, mon Colonel ! Désolé pour l'accueil, mais c'est un peu le foutoir ici !

— Bonjour Terzief ! Vous m'expliquez ? attaqua directement le colonel en désignant du menton l'équipage de la police nationale qui était présent aux côtés de gendarmes en tenue.

Le chef d'escadron Yann Terzief commandait la compagnie de gendarmerie de Strasbourg. Précédant l'officier qui venait d'arriver, il fit quelques pas sur le bas-côté. Cela faisait trois années que Yann Terzief avait rejoint l'Alsace pour diriger les unités de la gendarmerie implantées autour de la capitale régionale. Grâce à son expérience, il comprenait que l'affaire qui débutait ce matin dépassait le cadre habituel traité depuis son arrivée.

Le renfort d'enquêteurs plus chevronnés était inévitable et il accueillait avec soulagement le colonel Champigny commandant la section de recherches de Strasbourg. La SR, dans leur jargon, rassemblait des enquêteurs de la gendarmerie parmi les plus expérimentés de la région. Les affaires criminelles les plus complexes, les plus médiatiques ou tout simplement celles qui induisaient des investigations longues leur étaient attribuées. Terzief récapitula.

— Voilà, ce matin, à 8 h 55, un joggeur a découvert un cadavre affreusement supplicié. Le corps est là-bas, on va y aller tout de suite après.

Il fit un geste pour indiquer le chemin carrossable qui s'enfonçait dans le terrain vague.

— Je ne comprends pas trop ! Le coupa sèchement le colonel en regardant sa montre qui indiquait que midi approchait. Qu'est-ce que vous avez foutu depuis tout ce temps pour tarder autant à nous appeler ?

— La police est venue sur place, reprit l'officier, puisque l'appel au 17 est tombé chez eux. Les premiers flics sur les lieux n'ont pas forcément percuté. C'est leur officier de permanence qui s'est posé la question de la zone de compétence. C'est un peu compliqué, mon Colonel, mais on est en plein sur la frontière qui délimite la zone de la police de celle de la gendarmerie. Ça nous a pris près d'une heure mais finalement, leur gars et moi, nous sommes arrivés à la même conclusion : ici, sur la route, on est bien en zone police mais le macchabée est pour nous. C'est sûr !

— Le procureur est-il au courant de ce micmac? s'inquiéta le patron de la SR.

Il connaissait bien les attentes des magistrats et savait par avance que ces imbroglios territoriaux étaient des points de détails qui hérissaient le poil des juges.

— Tout à fait, mon Colonel, le commandant de police a

prévenu la substitute de permanence. Elle est en route et a demandé qu'à son arrivée, le litige de compétence soit éclairci. En parlant d'elle, je crois que la voilà.

Une petite voiture noire stationna derrière les véhicules des forces de l'ordre.

Les deux gendarmes, rejoints par le responsable de la police, s'avancèrent. Ils saluèrent d'un mouvement de tête la jeune femme qui, toujours assise derrière son volant, achevait une conversation téléphonique animée.

Au bout de quelques secondes, elle reposa son téléphone et sortit du véhicule.

— Vous savez que l'usage du téléphone est interdit au volant, mademoiselle le Substitut ! lança, goguenard, le colonel Alain Champigny.

— J'en prends bonne note, Colonel, rétorqua du tac-au-tac Isabelle Mendoza.

Adjointe du procureur de la République de Strasbourg, elle assumait la permanence pour la semaine en cours.

Elle lui adressa un clin d'œil complice.

— Alors, Alain, enchaîna-t-elle immédiatement, qui dois-je saisir ?

Après avoir écouté les explications des deux services et jeté un œil distrait sur un bout de carte présenté par Terzief, la magistrate valida la saisine de la section de recherches de la gendarmerie sans trop se poser de questions.

— À vous de jouer donc, Colonel !

La jeune femme s'engagea sur la petite route, suivie des officiers de gendarmerie.

La camionnette des TIC, Techniciens en Identification Criminelle, était stationnée au bout de la voie débouchant sur le terrain vague. En approchant, le trio aperçut deux gendarmes revêtus d'une combinaison blanche, qui s'activaient à l'entrée d'un bosquet relativement peu fourni. Un homme en civil, presque obèse, était à genoux absorbé par un travail minutieux.

Le médecin légiste avait débarqué sur les lieux une demi-heure plus tôt.

Un technicien vint à leur rencontre. Derrière lui, le gros médecin trottinait pour le rejoindre, soufflant des efforts consentis pour se redresser et parcourir la petite dizaine de mètres.

— Alors ?

— Franchement mademoiselle, c'est vraiment très particulier ! parvint à ânonner le médecin légiste entre deux bruyantes respirations. Jamais vu un truc pareil !

— On peut s'approcher ? demanda la magistrate en se tournant vers le spécialiste en criminalistique.

— Les premières constatations ont été faites par le docteur. De notre côté, les prélèvements autour du cadavre sont bouclés. De toute manière, on avait prévu de ne pas toucher au corps avant de vous l'avoir montré. Ça vaut le coup d'œil, mais je vous préviens, c'est franchement dégueulasse !

Isabelle Mendoza n'avait pas l'habitude de telles préventions. D'ordinaire, les techniciens ne brillaient pas par leur souci d'humanité, se contentant d'aborder l'aspect strictement technique de leur travail. Elle respira un grand coup et franchit les derniers mètres la séparant du cadavre. La scène qu'elle découvrait, semblait sortie d'un épisode d'une série américaine ou de l'un de ces films gore qu'adolescente, elle avait regardé des dizaines de fois. La mise en scène était monstrueuse. La théâtralité froide voulue par l'assassin était impeccable par la sidération qu'elle créait dès le premier regard.

Le corps d'un homme noir, visiblement jeune, avait été positionné à égale distance entre deux arbres. À genoux, il semblait figé dans une position christique, les bras écartés, tendus dans un angle un peu supérieur à l'horizontale. La tête pendait mollement vers l'avant. Deux cordes étaient attachées à ses poignets et rejoignaient les troncs d'arbres situés de part et d'autre du cadavre. La tension de ces liens maintenait le buste en position verticale.

Entièrement nu, l'homme avait été délibérément placé dans une attitude expiatoire. Comme offert à la vindicte populaire. L'auteur du macabre scénario avait certainement voulu reproduire une scène traditionnelle d'agonie sur la croix.

En s'approchant davantage, la magistrate chassa immédiatement l'image biblique que lui avait inspiré la première vision de la scène. Un tableau du peintre russe Chaïm Soutine, intitulé Le bœuf écorché ! Voilà ce à quoi la scène lui faisait penser ! Une scène de boucherie !

— Qu'est-ce que c'est que ce truc de malade ? ne put-elle s'empêcher de murmurer.

Le torse de l'homme présentait une atroce brûlure et la magistrate distingua une série de lettres formées par les chairs gonflées et calcinées. Elle ne parvint cependant pas à déchiffrer.

Derrière elle, le technicien prit la parole.

— Les lettres ont visiblement été appliquées à l'aide d'un fer brûlant à marquer la viande. Vous savez ces trucs dans les westerns, pour marquer le bétail...

La magistrate pencha la tête vers les stigmates.

— Z.....E....M....S....I....

— Plutôt T je pense, corrigea le médecin.

— Et A ! finit d'égrener Isabelle Mendoza. ZEMSTA ? Ça veut dire quoi ?

— Aucune idée ! On va travailler dessus, assura le gendarme.

Le second TIC s'approcha.

— Mademoiselle le Substitut ? Chef Demery de la brigade départementale de renseignements et d'investigations judiciaires de Strasbourg, se présenta la jeune femme derrière le masque médical qui cachait une bonne partie de son visage.

Elle enchaîna sans laisser le temps au juge de réagir.

— « *Zemsta* » : c'est du polonais. Je crois que ce mot signifie « vengeance » ou « se venger ». Il faudra vérifier mais j'en suis quasiment certaine. Mon père était polonais, précisa-t-elle en guise d'explications. Alors j'ai quelques vagues notions.

— Du polonais ?!? s'exclama Isabelle Mendoza. Là, franchement, je patauge. Qu'est-ce que du polonais vient faire ici ? Vous avez connaissance de problèmes ou d'agissements récents impliquant des Polonais ? questionna la substitute en se retournant vers les deux officiers de gendarmerie.

— Pas à ma connaissance, non ! finit par répondre le colonel Champigny, aussi dubitatif que son interlocutrice.

La magistrate continua d'examiner le cadavre. Sous la poitrine barrée par la brûlure naissait une profonde coupure qui descendait jusqu'au pubis. L'homme avait été éventré et une éviscération s'était produite. Les entrailles pendaient de la plaie béante. Entre les genoux de l'homme, une large nappe noirâtre semblait figée par la chaleur. Une odeur pestilentielle émanait du cadavre et une nuée de mouches virevoltait tout autour, évoluant par grappes compactes.

— Docteur, savez-vous si ce malheureux était vivant lorsqu'on lui a fait ça ? interrogea la magistrate en pointant du doigt l'affreuse plaie. Elle avait de plus en plus de mal à masquer l'horreur que lui inspirait le cadavre.

— À mon avis, mademoiselle, vu les traces que l'on perçoit au sol et qui me paraissent bien être du sang, je pense que oui… Les projections indiquent bien que le sang a été projeté avec une certaine violence, sans doute liée aux battements du cœur plus qu'aux gestes de l'assassin. Reste à savoir s'il était conscient. Ses poignets présentent des lésions au niveau des attaches de corde. Il a dû gigoter pas mal pour se meurtrir à ce point. L'autopsie le dira mais je pense que tout ce que vous voyez a été commis *ante mortem*.

— Mon dieu ! ne put s'empêcher de murmurer Isabelle Mendoza en portant une main à son visage.

Le médecin légiste reprit la parole.

— Je ne sais pas encore si tout est là ou si le malade qui a fait ça, est parti avec quelque chose, déclara-t-il en examinant de plus près la plaie et les viscères. Une chose est déjà acquise, l'appareil génital a été tranché. Regardez : la verge et les testicules ne sont pas là !

La jeune magistrate eut le malheur de regarder. Elle sentit un profond dégoût la submerger et elle recula vivement, les yeux révulsés par un haut-le-cœur.

— Et les gendarmes ne les ont pas retrouvés, précisa encore le légiste. Le meurtrier les a sans doute emportés.

— Il nous reste encore à bien fouiller la zone, compléta néanmoins le colonel de gendarmerie.

— On va pouvoir le détacher, déclara finalement le légiste, j'en ai assez vu dans cette position.

Durant toute la scène, les deux gendarmes en combinaison de technicien s'étaient tenus aux côtés de la magistrate et du légiste. Après avoir précisé l'origine du mot tatoué au fer, la maréchale des logis chef Julie Demery avait replongé dans sa tâche consistant à numéroter les prélèvements déjà effectués.

— Julie ! Viens me filer un coup de main, on va le descendre, ordonna son collègue.

Deux autres gendarmes s'approchèrent.

Une large bâche en plastique fut déployée sur le sol. Le médecin légiste, que sa corpulence empêchait de participer concrètement à la manœuvre, donna ses directives.

– Je veux qu'il conserve les liens aux poignets. Je les enlèverai durant l'autopsie. On coupe donc au niveau des troncs d'arbre. Faut pas non plus qu'il tombe en avant sinon tout va finir de sortir, précisa-t-il en pointant un doigt vers les organes. Alors, on le soutient et on le dépose sur le dos. Attention à ses membres inférieurs qui risquent de vous gêner durant la manipulation. Ils doivent être rigides depuis le temps que ce pauvre vieux est là.

Les quatre gendarmes suivirent à la lettre les consignes. Quelques secondes plus tard, Amadou Tioré gisait aux pieds des enquêteurs. Bien que détaché, la raideur cadavérique maintenait ses membres dans la position christique.

– On l'emballe, conclut quelques minutes plus tard le légiste, en ôtant ostensiblement ses gants pour signifier aux gendarmes que cette basse tâche leur revenait.

Les deux techniciens emballèrent les mains, les pieds ainsi que la tête, dans de grands sacs de papier kraft. Cette précaution permettait de conserver précieusement les plus infimes particules que les mouvements imposés au cadavre durant les manipulations à venir, ne manqueraient pas de détacher. Le papier avait l'avantage de ne pas altérer les matières vivantes, contrairement aux plastiques tellement étanches qu'ils étaient parfois enclins à favoriser le pourrissement.

Une fois déposé dans un long sac en plastique blanc, le cadavre fut hissé sur la civière avec l'aide des deux employés des pompes funèbres requis pour l'occasion. Depuis de longues minutes, à bonne distance, ils attendaient que les gendarmes fassent appel à eux. Avec une rare dextérité, ils chargèrent le cadavre dans la camionnette spécialement équipée pour ce type de transport.

— Pour l'autopsie ? interrogea le technicien en retirant sa combinaison blanche.

— Demain à quatorze heures. Non ! Plutôt quatorze heures trente, je déjeune avec ma fille avant, annonça le médecin légiste en fermant la porte de son véhicule.

Chapitre 4

Le bruit de ses pieds nus martelant le carrelage rompait le lourd silence nocturne. Les yeux clos, elle se laissait guider par ses sens. La pulpe de ses doigts le long des murs cloqués par les ans lui indiquait précisément son cheminement.

Là, dans trois pas, sur la gauche, il y aura la porte toujours verrouillée des archives. Plus loin, si je cours au même rythme, je trouverai dans sept, six, cinq, quatre, trois, deux, un, ... la fenêtre qui donne sur la cour.

Depuis cinq ans qu'elle arpentait les couloirs du vieux bâtiment, la petite orpheline, connaissait par cœur chacun des recoins, des espaces, des cachettes de ces longs bâtiments.

La nuit était son univers. Elle aimait la sensation exquise d'être seule au monde. Les autres enfants dormaient ou s'agitaient dans leur lit. Les surveillants eux-mêmes, convaincus qu'à cette heure si tardive, tout était sous contrôle, avaient rejoint leur chambre.

Elle profitait souvent de ces instants particuliers pour arpenter les lieux. Elle fermait les yeux et alors ses doigts couraient le long du mur. Parfois, lorsque le jeu durait trop longtemps ou que, par mégarde, elle oubliait un des nombreux trous qui défiguraient les cloisons, il lui arrivait de rejoindre son lit avec certains doigts sanguinolents, usés et blessés par le contact avec le plâtre. Elle s'endormait alors en suçant ses doigts ensanglantés.

Il avait dû l'entendre bien avant elle. Ses sensations étaient découplées. Il avait l'impression de ressentir en lui toutes les vibrations du bâtiment. Les gouttes de transpiration qui perlaient sur son torse dénudé coulaient lentement. La chaleur était étouffante. La journée avait été caniculaire et la nuit peinait à apporter un peu de fraîcheur. Reclus dans une de ses pièces laissées à l'abandon, il goûtait, replié en boule, à la chaude brûlure qui l'envahissait. Au fur et à mesure que le piston poussait dans sa veine le poison libérateur, le feu l'habitait. Le bras, le torse, le cerveau, tout son être s'abandonnait, soumis au délire exquis de l'héroïne.

Bientôt, Rémi sentit son sexe se durcir. Chacun de ses shoots lui procurait plus de plaisir physique que tous les souvenirs de baise qu'il avait en mémoire. Immanquablement, à chaque prise de drogue, une érection douloureuse survenait. Il devait alors se masturber pendant des longues minutes pour essayer de se soulager.

Top, top, top, top…

Le bruit s'intensifiait. Couché sur le sol, une main toujours refermée sur la seringue désormais vide, l'autre plongée dans son pantalon déboutonné, Rémi entendait nettement les pas. Quelqu'un venait ! Il n'eut pas le temps de regretter la porte laissée ouverte. Une ombre se dessina dans l'entrebâillement. Elle vint masquer une partie de la lumière blafarde que la fenêtre, de l'autre côté du couloir, diffusait. La petite figure fantomatique s'immobilisa quelques secondes. Rémi, les yeux mi-clos, distinguait vaguement, comme dans une vapeur d'ouate, l'indécision qui semblait être celle de ce visiteur inopportun.

Top, top.

Deux pas en avant. Les oreilles du jeune surveillant percevaient les nuances sonores de ce déplacement. La drogue découplait ses sens. Le bruit de succion lorsque la voûte plantaire humide de transpiration se décollait lentement du carrelage. Le choc mou des orteils qui un à un venait reprendre contact avec le sol. Le son mat du talon qui achevait le pas.

L'enfant ne comprenait visiblement pas pourquoi cet

l'homme était là, sur le sol. Il s'approchait centimètre après centimètre. Et finalement, elle se pencha au-dessus du gisant, masquant toute la lumière.

Rémi ne reconnaissait pas l'intruse. Seuls les longs cheveux clairs qui pendaient de part et d'autre du visage trahissaient le sexe de l'enfant.

L'héroïne finissait de le soumettre. Il ne s'appartenait plus. Sa main droite était toujours repliée autour de son membre durci de sang. Les doigts de sa main gauche s'ouvrirent, laissant filer le cylindre de verre toujours nantie de l'aiguille métallique. Dans le silence oppressant du huis-clos, le tintement du verre contre le carrelage résonna bruyamment.

La petite fille sursauta et plaqua une main contre sa bouche pour étouffer le cri de terreur qui lui échappa.

Tel un cobra jaillissant pour se saisir du rat qu'il convoite depuis plusieurs minutes, la main libre s'élança. Les doigts moites se refermèrent autour du cou de la petite fille. Les quelques secondes de paralysie de sa proie, causées par la frayeur, permirent à l'agresseur de se redresser. Il sentait à peine le poids de la fillette au bout de son bras. Seule la petite goutte de sang qui venait de paraître à l'endroit de la récente piqûre indiquait l'effort musculaire.

Le visage gonflé de panique de l'enfant était à quelques centimètres de celui de Rémi.

— Prise dans la nasse, petite pute ! susurra l'homme en approchant ses lèvres à quelques millimètres de son oreille.

— Qu'est-ce que tu fiches ici ! Tu n'arrêteras donc jamais de me faire chier ? Même maintenant, ici, il faut que tu viennes m'emmerder ?

La colère sourde qui l'animait donnait à ses murmures un écho rauque. L'étau de ses doigts gourds lui écrasait la trachée et l'enfant peinait de plus en plus à aspirer l'air. Les petits pieds commencèrent à battre l'air et ils atteignirent à plusieurs reprises les tibias de Rémi.

Il lâcha prise, laissant le corps glisser contre le mur, à moitié étranglé.

Sans changer de place, l'homme vint plaquer son front contre le mur. Il écrasait de sa carrure massive le corps frêle de l'enfant qui, à ses pieds, se massait le cou pour reprendre vie.

— Putain ! Putain ! Putain ! jura le surveillant.

Il était en nage, la chaleur ambiante et l'effet de la drogue irradiaient chaque cellule de son corps. Le désir animal né de son shoot ne l'avait pas quitté et sa verge, prisonnière de son slip trop étriqué, battait au rythme syncopé de son cœur.

Sans vraiment réfléchir, il plongea sa main entre ses jambes et ...

Un hurlement strident se fracassa contre les murs blancs. La jeune femme se redressa d'un bond. La panique du cauchemar éclairait son regard d'un voile inquiétant. Hagardes, ses pupilles rondes allaient et venaient entre ses paupières, comme à la recherche du prédateur. Anna haletait. Ses mains humides de stress tentaient maladroitement de dompter les mèches blondes qui descendaient en cascade devant son visage. Près de vingt années la séparait de cette agression mais la scène continuait de hanter bon nombre de ses nuits. Précises à en être effrayantes, les sensations de la jeune adolescente qu'elle était, faisaient à nouveau surface et terrassaient l'adulte. Il faudrait de très longues minutes pour émerger totalement et reléguer le cauchemar dans les méandres de sa mémoire.

Anna se glissa hors du lit et rejoignit la salle de bain.

Elle devait se concentrer sur le seul moment qui comptait. Celui qui était survenu sept ans après cette nuit viennoise. Anna était alors une jeune femme de presque dix-neuf ans, qui attendait de débuter une année de formation professionnelle. Elle avait trouvé sa voie et venait de concrétiser son projet. Elle disposait alors de quelques semaines de temps libre avant d'entamer les prochaines échéances. Une aubaine pour tirer un trait définitif sur cette blessure d'enfance encore béante. L'ex-surveillant de l'orphelinat, Rémi Catempour, n'était plus que l'ombre de lui-même lorsqu'elle l'avait retrouvé. Anna avait eu du mal à reconnaître son ancien agresseur dans le zombie voûté et famélique qu'il était devenu. Il n'avait jamais réussi à décrocher de la drogue et enchaînait les séjours en prison avec des périodes d'errance dans les bas-fonds lyonnais. Elle l'avait coincé chez lui, dans un studio proche d'un cimetière communal immense. L'endroit baignait dans une odeur pestilentielle d'excréments et de renfermé. Il était assis à la petite table en formica de la kitchenette quand elle avait forcé la porte. Il n'avait même pas sursauté, trop défoncé pour comprendre. Les liens qu'elle avait emportés au cas où avaient été totalement inutiles. Elle aurait pu le maîtriser d'une seule main. Pour goûter pleinement son plaisir, elle avait attendu de longues heures que les effets de son dernier shoot s'amenuisent.

— Tu me reconnais, enflure ? avait-elle questionné lorsque, se réveillant brutalement d'une courte sieste, il l'avait enfin dévisagée.

Il aurait beau se creuser les méninges, il ne pourrait jamais établir le lien entre la jeune femme présente devant lui et la petite victime d'alors. Elle était certaine que son cerveau n'était plus en mesure de fournir un tel effort. La rage qu'elle avait alors ressentie liée à la rancœur de voir sa vengeance amputée d'une partie de son sens avaient pris le dessus, balayant toute retenue.

Anna lui avait brutalement écrasé les mains avec le lourd pavé qu'elle avait dérobé sur le chantier qui barrait l'entrée de la rue. Ces doigts qui s'étaient refermés autour de son cou quelques années plus tôt. Ces doigts qui l'avaient souillée. Elle les avait réduits en bouillie, s'acharnant en ahanant sur ces phalanges aux ongles noirs.

En sortant de la douche brûlante, Anna secoua la tête pour chasser les souvenirs désagréables qui l'assaillaient depuis son réveil brutal.

Tu vois ! J'avais raison ! Tu le sais au fond de toi ! Tu as beau faire la maline, tu devrais comprendre que sans moi tu n'es rien ! Tu n'es toi que grâce à moi !

La voix de Laura retentit soudainement, dédaigneuse, sarcastique même. Une nouvelle fois, les deux sœurs traversaient une phase de tensions. Les échanges étaient glaciaux, tendus.

Tu es égoïste, Ania ! Tu te fous complètement de savoir ce que je ressens. Il n'y a que ta petite vie merdique qui compte. Je ne sais vraiment pas pourquoi je me fais chier à veiller sur toi. Tu ne t'intéresses à moi que lorsque tu es empêtrée dans tes problèmes. Là, tu me cherches pour te sortir de la merde !

Durant les six mois qui avaient suivi leur première réalisation macabre à Strasbourg, une harmonie apaisante avait régné dans l'esprit d'Anna. Laura semblait délivrée de la rancœur qui l'habitait depuis des années. La haine et la hargne présentes avaient laissé place à une bonhomie simple. Ses paroles étaient légères. Elle s'intéressait à la vie d'Anna, n'hésitant pas à intervenir dans le choix de ses tenues, de ses menus, ou pour tout autre petit détail quotidien.

Anna prenait un vrai plaisir à partager une telle complicité. Laura avait même raillé les tentatives de séduction d'un de ses collègues. Anna avait coupé court, éconduisant sèchement le prétendant et ignorant froidement les commentaires de la voix. Les tourbillons de sa vie ne permettaient pas l'intrusion d'un tiers.

Puis, insidieusement, Anna avait perçu, à quelques allusions, que le moral de Laura commençait à décliner de nouveau.

Les grands éclats de rire se firent moins éclatants. Ses moqueries taquines n'égayaient plus leur quotidien.

Et puis un soir, Laura se mit à sangloter. Durant plusieurs heures, gémissements et soupirs retentirent, rendant folle la petite sœur. Anna était terrifiée à l'idée de subir à nouveau la pression de la voix.

Je me sens mal, Skarbie moje ! Je suis si seule et ces salauds qui n'arrêtent pas de me narguer. Il n'y en a que pour eux. J'ai si mal...

Anna ne parvint pas à calmer les angoisses de la voix.

La sérénité béate des six derniers mois disparut, laissant place à l'acrimonie.

Laura n'eut de cesse de convaincre sa sœur que leur vengeance n'était pas achevée, ne pouvait pas l'être, ne le serait jamais.

Nous n'en avons puni qu'un seul ! Moi ? Ils se sont mis à trois pour me torturer ! Tu trouves ça juste qu'un seul d'entre eux paye ? Tu trouves ça suffisant comme vengeance. Tu parles, tu t'en fous en fait ! T'es vraiment une conne égoïste, Ania !

...

Putain mais écoute-moi un peu !

Anna, dont la vie professionnelle absorbait alors toutes ses attentions, avait décidé d'ignorer ces jérémiades. Elle n'avait aucune envie de vivre à nouveau avec le poids de la violence commise. Elle ne l'avait jamais dit à Laura mais durant plusieurs semaines, ses rêves avaient été hantés par l'assassinat de Strasbourg. Elle avait d'abord craint d'être attrapée par la police. Avait-elle été aussi rigoureuse qu'elle aurait dû ? N'avait-elle pas commis un impair permettant à la justice de remonter jusqu'à elle ?

Elle avait pris un véritable plaisir physique à humilier cet homme. Dépraver le militaire en le martyrisant avait été jubilatoire. Sur le moment, elle avait retrouvé et même dépassé la tension jouissive qui pimentait la pratique sexuelle qui était la sienne. Depuis ses premières expériences, la violence était intrinsèquement liée à son plaisir. C'était vrai depuis qu'enfant, elle avait découvert la luxure, ces déviances et l'incroyable pouvoir qu'elle pouvait tirer grâce à son sexe et à la douleur physique qu'une certaine pratique du sexe permettait. Elle n'avait jamais eu de véritable petit ami. Comment concilier l'immixtion d'un homme et les méandres de son univers si particulier ? Pourtant, elle n'était pas une nonne frigide ! Loin de là. Ses besoins devaient être satisfaits, ne serait-ce qu'à seule fin physiologique ! Anna savait alors user de ses charmes pour assouvir ses envies, pour obtenir ce qu'elle convoitait ou pour s'amuser parfois tout simplement. La société et ses nouveaux modes de rencontre lui étaient favorables. Seule la carapace extérieure importait finalement. Le fond de la relation ne comptait plus. Et en matière d'approche, elle usait à merveille de ses atours. Elle n'avait jamais besoin de dévoiler réellement son jardin secret, les paroles échangées ne comptaient pas lors de ces rencontres, les échanges se bornaient aux modalités pratiques. Un rire éclatant, une œillade appuyée, une moue crétine, et le tour était joué. Il était si aisé de trouver un partenaire. Les occasions ne manquaient pas. Dans les milieux huppés qu'elle côtoyait comme dans ceux plus marginaux et interlopes où elle s'encanaillait parfois, les hommes étaient les mêmes. Leur promptitude à répondre aux avances féminines était universelle. Comme depuis la nuit des temps, il était possible de trouver des lieux conçus pour les personnes en quête de sexe sans tabou. Des sites internet mettaient aujourd'hui en relation des inconnus grossièrement dissimulés derrière leur anonymat. La jeune femme se rassasiait de ces opportunités d'un soir dès lors qu'elle en ressentait un besoin. Sa satiété seule comptait. Assouvir ses envies pour ne pas porter le poids de la frustration qu'elle peinait toujours à contenir. Peu lui importait le dégoût que cette pratique libertine inspirait aux bien-pensants. Seule la voix savait ce qu'elle manigançait. Et en la matière, Laura n'avait jamais essayé de raisonner sa sœur. Anna parvenait même à trouver des partenaires prêts à affronter les fantasmes de violence qui la taraudaient. La sauvagerie de ses envies submergeait alors ces tordus. Certains reculaient au dernier moment et fuyaient épouvantés, mais d'autres recherchaient délibérément ce type de cruauté perverse qu'elle pratiquait. Le sadisme était le piment de sa vie de femme et de ses fantasmes. À bien y réfléchir, tuer n'avait été qu'une étape vers son propre aboutissement. Une étape splendide mais finalement tellement prévisible au regard du chemin de dépravation débridée parcouru.

Tout ce qu'elle avait pu vivre jusqu'alors n'était que la mise en condition de cette nuit strasbourgeoise extrême. Ce jour-là, elle avait dépassé la simple satisfaction de ses besoins physiques. Elle s'était élevée au rang d'une divinité. Elle avait senti, dans sa main, le poids de la vie humaine. La balance aurait pu osciller. La vie ? La mort ! Quelle extase que de tenir le fil d'une existence ! Et de le couper, d'un geste tranchant, lorsqu'elle l'avait décidé. À l'instant précis où le frisson brûlant du plaisir qui lui nouait le ventre l'avait voulu…

Pourtant, comme tout pic d'adrénaline, la chute s'était révélée brutale. Une vraie peur l'avait envahie en envisageant les risques encourus. Pour la première fois, elle s'était réellement mise en danger en franchissant un point de non-retour. Et cette prise de conscience l'effrayait autant qu'elle la fascinait.

Avec l'approche du 26 décembre, date anniversaire de son supplice, Laura se fit plus pressante, menaçante même.

Vingt-trois ans aujourd'hui que j'agonise ! Vingt-trois putains d'années perdues ! Et toi, espèce de garce, tu te contentes de traînasser dans ce fichu appartement qui me sort par les yeux !

…

Tu me fais chier, Ania ! Bouge-toi un peu le cul au lieu de glander toute la journée !

…

Je vais te pourrir la vie, sale pétasse ! Je te préviens que je vais le faire. Je vais te rendre folle, je préfère encore que tu te foutes en l'air plutôt que de rester là à attendre comme une conne !

Ébranlée par la violence des propos, Anna se contentait d'augmenter le volume de son ordinateur. Espérant que la musique finirait par couvrir cette voix qui la rendait effectivement folle.

…

On devrait recommencer, tu ne crois pas ? Rien qu'une fois ! Pour leur prouver que nous sommes plus fortes qu'eux tous réunis ! Je t'en prie, Siostra ! J'ai besoin de toi. Je déteste quand on se fait la tête, ma petite sœur !

…

Chérie ?

Après la colère, Laura se fit câline. Elle était capable d'utiliser tous les registres de son jeu pour toucher la sensibilité exacerbée de sa sœur. Laura la savait prête à craquer. Elle connaissait le pouvoir de la tendresse sur la détermination d'Anna.

Déjà enfant, celle-ci était incapable de résister aux

manigances de sa sœur aînée. Lors de leurs rares disputes, Ania partait bouder en affirmant que jamais elle ne pardonnerait ; il suffisait de quelques douces paroles pour convaincre la petite fille de revenir à de meilleurs sentiments. Adolescente, Ania avait souffert du désert affectif dans lequel elle grandissait. Jeune femme, elle avait beau se réfugier derrière une assurance imperturbable, Laura savait à quel point sa cadette avait besoin d'être aimée et cajolée. La claustration était une fêlure, un stigmate douloureux que l'hydre savait agacer pour arriver à ses fins.

Laura était la seule famille d'Anna. Sa seule amie. Perdre la voix, occulter cette partie d'elle-même était inconcevable.

L'aînée le savait et en jouait diaboliquement. Il lui suffisait d'être persévérante. Un jour ou l'autre, Anna finirait par craquer, par accepter de passer à l'acte à nouveau.

Le 05 janvier 2013, Anna s'avoua vaincue. Brisée par la pression quotidienne exercée par sa sœur. Harassée de fatigue, elle céda.

— Je vais le faire ! Je te le promets, Laura. Mais va-t'en ! Laisse-moi maintenant, s'il te plaît. Il faut que je dorme. Je suis à bout de nerfs...

Merci ma chérie !

Tu es tout ce qu'il me reste, Skarbie, je t'aime.

Dors bien, mon bébé. Dors.

On va leur faire payer, tu verras...

Chapitre 5

21 janvier 2013 — Meyenheim. Alors que les premières maisons de la petite commune auraient dû, par une nuit plus clémente, commencer à apparaître, Anna freina. Un brutal coup de volant déporta le véhicule sur la droite. Elle l'immobilisa en travers de la chaussée, simulant une perte de contrôle. Elle ajusta son bonnet de grosse laine blanche, enfonça son arme au fond de la poche de la doudoune, et sortit, prenant soin d'allumer ses feux de détresse et de laisser la portière béante.

Moins de deux minutes plus tard, l'éclairage vacillant du deux roues émergea de la tempête dantesque et se rapprocha à très faible vitesse. Anna commença à tourner autour de son véhicule, mimant à la perfection, du moins l'espérait-elle, la conductrice sous le choc d'une sortie de route.

— Besoin d'aide ?

— Oh mon dieu, sursauta la jeune femme, vous m'avez fait peur... Je ne vous ai pas entendu arriver avec cette neige !

— Excusez-moi, enchaîna le motocycliste en prenant soin de stationner son engin sur le côté droit de la route. Je vous demandais si vous aviez besoin d'aide ? Vous avez glissé ?

— Ne m'en parlez pas ! rétorqua Anna, parfaite dans le rôle de la potiche dépassée par les événements. Elle est partie toute seule ! J'ai vraiment cru que j'allais finir dans le fossé. Mon dieu !

— Oui, c'est vraiment infernal ce soir ! Quel temps ! Vous n'êtes pas blessée au moins ?

— Non, non, je roulais tout doucement. Je vous ai croisé il y a quelques minutes. Et puis brusquement, elle m'a échappé, glissant sans s'arrêter.

Anna planta ses yeux dans ceux de son interlocuteur. Elle détecta immédiatement cette lueur prévisible. Un vrai Saint Bernard, comme prévu !

— Je ne pense pas que vous ayez vraiment quitté la route, juste une mauvaise embardée, affirma l'homme en s'approchant de l'avant du véhicule. Vous allez loin ?

— Vous pensez ! Je dois rejoindre Colmar. Quelle déveine ! J'en ai marre de ce temps pourri. Je n'arriverai jamais à rentrer, pleurnicha Anna.

— À la sortie du bourg, dès que vous aurez rejoint la départementale, ça ira beaucoup mieux. C'est toujours pareil, le chasse-neige ne passe jamais sur cette petite route...

— J'ai eu si peur, sanglota de nouveau la jeune femme.

N'en fais pas trop, Skarbie moje ! Mais tu es parfaite ! Convaincante juste comme il faut !

Il est tombé dans le panneau, cet abruti.

Ils sont tous les mêmes.

Je suis sûre qu'il pense déjà à la récompense qu'il va demander pour tout ça !

Quel chien !

Il ne va pas tarder à déchanter !

— Mettez-vous au volant, je vais vous aider à repartir dans la bonne direction.

Prenant naturellement la direction des opérations, le motard se positionna à l'avant de la voiture. Prêt à pousser afin de remettre les quatre roues dans l'axe de la route.

— Allez-y, cria-t-il pour se faire entendre, mais doucement, hein ! Allez-y doucement !

Anna enclencha la marche arrière et fit vrombir le moteur.

— Non ! Non ! Doucement ! Sinon vous allez encore glisser ! hurla-t-il en se penchant vers la portière.

Elle lui sourit niaisement à travers le pare-brise. Les essuie-glaces se fatiguaient inutilement à chasser les épais flocons qui tombaient sans discontinuer.

La voiture fit un nouvel à-coup. Après plusieurs manœuvres brutales, elle parvint maladroitement à rejoindre les ornières laissées par les autres véhicules.

Encore rouge des efforts fournis, le jeune homme se pencha à sa portière.

— Ça va aller maintenant, évitez juste de freiner brusquement. Et puis faites bien attention, surtout dans les courbes, conseilla-t-il. Il faut essayer d'anticiper au maximum. Des manœuvres toutes en douceur... Vous allez réussir, j'en suis certain.

— Vous êtes vraiment un ange, articula Anna dans un sourire se voulant à la fois timide mais surtout empli de reconnaissance.

— Ttt, arrêtez, c'est normal, non ? J'aimerais surtout que quelqu'un agisse de la sorte si mon épouse était à votre place.

Toujours penché pour être à la hauteur de la vitre ouverte, il arborait toujours le large et franc sourire qui ne le quittait pas depuis le début.

Encore un qui se prend pour le bon Samaritain !

Foutu abbé Pierre !

Ils nous prennent vraiment pour des connes écervelées ! Si prévisibles avec leurs bons sentiments d'opérette !

— Bon ! Je file ! J'espère que tout ira bien pour vous désormais, mademoiselle ! Il se redressa et fit mine de s'éloigner.

— S'il vous plait ?

L'homme se retourna et se courba à nouveau vers la vitre ouverte.

Vas-y, Skarbje, c'est le moment !

Maintenant !

En un mouvement rapide, Anna appliqua le pistolet électrique contre le cou de l'homme, entre le casque qu'il n'avait pas ôté et l'épais col de la parka militaire. Le motard fut instantanément foudroyé et il s'effondra lourdement dans la neige. Une seconde longue décharge termina de le sonner. Elle parvint à hisser le corps dans le véhicule et, s'assurant d'un coup d'œil que personne n'arrivait, claqua lourdement la portière.

Moins de deux minutes plus tard, après avoir laissé glisser la moto dans le bas-côté, Anna reprit la route. Avec cette neige, dans moins de dix minutes, la moto serait entièrement recouverte et invisible depuis la chaussée.

Tu as été divine, mon amour ! On va bien s'occuper de lui...

Tu as vu sa gueule d'ange ?

On va s'amuser...

Chapitre 6

Plus de huit mois après la découverte du corps d'Amadou Tioré, le mystère demeurait complet. L'autopsie n'avait permis de lever que peu de zones d'ombre.

Comme le pressentait le médecin légiste lors de la découverte du corps, l'homme était mort des suites des blessures infligées. Celles-ci avaient bien été commises avant son décès. Pour les premières, sans doute avant qu'il ne perde connaissance.

Malgré les dommages importants causés au torse lors du tatouage des lettres par application d'un fer rougi, le praticien avait décelé les traces d'électrisation sur la poitrine. La découverte d'une des deux perforations causées par les dards du pistolet électrique de type Tazer avait confirmé cette constatation.

Ces deux aspects mis en exergue, les motivations du crime demeuraient totalement inexpliquées.

Malgré l'inventaire d'une rigueur scientifique indiscutable, le légiste n'avait pas découvert l'organe sexuel.

Plusieurs hypothèses étaient évoquées sans que les enquêteurs puissent se déterminer formellement. Devaient-ils envisager cette absence comme un message transmis par le tueur ? Un animal avait-il emporté la verge pour le dévorer ? Ils butaient sur la réponse à apporter.

D'autres mystères demeuraient entiers. La signification sibylline du tatouage compliquait le dossier. Rien n'expliquait l'emploi d'un terme polonais. En Alsace mais plus largement dans le grand quart nord-est de la France, aucun groupe originaire de ce pays n'était signalé. Si les dossiers impliquant d'autres nationalités s'accumulaient dans les bannettes des enquêteurs, rien sur les ressortissants de cette contrée. La police allemande n'avait pas non plus transmis d'éléments concordants.

L'enquête fouillée réalisée autour de la personnalité d'Amadou Tioré n'apportait de son côté aucune réponse.

Les gendarmes avaient même contacté leurs collègues présents auprès des soldats français en Afghanistan. Mais là encore, rien ! Des contingents polonais et français étaient certes déployés mais ils œuvraient dans des provinces très éloignées l'une de l'autre et l'unité parachutiste du caporal-chef Tioré n'avait à aucun moment collaboré avec des militaires à la solde de Varsovie durant son séjour là-bas.

La personnalité de la victime laissait les gendarmes pantois. Habituellement, face à un tel déferlement de violence, une explication permettait le plus souvent d'accréditer un lien entre le supplicié et les bourreaux. Dans le cas d'Amadou Tioré, ce n'était pas le cas. Le soldat décédé apparaissait comme absolument étranger à tout phénomène délinquant récent. Le règlement de compte au sein d'une bande ou une rivalité entre bandes paraissait improbable dans le cas présent. Les analyses toxicologiques n'avaient également rien révélé. À part un taux d'alcoolémie un peu élevé, Amadou ne se droguait pas et aucune substance chimique n'avait été détectée. Jeune homme sans histoire, militaire apprécié, la personnalité lisse du jeune homme n'offrait pas d'aspérités permettant aux enquêteurs de s'accrocher à un quelconque détail. Les anciens potes du quartier avaient été tous pris en audition. Archiconnus des services de police locaux, présentant pour certains des pedigrees longs comme un bras dans le fichier de traitement des antécédents judiciaires, ils n'avaient que confirmé ce que les enquêteurs savaient déjà. Amadou était rangé des combines et aucun lien, autre qu'amical, ne le rattachait plus au Neuhof.

Pourtant, quelques heures après avoir quitté la discothèque, Amadou avait été torturé à mort par un tueur maniaque et méticuleux. Les prélèvements réalisés sur son épiderme prouvaient que la surface de la peau avait été nettoyée à l'eau de javel non diluée. L'auteur des faits avait incontestablement voulu effacer ses traces. L'usage d'un détergent aussi actif avait détruit toute possibilité d'analyse des particules découvertes sur le corps de la victime.

La qualité des constatations réalisées n'était pas en cause. Les gendarmes étaient confrontés à un criminel visiblement bien au fait des techniques utilisées. Il agissait sciemment afin de saborder les analyses que les enquêteurs ne manqueraient pas de réaliser.

Le 30 janvier 2013, le colonel Champigny reçut un appel en provenance du Haut-Rhin.

Au sud de Colmar, un cadavre mutilé venait d'être découvert par deux promeneurs. Selon les premiers éléments recueillis, la victime, un homme jeune de type caucasien, pourrait être un militaire d'une unité de l'armée implantée dans la commune de Meyenheim, à quelques kilomètres du lieu de découverte du corps. La jeune épouse d'un soldat avait signalé la disparition inexpliquée de son mari, le 22 janvier.

Le commandant de la section de recherches mobilisa les enquêteurs déjà engagés sur le dossier Amadou Tioré. Quelques minutes après la réception de l'appel, au son de sirènes hurlantes, trois véhicules s'engageaient à grande vitesse sur l'autoroute reliant Strasbourg à Colmar.

Dès leur arrivée sur les lieux, ces gendarmes comprirent que leur dossier prenait une tournure nouvelle. La mise en scène qu'ils découvraient reproduisait presque à l'identique celle qu'ils avaient trouvée huit mois auparavant.

Le meurtre d'Amadou Tioré n'était plus isolé. Le tueur venait de récidiver. Dès le premier regard jeté sur cette nouvelle scène de crime, un pressentiment taraudait Alain Champigny. Son idée devint certitude dès les premières constatations : les deux crimes avaient le même scénariste. Le magistrat et les gendarmes s'étaient accordés pour ne pas révéler à la presse la nature précise des abominations commises sur le corps d'Amadou Tioré. Les médias n'avaient pas eu vent des tortures infligées. Au fil des mois, le secret n'avait pas été éventé. La force de l'institution gendarmerie résidait dans cette capacité à redevenir cette grande muette qu'elle avait longtemps été. Un ordre suffisait et les bouches demeuraient closes. Une vraie opportunité pour des magistrats souvent soucieux d'entretenir envers et contre tous, le secret de leur instruction.

Aujourd'hui, face à ce nouveau cadavre, l'hypothèse d'un crime commis par un individu singeant les actes d'un autre meurtrier pouvait donc être catégoriquement écartée.

Quelques évolutions plus ou moins flagrantes pouvaient être recensées entre les deux crimes mais aucune ne remettait fondamentalement en cause la signature du tueur.

Cette fois-ci, le décor était un petit bâtiment de pierres et maçonnerie d'art. Le corps avait été découvert sur le ban de la commune de Rouffach, bourg de moins de cinq mille habitants, situé entre Colmar et Meyenheim. Une des principales curiosités de ce village avait servi de décor au meurtre. Datant de 1844, la petite chapelle d'Oelberg était implantée au bord d'un chemin forestier. L'entrée, barrée par une grille de fer forgé peinte en noir des années auparavant, était une étroite porte agrémentée de pilastres et surmontée d'un arc brisé orné d'un cœur.

Malgré les faibles dimensions du bâtiment, d'autres détails architecturaux lui conféraient un intérêt historique certain. L'édifice religieux apparaissait ainsi sur un certain nombre de brochures touristiques. Un guide grand public et réputé, consacré à l'Alsace, avait même introduit une photo de la chapelle dans les pages présentant la région de Colmar.

Le cœur de pierre surmontant la porte avait servi les intentions du tueur. Il était sans doute trop rapide pour l'affirmer mais nul doute que le site avait été choisi pour les possibilités offertes par son architecture. Une corde synthétique verte, similaire à celle utilisée à Strasbourg, était nouée au pied de la grille par un nœud assez simple, proche du nœud de cabestan. L'autre extrémité passait par la base du cœur de pierre. Le tueur avait ainsi transformé le support offert par le motif architectural en une sorte de poulie afin de hisser le cadavre dans la position souhaitée. La corde, attachée aux chevilles de l'homme, le maintenait tête en bas. Ainsi pendu, le corps masquait presque intégralement l'étroite porte de la chapelle. Le crâne aux cheveux blonds très courts frôlait l'épaisse couche de neige. Ses bras étaient maintenus dans le dos, attachés par une paire de menottes métalliques.

Outre le décor et la position du corps, les enquêteurs décelèrent une autre différence. Pour le marquage du corps, le tueur avait délaissé le fer chauffé à blanc. Il avait cette fois-ci utilisé un simple feutre noir indélébile. Quatre immenses lettres majuscules barraient la poitrine du jeune homme et formaient le mot « PORC » en langue française. Parfaitement lisibles, les lettres avaient été tracées alors que le corps était déjà pendu.

Les tortures physiques étaient par contre quasi identiques. Comme pour Amadou Tioré, le sexe et les testicules avaient été sectionnés et le corps éviscéré. L'intégralité des entrailles pendait, consolidées par le froid. L'impression laissée par la violence de la scène était accentuée par la beauté spectrale de la neige qui figeait les alentours. Le rouge brun de la blessure tranchait brutalement sur le décor presque bucolique.

En grelottant, les officiers de police judiciaire de Strasbourg assistèrent à la fin des constatations réalisées par leurs collègues TIC et le médecin légiste.

Celui-ci s'avéra incapable d'estimer la date de commission de l'homicide. Le froid hivernal et les températures négatives qui régnaient depuis plus d'une dizaine de jours, empêchaient le relevé de la température corporelle. Les abaques établis à partir de températures positives moyennes ne permettaient pas d'extrapolation lorsque les températures s'avéraient caniculaires ou hivernales.

L'homme découvert fut aisément identifié. Le sergent Jérémie Vandoustarski, jeune cadre de vingt-trois ans affecté depuis peu dans cette région, n'avait pas rejoint le domicile familial le 21 janvier dernier. Comme Amadou Tioré, sa route avait croisé celle de l'assassin. Les enquêteurs pouvaient informer le magistrat compétent. Pour la seconde fois, à quelques mois d'intervalle et à moins de cent kilomètres du premier supplice, un militaire venait d'être à nouveau sauvagement assassiné.

L'ombre d'un tueur choisissant strictement ses victimes parmi la population militaire commençait à planer sur l'enquête.

Partie 3
Entrée en lice

Chapitre 1

Une fois encore à l'instar d'une habitude désormais et malheureusement bien installée, la quiétude de cette nuit du 2 août 2014 allait être troublée. Le feu prit en effet rapidement. L'allumette s'écrasa sur le tissu sombre imbibé d'essence à briquet. Le liquide inflammable, déversé sur les sièges par la vitre brisée, s'embrasa. Une seconde après, les flammes crépitaient, couraient dans l'habitacle. La couleur orange illumina joyeusement le fond de l'impasse. Un ronflement sourd gronda. L'intérieur du puissant 4x4 japonais n'était plus qu'incandescence. Bientôt ce serait toute la voiture qui flamberait. Un large sourire éclaira son visage d'enfant. Après un dernier regard, l'incendiaire disparut dans l'obscurité en serrant nerveusement la boite d'allumettes enfouie dans la poche de sa parka.

Quelques minutes après ce départ, réveillés par les crépitements du brasier et l'explosion des quatre larges pneus gonflés par la chaleur ambiante, les riverains médusés alertèrent les sapeurs-pompiers. Le hurlement de la sirène, qui perforait la nuit, ne tarda pas à indiquer leur arrivée. Méthodiquement, les hommes casqués et harnachés dans leurs lourds vêtements de protection s'activèrent autour du véhicule carbonisé. Deux autres automobiles, stationnées à proximité, étaient également endommagées.

Quatre minutes après l'arrivée des secours, un véhicule bleu de la gendarmerie rejoignit les lieux. Trois agents en descendirent et commencèrent à recueillir des informations auprès des pompiers et des personnes massées sur le perron de leur petit pavillon.

Le lieutenant Thierry Massilon commandait la brigade de Guénange. Il écoutait avec calme le propriétaire du principal véhicule incendié se plaindre de « cette racaille qui pourrit la vie du quartier ». Ce discours était récurrent. Depuis un an qu'il travaillait sur ce territoire, l'officier constatait le ras-le bol-qui s'emparait des habitants face à l'envol de la délinquance. Ce nouvel incendie, dicté par l'ennui et le désœuvrement, allait attiser la tension déjà exacerbée. La population était à cran et le gendarme s'attendait à passer une fin d'été tendue.

Âgé d'une quarantaine d'années, Thierry Massilon était un vieux gendarme. Près de vingt ans qu'il servait sous l'uniforme aux quatre coins de la France.

Il n'avait jamais été franchement à l'aise à l'école. Il avait fréquenté les bancs du lycée jusqu'à la classe de terminale. Les gifles assénées périodiquement par son père avaient contribué à calmer ses jeunes velléités d'indépendance et à le maintenir sur le droit chemin. Celui imaginé unilatéralement par ses parents : passe ton bac, après tu feras ce que tu veux ! Le jeune homme avait ainsi, sous la pression de ses géniteurs, difficilement rongé son frein dans la voie imposée. Non pas qu'il ait en tête une idée précise de son avenir ou un projet bien arrêté ! Bien au contraire ! Il aspirait essentiellement à sortir du carcan familial. Il réussit ainsi, sans trop savoir comment, à décrocher son bachot. Facilités intellectuelles ? Indulgence du jury ? En tout cas, la question de son avenir devint prégnante le jour de la proclamation des résultats. Thierry n'avait jamais vraiment réfléchi à l'après. À l'encontre de toute logique et du discours ressassé des années durant, il décida finalement de marcher sur les traces du vieux. Après avoir pesté toute son adolescence contre l'autorité et la sévérité de ce père, gendarme à la ville comme au foyer, il opta à son tour pour cette institution.

Attrait pour l'uniforme ? Expression d'une rigidité personnelle qui trouverait son épanouissement dans une force militaire? Choix simple à exprimer et dicté par une fainéantise intellectuelle? Allez savoir! Mais encore aujourd'hui, il se remémorait, avec un certain ravissement, le discret sourire paternel à l'annonce du dépôt du dossier de candidature. Ce fameux soir de juillet, il avait rejoint ses parents réunis dans la petite cuisine pour le dîner. La surprise avait été de taille!

— Viens-là, petit con! avait alors ordonné son père avant de l'attirer brutalement contre lui et de le serrer dans ses bras nerveux.

L'homme n'était pas démonstratif. Une telle effusion avait marqué Thierry.

— Tu es un bon gamin, je suis fier de toi, avait réussi à murmurer cet homme bougon et rustre.

Sa mère, elle-même fille de gendarme, avait versé une larme, comme elle le faisait habituellement à l'annonce d'une nouvelle, qu'elle soit heureuse ou dramatique.

Dès le lendemain, la nouvelle orientation de Thierry avait déjà fait le tour de la brigade de gendarmerie de Saint-Galmier, dans la Loire. Le microcosme des dix familles de gendarmes vibrait au rythme de l'activité professionnelle des époux et des rares événements familiaux. Une monotonie calme et provinciale qui seyait parfaitement à l'environnement campagnard. Le jeune homme avait ainsi indirectement mesuré l'immense fierté de son père. Ses parents ressentaient un soulagement de voir leur unique rejeton emprunter une voie professionnelle bien définie.

À l'instar de son père, Thierry débutait donc sa carrière comme simple gendarme. Douze mois après son entrée à l'école de gendarmerie de Chaumont, il débarquait, fraîchement promu, dans une petite unité bretonne. Célibataire, avide d'en découdre, il avait rapidement trouvé sa place. Intéressé par les nombreux aspects de la profession, à l'écoute des conseils prodigués par ses pairs plus expérimentés, il n'hésitait pas à payer de sa personne en s'exposant physiquement lorsque de rares interventions le nécessitaient. Ne comptant jamais ses heures, il avait constaté, avec un certain orgueil et une vraie satisfaction, que ce choix de vie lui plaisait et qu'il était sans doute promis à un bel avenir. Pour la première fois, il développa une certaine ambition.

La vie, dans la petite commune rurale où il vivait, était rythmée par d'immuables rendez-vous. Tous les jours, à l'occasion de sa pause déjeuner, Thierry quittait la brigade vers onze heures trente afin de parcourir la petite centaine de mètres lui permettant de rejoindre la place du village. Saluant poliment les habitants qu'il croisait, Thierry s'amusait des regards insistants de certaines jeunes femmes. Certes la tenue facilitait les choses, mais il plaisait et le savait. Il se rappelait avec nostalgie de cette période bénie, et bientôt révolue, où le gendarme était encore considéré comme un notable dans les provinces. Appartenir à l'administration était une posture enviée car riche de certitudes rassurantes à cette époque. Un gendarme était un parti finalement intéressant pour s'extirper d'un carcan familial et campagnard immuable.

Lui ? Il n'avait d'yeux que pour Katell, la fille du boulanger. Tout juste majeure, elle donnait régulièrement un coup de main à ses parents en servant les clients.

Doté d'un physique avenant et d'une musculature, qui sans être saillante lui conférait une silhouette sportive, Thierry portait fièrement l'uniforme bleu de la gendarmerie. En été, lorsque la chaleur permettait le port des chemisettes, il aimait sentir ses bras noueux tendre le tissu lorsqu'il effectuait certains mouvements. Ses cheveux bruns coupés très court soulignaient la forme anguleuse de son visage hâlé. La chair le démangeait et il ressentait une vive impatience à l'idée de se retrouver dans les bras de cette belle qu'il s'était promis de conquérir.

Ses collègues le taquinaient parfois pour sa gouaille qui animait joyeusement la vie routinière de leur service. Ils se moquaient, par contre, de la timidité dans laquelle le jeune coq orgueilleux s'empêtrait lorsque sa route croisait celle de la fille du boulanger.

Les deux jeunes adultes se souriaient niaisement. Ils enfilaient l'une après l'autre les perles d'un dialogue convenu qui tournait maladroitement autour de la vie de la bourgade. Leurs œillades appuyées et une gêne mutuelle trahissaient pourtant des sentiments naissants et visiblement partagés.

Peu après son emménagement dans l'appartement que la gendarmerie lui avait attribué au-dessus des locaux de la brigade, Thierry avait pris le parti d'effectuer ses courses dans les commerces de la commune. Il pensait s'attirer la sympathie des commerçants et artisans du coin, et contribuer ainsi à sa bonne intégration dans le microcosme local. « Un gendarme se doit d'être proche de la population » n'avaient eu de cesse de marteler les instructeurs durant son année de formation. Il se rappelait surtout les diatribes véhémentes de son père. Le vieux fustigeait parfois l'air hautain que certains jeunes collègues arboraient avec les gens du cru. À l'occasion d'un achat de croissants, un dimanche matin, il avait croisé pour la première fois le beau regard bleu de Katell Gouanech. Après ce premier instant qui l'avait laissé pantelant, ses passages à la boulangerie étaient devenus un rituel. Thierry échangeait alors quelques mots avec la jeune femme. Chaque fois qu'il la croisait dans la boutique ou au gré de d'une rencontre dans le centre du bourg, le gendarme tentait de ralentir la course du temps pour savourer ces instants complices.

Un jour d'été, n'écoutant que son cœur mais les mains moites d'angoisse, il avait eu le courage de l'inviter à dîner. Ils s'étaient vus ce fameux soir, puis le lendemain, et le jour d'après encore. Leurs doigts s'étaient vite frôlés, s'étaient enhardis pour mieux se toucher, et avaient fini par s'entrelacer. Un baiser avait été échangé à l'abri d'un recoin sombre offert par une étroite ruelle. L'émotion de ce premier baiser les avait frustrés. Il avait vite été suivi d'autres embrassades plus fougueuses, à la hauteur de ces sentiments contenus depuis trop longtemps.

Trois semaines plus tard, Katell avait accompagné Thierry dans son logement. Elle l'avait quitté, devenue femme, au petit matin, alors que le gendarme se préparait pour son travail. Un sourire niais éclairait son visage d'homme satisfait.

Madame Gouanech feignait de ne pas remarquer l'émoi des jeunes gens et souriait, sous cape, de l'idylle naissante. Elle appréciait la gentillesse de ce gendarme poli et rougissant.

Un vendredi matin, la boulangère prit l'initiative, surprenant sa fille et celui qui ne tarderait plus à devenir son gendre.

— Dites-moi, Thierry ? Et si vous veniez dîner à la maison demain soir ? demanda-t-elle avec un immense sourire. Je suis certaine que Katell sera ravie de vous présenter à son père... Le pauvre, il est le seul à ne pas avoir le plaisir de voir le joli couple de tourtereaux que vous formez ! Sa fille n'arrête pas de lui parler de vous et...

— Mais maman, voyons ! s'exclama Katell, les joues écarlates. Tu exagères enfin !

— Je... je serai ravi de faire la connaissance de monsieur Gouanech, madame. Enfin si Katell est d'accord bien sûr ? réussit à bafouiller le gendarme à qui le fard était également monté au visage.

— Et bien, c'est d'accord ! A demain donc Thierry ! Dix-neuf heures précises, Yvon est très à cheval sur l'heure du dîner. Il se couche tôt !

Neuf mois après ce premier dîner familial, en l'église du bourg, Thierry Massilon convolait en justes noces avec Katell Gouanech. Afin de pouvoir assister à la cérémonie, tous les collègues de la brigade avaient obtenu d'être exceptionnellement dispensés de service. Les parents de Thierry avaient fait le déplacement. Tout jeune retraité, son père ne put s'empêcher de passer la soirée à discuter de la « maison » avec les amis de son fils. Visiblement amusés, ces derniers découvraient la ressemblance saisissante entre ce vieux gendarme bougon mais sympathique et le fringant marié. Le même moule, la même énergie, le même entrain !

Katell intégra facilement la petite communauté de la brigade de gendarmerie. Tout le monde la connaissait de longue date. La jeune femme élégante et toujours prête à rendre service était appréciée. Elle continua à travailler à la boutique familiale et s'intéressa de plus en plus à la gestion du commerce, suppléant sa mère dans la tenue des comptes quotidiens. Elle se projetait souvent dans l'avenir et s'imaginait bien à la tête de l'échoppe. L'employé de son père était jeune et nul doute qu'à la retraite du boulanger, il accepterait de poursuivre le travail sous la houlette d'une nouvelle patronne. Elle expliquait à son époux qu'elle envisagerait alors le recrutement d'un autre employé, pâtissier de métier, afin de développer davantage encore une activité déjà florissante.

Thierry sentait son cœur se serrer à l'évocation de ce futur qu'il n'offrirait pas à son épouse. Il n'avait pas encore le courage de contredire Katell, mais savait qu'elle ne concrétiserait pas ses rêves. Dans quelques mois, il remplirait les conditions fixées par les règlements. Il pourrait alors se porter volontaire pour la préparation d'un difficile concours. Il possédait les moyens intellectuels et professionnels pour obtenir le diplôme d'officier de police judiciaire. Le travail serait ardu mais les procès-verbaux qu'il rédigeait étaient déjà fouillés et complets. Il aimait la matière judiciaire et voulait en faire sa spécialité.

Nanti de sa réussite, il pourrait alors postuler pour le grade supérieur et entamer concrètement l'évolution de carrière qu'il avait en perspective. Son actuelle affectation convenait pour un début de carrière, il apprenait tous les jours sous la houlette des anciens mais l'activité était trop routinière, le territoire trop étriqué pour pouvoir satisfaire sa soif d'action.

Malheureusement pour les rêves de Katell, une telle promotion engendrerait automatiquement une mutation. Elle devrait alors quitter le village qui l'avait vue grandir et devenir adulte. Quoi qu'il advienne, la boulangerie familiale devrait être vendue lorsque son père se retirerait. Thierry n'entendait pas passer sa vie professionnelle ici. Il partirait et Katell le suivrait, comme il se devait !

Le jour de l'annonce des résultats du concours, la vie du jeune couple bascula. Katell ne le félicita que du bout des lèvres et ne prit pas part à la célébration exubérante de la réussite de Thierry. Il avait réussi, et brillamment de surcroît ! Parmi les premiers de son département ! La fierté aveuglante qu'il ressentait ne lui permit pas de se rendre compte du désarroi de Katell.

La jeune femme se ferma peu à peu. Elle, toujours si enthousiaste au retour de Thierry le soir, ne vint plus se lover contre lui lors des soirées télé qu'ils avaient toujours partagées. Elle ne s'intéressa plus que d'une oreille distraite à ses sempiternels commentaires relatifs à la gendarmerie ou à l'enquête en cours. Les ambitions masculines encore et toujours. Et elle dans tout cela ? Son mari ne l'interrogeait jamais sur ses souhaits, sur ses envies. Comme si sa voix ne comptait déjà plus.

Thierry, avide du corps de son épouse, ne concevait pas de passer plus de deux nuits sans se rassasier d'elle. À cette époque, il commença à essuyer des refus de plus en plus fréquents. Il avait beau redoubler d'ardeur et exhiber une virilité gonflée de désir, la jeune femme se retournait invariablement en refusant ses avances. Toutes les excuses étaient bonnes. Lorsque, ivre d'envie, il tentait de lui forcer la main, elle le repoussait avec colère, l'accusant de ne penser qu'à lui. Les semaines passèrent sans que la situation ne s'arrange. Bien au contraire, la frigidité sexuelle de Katell se doublait d'un mutisme chaque jour plus hermétique. Elle se détournait de lui et se mit à détester ce qu'il représentait. Insidieusement, l'amour se fissura. Les questions pernicieuses commencèrent à poindre. Aimait-elle vraiment cet égoïste patenté ? N'avait-elle cédé à ses sentiments que pour tromper l'ennui qu'elle éprouvait alors ?

Même les babillages de l'enfant de quelques mois qu'elle couvait de manière attendrie ne parvenaient pas à la dérider.

La petite Émeline était née en avril. Après des mois puis une année complète d'abstinence sexuelle, un soir de juillet, éméché par les trop nombreuses rasades de vin rosé avalées au cours d'un barbecue organisé dans la caserne, Thierry avait décidé de prendre son dû conjugal. Serait-ce de force. À leur entrée dans l'appartement, il avait coincé Katell contre un mur et ses mains fébriles avaient rapidement arraché la fine robe au tissu fleuri. Le corps nu de son épouse l'avait rendu fou.

Basculant la jeune femme sur la table de la cuisine, il l'avait prise avec fougue, sans égard pour les supplications de Katell. Il avait joui en quelques secondes, s'écroulant dans un cri sur elle. La violence de son acte et les sanglots étouffés de sa femme le dégrisèrent brutalement. Il se retira d'elle, et le bermuda encore aux chevilles, il s'éloigna tête basse. Si son désir avait été satisfait, il éprouvait une honte assommante. Il feignit de dormir lorsque de longues minutes plus tard, Katell le rejoignit sans un mot.

Le lendemain soir, il rentra du travail avec un bouquet de fleurs et supplia en pleurant son épouse de lui pardonner. Il regrettait tellement de lui avoir fait mal. Il était un imbécile qui ne comprenait rien à rien. Il ne reproduirait jamais plus ce comportement bestial qui lui faisait tellement honte.

Le destin allait se révéler bien amer pour Katell.

Lui ? Il apprit avec un bonheur fulgurant la maternité de son épouse et fut tout au long de la grossesse un mari aimant, attentif, supportant avec une abnégation coupable les sautes d'humeur de Katell.

Leur vie de couple était morte ce soir de juillet et la longue attente du bébé ne fut qu'une lente dérive qu'ils vécurent chacun de leur côté.

Thierry ne réalisait pas réellement la portée de leur échec. Au contraire, lorsque la tension devenait trop palpable, il se contentait de retarder son retour, préférant l'asile de son bureau à la grise mine de Katell. Il n'eut jamais le courage de mettre sur la table les difficultés qu'ils rencontraient.

En janvier de l'année suivante, en pleine grossesse, il fit profil bas à l'annonce officielle de sa mutation. En août, ils partiraient à plusieurs centaines de kilomètres du village breton. La gendarmerie envoyait le gendarme Massilon en Auvergne. Malgré l'attitude méprisante de son épouse, il n'évoqua jamais l'hypothèse de refuser ce départ ou de revenir sur ses plans de carrière. Il n'avait pas consenti tous ces efforts pour renoncer alors qu'il atteignait enfin la première marche de son ascension sociale. Après plus de six années passées comme simple exécutant, il touchait du doigt l'accession aux responsabilités. Il allait pouvoir diligenter lui-même des investigations plus difficiles. Il pourrait commander à un petit groupe de subordonnés. Le reste, la mauvaise humeur de Katell et la perte de tout signe d'affection de sa part, n'était qu'une mauvaise passe... Tout finirait bien par s'arranger.

Le départ du village natif de Katell fut pour lui l'initiation d'une lente mais constante progression dans la hiérarchie de la gendarmerie.

Quinze ans plus tard, il était devenu officier ! Ses sept mutations successives, son implication jamais mise à défaut et la qualité de ses états de service le désignaient comme un candidat naturel pour les postes les plus difficiles. Les efforts consentis avaient payé. Son père, aujourd'hui décédé, aurait été tellement fier ! Lui, le rejeton du vieux gendarme était devenu officier !

Le soir de cette énième mais si emblématique promotion, Thierry déboucha une bouteille de mousseux. Il savoura lentement la boisson devant son poste de télévision. Seul. Katell ne s'était jamais résignée à leur première mutation. Elle avait choisi. Ce serait la boutique familiale plutôt que Thierry. Elle lui avait annoncé la nouvelle la veille du déménagement, alors que ses parents, mis dans la confidence, sonnaient à la porte pour récupérer leur fille et leur petite fille.

Thierry avait appris à vivre seul.

Sans compagne. Depuis son divorce, il avait bien eu quelques aventures mais rien qui n'allait au-delà de la passade. Il privilégiait sa carrière et se contentait, par dépit, d'accumuler les aventures sans lendemain. Simple pis-aller physique suffisant pour satisfaire ses envies. Il n'avait jamais eu le courage d'envisager plus.

Sans sa fille surtout. La petite Émeline possédait une chambre dans l'appartement de fonction qu'il occupait. À chaque mutation, lors de l'emménagement, il commençait invariablement par la réfection de la pièce qu'il lui attribuait. Il déployait des trésors d'ingéniosité pour confectionner un cocon à la hauteur des attentes d'Émeline. Chambre rose pour la petite fille de deux ans qu'elle était lorsque ses parents divorcèrent. Emplie de poupées quelques années plus tard. Et enfin, à son arrivée à Guénange, un décor urbain pour accompagner les émois de l'adolescence qui pointait.

Malgré les efforts de décoration, le havre n'accueillait que rarement Émeline. Les postes à responsabilité et leurs contingences empêchaient Thierry d'assumer pleinement son rôle de père divorcé. Les enquêtes qui nécessitaient des investigations, y compris les week-ends. Les périodes de permanence au cours desquelles il se devait d'être disponible. Autant de justifications mensongères qu'il mettait en avant, pour se persuader de son impuissance. Pour masquer surtout une réalité bien plus prosaïque ! Sans avoir jamais pris le temps de mettre des mots sur le malaise qui le hantait, il ressentait une profonde aversion pour sa situation de père divorcé !

Sa mère venait régulièrement voir son fils et son unique petite fille à l'occasion des vacances au cours desquelles Thierry avait la garde de l'enfant. Le soir venu, profitant de l'intimité entre elle et son fils, elle avait, à plusieurs reprises, abordé le douloureux sujet de la vie privée de Thierry. Vertement rabrouée, sommée de changer de sujet, elle restait persuadée que ce grand nigaud avait juste besoin de parler. À elle ou même à un spécialiste s'il préférait. Il était bien comme son père ! Dur au mal, incapable de traduire en mots les sentiments qui le submergeaient ! Préférant souffrir seul plutôt que d'appeler à l'aide ! Le mal-être, qu'elle percevait derrière la carapace virile, nécessitait d'être expulsé. Il devait accoucher de toute cette rancœur aigre qui lui brûlait les entrailles. Mais Thierry n'avait jamais trouvé le courage nécessaire. Ainsi, la relation tissée avec Émeline restait-elle une ébauche inachevée. Ces périodes laissaient, longtemps après le départ de la jeune fille, un goût amer dans le cœur du père esseulé. Un sentiment de profond gâchis, d'acte manqué ! Les trop nombreux mètres carrés de son appartement, inutiles au célibataire qu'il était, lui rappelaient le naufrage d'une vie en pleine décrépitude. Il fuyait le reflet renvoyé par le terrible miroir en passant ses heures libres au bureau. Là, concentré sur ses attributions professionnelles, il avait une utilité, une vraie raison de vivre ! Là, il avait véritablement l'impression de pouvoir influer sur le cours des choses et sur la vie de certaines personnes ! Il se sentait enfin vivre.

Chapitre 2

Sur les lieux de l'incendie du véhicule, après avoir recueilli les premiers éléments, la fourgonnette de gendarmerie quitta les lieux.

Les yeux rougis par la fatigue d'une nuit passée à patrouiller, Thierry était impatient de s'accorder quelques heures de repos. La journée promettait d'être, une fois encore, bien longue. Les vacances estivales entraînaient un sous-effectif qui pesait sur ceux qui restaient.

La porte de l'appartement refermée, sans même prendre le temps de se déshabiller, Thierry s'effondra sur le divan du salon et s'endormit presque instantanément.

La sonnerie stridente du téléphone portable le leva d'un bond. Il avait dormi d'une traite durant quatre heures. Pas suffisant pour lui permettre de rattraper le retard accumulé mais assez pour avoir la force de patienter jusqu'au soir.

Thierry resta de longues minutes sous l'eau chaude de la douche, les yeux clos, la tête légèrement penchée pour offrir son visage au massage des jets. Tout en finissant de se préparer, il avala un reste de baguette fourré d'un morceau de gruyère, attrapa une banane bien trop mûre et quitta son appartement. Il n'avait que quelques marches à descendre pour pénétrer dans les locaux de la brigade. Treize heures venaient de sonner et seul le gendarme affecté à l'accueil était présent. Avant la réouverture des bureaux au public, il surveillait discrètement la femme de ménage chargée une fois par semaine de l'entretien des locaux. Thierry s'installa derrière sa table de travail recouverte de dossiers rédigés par ses subordonnés. Il lui revenait de vérifier ces écrits avant l'envoi aux magistrats du tribunal de Thionville. La version gendarmerie du tonneau des Danaïdes. La veille au soir, en éteignant la lumière, il avait jeté un œil satisfait sur son espace de travail enfin libéré de tout le retard accumulé. Quelques heures plus tard, tout était à refaire.

Peu avant quatorze heures, le planton, gendarme chargé de la mission d'accueil du public pour la journée, frappa à la porte mi-close, et sans laisser le temps à l'officier de répondre, passa la tête par l'entrebâillement :

— L'adjudante Demery est arrivée et demande à être reçue, mon Lieutenant !

Le militaire s'effaça et l'annoncée pénétra dans le bureau.

— Adjudante Julie Demery, nouvellement affectée, à vos ordres, mon Lieutenant !

Un sourire aux lèvres, Thierry Massilon se leva pour accueillir la nouvelle recrue de l'unité.

— Bonjour Adjudante ! Je vous en prie, prenez place, indiqua-t-il en désignant un des deux fauteuils inconfortables qui trônaient devant son bureau. Je suis ravi de vous accueillir à Guénange. Je peux vous assurer que je vous attendais avec une vraie impatience !

Durant plus de quarante-cinq minutes, l'officier écouta la jeune femme présenter son parcours professionnel. Il se contentait de relancer la conversation lorsqu'il souhaitait des précisions. Il apprécia la manière claire et réfléchie avec laquelle elle s'exprimait. Elle se montra intéressée par la présentation détaillée de la zone de travail qui serait désormais la sienne. Thierry s'efforçait d'être précis sans abreuver sa nouvelle collègue de considérations trop détaillées ou anecdotiques. Inutile d'alourdir cette première prise de contact.

— Voilà, Adjudante, les principales caractéristiques du coin, conclut-il. Je pense que vous avez la tête suffisamment pleine pour aujourd'hui.

— C'est certain, je dois vous avouer que je sature un peu d'informations là tout de suite, mon Lieutenant. Ce n'est jamais évident de débarquer sur une circo que l'on ne connaît absolument pas, lui sourit-elle. Il me faudra sans doute quelques semaines pour la connaître comme ma poche. En tout cas, vous pouvez compter sur moi, je suis ravie d'être ici, affirma Julie. Votre compagnie faisait partie des premiers souhaits de mutation exprimés lorsque j'ai été promue.

— J'espère vraiment et excusez-moi, j'ai totalement oublié de vous féliciter pour vos galons tout neufs !

— Merci, c'est gentil, répondit Demery en baissant instinctivement les yeux vers le bas de ses manches de vareuse désormais pourvues du galon jaune et liséré de rouge qui avait détrôné les trois chevrons de son grade précédent.

— Vous le verrez rapidement, ici, nous avons une bonne équipe. Nous sommes une des plus grosses unités du département. Tous les gendarmes ne sont pas forcément au niveau mais globalement, je ne me plains pas. Mais nous en reparlerons !

Le lieutenant se leva, contourna son bureau et s'avança de quelques pas dans le couloir desservant les différents bureaux. Il lança un tonitruant « Marcel ?».

— Oui, mon Lieutenant ?

— Venez-là ! S'il vous plaît !

— J'arrive mon Lieutenant !

Le maréchal des logis en chef sortit en trombe d'un bureau situé à quelques portes de là. Le chef Marcel Niamossous était un des gradés de la brigade. Toulousain aux accents chantants, aussi ventru que boute-en-train, il s'imposait comme un pilier de l'unité dont il égayait la vie par ses plaisanteries et calembours incessants. Présent depuis plus de six ans à Guénange, il s'avérait un administrateur rigoureux et le lieutenant Massilon se déchargeait volontiers sur lui d'une partie de la gestion quotidienne.

— Chef ! Je vous présente l'adjudante Demery qui remplacera l'adjudant Paulin. Je vous charge de lui faire visiter la brigade. Elle doit encore percevoir son arme et vous lui montrerez le bureau qu'elle occupera.

— Bien reçu, mon Lieutenant ! Adjudante, si vous voulez me suivre ?

Julie salua l'officier d'un signe de tête et suivit son collègue.

— Adjudante ?

Elle se retourna, un sourire poli aux lèvres.

— J'ai l'habitude de toujours effectuer la première patrouille avec les nouveaux arrivants, reprit le lieutenant Massilon. Cela me permet de compléter tranquillement l'entretien et de présenter concrètement les points particuliers de la circonscription. Nous sommes prévus en service après demain soir, de 22 h 00 à 02 h 00. Marcel vous montrera le tableau d'affichage.

— Reçu, mon Lieutenant. À jeudi, donc !

Se laissant à nouveau tomber dans le lourd fauteuil à roulettes qu'il utilisait depuis des années, Thierry regarda Julie Demery quitter son bureau. Il entendait la voix rocailleuse de Marcel Niamossous résonner dans le dédale des couloirs.

— Bon, on va se tutoyer, non ? Moi, c'est Marcel. Ici, si tu as besoin de quoi que ce soit comme fournitures ou toute autre chose, tu viens me voir.

Le parler chantant se perdit peu à peu dans le labyrinthe de la brigade.

Thierry Massilon resta immobile quelques minutes, incapable de se remettre au travail. Il était satisfait de ce premier entretien. La jeune femme qu'il venait de recevoir occupait ses pensées.

D'après le dossier qui avait précédé l'arrivée de

Julie Demery, elle était officiellement célibataire et âgée de trente-et-un ans. Il connaissait vaguement son ancien patron. Sollicité par mail, ce dernier avait été dithyrambique sur les qualités professionnelles de cette adjudante qu'il voyait partir avec regret.

Après ce coup de téléphone, rassuré par ces propos, Thierry était pourtant resté circonspect. Il savait d'expérience qu'il devait avant tout se fier à son propre jugement. À son habitude, il misait beaucoup sur le premier entretien très formel qui lui permettait d'accueillir officiellement tout nouveau venu. L'impression initiale qu'il se forgeait alors restait longtemps la base de son jugement.

L'adjudante Demery avait aisément réussi cet examen de passage. Le lieutenant Massilon se sentait réconforté. À la satisfaction professionnelle de compter une collaboratrice visiblement compétente se mêlaient des raisons bien moins avouables.

Depuis plusieurs jours, il attendait avec impatience ce rendez-vous programmé.

En début de semaine, Thierry était affairé à démonter un appareil électroménager défectueux. Il s'était approché de la fenêtre de la cuisine afin de bénéficier de la luminosité nécessaire. Pestant intérieurement contre la minuscule vis qu'il ne parvenait pas à extraire, il avait levé les yeux de son ouvrage. C'était alors qu'il l'avait aperçue. Sa fenêtre dominait les places de parking des familles. Elle déchargeait un véhicule. Son tournevis en main, il était tombé en arrêt devant cette femme blonde qui peinait à soulever un sac de voyage et à le sortir du coffre de sa voiture japonaise. Dans un premier temps, il n'avait vu que son dos. Ses pieds nus dans des sandalettes. Ses longues jambes hâlées mises en valeur par une courte robe aux couleurs vives. Elle était penchée en avant, tentant d'extirper le paquetage récalcitrant. Le mouvement dévoilait effrontément le haut de ses cuisses. Il retint son souffle, attendant mieux encore. Elle recula de quelques pas, tractant le sac jusqu'à le faire chuter sur le sol. Satisfaite, elle s'était retournée et dans le même mouvement avait épongé son front d'un mouvement de poignet. Une mèche de cheveux blonds barrait son visage, retenue par la sueur. L'effort consenti sous la chaleur accablante de ces dernières journées de juillet avait visiblement essoufflé la jeune femme. Thierry était électrisé par le spectacle. Incapable de retourner à son bricolage, il s'était réfugié dans un coin de la fenêtre pour pouvoir l'observer en toute discrétion.

Les cheveux, coupés en un carré long, brillaient d'une blondeur rendue plus lumineuse encore par les rayons du soleil. La main toujours portée au niveau des yeux pour atténuer la réverbération éclatante, elle reprenait son souffle en contemplant le bâtiment défraîchi de la brigade. Une des bretelles de la robe avait glissé le long de son biceps, dévoilant discrètement la naissance d'un sein. La femme remonta le brin de tissu. La robe dévoilait ses épaules et moulait sa poitrine. Dissimulé derrière le rideau brodé, Thierry ne parvenait pas à retirer son regard de ce buste qui haletait légèrement.

Elle avait empoigné vigoureusement les poignées du sac et, titubant sous la charge portée entre ses jambes, était sortie du champ de vision de Thierry.

Certainement une visiteuse estivale attendue par une des familles logées dans le bâtiment, s'était dit le lieutenant en abandonnant à regret son poste d'observation.

Ce n'était que quelques minutes plus tard, toujours affairé sur l'appareil désormais démonté, qu'il avait établi un lien avec la nouvelle gradée de l'unité. Il se remémorait le courrier électronique que l'adjudante Demery lui avait adressé quelques jours plus auparavant afin de confirmer sa date d'arrivée. L'esprit accaparé par la scène du sac, il réalisait qu'à aucun moment, il n'avait eu l'idée de descendre proposer son aide. Non ! Il avait pris un certain plaisir à regarder sans être vu. La honte qu'il ressentit à ce constat le moucha comme une claque.

— Voyeur ! Voilà où tu en es... Putain, tu es tombé bien bas, mon pauvre vieux !

Aujourd'hui pour l'entretien officiel, elle s'était présentée devant lui avec les cheveux strictement tirés en un chignon haut. Sa coiffure impeccable, conforme aux usages dans la gendarmerie, durcissait les traits de son visage. Son regard bleu acier l'avait transpercé. La silhouette pâtissait du port de l'uniforme mais sans nuire au charme que Thierry avait pressenti lors de son observation clandestine. Un plaisir quasi physique l'avait envahi lorsqu'il devisait avec cette femme. Elle était attrayante. Son visage finement dessiné possédait une sévérité particulière. Pourtant ses traits s'adoucissaient parfois. Il avait remarqué que lorsqu'elle s'était tue pour réfléchir au nom d'une connaissance commune, sa sévérité avait disparu quelques secondes, comme s'il ne s'agissait que d'un masque qu'elle s'imposait dans le cadre de ses fonctions. La bouche, aux lèvres charnues finement dessinées, esquissait aussi parfois une moue adorable. Plusieurs fois, il avait senti son propre regard glisser le long du corps de l'adjudante Demery. Il n'avait pas pu s'empêcher de suivre, discrètement espérait-il, ses mouvements lorsque, assise en face de lui, elle avait changé de position. Le croisement de ses jambes. Ses mains qui lissaient les plis de sa jupe bleue. Ces gestes simples avaient accaparé l'attention de l'officier, l'obligeant ensuite à faire répéter un mot ou une phrase mal saisie. Avait-elle été dupe sur les raisons du papillonnement de l'officier ?

Thierry doutait désormais et craignait d'être percé à jour. Il avait l'impression d'avoir minaudé et se reprochait ses attitudes minables bien peu professionnelles.

Pour la première fois de sa carrière, le lieutenant Massilon dut se raisonner. Les règles étaient claires. Sa position de chef hiérarchique et son statut d'officier imposaient une distance qui ne saurait être franchie. Il se devait d'avoir un comportement exempt de tout malentendu. Ses émois ou les sentiments personnels n'avaient pas à entrer en ligne de compte lorsqu'il considérait ses subordonnés. Fussent-ils aussi jolis que l'adjudante Demery !

Il consacra le reste de l'après-midi à la poursuite de son travail administratif. Il se rendit à deux reprises dans la pièce dédiée à la machine à café afin de se servir une tasse.

Dans la salle de détente, il croisa l'adjudante devisant avec Marcel. À son arrivée, ce dernier riait aux éclats et elle semblait déjà parfaitement à son aise. Thierry ressentit un pincement au cœur en constatant cette familiarité. Ils se turent à son arrivée, quittant la pièce alors même qu'il allait s'installer avec eux. Lorsqu'elle franchit le seuil, le lieutenant laissa encore fuir son regard sur les jambes de la jeune femme. La courbe des mollets était rehaussée par les talons des escarpins noirs réglementaires.

— Arrête ça tout de suite, mon pauvre Thierry ! Tu délires complètement ! s'entendit-il murmurer.

Partie 4
Faux pas

Chapitre 1

Anna introduisit la clé dans la serrure. La pièce était plongée dans l'obscurité. Elle avait choisi ce cagibi suffisamment vaste pour servir de buanderie ou de dressing, car la pièce ne disposait justement d'aucune fenêtre. Quelques rares objets étaient disposés sur l'étagère métallique qui occupait un pan de mur.

La jeune femme s'approcha d'une tête en plastique moulée, identique à ces présentoirs utilisés dans les salons de coiffure. Une perruque aux longues mèches brunes la recouvrait. La jeune femme la retira doucement de son support et vérifia son état, replaçant les mèches rebelles du dos de la main. Elle avait passé de longues minutes dans la salle de bain. Minutieusement, elle s'était coiffée, s'appliquant à lisser ses cheveux et à faire disparaître chacune des mèches sous le bonnet de résille noire qui la coiffait maintenant. L'application mise dans cette tâche était essentielle pour que la perruque s'adapte correctement et que l'effet rendu fut le plus naturel possible. En un tour de main assuré, elle coiffa le postiche, modifiant instantanément son apparence.

La mue s'opéra. Anna laissa place à la prédatrice brune.

Cette journée était particulière.

Une nouvelle fois, elle allait passer à l'acte. Elle ressentait une puissante impatience à l'idée de tuer à nouveau. Une boule de chaleur agitait son ventre, irradiant son corps d'une excitation puissante. Elle aimait cela, de plus en plus. À l'idée du sang, elle sentait son corps se vriller à l'idée du plaisir à venir.

Désormais, elle n'était plus capable de dire quelle partie d'elle-même manipulait l'autre. La voix de sa sœur continuait à résonner dans sa tête, Laura ressassait toujours la même aigreur rance. Pourtant si la rengaine demeurait, une différence fondamentale était survenue. La voix intérieure n'avait plus besoin de déployer l'ingéniosité perverse des premiers temps pour convaincre Anna de passer à l'acte. La jeune femme avait définitivement dépassé les scrupules qui l'avaient mortifiée après le meurtre de Strasbourg. Les remords initiaux n'existaient plus. La satisfaction de son plaisir propre justifiait seul un autre passage à l'acte. Ses actes ne visaient plus le soulagement de la souffrance de sa voix, mais bien la prise de pouvoir cathartique.

Elle jouissait particulièrement de la panique lue dans les yeux de ses victimes. Le regard atterré empli de la certitude d'une mort prochaine que ses victimes lui adressaient était un instant de rare intensité. L'homme renvoyé au rang d'animal. La peur primaire de la mort. Anna connaissait ce regard pour l'avoir déjà observé, dans des vidéos tournées en abattoir, chez les bêtes destinées à la boucherie. Ces yeux immensément ouverts, se gorgeant une dernière fois de lueurs de vie alors que tout s'arrêterait quelques secondes plus tard. Confrontée à cette réalité primaire, elle savourait tout le pouvoir que ses mains détenaient et la souffrance qu'elles étaient capables de faire jaillir. Ivresse quasi divine.

Depuis l'homme de la chapelle alsacienne, trois autres étaient morts entre ses mains, portant à cinq le nombre de meurtres commis. Seule une prudence excessive l'avait empêchée d'en réaliser un nombre plus conséquent. La prééminence de la raison perdurait encore au fond de sa folie. Non pas une raison philosophiquement éclairée, mais bien la réminiscence du réflexe animal ancestral. Instinct de survie et de préservation. Si Anna peinait à contenir les envies qui couvaient en elle, elle réussissait pourtant à ne pas céder aux sirènes de ses pulsions. Non pas pour de nobles considérations, non pas à cause d'un remords soudain, mais uniquement pour pouvoir se rassasier plus longtemps encore de cette escapade du côté du mal. Elle devait garder la tête froide pour ne pas commettre la maladresse fatale. La prudence était salutaire, elle seule lui permettrait de durer et de survivre. Ainsi Anna et Laura déployaient-elles tous leurs efforts pour résister à l'envie qui les rongeait. Elles se fixaient des échéances, s'empêchant de tuer tous les mois, s'obligeant à n'agir qu'après un délai suffisant pour ne pas trop s'exposer. À l'instar des grands prédateurs du monde animal qui ne tuent que pour satisfaire leurs besoins primaires, elles ne tuaient que lorsque la retenue n'était plus humainement possible. Elles étaient ainsi passées à l'acte en juillet 2013, puis à deux reprises déjà au cours de l'année 2014 : en février puis en mai. À son corps défendant, le rythme s'accélérait. En ce début du mois de novembre 2014, elles allaient réitérer.

L'ampleur des moyens policiers dédiés à la poursuite du « dépeceur » justifiait pleinement cette prudence. Les deux sœurs avaient ri à l'évocation du surnom dont la presse les affublait désormais. Tant que les enquêteurs pataugeraient, Laura et Anna pouvaient envisager l'avenir avec optimisme. Gare cependant à ne pas préjuger de la détermination policière ! Les gendarmes n'attendaient qu'un faux pas pour resserrer l'étreinte de leur nasse. Elles devaient rester prudentes. Depuis quelques jours, le temps écoulé depuis le précédent meurtre leur semblait suffisant pour qu'Anna puisse envisager une nouvelle quête. Il était temps, le moment était venu. Le feu qui vrillait ses entrailles devait être apaisé. Ils ne l'admettraient jamais publiquement mais les enquêteurs pâtissaient de ces longues périodes de relâche. Leur motivation était forcément grevée par l'attente, par l'inaction, par la contemplation de leurs pistes toutes piteusement infructueuses. Comme le chat qui, lassé de guetter le retour de la souris, finit toujours par s'endormir.

Arpenter encore et encore les lieux choisis. Ne laisser aucune place à l'approximation. Dérouler jusqu'à l'écœurement la check-list des actions à conduire. Vérifier une nouvelle fois chacun des instruments. Et puis tout reprendre une fois encore. Anna aimait la litanie rigoureuse et sans fin imposée par l'élaboration précise de son scénario. Le choix de la sixième victime n'avait pourtant pas été aussi simple.

Pour la première fois, elles avaient dû renoncer. L'homme ciblé était trop imprévisible. Aucune de ses journées ne ressemblait à la précédente. Anna avait préféré reculer. L'attitude du militaire ne convenait pas à son mode opératoire. Le passage à l'acte était trop aléatoire donc risqué.

Après plusieurs jours assez déprimants, minée par son échec, elle avait choisi une autre proie. Petit, assez râblé, carrure athlétique, certainement d'origine maghrébine ou orientale. Il quittait la caserne vers dix-neuf heures et passait ensuite quotidiennement deux longues heures dans une salle de sport voisine, à sculpter une musculature déjà impressionnante. Infatigable, il suait tous les soirs sous des barres de fer lourdement chargées, s'infligeant d'interminables séances de souffrance. Ensuite, rituellement, il dînait seul dans un petit établissement sans charme avant de rejoindre son appartement. Une vie quasi monacale, claustrale, sans surprise. Idéale.

La perruque bien en place, la jeune femme rassembla les instruments déposés sur un plateau de bois. L'aluminium des scalpels et le métal des couteaux professionnels brillaient sous la lumière électrique. Elle apportait un soin méticuleux à l'entretien de ces objets. Après toute utilisation, elle les désinfectait dans un autoclave acheté à grands frais en Allemagne. Elle les essuyait ensuite minutieusement avant de les aligner dans un ordre précis. Entre deux massacres, elle passait souvent de longues minutes à les contempler. Anna les plaçait un à un dans la housse de cuir matelassée qu'elle avait également fait confectionner spécialement. Elle vérifia d'un regard que tous étaient bien rangés. D'un geste, elle rectifia l'alignement d'un scalpel afin qu'il soit parfaitement à sa place, puis referma l'étui.

Avant de quitter la pièce, elle se retourna une dernière fois, scruta longuement les lieux pour s'assurer que rien n'avait été oublié, puis sortit en prenant soin d'éteindre.

Chapitre 2

Anna roula sans encombre jusqu'au lieu choisi. Elle quitta la route départementale et s'engagea sur l'étroit chemin de terre qui serpentait chaotiquement entre deux champs labourés. Une brume lourde collait aux mottes de terre rendues plus noires encore par l'obscurité. La lune diffusait une lumière presque diaphane à cause de la couverture nuageuse. Les phares éteints, elle roulait au pas pour ne pas quitter les étroites ornières qui constituaient le sentier. Elle coupa le contact. Le silence reprit instantanément ses droits. Un croassement de corbeaux déchira la nuit à quelques mètres de là. Seuls les bruits de sa propre respiration étaient perceptibles. Elle quitta le véhicule en prenant soin de ne pas claquer la portière. Les maisons de la commune de Vigy étaient à quelques centaines de mètres. Sur ce terrain plat, qu'aucune haie ou bosquet ne venait barrer, les sons portaient en pleine nuit, elle devait prendre ses précautions.

Elle avança de quelques mètres en direction des deux hautes structures métalliques qui se dressaient au bout du chemin. La nuit conférait un aspect spectral à ces énormes squelettes. Anna percevait nettement le grésillement caractéristique des lignes électriques à très haute tension. Un long crissement métallique, ininterrompu, proche de celui émis par un lointain moteur, émanait des fils qui, près de cinquante mètres au-dessus de sa tête, couraient à travers la campagne mosellane. Cette imposante ligne quittait la centrale nucléaire de Cattenom, à une trentaine de kilomètres plus au nord, et s'achevait à quelques centaines de mètres de là, dans l'usine électrique de la commune de Vigy, vaste structure chargée de répartir le courant vers les réseaux secondaires.

Le pylône qu'elle avait choisi était ancré au sol par quatre larges plots circulaires en béton. Au pied d'une de ces structures, dissimulé sous des branchages, le sac de sport noir qu'elle avait déposé la nuit précédente était toujours en place.

Elle s'activa durant de longues minutes. Elle parvint à placer la corde comme elle l'avait imaginé, utilisant le meccano des poutrelles métalliques. Elle pouvait désormais aller chercher le corps.

Anna s'approcha de la voiture stationnée à quelques mètres du pylône. Elle avait craint de rouler davantage car cela aurait alors signifié de quitter la piste. Rester embourbée dans le champ aurait été une catastrophe qu'elle n'osait pas imaginer. Pour couvrir la courte distance, elle prévoyait de tirer l'homme par les chevilles.

Dès qu'elle ouvrit le haillon du coffre arrière, Anna comprit qu'il avait repris connaissance. Elle n'eut pas le temps de réagir avant qu'un violent coup ne vienne la percuter au niveau du thorax. Malgré l'exiguïté dans laquelle il s'était réveillé et l'angoisse causée par son enlèvement quelques minutes plus tôt, l'homme s'était préparé à la confrontation. Dès qu'il avait pu, ses deux jambes s'étaient détendues. Habitué des salles de musculation, il avait préparé son geste, canalisant toute son énergie pour attaquer son adversaire. L'entrave qui liait ses deux jambes au niveau des chevilles ne l'avait pas empêché de propulser son agresseur à plusieurs mètres de là. Anna percuta brutalement le sol gelé. Gisant sur le dos, le souffle complètement coupé par l'uppercut, elle mit plusieurs secondes à recouvrer ses esprits.

Chancelante, elle réussit à se redresser. L'homme était parvenu à s'extraire du coffre et s'était laissé tomber sur le sol. Transformé en énorme chenille par les liens qui le saucissonnaient, il rampait en se contorsionnant et s'était déjà éloigné de quelques mètres. Profitant du court avantage procuré par son attaque surprise, il cherchait à fuir. Incapable de réaliser la succession d'événements qui l'avaient fait atterrir dans ce champ, son instinct lui dictait de fuir, de mettre la plus grande distance entre lui et son kidnappeur. Il avait bien perçu que la menace était incarnée par une femme. En temps normal, une main aurait suffi pour la maîtriser. Entravé comme il l'était, il ne pouvait pas lutter. Il comprit qu'elle approchait à nouveau. Il chercha immédiatement à faire face au danger. Ne pouvant se mettre sur le dos à cause de ses bras emprisonnés par des liens, il roulait d'un côté à l'autre pour tenter de se protéger.

La femme lui tournait autour. Cette salope restait à bonne distance. Elle avait compris la leçon et ne prenait plus de risques. Le bâillon de chiffon qui emplissait la bouche du soldat gênait sa respiration rendue saccadée par la peur et la reptation. Il la défiait du regard, bien conscient de la précarité désespérée de sa position.

Elle avait un objet à la main qu'il ne parvenait pas à identifier. À plusieurs reprises, elle le leva au-dessus de sa tête prête à frapper mais il anticipa le geste en roulant sur lui-même pour s'éloigner. Bien vite, il s'épuisa. Ses épaules endolories par la position de ses bras le faisaient atrocement souffrir à chaque mouvement.

Anna vit la faille. D'un geste furieux, elle abattit l'objet métallique sur le crâne de l'homme. Lorsque le fer à marquer heurta la boîte crânienne, un bruit mat, similaire à l'explosion d'une calebasse, répondit en écho à la secousse qu'elle ressentit dans son bras. Elle réitéra instantanément le geste. Le lourd objet contondant fracassa la tête du militaire. Le premier coup avait enfoncé le front de l'homme le plongeant dans une torpeur comateuse. Il l'ignorerait à jamais mais son inconscience lui épargna l'horreur absolue des prochaines minutes.

D'un geste automatique trahissant sa rage folle, Anna lança sur le côté le lourd fer à marquer.

Hagarde, elle se laissa tomber sur le sol glacé. Elle haletait bruyamment. Les mottes de terre retournée concentraient toute l'humidité et le froid de cette nuit de novembre. Elle transpirait pourtant. Elle sentait les gouttes poisseuses de sueur courir le long de ses tempes, se mêlant aux cheveux synthétiques de son postiche. Peu à peu, sa respiration anarchique retrouva un rythme plus cadencé. Sa nuque était douloureuse. Un craquement inquiétant avait accompagné sa chute sur le sol. Elle n'avait pas pu empêcher le mouvement brutal de sa tête vers l'arrière au moment du coup. Le moindre mouvement de tête lui procurait une brûlure qui irradiait jusqu'à ses tempes.

Sentant le découragement la gagner, elle se redressa. Elle avait une tâche à accomplir. Elle avait du plaisir à prendre, elle était là pour cela. Elle ne devait surtout pas perdre le fil. L'insidieuse idée de gâchis ne devait pas la submerger. La beauté des gestes qui lui restaient à accomplir ne devaient pas être souillée par la tentative de fuite désespérée de ce cloporte.

Malheureusement, le plaisir serait bien moins intense puisque la proie gisait déjà inanimée à ses pieds. Sous la lumière blafarde de la lune, elle peinait à évaluer l'étendue les dégâts occasionnés par les coups portés. Le bruit et l'impression d'enfoncement ressentie lui permettaient d'imaginer l'état du crâne. Elle se doutait qu'il ne reviendrait pas à lui et elle en aurait pleuré de rage.

Elle se raisonna.

Qu'importe après tout ! Il allait tout de même subir sa vengeance. Elle allait le châtier.

Lorsque la jeune femme commença à traîner le corps, elle fut incapable de retenir un cri. Une douleur intense lui transperça la poitrine au niveau des poumons. Le violent coup asséné par l'homme avait dû lui casser une côte. Chaque effort lui vrillait la poitrine, elle avait l'impression que ses poumons étaient traversés par une lame d'acier. Des larmes de souffrance perlèrent au coin de ses yeux.

À force de rage et malgré la douleur mal contenue, elle réussit à tirer le fardeau jusqu'au pylône.

L'effort la laissa exténuée ! Elle ne réussirait jamais à hisser l'homme, cette ultime épreuve était au-dessus de ses forces.

Elle laissa la rage couler en de longues larmes. Le maquillage noir de ses yeux dévastés transformait son visage en un masque mortuaire effrayant. Des traces de boue complétaient la dévastation. Elle était maculée de terre de la tête aux pieds, ses vêtements étaient trempés, imbibés de crasse et de l'humidité hivernale qui glaçait toute la campagne.

Elle n'eut d'autre choix que de démarrer l'automobile afin d'utiliser la force motrice pour placer le corps dans la position souhaitée et palier ainsi sa propre déficience. Enfin, elle put admirer le résultat de ces efforts. Le militaire pendait, retenu par la corde fermement nouée à une poutrelle de la structure du pylône. Elle avait opté pour une pendaison par le cou afin de changer une fois encore de mise en scène. Elle rageait de ne pouvoir lire la terreur dans les yeux clos de la proie.

Bon Dieu, qu'elle aurait aimé lui infliger des coups et jouir de sa panique !

La traction du véhicule avait été vigoureuse. Le nœud coulant passé autour de la tête du jeune homme s'était serré comme un étau. La corde s'était enfoncée profondément dans la chair infligeant une blessure abominable. Anna ressentit une délectation certaine.

La tueuse put enfin laisser libre cours à la haine accumulée depuis son arrivée sur ce champ. Cet homme avait été la proie la plus récalcitrante, la plus rusée à laquelle elle avait été confrontée. Acculé, entravé, il était parvenu à la blesser douloureusement.

— Je te hais ! Je te hais ! Je te hais !

Chaque geste de scalpel était rythmé par une litanie furieuse. Et tant pis pour le bruit.

L'exécration de cet homme supplantait tout autre sentiment. Même le plaisir habituellement déferlant ne parvenait pas à vaincre la fureur irrationnelle qui guidait sa main.

Satisfaite de l'abomination obtenue, Anna lâcha le scalpel. Le sang ruisselait le long de ses doigts, s'insinuant dans la manche de son anorak. Il avait payé !

Elle rassembla à la hâte les vêtements militaires de l'homme. Son propre matériel était éparpillé au pied du corps. Contrairement à son habitude, elle n'avait pas agi avec la rigueur chirurgicale qu'elle affectionnait. Elle s'était laissée submergée par l'émotion.

Encore secouée, elle se contenta de fourrer hâtivement les affaires dans le sac de sport noir. La tension retombant peu à peu, des frissons irrépressibles l'envahirent. Le froid incisif et l'humidité gluante la paralysèrent presque alors qu'elle finissait de ranger. Elle grelottait. Ses dents claquaient. Le bruit de ses mâchoires semblait envahir tout l'espace. Elle jeta le sac sur le siège arrière et démarra la voiture. Le système de chauffage poussé au maximum ne fut d'aucune utilité immédiate. Le gel était partout y compris dans l'habitacle. Elle roula lentement, les gestes rendus gourds par la chair de poule qui la secouait, le son du moteur masqué par le bruit de ses dents qui s'entrechoquaient.

Elle rejoignit la départementale et roula au moins un kilomètre avant d'allumer les phares de la voiture.

La chaleur fut longue à s'installer. Le froid persistait

perfidement, enlacé à son corps. Durant plus d'une heure, la jeune femme roula dans un état second. Les effets cumulés de la fatigue, du stress l'assommaient. Ses douleurs rendaient toute position difficilement supportable plus de quelques minutes. Malgré tout cela, elle ne trouvait pas la force de rentrer chez elle, préférant rouler sans but.

Et puis le choc ! Comme une fulgurance.

La vision de la faute commise !

L'erreur !

Le pied droit de Anna écrasa la pédale de frein. Le véhicule lancé à près de cent kilomètres par heure glissa sur la chaussée givrée. Derrière, la camionnette de livraison qui la suivait depuis le dernier virage, surprise par cet arrêt, se déporta brutalement pour éviter le choc. Le klaxon hurla bien après le dépassement. La jeune femme, atterrée par l'ampleur de ce qu'elle réalisait, parvint à enclencher une vitesse, avança lentement et se stationna sur le bas-côté, en sécurité.

Elle s'extirpa nerveusement de son siège et se pencha vers l'arrière de l'habitacle. Elle fouilla avidement le sac de sport mais dut se rendre à l'évidence. Elle n'avait pas emporté le fer à marquer. Elle avait oublié l'objet ! Elle ne parvenait pas à comprendre où cet objet pourtant encombrant avait pu passer pour qu'elle l'oublie. Elle entendait encore le son de l'objet défonçant l'os frontal. Elle ressentait le froid de la terre l'envahir après qu'elle se laisse tomber pour retrouver son souffle. Ses deux mains étaient alors enfoncées dans les mottes glacées. Mais qu'avait-elle fait de l'objet ?

Ce fer à marquer serait une véritable aubaine pour les enquêteurs ! Forgé par un artisan allemand de Karlsruhe, il était une pièce unique spécialement commandée. Si le lien entre l'objet et la main qui l'avait créée était établi, elle serait en danger. Certes, elle avait pris la précaution de payer en liquide et l'achat remontait à plus de quatre ans. Mais à deux reprises, elle avait eu un contact avec le ferronnier. À l'époque, rien ne justifiait qu'elle se travestisse. L'homme aurait-il oublié les traits de sa cliente ? Ses exigences vraiment particulières avaient sans doute marqué l'artisan… Anna était effrayée par les questions qui se succédaient, faisant vaciller les remparts protecteurs qu'elle s'efforçait de dresser à chaque passage à l'acte. Son estomac était noué. Les conséquences potentielles de son erreur étaient inquiétantes.

Quelques secondes durant, elle pensa rebrousser chemin afin de fouiller la zone.

Non !

Les risques étaient énormes. Il était désormais près de cinq heures du matin. Les travailleurs les plus matinaux devaient déjà être en route. Croiser un véhicule à proximité des lieux du crime revenait à offrir une piste, un indice bien plus exploitable que l'objet métallique.

Anna se reprit. Appuyant son front désormais fiévreux contre ses mains serrées sur le volant, elle ferma les yeux. Soufflant lentement pour calmer l'émotion qui la tétanisait.

— Respire ! Respire !

Il lui restait une tâche essentielle à accomplir. Elle devait le faire rapidement. Se débarrasser de cette maudite voiture et des vêtements de l'homme était essentiel pour couper le lien entre elle et la victime. Le temps pressait.

Elle reprit la route.

Chapitre 3

Le silence qui régnait dans la pièce se déchira lorsque la stridente sonnerie du téléphone portable retentit. Délaissant le corps chaud et dénudé de la jeune femme contre lequel il s'était endormi, Jean-Édouard roula sur lui-même. Le cadran lumineux du radio-réveil annonçait trois heures trente du matin.

— Putain, à peine trois heures de sommeil ! pesta-t-il à voix basse. Fait chier, ce téléphone !

Le bras d'Ayala retomba mollement sur le drap. Elle grogna lorsque l'homme quitta le lit. Il décrocha.

— Oui ? Le chef d'escadron Piatry ! marmonna-t-il d'une voie pâteuse.

— Bonjour, mon Commandant, adjudante Demery, gradée de permanence de la brigade de Guénange.

L'officier de gendarmerie tira doucement la porte derrière lui. Traversant le couloir, il buta contre un objet. En se penchant en avant pour percer l'obscurité, il distingua une des bottes à haut talon que sa maîtresse avait abandonné la veille au soir. Il la poussa contre un mur et pénétra dans la pièce voisine inoccupée. Là, il se planta derrière la fenêtre, observant la cour déserte et balayée par des rafales de pluie.

Sans attendre de réaction de la part de son supérieur, l'interlocutrice avait commencé à expliquer les raisons de son appel.

— Je suis désolée de vous réveiller, mon Commandant, mais je suis actuellement sur la route départementale 918 à la sortie de Metzervisse. Nous avons été engagés par le CORG, il y a une vingtaine de minutes, pour un accident grave de la circulation. Un choc frontal entre deux véhicules.

— …

— Vous m'entendez mon Commandant, s'inquiéta la militaire.

— Oui, oui, continuez !

Le patron de la compagnie de gendarmerie de Thionville était parfaitement attentif. Cet axe comptait parmi les plus touchés par les accidents mortels de la circulation routière. Son évocation l'avait totalement tiré de sa torpeur. Il pressentait déjà que l'appel serait porteur de mauvaises nouvelles.

L'interlocutrice poursuivit.

— Selon le SAMU, il y a déjà deux morts, deux jeunes hommes présents dans un des véhicules. Quant à l'autre voiture, il s'agit d'une famille de Luxembourgeois. Deux enfants présents à l'arrière sont légèrement blessés. Par contre, le conducteur, sans doute le papa, est dans un sale état.

— Merci Adjudante.

Jean-Édouard allait raccrocher lorsqu'il se reprit.

— Besoin de quelque chose sur place ? Vous êtes combien actuellement ?

— Nous sommes trois patrouilles. Je les utilise pour la déviation déjà mise en place. Le centre opérationnel est au courant, je les ai appelés juste avant de vous prévenir.

— Parfait merci, vu le bilan, je vais me déplacer. J'arrive aussi vite que possible.

Après avoir raccroché, l'officier entra dans la salle de bain. Il se passa la tête sous l'eau froide pour se réveiller complètement avant de prendre le volant. La nuit écourtée n'avait pas été réparatrice. Le visage légèrement bouffi par la fatigue portait les stigmates du manque de sommeil.

Moins de dix minutes après avoir reçu l'appel téléphonique, l'officier quittait la caserne située dans le centre-ville de Thionville et fonçait à travers les rues désertes en direction de l'accident.

Depuis deux ans qu'il commandait l'ensemble des unités implantées autour de Thionville, il avait emprunté cet itinéraire un grand nombre de fois. Les images des accidents passés affluaient. L'axe très fréquenté était régulièrement le théâtre de dramatiques accidents. Des chocs frontaux le plus souvent imparables ! Les longues lignes droites incitaient les automobilistes à accélérer et à dépasser. Or, une succession de petites côtes altérait la bonne visibilité.

En arrivant, l'officier distingua les halos stroboscopiques des gyrophares des nombreux véhicules de secours. Le puissant éclairage des sapeurs-pompiers baignait la scène d'une blancheur crue.

Lorsqu'il descendit de sa voiture, Jean-Édouard Piatry aperçut immédiatement les deux sacs alignés sur le macadam. Les corps avaient d'ores et déjà été extraits des restes difformes du premier véhicule impliqué. Des gendarmes et pompiers, tous revêtus d'un gilet de sécurité réfléchissant, s'activaient.

L'adjudante Demery salua réglementairement son supérieur et doubla le geste militaire d'un large sourire. Elle lui tendit une main glacée et humide. La pluie ne cessait de tomber et l'air nocturne était particulièrement désagréable. La capuche de la parka bleu réglementaire n'empêchait pas les gouttes de ruisseler sur le visage de la gendarme.

— Les prélèvements et prises de sang sont faits, indiqua-t-elle en montrant du doigt les longs sacs blancs dans lesquels les sapeurs-pompiers avaient allongé les deux hommes décédés.

— Et le père de famille ? s'inquiéta l'officier en approchant du véhicule blanc du SAMU à l'intérieur duquel il percevait les signes d'une fébrile activité.

— Il vient d'être désincarcéré. Le médecin pense pouvoir l'évacuer vers l'hôpital de Thionville. Les deux enfants, neuf et quatorze ans, sont déjà partis là-bas, expliqua sobrement l'adjudante Julie Demery.

Malgré le drame évoqué à mots couverts, la voix de la jeune femme restait cristalline.

— On n'a pas encore trouvé de documents d'identité pour les Luxos, ... Pardon, pour les Luxembourgeois, se corrigea d'emblée l'adjudante Demery. Par contre, pour les deux décédés, il s'agit de Thionvillois, 21 et 33 ans. Le CORG a fait le nécessaire pour que la police prévienne leur famille.

Très vite, elle quitta l'officier et partit en direction de deux collègues occupés à effectuer des relevés.

Le commandant de compagnie salua les gendarmes présents. Tous s'activaient sous la pluie battante. Plus vite ils achèveraient les constatations, plus vite ils retourneraient au chaud. Son rôle sur place était essentiellement symbolique. Accompagner ses subordonnés dans une tâche macabre faisait partie de ses prérogatives. Certaines scènes étaient souvent difficiles et la présence de leur chef était une certaine forme de soutien. Par la même occasion, Jean-Édouard en profitait pour s'assurer qu'ils ne rencontraient pas de difficultés et pourvoyait à la mise en place de moyens supplémentaires si nécessaire. Plus secondairement, le chef qu'il était contrôlait leur travail.

La situation était gérée, les actes s'accomplissaient dans une routine parfaitement réglée. Tout semblait bien se passer et l'officier n'avait finalement pas grand-chose à faire. Il profita de l'occasion pour observer à la dérobée l'adjudante Demery.

Il avait déjà pu la voir à l'œuvre depuis son arrivée, l'été dernier. Son diplôme de TIC permettait à l'adjudante d'être souvent sollicitée par la compagnie. Elle effectuait alors les constatations nécessaires. Quatre jours plus tôt, il avait ainsi pu apprécier la rigueur qui était la sienne lors de la découverte d'un suicidé par arme à feu.

En tant que chef, Jean-Édouard appréciait cette femme et ses belles qualités humaines. Visiblement, elle aimait et consacrait beaucoup de son temps à son métier. Son travail était toujours précis, irréprochable même, selon le lieutenant Massilon qui ne perdait jamais une occasion de mettre à l'honneur le travail de l'adjudante. Pour le commandant de compagnie, l'adjudante Demery était l'archétype du subordonné facile à gérer. De bonne humeur, travailleuse, sans histoire. Comme tous microcosmes, les unités de gendarmerie bruissaient de cancans. Pourtant, il n'avait jamais eu vent de remarques désobligeantes la concernant. Au contraire, Julie Demery faisait l'unanimité. Quelques mois après son arrivée, elle semblait s'être attirée les bonnes grâces de tous. Le commandant de compagnie devait reconnaître qu'en outre, elle était charmante. Il était toujours plaisant d'être accueilli par son sourire. Sa gentillesse était un baume pour le quotidien souvent lourd de ses collègues.

Cette nuit-là, Jean-Édouard Piatry confirma une fois encore ses impressions. Julie Demery était douée pour l'exercice de ses prérogatives. D'un geste ou d'un mot, elle corrigeait certains détails, attribuait une tâche, faisait activer des collègues trop lents. La plupart du temps, ses remarques étaient accueillies positivement. Elle savait faire en sorte que ses ordres soient exécutés sans heurts. Contrairement à certains de ses pairs masculins, plus enclins à râler ou à remettre brutalement à leur place des subordonnés désinvoltes, Julie Demery obtenait de meilleurs résultats par une méthode douce, féminine. Elle incarnait cette obéissance d'amitié chère au général Frère, ne put s'empêcher de penser l'officier nourri de lectures historiques.

Piatry fut de retour à Thionville peu après cinq heures du matin. La lumière brillait dans la cuisine de son logement.

Ayala devait être debout. La veille au soir, en le rejoignant chez lui, elle lui avait signalé qu'elle commencerait très tôt. Elle devait être présente à Metz en tout début de matinée pour la conférence de presse du procureur de la République, se rappela-t-il.

Il grimpa quatre à quatre la volée de marches qui conduisait à la vaste maison. Deux ans plus tôt, à son arrivée à Thionville, il s'était demandé ce qu'il allait pouvoir faire d'autant d'espace. Célibataire endurci, il ne possédait pas le mobilier nécessaire pour occuper toutes les pièces allouées et n'aurait que faire de toutes ces chambres.

Campée devant la desserte qui supportait la machine à café, Ayala semblait en contemplation, perdue dans ses pensées. Elle détestait se lever tôt. Il lui fallait de très longues minutes pour émerger complètement de son sommeil. Elle lui tournait le dos et ne se retourna pas.

— Salut, je ne t'ai même pas entendu partir cette nuit ! murmura-t-elle lorsqu'il l'enveloppa de ses bras. Il déposa une succession de baisers dans la nuque de sa maîtresse.

— Oui, tu dormais bien...

— C'était quoi ? Un truc pour moi ?

Elle se retourna, les mains serrées autour d'une tasse fumante. Journaliste pour le quotidien régional, elle était chargée des faits divers et affaires judiciaires. Jean-Édouard et elle s'étaient d'ailleurs rencontrés pour la première fois grâce à une enquête. Journaliste jusqu'au bout de ses longs ongles manucurés, Ayala Ben-Aliouche ne manquait jamais d'utiliser à son profit la relation extra-conjugale qu'elle entretenait avec Jean-Édouard. À l'instar de ses articles toujours percutants, elle ne prenait aucun chemin détourné ni précaution oratoire. Elle n'hésitait pas à le questionner ouvertement, y compris au lit, à l'issue de leurs étreintes. Elle avait toujours été claire à ce propos, dès le début de leur aventure quelques mois plus tôt. Elle voulait bien coucher avec lui, mais il devait savoir deux choses. Elle ne quitterait pas son mari pour lui et elle ferait toujours passer son boulot avant une partie de jambes en l'air.

Jean-Édouard avait acquiescé. Il aimait la franchise de cette belle quadragénaire. Elle avait le mérite d'avoir établi des règles claires, qui lui convenait parfaitement. Lui aussi, de son côté, n'avait jamais franchi la ligne rouge fixée à l'issue de leur première nuit ensemble. Elle aurait beau insister, il ne lui donnerait que ce qu'il était autorisé à divulguer. Le secret de l'enquête était un sacro-saint principe en gendarmerie. Il n'allait pas mettre en péril sa carrière pour une passade. Fût-elle exceptionnelle. Ayala était une déesse au lit. Elle s'offrait à lui sans limite mais la baise n'excluait pas une certaine défiance.

— Non, répondit-il en laissant ses mains courir sur le ventre de la journaliste. Un gros accident, deux morts, un troisième dans un état critique… J'ai croisé le photographe de l'agence de Thionville en partant. Il m'a dit qu'un journaliste appellerait en fin de journée pour avoir les dernières nouvelles, et l'état des blessés notamment.

— C'est moche… c'est sans doute Sabrina qui appellera, déclara Ayala en faisant référence à la jeune collègue à qui le rédacteur en chef avait infligé le dossier de l'accidentologie.

Ayala sirotait, à petites gorgées, le café fumant. Jean-Édouard se pencha pour l'embrasser. Sa langue trouva instinctivement celle de la jeune femme et il laissa leur bouche se mêler durant de longues secondes. Il sentit immédiatement le désir grossir au creux de ses reins. Dès leur première rencontre, il avait ressenti une attirance physique folle pour la journaliste, de quelques années son aînée. Sa peau cuivrée, ses cheveux châtains toujours tirés en arrière, ses formes appétissantes et surtout ce sourire divin l'avaient conquis en un instant. Coureur de jupons, il profitait sans ambages de la liberté offerte par son célibat revendiqué. Il avait fait en sorte, à chaque rencontre suivante, de glisser d'habiles sous-entendus. Séductrice et consciente de l'attrait qu'elle suscitait, Ayala avait très vite réagi à ses avances à peine voilées. Simple jeu de sa part ? En tout cas, les cafés partagés au gré des passages dans leur bureau respectif n'avaient rapidement plus suffi. Il l'avait invitée à déjeuner, espérant pouvoir tirer parti de ce rendez-vous. Il n'aimait pas perdre son temps dans des circonvolutions d'un autre temps. Elle s'était pourtant refusée à lui, le laissant caresser ostensiblement sa main, riant librement à l'évocation des envies qu'elle créait en lui, mais fuyant son étreinte au moment de se séparer. Manipulatrice, elle s'était volontairement esquivée. Certaine qu'ainsi, elle le ferrait pour de bon. Se rendre inaccessible pour mieux avoir ensuite à ses pieds cet homme qui se pâmait sans fard. Comme elle l'avait subodoré, il n'avait pas été refroidi par cet échec patent et n'avait eu de cesse de relancer la journaliste. Des Sms échangés de plus en plus régulièrement prouvaient à l'homme qu'il avait toutes les raisons de ne pas abdiquer. Il finit par comprendre qu'elle avait simplement décidé de jouer avec ses nerfs. Elle s'offrirait le moment venu, ils le savaient tous deux. Il accepta ces règles et plongea pleinement dans un jeu désormais débridé. Ils se frôlaient ouvertement, se dévoraient du regard, n'hésitaient pas à évoquer leurs désirs réciproques. Pourtant, seuls les éclats de rire et les fuites rapides répondaient aux tentatives de plus en plus désespérées de l'impatient. Si elle laissait parfois sa gorge recevoir les baisers déjà passionnés qu'ils échangeaient en se saluant, ses lèvres demeurèrent inaccessibles durant près de deux mois.

Finalement, et comme elle l'avait toujours envisagé, ce fut elle qui décida du moment. Ayala avait demandé à son ami de l'accompagner au vernissage d'une exposition de photographies. Un collègue photoreporter avait, durant des années, parcouru les principaux vestiges du patrimoine industriel mosellan. Ses clichés, en noir et blanc, transpiraient la décrépitude et la fin d'une ère. Hangars ouverts aux quatre vents, machines-outils rouillées, cheminées éventrées, silos renversés, autant de traces de l'inéluctable déclin économique d'une région naguère prospère. Les deux tourtereaux avaient parcouru au pas de course les deux salles d'exposition de la tour aux puces. Ils s'étaient esquivés du vieux bâtiment moyenâgeux, main dans la main, courant presque pour rejoindre la voiture de la journaliste. Là, sans se soucier des rares passants, elle s'était jetée sur lui et sur ce sexe qu'elle savait gorgé d'excitation depuis de trop longues semaines. Il avait joui dans sa bouche, ses doigts crispés dans la chevelure de la journaliste, enfonçant son sexe au plus profond de cette gorge que, tant de fois en imagination, il avait déjà possédée.

Depuis trois mois que leur liaison durait, ils se voyaient deux à trois fois par semaine. Principalement chez lui, ou dans un hôtel situé à mi-distance entre Thionville et Metz, où elle travaillait. Dès que son mari, médecin et chef de service hospitalier, était retenu par une nuit de garde, elle désertait le domicile conjugal pour rejoindre son amant. Leurs rencontres se résumaient en de furieux ébats. Ils se ruaient littéralement l'un sur l'autre et ne se séparaient que repus, haletants, satisfaits de cette passion physique réciproque, pressés de récupérer pour partir une nouvelle fois à l'assaut de l'autre.

Face à elle, debout dans sa cuisine, Jean-Édouard avait

toutes les peines du monde à résister à l'attrait permanent, quasi animal, qu'elle exerçait sur lui. Il l'aurait volontiers attirée sur la table de cuisine ou le canapé du salon tout proche pour s'enivrer une nouvelle fois de ses charmes. Il resta pourtant stoïque, il connaissait les limites à ne pas dépasser. La mettre en retard était l'une d'elles, notamment de bon matin et après une trop courte nuit de sommeil. Si elle avait fait l'effort, quasi insurmontable pour elle, de se lever aux aurores, ce n'était certainement pas pour batifoler. Il risquait une violente remise en place s'il s'aventurait sur cette voie.

Il se contenta de faire couler un café.

— Tu dois être là-bas à quelle heure ?

— Sept heures trente ! Le rédac-chef veut me voir avant la conférence de presse du procureur qui est prévue à neuf heures. Je me demande bien pourquoi elle fait ça si tôt... On dirait vraiment qu'elle cherche par tous les moyens à limiter l'audience. Je ne suis pas sûre qu'il y aura grand monde à cette heure-là !

— Tu crois ? demanda naïvement le gendarme. D'après moi, peu importe l'horaire, ce sera noir de monde. Les rapaces de ton espèce seront tous de sortie !

— Ne joue pas à l'idiot avec moi, ricana la journaliste. Tu n'as pas le niveau ! D'ailleurs, j'aimerais bien que tu m'en dises un peu plus, Monsieur le Commandant de compagnie, susurra-t-elle en plongeant ses grands yeux noirs déjà maquillés dans les siens.

Comme à son habitude, elle avait marqué leur ligne d'un léger trait de khôl, finement rehaussé par un fard à paupières rose.

— Ligne rouge ! réagit-il en usant de l'expression derrière laquelle il se réfugiait dès que sa maîtresse s'approchait du pré carré interdit.

Elle n'insista pas mais il vit la frustration passer dans

son regard. Elle était furieuse. Elle allait se venger, il en était certain. Leur relation se construisait autour de ce sempiternel jeu du chat et de la souris. Seule leur insatiable fringale sexuelle les unissait. Le sexe cimentait leur entente. Au-delà, deux conceptions s'affrontaient. La logique de l'enquête contre la soif du scoop. Les enjeux étaient trop forts pour l'un comme pour l'autre. Les prises de bec rythmaient leur relation.

Dix minutes plus tard, le couperet tomba, sans surprise. En réponse à une demande relative à leur prochain rendez-vous, elle lui adressa un clin d'œil effrontément coquin accompagné d'un cinglant :

— Ligne rouge !

Elle partit d'un rire espiègle en le laissant sur sa faim. Elle savait l'effet produit par sa répartie et était certaine qu'il ne tarderait pas à lui envoyer Sms sur Sms pour la convaincre de passer le voir au plus vite. Elle le manipulait d'un clignement de paupières. Ils étaient donc bien tous pareils…

Chapitre 4

Ayala Ben-Aliouche stationna la petite Fiat Cinquecento beige à cheval sur le trottoir. Quelques secondes plus tard, elle pénétrait dans l'imposant palais de justice de Metz. Le porche majestueux aux riches bas-reliefs ouvrait sur une cour carrée, bordée sur trois côtés par des bâtiments de plusieurs étages en pierre de Jaumont. Sous le ciel lourd et gris, l'ensemble architectural n'avait pas le lustre splendide qu'il prenait lorsqu'un rayon de soleil l'illuminait. Bâti dans le même style que de nombreux bâtiments historiques du centre-ville de Metz, il se drapait de la couleur jaune d'or caractéristique de la pierre extraite en Lorraine et utilisée lors de la construction de l'imposant tribunal.

Elle était habituée des lieux et n'avait jamais été vraiment subjuguée par ces considérations architecturales. Ayala se faufila à grandes enjambées jusqu'à la bibliothèque. Avant de pénétrer dans la salle, elle ôta le lourd blouson de cuir retourné au col en épaisse fourrure argentée. Dernier cadeau de son mari, il lui avait offert à l'occasion de leur dixième année de mariage, trois semaines plus tôt. Tape-à-l'œil comme elle aimait ! Comme dans tout ce qu'elle faisait, rien ne l'arrêtait et elle appréciait particulièrement les fringues bling-bling pour reprendre un qualificatif désormais très à la mode. Une seule règle : ne surtout pas passer inaperçue. Elle trouva rapidement une place sur une chaise pliante au premier rang. Les personnels du tribunal avaient installé une trentaine de sièges face à la longue table recouverte d'une nappe rouge sur laquelle des micros avaient déjà été déposés par les équipes de télévision présentes. Jean-Édouard avait eu raison : le nombre de micros était bien plus important que d'habitude et elle remarqua que les grandes chaînes nationales étaient là. Ayala salua d'un signe de tête certaines têtes connues. Deux ou trois correspondants de journaux régionaux lui firent la bise, la taquinant sur son arrivée exceptionnellement anticipée. Elle avait la réputation d'être sempiternellement en retard. Jamais prise au dépourvu, elle assumait ce travers avec aplomb, n'hésitant alors jamais à faire énoncer à nouveau ce qu'elle avait raté et snobant les commentaires critiques de ceux qui avaient la mauvaise habitude d'être ponctuels.

Elle sortit de son immense sac-cabas, le carnet Moleskine qui ne la quittait jamais. Malgré les usages de la profession qui accordaient de plus en plus de place à la prise de notes directement sur un smartphone ou une tablette, elle restait fidèle au papier et ne dérogeait jamais à cette manie. Elle était une fidèle de la marque depuis ses débuts. Elle aimait ces pages épaisses au grain soyeux qu'elle noircissait de notes illisibles pour toute autre personne qu'elle.

Quelques secondes plus tard, le procureur de la République de Metz pénétra dans la salle, accompagné par trois représentants de la gendarmerie. Le tailleur rose de la magistrate tranchait avec les uniformes sombres et stricts. Ayala reconnut immédiatement le colonel Muret de la Croix-Sainte, commandant la section de recherches de Metz. Les deux autres militaires lui étaient inconnus, même si l'un d'entre eux lui semblait vaguement familier.

La journaliste croisa ses longues jambes. Elle ne put s'empêcher d'admirer, avec un sourire satisfait, la courbe de ses mollets profilés dans des bottes d'une prestigieuse marque parisienne. Elle rêvait de longue date de porter ses luxueux objets de mode. Elle bavait d'envie d'essayer ces fameux talons de dix centimètres et d'arborer les semelles de cuir rouge, deux signes de cette griffe que n'importe quelle fashionata identifiait instantanément. Une envie innocemment évoquée un jour par téléphone et dès le lendemain, Jean-Édouard l'avait accueillie chez lui avec une longue boîte fermée d'un ruban élégamment noué. Il avait profité d'une journée libre pour effectuer un aller-retour à Paris, ne quittant la gare que pour rejoindre une des boutiques du chausseur. Avant même d'ouvrir le cadeau, le tracé de la marque en calligraphie ronde lui avait arraché un cri d'excitation. Elle avait dénoué le ruban d'un geste rapide, impatiente et incapable de résister à l'attrait du présent. Son amant avait marqué des points ce soir-là. Adolescente, elle avait souffert de ne pouvoir fréquenter ces boutiques inaccessibles. À vingt ans, elle avait dépensé l'argent de sa première pige pour acheter une jupe d'un couturier italien. Depuis, Ayala rassasiait son appétit vorace. Mais porter des chaussures de chez Louboutin ! Elle avait remercié Jean-Édouard à sa manière. Dans le plus simple appareil, les jambes gainées dans ces bottes magnifiques qu'elle avait refusé d'enlever en le rejoignant dans le lit. Satisfaisant là un fantasme assumé de son bienfaiteur.

Elle profita du court brouhaha qui suivi l'installation de la magistrate et des trois hommes, pour ôter d'une caresse, une poussière venue se déposer à la frontière entre le cuir et son pantalon noir moulant. D'un geste automatique, trahissant le tic qui la voyait souvent secouer sa main avant d'écrire, elle fit tinter les bracelets qui couvraient son poignet droit, avant de lever les yeux et de détailler du regard la magistrate flanquée des gendarmes.

Durant plus de quinze minutes, la procureure de la République revint sur les circonstances récentes de la disparition d'un nouveau militaire mosellan.

Une semaine auparavant, un soldat d'un régiment messin spécialisé dans le soutien médical s'était évaporé quelques jours avant un départ pour une mission en Afrique. Cette disparition n'avait pas été particulièrement commentée dans la presse. Ce genre d'incidents était fréquent et relevait souvent d'une simple désertion ou s'expliquait finalement par d'insignifiantes raisons. L'affaire avait pris une ampleur particulière deux jours plus tôt. Le 7 novembre, le cadavre mutilé avait été découvert par un agriculteur, dans un champ situé à quelques kilomètres au nord de Metz.

À l'annonce de cette découverte, les journalistes n'avaient pas tardé à envisager, fort logiquement, la piste de l'éventreur de soldats. Cet insaisissable meurtrier affichait déjà cinq meurtres officiellement attribués. Devait-on envisager un sixième passage à l'acte ? La thèse d'un tueur en série était désormais dans toutes les têtes. Les homicides étaient tous survenus dans le nord-est de la France. Cette région était certes riche en implantations militaires mais la multiplication de ces faits divers était inquiétante et une certaine forme de psychose avait envahi la population. Après les deux premiers assassinats commis en Alsace en mai 2012 puis janvier 2013, le criminel avait sévi à Épinal dans les Vosges en juillet suivant, puis à deux reprises depuis le début de l'année 2014 dans la Meuse. Désormais, il semblait avoir agi en Moselle. Lors du troisième meurtre, un journaliste d'une chaîne nationale d'information continue avait un jour eu le trait d'esprit de comparer les méthodes de ce mystérieux assassin à celles de Jack l'éventreur. Cet effet d'annonce ne reposait sur aucune once de réalité mais l'apophtegme avait marqué les esprits. Dès le lendemain, tous les médias ne titraient plus qu'en évoquant « l'éventreur » ou « le dépeceur ».

Aujourd'hui, les journalistes présents attendaient donc la confirmation concrète par l'autorité judiciaire d'un nouveau et sixième passage à l'acte. Les rédactions allaient une nouvelle fois relayer l'information et les pseudos experts des grands médias étaient déjà dans les starting-blocks. Les sujets construits à partir des images d'archives relatives aux précédents assassinats tournaient en boucle afin de maintenir l'attention des téléspectateurs.

Ayala griffonnait machinalement la page vierge de son carnet. Elle connaissait parfaitement les circonstances de la disparition du dernier militaire. Lors de la découverte du corps, elle avait appelé un contact au sein de la gendarmerie qui lui avait rapidement confirmé la rumeur. Comme beaucoup de ses confrères, elle n'avait pas donc attendue cette conférence de presse pour relayer le secret de Polichinelle. Ayala avait déjà annoncé en une de son journal le retour du tueur en série. Le suspense était donc largement éventé mais la conférence officielle d'un procureur de la République constituait toujours dans le cénacle judiciaire français un point de passage obligé et finalement attendu. Aujourd'hui, cependant, la présence de trois hauts gradés de la gendarmerie était plus surprenante et Ayala espérait donc de nouvelles révélations.

— Ces galonnés ne se déplaceraient pas en si grand nombre si tel n'était pas le cas, s'était murmuré Ayala.

Un autre intérêt résidait enfin dans l'annonce à venir de l'identité de la nouvelle victime du dépeceur.

La magistrate n'était pas femme à tergiverser inutilement. Après avoir repris de manière factuelle les circonstances de la découverte du cadavre, sa voix se tinta d'un timbre particulier. Ayala sut que le dénouement approchait. La magistrate usait à satiété de ce ton grandiloquent. Elle l'empruntait pour ménager des effets oratoires lors de ses réquisitions.

— Les prélèvements effectués sur le corps confirment qu'il s'agit bien du sergent Mohammed Larbi dont la disparition avait été signalée par l'autorité militaire, le 4 novembre dernier, déclara-t-elle d'un trait.

Puis, après avoir ménagé quelques secondes de silence, elle reprit :

— Un caractère sériel est manifestement établi entre les cinq homicides évoqués au début de mon propos et cette dernière affaire. Aussi, la gendarmerie nationale, en charge des précédents dossiers, a, cette fois encore, été saisie par mes soins.

Se tournant vers l'officier de gendarmerie qui se tenait à sa droite, les bras strictement croisés sur la poitrine, la magistrate précisa :

— Le général vous présentera dans quelques minutes les mesures prises conformément aux directives que j'ai édictées. Avant de lui laisser la parole, je suis prête à répondre à vos questions.

Une rumeur s'éleva, marquant la fin de l'intervention. Ayala leva aussitôt la main. Pas assez rapide cependant puisque la procureure fit un signe de tête à la journaliste d'une grande chaîne nationale. Celle-ci avait bondi de sa chaise dès le dernier mot prononcé.

— Isabelle Saint-Quentin, Madame, pouvez-vous nous confirmer que la dernière victime a, elle aussi, été sauvagement torturée ? demanda-t-elle.

Ayala rit sous cape à l'énoncé du simple « Madame » utilisé par la journaliste parisienne. Celle-ci, sans doute auréolée de l'aura médiatique qu'elle s'attribuait, avait de plus omis de préciser le média pour lequel elle travaillait. Ayala savait à quel point la procureure tenait au respect des usages et l'importance qu'elle accordait à l'emploi précis et systématique de son titre. Particulièrement jeune pour occuper d'aussi hautes fonctions, elle goûtait avec orgueil à ses prérogatives et ne cachait pas l'ambition qui était la sienne de devenir une des plus jeunes procureures générales.

— Mademoiselle la journaliste, ne put-elle s'empêcher

de répliquer avec un pincement ironique des lèvres, j'aurais apprécié que vous précisassiez quel média vous représentiez. J'ai moi-même eu la courtoisie de me présenter, me semble-t-il... Visiblement, les règles de politesse s'étiolent, y compris à Paris ! Si j'ai décidé de confier cette nouvelle enquête à la gendarmerie, c'est, comme je l'ai déjà précisé, asséna, hautaine, la magistrate, que les éléments en notre possession à l'heure actuelle nous permettent d'envisager sans l'ombre d'un doute que nous avons bien à faire au même individu. Je ne souhaite pas cependant m'étendre davantage sur les constatations effectuées mais celles-ci confirment un mode opératoire déjà observé, conclut-elle sèchement, tentant de couper court à toute nouvelle demande de précisions.

— Ayala Ben-Aliouche pour le *Lorrain libéré*, bonjour Madame le Procureur de la République ! commença la journaliste en se permettant un sourire complice.

— Bonjour Ayala, répondit familièrement la magistrate en rendant son sourire.

Elle était visiblement ravie d'avoir mouché la journaliste parisienne. Enfoncer le clou en soulignant la proximité entretenue avec la correspondante du journal régional la comblait d'aise.

Ayala savait qu'en la matière, l'excès était payant, aussi poursuivit-elle en insistant lourdement :

— Madame le Procureur de la République, est-il exact que, cette fois-ci, des éléments matériels ont été découverts à proximité de la scène de crime ?

— Oui, merci Ayala de me permettre de préciser que les enquêteurs ont découvert un certain nombre d'objets qui semblent être directement impliqués dans les meurtres précédents mais aussi dans celui du sergent Larbi. Je n'en dirai pas plus à ce stade de l'enquête, vous le comprendrez aisément j'imagine.

La procureure toisa l'ensemble du parterre de journalistes puis enchaîna, ignorant les bras levés qui réclamaient ostensiblement la parole.

— Je vous remercie pour votre intérêt et je cède donc la parole au général.

Le haut gradé se pencha en avant. Après s'être raclé la gorge, il prit la parole. Durant quelques minutes, il précisa l'organisation que la gendarmerie mettait en œuvre dans le cadre des enquêtes conduites autour des six décès de soldats. Ces meurtres commis dans cinq départements différents, relevant eux-mêmes de différentes régions et d'autant de cours d'appel, imposait à la gendarmerie une centralisation inhabituelle des enquêtes. La principale information délivrée par le général résidait par conséquent dans la présentation du groupe de plus de quarante gendarmes spécialement dédiés à ces affaires et dont la direction était confiée au colonel Muret de la Croix-Sainte, commandant la section de recherches de Metz, présent aux côtés de la magistrate. Le gradé ne détailla pas les arcanes qui avaient conduit à la désignation de cet officier, au détriment d'autres déjà impliqués, mais des considérations liées tant à l'enquête qu'aux qualités intrinsèques de cet enquêteur chevronné justifiaient ce choix.

Quelques journalistes souhaitant obtenir des précisions, juge et gendarmes répondirent à tour de rôle.

Environ trois quarts d'heure après le début de la conférence, imitant la procureure, les trois hommes se levèrent. Avant de quitter la bibliothèque, la responsable du parquet messin se prêta aux sollicitations émises par les chaînes de télévision présentes souhaitant obtenir une interview complémentaire.

Délaissant ces prises d'images, Ayala s'entretint quelques minutes avec le colonel Muret de la Croix-Sainte. D'un abord froid, peu enclin aux effusions humaines, cet officier rechignait par nature à traiter avec les médias. Il savait pourtant cet exercice incontournable et s'efforçait de maintenir un lien avec les journalistes locaux qui, sans être amical, permettait aux deux parties de trouver leur propre avantage. Deux ans plus tôt, à son arrivée à Metz, un accord tacite avait mis en place les règles d'un jeu permettant aux enquêteurs de travailler en relative sérénité et aux reporters d'avoir parfois quelques informations exclusives. Ayala n'avait jamais dépassé les bornes et appartenait ainsi à la catégorie des journalistes qui disposaient d'un accès aisé au colonel.

Cette fois-ci cependant, elle comprit que la donne était un peu singulière. Les informations seraient visiblement difficiles à recueillir. Les enjeux rappelés par la procureure et le général brouillaient le *gentlemen agreement.* Le directeur de l'enquête était soumis à une pression qui ne permettait pas les largesses habituelles.

L'officier répondit poliment mais ne laissa place à aucune ambiguïté. Il sourit, penaud de devoir mettre à mal leur collaboration jusqu'alors fructueuse. Ayala sentit qu'il était inutile d'insister. Face à une affaire aussi riche en promesses professionnelles, elle n'allait pas baisser les bras. Son rédacteur en chef avait été explicite le matin même. Elle avait carte blanche mais il comptait sur elle. Il voulait les scoops quoiqu'il en coûte. Avec ou sans la collaboration des enquêteurs.

Ayala aimait ce jeu. Elle se savait imbattable et avait bien l'intention de le prouver une fois encore.

Elle prit congé. Le martèlement sec de ses hauts talons résonna dans la salle des pas perdus du tribunal. Le colonel Muret de la Croix-Sainte ne les voyait pas mais les grands yeux maquillés de la journaliste étaient déjà rivés vers le prochain objectif.

Chapitre 5

La salle de réunion s'emplissait lentement. Les premiers enquêteurs patientaient, un gobelet de café lyophilisé à la main. D'autres tiraient nerveusement sur leur cigarette, agglutinés à la porte du bâtiment, la tête rentrée dans les épaules, tentant vainement de se protéger contre les rafales de vent.

À neuf heures trente précises, le colonel Muret de la Croix-Sainte pénétra dans la pièce. Le silence le précéda de quelques secondes. Les derniers rejoignirent rapidement leur siège.

Le commandant de la section de recherches était un homme ponctuel. La réunion débuta à l'heure dite, il ne tolérait pas le moindre retard. Il parcourut des yeux l'assistance. Une quarantaine de gendarmes étaient assis face au petit pupitre. Il reconnut ses collaborateurs habituels. D'autres têtes lui étaient vaguement familières, sans doute des officiers de police judiciaire lorrains détachés à Metz, histoire de participer à plein temps à l'enquête. Enfin, une quinzaine de personnes lui étaient totalement inconnues. Les alsaciens, les collègues du Haut et Bas-Rhin qui avaient travaillé sur les deux premiers meurtres et qui étaient désormais associés au groupe spécial d'enquête. Mais aussi, des gendarmes vosgiens et meusiens impliqués dans les investigations des meurtres commis sur leur territoire. Enfin des gendarmes issus des sections de recherches de Nancy et Strasbourg complétaient l'assistance. La grande diversité des unités représentées constituait le meilleur argument ayant conduit à la désignation d'un responsable unique.

— Bienvenue à vous tous ! lança-t-il immédiatement. Je suis heureux de vous accueillir. J'espère que tous ensemble, nous pourrons contribuer à la mise hors d'état de nuire du désormais fameux « dépeceur ».

Quelques rires à peine contenus et des murmures échangés dans la salle répondirent en écho.

Le colonel ramena le calme d'un geste de la main accompagné d'un sourire convenu. L'auditoire était attentif.

La tâche du colonel Muret de la Croix-Sainte était simple sur le papier mais elle allait sans aucun doute se révéler difficile dans son exécution quotidienne. Plus pas simple que compliquée, aurait résumé un de ses anciens collaborateurs toujours prompt à jouer avec les mots. Muret de la Croix-Sainte savait que les officiers de police judiciaire assis face à lui faisaient partie des meilleurs procéduriers ou limiers de la gendarmerie du quart nord-est de la France. Il lui revenait de canaliser et de diriger la force représentée par ce groupe dans la bonne direction. Permettre à cette belle pépinière de fonctionner en bonne intelligence allait lui imposer des décisions certainement discutables. Toute enquête nécessitait une direction résolue et déterminée.

Pour atteindre son objectif, il possédait les qualités voulues. Il savait être ferme. Sa réputation de mauvais coucheur ne datait pas d'hier. Il ne mâchait jamais ses mots, quitte à déplaire ou à froisser les susceptibilités des plus sensibles. Certes, il savait écouter, se faire conseiller mais une fois la décision prise par cet esprit rapide, les ordres claquaient et gare à celui qui s'affranchissait alors de la ligne fixée. Ses propres subordonnés craignaient ses colères. Ils ne se risquaient plus à l'affronter directement. Par ailleurs, il avait derrière lui une solide expérience marquée notamment par des succès largement médiatisés. Sa crédibilité ne serait donc pas remise en question.

D'une voix qui n'appelait pas forcément de réaction, le

colonel Muret de la Croix-Sainte déroula les attentes qui étaient les siennes.

Ils étaient là pour une unique raison : la traque du tueur.

Ils n'étaient pas là pour autre chose ! Les divisions intestines, il n'en voulait pas ! Les attitudes personnelles ou les querelles d'ego qui nuisaient à l'entente du groupe, les initiatives guidées par la volonté de sortir du lot et de briller : il n'était pas question de les tolérer.

Ils connaissaient leur travail, ils savaient ce qu'ils avaient à faire, pour autant, lui et son adjoint tenaient à être tenus au courant de toutes les orientations prises, de tous les résultats obtenus. Rien ne serait exécuté sans avoir préalablement obtenu son aval. Rien ne serait entré en procédure sans qu'il n'en fut informé à l'avance.

Le colonel Muret de la Croix-Sainte avait une conception rigide de l'exercice de la police judiciaire. Bien entendu, une marge d'initiative et une certaine liberté d'action étaient nécessaires pour que le travail d'investigation fut efficace. Cette latitude n'empêchait pas, bien au contraire, le respect d'une discipline toute militaire.

Enfin, ils devaient comprendre qu'ils étaient tous, lui en tête, dans l'œil du cyclone. Tout le monde les attendait au tournant alors ils avaient mutuellement intérêt à se serrer les coudes. Si l'enquête foirait, la débâcle serait collective. Si le chef tombait, les usages internes voulait que derrière lui des têtes tombent également… Les données de l'équation furent clairement posées.

Il se tut et laissa son regard parcourir les rangs des gendarmes qui, durant cinq minutes, avaient écouté sans broncher Les Lorrains connaissaient déjà les marottes de ce chef pas toujours facile à vivre. Les autres les découvrirent. Tous étaient prévenus, il était désormais temps de se mettre au travail !

Le colonel Muret de la Croix-Sainte entreprit une rétrospective des six meurtres formellement attribués à leur tueur. L'objectif était de partager le même niveau de connaissance du dossier.

Trois quarts d'heure plus tard, il conclut :

— Pour résumer, à l'heure actuelle, les éléments en notre possession laissent présumer les pistes suivantes : le tueur n'agit pas de manière spontanée. Il est évident que chacun de ses passages à l'acte reflète une préparation méthodique. Les victimes sont choisies principalement en fonction de leur profession, aucun autre critère ne semble déterminant si ce n'est que pour le moment, et malgré le taux significatif de femmes dans les armées, seuls des hommes ont été assassinés. Les âges, origines ethniques, corpulences, ou toutes autres caractéristiques ne permettent pas de sortir un profil type. Seule compte l'appartenance au monde militaire, au sens large. Sur les six meurtres, toutes les victimes sont des militaires appartenant à l'armée de terre. Ce point peut surprendre mais semble finalement assez cohérent au regard de la carte militaire de la région et des dissolutions des bases aériennes de Colmar et Metz. Il est vraisemblable que le tueur doit repérer les victimes potentielles au plus près des emprises militaires. Des consignes de vigilance accrue ont été communiquées à toutes les casernes. Bien entendu, les autorités militaires collaborent pleinement avec nous.

Le colonel but une longue gorgée d'eau avant de reprendre.

— Une fois une cible identifiée, le tueur parvient à l'attirer d'une manière ou d'une autre. Là, les scénarios peuvent différer. Quoi qu'il en soit, la dernière partie du rituel est identique : le cadavre est positionné dans une attitude humiliante, systématiquement castré puis éviscéré. Les marquages sur le corps ne sont plus automatiques depuis le troisième meurtre. Les trois derniers ne portaient aucune mention.

Il consulta ses notes, feuilleta quelques fiches.

— Sur les cinq premières scènes de crimes, aucun indice n'a pu être prélevé. Pour cet aspect particulier, je passe la parole au coordonnateur criminalistique. Major, *the floor is yours !*

Un gendarme assis au premier rang se leva. Immense, il donna l'impression de se déplier lorsqu'il quitta son siège. Sa haute taille était amplifiée par une maigreur presque maladive. Le major Arnaut Menier était responsable de tous les techniciens en identification criminelle affectés en Moselle. Il avait travaillé sur les trois dernières scènes de crime et, à ce titre, possédait une bonne vision scientifique des meurtres. Pionnier de la police technique et scientifique en gendarmerie, il avait été associé comme coordonnateur du travail réalisé par les équipes locales.

Il prit la place du colonel derrière le pupitre et se pencha lentement en avant. Il adoptait cette posture en toutes circonstances, visiblement gêné par sa haute silhouette. Ses camarades le surnommaient « le vautour » tant sa ressemblance physique avec certains personnages des vieux dessins animés de de Tex Avery ou Walt Disney était évidente. Sa spécialité l'obligeait à passer de nombreuses heures, penché sur toutes sortes de cadavres et cette morbidité ajoutait un certain piment à cette plaisanterie éculée.

— Merci, mon Colonel. Alors comme vous l'avez dit, nous n'avons rien pu prélever de réellement exploitable sur les corps jusqu'à présent. Le tueur ne laisse aucune trace. Il est extrêmement précautionneux. Visiblement, il doit être au fait d'un certain nombre des techniques que nous utilisons et prend plaisir à les rendre inefficaces, sourit-il en tournant la tête vers son supérieur.

Sa voix rauque semblait monter du plus profond de ce grand corps osseux. Il repositionna ses petites lunettes rondes et poursuivit :

— Par exemple, tous les corps sont systématiquement nettoyés à l'eau de javel pure ou très faiblement diluée. Cette technique empêche l'exploitation d'éventuelles traces ADN. Il verse également quelques gouttes de désinfectant dans leur bouche, ça j'ignore pourquoi.

Un court silence s'imposa, pendant que le grand technicien se grattait une oreille. Ses bras semblaient démesurés. Les manches du polo bleu réglementaire paraissaient bien trop courtes dévoilant une bonne partie de ses membres squelettiques.

— En ce qui concerne les objets utilisés par le tueur. Là encore : rien de déterminant pour nous. La corde est un modèle standard, en polypropylène tressé. Ce modèle est distribué par la majorité des enseignes de bricolage. Impossible de remonter cette piste. Les blessures, quant à elles, sont infligées par des ustensiles vraisemblablement médicaux. Un scalpel, un bistouri, voire même plus probablement un couteau à autopsie doté d'une lame assez longue selon les différents légistes. Les gestes ne sont pas précis par contre. Le tueur ne semble pas posséder de connaissances médicales approfondies. La violence employée remplace la technique.

Le major Menier n'était pas un grand orateur. Ses propos, précis, techniques, étaient débités sur un ton monocorde, professoral. Il lui avait été de demandé de présenter un certain nombre d'aspects, il s'acquittait de sa tâche avec l'unique souci de l'exhaustivité. Ce genre de prestations n'était pas un exercice qu'il affectionnait particulièrement.

— Ainsi, par exemple, l'ablation des organes génitaux montre que le geste diffère d'un meurtre à l'autre. La seule certitude est que le tueur doit être gaucher, selon les experts légistes. Enfin...

Le coordonnateur se racla la gorge.

— Enfin, l'IRCGN a fait un certain nombre de reconstitutions à partir des scènes de crimes que nous leur avons soumises. Selon eux, et contrairement aux premières impressions qui ont été les nôtres, le tueur n'est pas forcément doté d'une musculature exceptionnelle. Une personne de petite taille ou de constitution normale peut avoir réussi à placer seule les différents corps que nous avons découvert dans ces positions. En effet, à chaque fois, le tueur utilise de manière très intelligente les spécificités des lieux pour décupler sa force, si nécessaire. Nous ne traquons donc pas forcément un géant ou une force de la nature, mais une personne réfléchie, débrouillarde qui a sans doute parfaitement reconnu les lieux et a préparé la mise en scène. La seule certitude est qu'il est animé d'une colère froide. Elle transparaît dans chacun de ses gestes. J'ai fini, mon Colonel, conclut-il en rejoignant sa place.

Le colonel Muret de la Croix-Sainte remercia le major avant de préciser.

— Outre le major Menier, un autre TIC est intégré à plein temps au groupe. L'adjudante Demery a la chance d'avoir été associée à trois des six scènes de crime. Elle a en effet notamment travaillé sur le premier de la série, ce qui constitue un vrai avantage pour nous puisque vous le savez, d'expérience, le passage à l'acte fondateur est le plus révélateur dans tout phénomène sériel. Hasard des mutations, elle était affectée en Alsace avant de nous rejoindre. À ce titre, elle sera l'adjointe du major. À l'évocation de son nom, Julie Demery se leva et salua d'un geste de la tête. Toutes les paires d'yeux se tournèrent dans sa direction afin de l'identifier. Un sourire de circonstances éclairait son visage, elle était une des six femmes présentes dans l'assemblée.

— Enfin, on nous a accordé le renfort permanent d'un personnel du département des sciences comportementales, recommença le commandant de la section de recherches. Je vous présente donc la capitaine Bérangère Bontemps. Elle va nous expliquer elle-même l'objet de sa présence parmi nous. Capitaine ?

L'officier féminin se leva et vint se placer à la droite du colonel. Menue, les cheveux noirs de jais coupés en un carré strict, elle attendit que la place se libère avant de venir s'installer derrière le pupitre.

— Bonjour à tous, merci, mon Colonel, de me donner la parole.

Sa voix était fluide, posée, rien ne trahissait la véritable appréhension qui était la sienne. Depuis près de douze ans que le département des sciences comportementales avait été créé au sein de la gendarmerie, elle s'était habituée aux sourires en coin, aux moues condescendantes et narquoises qui l'accueillaient. Le discours qu'elle allait tenir à ces enquêteurs était identique à celui qu'elle et ses deux collègues martelaient à chacun de leurs déplacements.

— Je suis le capitaine Bontemps, chef du département des sciences comportementales. Alors avant d'entrer dans le vif des enquêtes qui justifient notre présence, permettez-moi de vous apporter quelques précisions sur le rôle qui sera le mien et sur l'aide que je pourrais, peut-être, je l'espère, vous apporter.

Diplômée en droit et spécialiste en criminologie, elle possédait des titres universitaires français et américains dans le domaine de la psychiatrie criminelle. Bérangère n'avait qu'un message simple à faire passer : sa présence était un atout supplémentaire pour les enquêteurs de terrain. Si ses hommes et femmes comprenaient que son rôle ne se bornerait finalement qu'à apporter une lecture différente des actes et des constatations qu'ils resteraient les seuls à réaliser, elle pourrait sans doute trouver grâce à leurs yeux. Les enquêteurs détestaient viscéralement les donneurs de leçons et les intrusions dans leur pré carré. Une chance sur deux de se planter donc. Bérangère respira un grand coup.

Elle décida de jouer la carte de l'humour et se recula brusquement d'un pas, les yeux clos, les mains portées au niveau des tempes.

Les spectateurs se figèrent. Une fois que Bérangère perçut le silence sidéré de l'assemblée, elle ouvrit les yeux et se rapprocha du pupitre, un grand sourire illuminant son visage à peine maquillé.

— Bon ! J'imagine que vous vouliez tous voir le fameux flash du profiler, cet éclair lumineux, quasi divin, qui apporte la solution ? Voilà c'est fait ! J'espère que j'ai été convaincante car c'est la seule et unique fois que vous assisterez à un tel miracle…

Des éclats de rires bon enfant égayèrent l'assistance. Les mines se détendirent et Bérangère sut, qu'à défaut de les avoir convaincus, elle avait au moins capté leur attention et une certaine forme de bienveillance. Elle enchaîna :

— Mon travail va constituer à analyser chacun des procès-verbaux de constatation que vous avez rédigés lors de votre travail sur les scènes de crimes. Ce que je recherche, ce sont les traces, les indices d'habitude laissés par le tueur. Je ne m'intéresse pas à leur analyse scientifique, j'en serai bien incapable. Moi, je vais essayer de comprendre ce que ces gestes trahissent.

Elle reprit son souffle. Les regards étaient braqués sur elle. Elle poursuivit, consciente que ces premières minutes d'explication influenceraient directement la qualité de leur prochaine collaboration.

— Je n'ai pas encore lu dans le détail les centaines de pages des différents dossiers, mais d'ores et déjà, certains points présents dans les six dossiers me parlent, par l'éclairage singulier qu'ils apportent : « tortures *ante ou post mortem* », « ablation visible de membre ou d'organe », « inscriptions sur le corps », « mise en scène particulière » de la victime abandonnée « dans une posture dégradante ou humiliante » ou encore « manifestation d'une violence extraordinaire ou anormale ».

Bérangère reposa la petite fiche cartonnée qu'elle venait de lire.

— Voilà simplement quelques caractéristiques tirées mot à mot des procès-verbaux et qui sont des particularités exceptionnelles. Vous le savez bien, il est rare de retrouver autant de messages sur un seul et même corps. Cela devient d'autant plus troublant lorsque ce mode opératoire se renouvelle à l'identique quatre, cinq et désormais, six fois. Dans un premier temps, je vais me focaliser sur l'étude des dossiers, et me déplacerai avec vous sur la prochaine scène, puisque de vous à moi, je suis déjà persuadée qu'il y en aura d'autres, affirma avec sang-froid le capitaine Bontemps en fixant l'assemblée.

Elle remarqua immédiatement les hochements de tête de plusieurs enquêteurs, sensibles de voir leur propre opinion ainsi relayée.

— Je disais donc qu'en analysant, avec ma propre grille de lecture, les crimes déjà commis et ceux qui vont l'être, je proposerai au directeur d'enquête un profil psychologique du tueur.

Bérangère toussa et reprit.

— Là encore, gardons la tête sur les épaules ! Je ne vais pas vous donner la couleur de ses cheveux, la marque de sa voiture ni le nom de son chanteur préféré, sourit-elle. Non ! Par contre, je pourrai peut-être préciser certains traits de sa personnalité à partir des grandes caractéristiques que tout crime violent révèle. Six variables fondamentales permettent de lire chaque passage à l'acte meurtrier à partir des composantes violente, émotionnelle, opérationnelle, sexuelle, relationnelle et enfin circonstancielle.

Bérangère précisa son discours.

— En un mot, l'analyse comportementale n'a pas du tout la prétention de résoudre notre affaire en un claquement de doigt. En revanche, je vais tenter de vous apporter des éléments de portrait qui vous permettront, je l'espère, de gagner du temps, de confirmer vos pistes, d'écarter d'autres hypothèses. Le but est de vous permettre de concentrer vos efforts dans la meilleure direction... Enfin, pour conclure sur une touche légère, et tant pis pour tous ceux que je vais décevoir ! Même au FBI, où j'ai eu la chance d'être formée en partie, je vous rassure tout de suite, ils n'ont pas encore la science infuse de nos héros de la télé ! Le métier de profiler est aussi fastidieux là-bas que ce que je vis au quotidien, croyez-moi !

Elle laissa les rires parcourir l'assistance avant de préciser.

— D'ailleurs, le petit coup du « flash » c'est là-bas que je l'ai piqué. Même les profilers américains doivent briser la glace en arrivant sur une enquête...

Elle retrouva sa place sous les rires et les sourires de ses collègues. La première manche était gagnée, du moins à son niveau !

Partie 5
Portrait-robot

Chapitre 1

Ayala Ben-Aliouche se laissa aller. Ses hanches s'activaient au rythme régulier du plaisir qui commençait à poindre. Elle sentait une boule grossir au creux de son ventre au fur et à mesure que le sexe de son amant coulissait en elle. Assise à califourchon sur lui, elle se servait de ses cuisses musculeuses pour amplifier les allers-retours de leurs sexes unis. Elle aimait particulièrement cette position qui lui permettait de dominer ses partenaires.

Ses longs ongles manucurés se crispèrent sur la poitrine de Jean-Édouard. Sans se soucier de l'éventuelle douleur, elle n'hésita pas à griffer la peau glabre et bronzée. Son plaisir lui appartenait et peu importait ce que l'homme qui la faisait jouir pouvait ressentir. Ayala jeta sa tête en arrière, cambrant à l'excès son buste parcouru d'un délicieux frisson. Les boucles de cheveux noirs caressaient son dos au rythme de la danse rapide qu'elle imposait à son corps. Elle sentait exagérément le sexe gonflé s'inscrire en elle. Le plaisir était souvent fulgurant ainsi. La boule rayonna à partir du ventre pour s'immiscer au plus profond de tout son être. Les bras tentaculaires de la jouissance la parcouraient, enveloppant de leur chaleur soudaine chacune de ses cellules nerveuses. Incapable de résister plus longtemps, elle ne se retint pas. Sa voix rauque commença à murmurer une litanie de « oui », longue ode à l'excitation encore contenue. Bien vite, son chevauchement se fit plus désordonné, ses fesses charnues rebondissaient énergiquement sur les hanches de Jean-Édouard. Ses ongles s'inscrivirent profondément dans la chair de son amant.

Ce dernier craqua avant elle. Il sentit sa semence se

répandre, les reins vrillés par l'excitation. Ses doigts se refermèrent sur la poitrine de la femme et malaxèrent brutalement les seins fermes et tendus. Il aimait entendre les feulements d'Ayala et ne résistait souvent pas longtemps face à une telle démonstration.

La belle journaliste avait perçu l'orgasme de son compagnon, elle ressentit une profonde satisfaction animale.

Elle éleva la voix, rythmant chaque coup de rein d'une affirmation forte et haletante. Elle jouit en hurlant sauvagement.

Rassasiée, elle se laissa choir sur lui, le souffle court, la poitrine haletante.

La jeune femme roula sur le tapis. Quelques minutes plus tôt, vers dix heures, profitant d'un rendez-vous au commissariat de police de Thionville expédié plus rapidement que prévu, elle avait appelé Jean-Édouard Piatry. Les deux amants se retrouvaient rarement en journée. Le plus souvent, il s'agissait de rendez-vous formels dans le cadre de leurs agendas professionnels respectifs. La clandestinité de leur relation adultérine accentuait encore le plaisir de ses fugaces rencontres. Ce jour-là, la hardiesse de la journaliste fut payante. Profitant du début de matinée, l'officier rentrait tout juste d'un footing.

— Bien entendu que je suis disponible... Je t'attends !

Une seule place séparait l'hôtel de police flambant neuf et la vieille caserne de gendarmerie aux murs décrépits par des décennies d'outrages météorologiques.

Moins de cinq minutes après avoir raccroché, la jeune femme frappait à la porte du logement de l'officier. Sortant de sa douche, une simple serviette nouée autour des hanches, il l'accueillit avec un sourire carnassier.

— J'ai envie de toi ! avait-elle susurrer.

— Joyeux anniversaire...

Ce 20 janvier 2015 était en effet la date anniversaire de leur première rencontre. Six mois plus tôt exactement, elle s'était enfin offerte à lui pour la première fois.

Il avait enlacé. Ses lèvres collées aux siennes, il l'avait entraînée dans la pièce voisine de l'entrée. Les deux amants avaient roulé sur l'épais tapis à longues franges.

Ayala se redressa afin d'atteindre le plateau en verre de la table basse. Son sac à mains béait à l'endroit où elle l'avait laissé choir avant de glisser sur le sol. Le paquet de cigarettes gisait en évidence dans le capharnaüm du cabas. Elle tâtonna longuement avant que ses doigts ne parviennent à attraper le paquet. Ayala sortit deux tiges qu'elle porta à sa bouche. Ses longs doigts actionnèrent le briquet et elle prit soin de bien enflammer les deux cigarettes. Aucun mot n'avait été prononcé depuis le coït. Jean-Édouard avait enfin retrouvé son souffle. Couché sur le dos, un bras posé sur les yeux, il profitait de l'instant vécu. La jeune femme glissa une cigarette dans la bouche de son amant.

Les yeux rieurs, la clope vissée au coin des lèvres, elle ramena ses cheveux d'une main afin de les domestiquer, et déposa sa tête sur le ventre de l'homme. Les yeux tournés vers le plafond, elle aspira de longues bouffées de tabac, prenant soin de ne pas laisser tomber de cendres sur sa peau découverte. Quelques fines gouttes de sueur perlaient encore entre ses seins. Elle sentait le léger massage que les doigts de Jean-Édouard prodiguaient à son crâne.

— Putain, c'était divin ! susurra-t-elle enfin.

— Ouais, tu étais déchaînée, roucoula Jean-Édouard. J'aime quand tu te lâches de la sorte...Tu es vraiment une reine.

— Mon gros sentimental, se moqua Ayala. Six mois ! C'est mignon...

Ayala remonta sa main libre en direction du sexe encore humide de l'homme. La verge reposait sur une de ses cuisses, elle l'effleura du bout des ongles.

— Pfff, t'es conne... J'ai juste le droit d'être ravi de ce que l'on vit et de la tournure prise.

— Mais oui, mon cœur ! Je te taquine... Et puis moi aussi je suis heureuse de la tournure de cette relation, se dédouana-t-elle en singeant de ses deux mains les guillemets accompagnant ce dernier mot.

— Alors ça va, souffla Jean-Édouard en abandonnant sa moue.

– En tout cas, c'était aussi ma manière à moi de te dire merci !

— De rien ! J'adore te rendre service...

— Tu aimes surtout ma manière de te récompenser, persifla la jeune femme.

— Ce n'est pas faux ! répondit-il du tac-au-tac.

Les règles étaient claires. Donnant-donnant. Sans trop de prises de tête inutiles. Parfois les lignes rouges étaient frôlées, ces accrocs hérissaient leur nervosité professionnelle respective mais les querelles durables étaient rares. Aucune en tout cas n'avait survécu à une séance de réconciliation charnelle.

Quelques jours plus tôt, ils avaient dîné en tête-à-tête dans un restaurant huppé de Thionville réputé pour sa vue plongeante sur toute l'agglomération. La journaliste avait alors évoqué l'idée de rédiger plusieurs articles sur l'affaire la plus médiatique du moment. L'enquête conduite par la gendarmerie à propos de la série des meurtres n'avait pas connu d'évolutions retentissantes au cours des derniers mois. Les rumeurs qui couraient dans les salles de rédaction, dans les couloirs du tribunal de Metz et même chez les gendarmes, étaient pourtant convergentes. Quelques avancées substantielles maintenaient au beau fixe le moral des enquêteurs.

La couverture médiatique nationale était rapidement retombée. Désormais, il n'y avait plus que les journalistes régionaux qui continuaient à s'intéresser à l'affaire. À l'affût, les grands rapaces des médias nationaux ne referaient leur apparition qu'à l'occasion de nouveaux faits notables. La petite communauté des reporters lorrains avait vite retrouvé l'atmosphère feutrée et familière qui caractérisait les relations triangulaires unissant enquêteurs, magistrats et représentants de la presse.

Le mois de janvier était propice aux rétrospectives en tout genre. Marronniers de la presse écrite, ces retours sur les faits marquants de l'année passée étaient toujours accueillis avec bienveillance par le lectorat. L'objectif d'Ayala était de produire une série d'articles offrant différents points de vue sur le tueur de soldats. La journaliste avait prévu d'interviewer le juge d'instruction Diosberger qui était désormais en charge de la conduite des enquêtes. Elle souhaitait ensuite recueillir le témoignage d'un gendarme directement impliqué dans les investigations. L'armée avait d'ores et déjà accepté de collaborer au troisième article. Enfin, la série se terminerait par un *patchwork* mêlant commentaires de citoyens lambda, de voisins de victimes et d'autres personnalités plus ou moins indirectement impliquées. Un bon moyen pour elle de couvrir tout le mois de janvier à raison d'un article hebdomadaire. Le rédacteur en chef était ravi et les ventes avaient décollé significativement le jour de la publication du premier épisode, preuve que la population locale continuait à se passionner pour cette sordide affaire.

Ce soir-là, entre le plat et le dessert, la jeune femme avait demandé à Jean-Édouard d'appuyer la sollicitation qu'elle allait officiellement formulée auprès de la hiérarchie. Plutôt mal à l'aise avec cette idée, il avait néanmoins réagi positivement.

— Tu devrais t'intéresser à un profil particulier... J'ai dû détacher trois militaires de la compagnie au sein du groupe d'enquête. Parmi eux, il y a un gradé qui pourrait faire un bon sujet pour ton article. Une femme qui est arrivée chez nous, il y a peu de temps. Une technicienne en identification criminelle. Elle a bossé sur plusieurs scènes de crime liées au dépeceur. Franchement, elle ferait l'affaire. C'est une super pro ! affirma-t-il. Une belle nana en plus, conclut-il.

— Tu l'as baisée ? persifla la journaliste.

Jean-Édouard ne releva pas, se contentant de hausser les yeux au ciel.

Il vit le visage de la jeune femme s'allumer de cet éclat particulier qui marquait sa satisfaction.

— Pas con ! Je suis certaine que tes chefs apprécieront l'idée de mettre en avant le travail d'une femme. Toujours bien accueilli, ce genre de valorisation. Tout à fait dans l'air du temps. Pas mal, monsieur le Gendarme ! avait-elle ajouté en le gratifiant d'un magnifique sourire.

Jean-Édouard se souvenait parfaitement du gloussement de plaisir d'Ayala. Il se remémorait également avec délice le pied de la jeune femme qui glissait déjà contre son tibia en une caresse lourde de promesses.

À l'évocation de cette soirée, le sexe du jeune homme, toujours allongé nu sur le tapis, frémit. La journaliste accentua la caresse qu'elle prodiguait.

— Alors, c'est aujourd'hui ? glissa-t-il en sentant son membre grossir lentement une nouvelle fois.

— Oui, je rencontre l'adjudante Demery, tout à l'heure, vers onze heure quarante-cinq. On a prévu de se voir à Guénange pour quelques clichés sur son lieu de travail habituel. Ensuite nous déjeunons à Metz et interview dans l'après-midi en présence de Muret de la Croix-Sainte, précisa Ayala.

— Tu verras, c'est vraiment une femme exceptionnelle. Elle n'a pas beaucoup de défauts… professionnellement parlant, je précise, assura l'officier en riant.

— Mmmh, je préfère te l'entendre dire, rétorqua la journaliste en se redressant.

Jean-Édouard avait retrouvé sa pleine vitalité.

— Toi, tu es à moi et tu m'appartiens ! ordonna Ayala.

Elle se pencha sur lui, l'absorbant langoureusement dans le fourreau de douceur de sa bouche.

Chapitre 2

Julie Demery dévisagea son interlocutrice. Elle avait déjà eu l'occasion de croiser cette journaliste sur certaines affaires conduites par les gendarmes de la compagnie de Thionville.

Julie Demery ne put s'empêcher de lui trouver du charme. La journaliste était vêtue d'une courte parka noire, le cou dissimulé sous une épaisse écharpe de laine bleu électrique nouée avec une savante négligence. Le blouson s'arrêtait sur un bermuda noir qui habillait les jambes de la jeune femme jusqu'à mi-cuisse. Ensuite, des collants sombres assuraient une douce transition avec les longues bottes de belle facture qui gainaient ses mollets. L'assurance qu'elle affichait et son air légèrement hautain la désignaient instinctivement comme une personne qui aimait dominer les événements. Les deux femmes se serrèrent la main. La journaliste affichait un sourire de contentement, visiblement très à l'aise et habituée à ce genre de relations purement artificielles. Elle engagea immédiatement le dialogue.

Comme à chaque fois dans ce genre de circonstances, la confiance flamboyante qui émanait de cette femme légèrement plus âgée qu'elle, déstabilisa légèrement l'adjudante de gendarmerie.

Discrète et relativement réservée, Demery était peu encline aux effusions spontanées. Elle peinait à trouver sa place face à des interlocuteurs très ou trop expansifs. Elle appréciait la discrétion des Lorrains considérés comme taciturnes, voire atrabilaires. Elle goûtait la franchise modeste, que la population qu'elle côtoyait au quotidien plaçait au cœur des relations humaines. L'exubérance méridionale, par contre, la mettait souvent mal à l'aise.

Elle sentit immédiatement que cette journaliste appartenait à cette catégorie face à laquelle elle tarderait à se décontracter.

Néanmoins, elle se força à faire bonne figure, exagérant sa personnalité afin d'afficher l'engouement qu'elle imaginait devoir être le sien en de pareils moments.

À la demande de la journaliste, les deux femmes étaient convenues d'un programme en deux temps. La fin de matinée fut consacrée à la prise de quelques photographies. L'adjudante Demery dut se plier à cet exercice consistant à poser dans une attitude se voulant naturelle et spontanée.

Elle était un modèle pitoyable. La journaliste, percevant ce trouble manifeste, entretenait savamment la discussion, griffonnant parfois quelques notes au gré de la conversation.

Ayala Ben-Aliouche applaudit des deux mains.

— Parfait ! Vous avez été parfaite ! C'est bon pour toi, Angelo ? questionna-t-elle en se tournant vers le photographe du journal.

— Tout est parfait de mon côté, Ayala. Je fais comme d'hab, les meilleures photos seront ce soir sur ta boîte mail.

Le quinquagénaire déposa une bise sur la joue de sa collègue, salua l'adjudante en la remerciant.

— Merci encore, Angelo ! Bon, Adjudante, entre filles désormais ! On va pouvoir papoter ! enchaîna la journaliste.

La distance était courte entre Guénange et le fort de Queuleu. L'immense caserne de gendarmerie de Metz regroupait plusieurs unités dont le groupe d'enquête en charge des soldats assassinés. Le trajet se déroula de manière sympathique. Julie réussit même à se détendre et à discuter, avec la journaliste sans trop d'arrière-pensées. L'habitacle de la petite Fiat cinq-cents était propice à la promiscuité. Julie avait l'impression, simple et rassurante, de partir en escapade avec une bonne copine. Elles échangèrent des banalités sur le temps, les vacances, la mode et même quelques allusions à leur vie privée respective.

Les deux femmes déjeunèrent dans un restaurant italien situé au pied de la colline de Queuleu. Malgré la décontraction qui régnait entre elles désormais, la conversation s'orienta autour de sujets particulièrement morbides. Tout en avalant ses *linguine alle vongole*, Ayala Ben-Aliouche ne cessait d'interroger l'adjudante sur les raisons qui pouvaient pousser une jeune femme trentenaire à s'orienter vers la spécialité de technicien en identification criminelle. Curieuse par nature, voyeuse par habitude, Ayala ne rechignait jamais à poser les questions les plus indiscrètes. Elle semblait réellement interloquée par ce choix qui obligeait Julie, plusieurs fois par semaine, à effectuer de longues et fastidieuses constatations sur des cadavres le plus souvent horriblement repoussants.

Avec le bout de sa fourchette, la gendarme jouait avec les restes de sa salade Caesar. Elle s'efforça de répondre honnêtement. Elle était habituée à ce genre de réactions, son discours était rôdé et elle le débita d'une voix cristalline. Elle insistait principalement sur les aspects scientifiques contribuant à la recherche de la vérité. Elle édulcorait les expériences les plus macabres, taisant les souvenirs les plus écœurants.

À quatorze heures trente, la Fiat de la journaliste se présenta à l'entrée principale de la caserne de gendarmerie. D'un geste martial, le gendarme préposé à l'accueil intima l'arrêt à la conductrice afin de permettre la sortie rapide de motos bleues. Les moteurs des puissantes cylindrées vrombirent rageusement lorsque les trois gendarmes passèrent en trombe. Dès la barrière franchie, ils enclenchèrent leur puissante sirène dont les hurlements figèrent quelques secondes la circulation alentour.

L'adjudante Demery guida la journaliste à travers le dédale des voies de l'enceinte militaire. Elle désigna une place libre au pied de l'immeuble accueillant les locaux de la section de recherches.

Le colonel Muret de la Croix Sainte accueillit chaleureusement la journaliste. Quelques heures plus tôt, il avait eu la confirmation que le magistrat instructeur autorisait bien cette visite. Ils avaient fini de discuter des conditions dans lesquelles se déroulerait la surprise qu'ils tenaient à réserver à la représentante du quotidien régional. Juge comme gendarmes étaient parvenus au même constat. Un bon article dans un quotidien à forte audience était une opportunité qu'il convenait d'exploiter judicieusement. Au point où en était leur enquête, ils avaient besoin de la caisse de résonance que le journal offrait.

Les échanges liminaires furent cordiaux. Le directeur de l'enquête prit le temps de présenter les avancées significatives réalisées au cours des dernières semaines.

Ayala, tout en noircissant les pages de son carnet, observait les allées et venues d'enquêteurs dans les couloirs. Une certaine frénésie régnait. En tout cas, la scène donnait une vraie impression d'activité, de dynamisme. Soit le colonel avait brillamment monté cette opération de communication, ce qui ne lui ressemblait pas franchement ; soit les enquêteurs étaient dans une période réellement faste. Ayala en prit bonne note. Elle ignorait encore quelle serait la teneur précise de son article mais elle était sensible à l'ambiance de la fourmilière qui lui était donné de pénétrer.

Durant la quarantaine de minutes suivantes, Ayala Ben-Aliouche put poser les questions qu'elle souhaitait. Si les réponses furent parfois évasives ou elliptiques, l'officier de gendarmerie apporta un certain nombre de précisions qui, dès le lendemain, s'afficheraient en caractères gras dans les premières pages du journal. Elle fut la première à obtenir la confirmation qu'un instrument de torture appartenant au tueur et employé sur différents meurtres avait bien été récupéré à Vigy. Le procureur de la République avait certes rapidement confirmé la saisie de cet objet visiblement oublié sur la scène de crime mais sans donner aucune précision sur la nature même de cet outil. Il reviendrait à Ayala de dévoiler ce point essentiel.

Ayala était radieuse et elle n'était pas au bout de ses satisfactions. Elle fut littéralement aux anges lorsque le colonel lui proposa même de photographier l'ustensile découvert sur les lieux du sixième crime.

Cette autorisation avait donné lieu à une longue réunion entre Muret de la Croix-Sainte et le magistrat. Dans le cabinet d'instruction aux meubles intégralement recouverts par les lourds dossiers, les deux responsables de l'enquête avaient pesé minutieusement l'opportunité de dévoiler ou non cette pièce à conviction essentielle.

Les constatations scientifiques, menées à Metz par les agents puis par les experts de l'Institut de Recherches Criminelles de la Gendarmerie Nationale, confirmaient qu'il s'agissait bien du fer à marquer utilisé lors de trois meurtres. Les analyses scientifiques avaient permis de recueillir des microparticules de chair humaine. Trop abîmées par la chaleur et par les nettoyages successifs, ces traces n'avaient cependant pas pu être utilisées pour identifier l'ADN de la victime. Malgré tout, les enquêteurs avaient bien en leur possession un des objets utilisés par le tueur pour marquer du terme polonais « *Zemsta* » le corps supplicié d'Amadou Tioré et de Julien Durandi, ce soldat affecté à Epinal assassiné en juillet 2013, le troisième cadavre de la série. L'autopsie du dernier corps confirmait que c'était également cet objet qui avait servi à fracasser le crâne du sergent Mohammed Larbi.

Finalement, le juge d'instruction et le commandant de la section de recherches étaient parvenus aux mêmes conclusions. L'enquête ne pâtirait pas d'une telle divulgation. Bien au contraire, ils pouvaient utiliser la presse à leur avantage. Un appel à témoins permettrait certainement de combler l'échec patent des enquêteurs. Depuis plusieurs semaines, ils ne parvenaient pas à identifier le maître ferronnier qui avait forgé cette pièce unique, seul moyen permettant de remonter à l'assassin.

Les spécialistes rencontrés avaient unanimement salué la facture de l'objet, la qualité de l'acier, la finesse du travail de ciselage, sans pour autant guider les gendarmes vers l'artisan en question. Les démarchages organisés partout en France auprès des professionnels du secteur n'avaient pas non plus permis d'aboutir.

Ayala fut invitée à suivre le colonel Muret de la Croix-Sainte. Intriguée, la journaliste pénétra dans la pièce aménagée en laboratoire d'analyse. Sur une paillasse carrelée, un objet relativement long était recouvert d'un linge immaculé.

Pour une fois muette, Ayala se contenta d'acquiescer d'un mouvement de tête impatient, lorsque le colonel lui demanda si elle avait un appareil photo sur elle. Elle trépignait.

— Cet objet est une des rares traces que le tueur nous a laissées. Sa découverte sur les lieux-mêmes du dernier meurtre est une aubaine pour nous. Je dirais même qu'il s'agit de sa première bourde. Méthodique à l'excès comme il est, c'est vraiment surprenant qu'il ait abandonné cet outil.

— …

— La question reste posée de l'origine de cette bourde.

Oubli involontaire causé par on ne sait quel couac lors du meurtre ? Abandon volontaire puisque l'on sait que les tueurs en série aiment parfois jouer avec les services d'enquête. Franchement, on ne sait pas.

— Je peux évoquer vos réflexions ?

— Bien sûr... Vous savez bien Ayala que dans le cas inverse, je n'aurai pas évoqué cet aspect aussi librement.

Le colonel se racla la gorge, visiblement satisfait de sa petite mise en scène et de la fébrilité que la journaliste ne prenait même plus la peine de masquer.

— Cet objet a été utilisé lors du premier, troisième puis donc sixième et dernier crime. Le magistrat instructeur ainsi que le procureur de la République ont donné leur accord pour que je puisse vous le montrer. Contre une petite contrepartie, cela s'entend, minauda le gendarme.

Ayala se tourna vers l'adjudante Demery qui se tenait de l'autre côté de la paillasse.

— Quel metteur en scène, votre patron ! lança-t-elle aussi nerveuse qu'amusée. Je vous écoute Colonel, balancez-le, votre *deal* !

— Vous verrez que nous ne sommes pas trop gourmands... Il est convenu que je vous laisse photographier l'objet, vous en avez l'exclusivité puisque cette autorisation ne sera plus délivrée, mais...

— Mais ?

— Mais... la photo est publiée avec un appel à témoins cherchant à identifier l'artisan qui a forgé l'outil, conclut avec un large sourire l'officier.

Un rire de bon cœur fit écho à cette annonce. Durant quelques secondes Ayala avait échafaudé les scénarios les plus loufoques, s'attendant à une demande très particulière. Mais non ! Muret de la Croix-Sainte s'était contenté de la mener en bateau. Les enquêteurs lui offraient un scoop incroyable sur un plateau d'argent. Son article serait repris par tous les médias nationaux, elle en était certaine.

— Vous êtes vraiment un cas, Colonel ! Marché conclu *of course !* rétorqua-t-elle du tac-au-tac en tendant énergiquement sa main en direction du commandant de la section de recherches.

Sur un discret signe de tête de l'officier, l'adjudante Demery retira le linge de la paillasse. Ayala s'approcha pour découvrir l'objet. Enveloppé dans un sac en plastique transparent scellé par les enquêteurs, elle observa longuement l'outil métallique. Un long tube cylindrique gris anthracite d'une cinquantaine de centimètres se terminait d'un côté par une embase plus large et de l'autre par une poignée assez proche de celle équipant certains outils de jardinage. En se penchant davantage, la journaliste s'aperçut que le métal finement ouvragé d'une extrémité formait un mot de six lettres. Cette partie se colorait de reflets irisés, la chaleur avait fait son ouvrage en patinant les fines courbes d'acier de couleurs difficilement identifiables.

— *Zemsta !* Vengeance en polonais, jugea utile de préciser le colonel Muret de la Croix-Sainte.

— Ça sert à quoi, ce truc ? laissa échapper la journaliste pantoise.

— Il s'agit d'un fer à marquer le bétail. On voit parfois ce genre d'instrument dans les westerns. Un feu de bois, un veau ficelé au sol, un cow-boy qui retire un outil d'un feu pour appliquer une marque destinée à identifier son cheptel.

— Je ne suis pas fan de ce genre de films, coupa sèchement Ayala visiblement interloquée et ne parvenant pas à établir de lien entre l'affaire et cet objet primitif. Et donc ?

— Le tueur... reprit l'officier avant d'être à nouveau

interrompu.

— Vous voulez dire qu'il utilise ce truc pour marquer les cadavres ? cria la journaliste en portant sa main au visage.

— En tout cas, deux des six victimes l'ont été, opina l'adjudante Demery.

— Pourquoi ? questionna la jeune femme dont l'émotion en cette seconde reflétait plus une curiosité horrifiée qu'un quelconque intérêt journalistique.

— De vous à moi, et je ne souhaite pas être cité en l'état, précisa cérémonieusement le colonel, nous ignorons pour quelles raisons le tueur utilise cet instrument barbare. Nous n'avons pas non plus d'éléments permettant de relier ce terme polonais à d'autres affaires. Sachez enfin que cet objet a été utilisé pour mettre à mort le dernier militaire, celui de Vigy.

— Alors donc vous m'autorisez à photographier ce truc ? demanda Ayala redevenue la professionnelle aguerrie qu'elle était.

— Oui tout à fait, c'est prévu, confirma l'officier en faisant un signe à Julie. Dans le cadre de votre article, je pense que l'adjudante Demery pourrait poser avec le fer dans les mains. Qu'en pensez-vous ? Une manière finalement intéressante de lier nos deux objectifs.

— Bonne idée !

La femme gendarme prit l'objet, elle affichait un visage totalement fermé, hermétique. Cette mascarade journalistique qui durait maintenant depuis plusieurs heures lui pesait visiblement. Elle s'exécuta cependant sans trop afficher sa mauvaise grâce.

La reporter fouilla dans son sac à main et sortit un petit appareil photographique numérique. Elle prit quelques clichés. Elle en contrôla immédiatement la qualité grâce à l'écran digital situé au dos.

Ayala Ben-Aliouche fronça le nez en une moue

dubitative.

— Je vais abuser, Colonel, mais est-il possible de sortir l'objet du sac en plastique. Regardez, l'effet rendu n'est pas franchement super, demanda-t-elle en présentant l'écran au colonel Muret de la Croix-Sainte.

— Pas faux ! On ne distingue pas grand-chose avec les reflets sur le sac plastique, ne put s'empêcher de confirmer l'officier. Qu'en pensez-vous, adjudante ? C'est vous la spécialiste.

Julie Demery réfléchit un moment.

— À mon avis, c'est envisageable. Toutes les expertises ont déjà été réalisées. Je vous propose simplement de rédiger un procès-verbal mentionnant la séance d'aujourd'hui, le bris des scellés et en précisant bien que les magistrats et vous-même avez donné votre accord. À toutes fins utiles, j'effectuerai un relevé des empreintes décadactylaires de madame afin de pouvoir discriminer lors d'une éventuelle analyse future.

— Faites comme ça ! conclut le commandant de la section de recherches. Je vous laisse terminer. Passez me voir en partant, précisa-t-il à l'attention de la journaliste.

Les mains gantées, l'adjudante Demery brisa les scellés et retira prudemment le fer. La journaliste la fit poser dans une position permettant de bien mettre en valeur l'objet. Désormais satisfaite du résultat obtenu et des informations glanées tout au long de la journée, Ayala prit congé des enquêteurs après avoir longuement remercié le colonel pour la qualité de son accueil et Julie Demery pour la patience qu'elle avait témoignée. Avant de la saluer, la technicienne en identification criminelle procéda rapidement à plusieurs relevés des empreintes digitales de la journaliste.

Quelques heures plus tard, concentrée sur l'écran d'ordinateur, Ayala Ben-Aliouche sursauta lorsque le rédacteur en chef posa la main sur son épaule.

— Putain, je ne t'ai pas entendu arriver. Tu m'as foutu une belle trouille !

— Relax, ma belle ! Ce n'est que moi ! C'est ta journée chez les gendarmes qui te met sur les nerfs ? se moqua-t-il.

— On tient vraiment du lourd pour l'édition de demain, ne put s'empêcher de répéter une nouvelle fois la reporter. Je suis en train de boucler mon article. Tu verras, je pense que ça te plaira, sourit-elle.

Le sexagénaire se pencha vers l'écran, laissant son regard survoler les paragraphes déjà rédigés, s'arrêtant pour lire une phrase ou un sous-titre. Comme à son habitude, un nuage de parfum l'environnait, mélange écœurant de l'eau de toilette dont il s'inondait, de tabac froid et de café ingurgité en trop grande quantité.

— Je te fais confiance, comme à chaque fois, Ayala ! lui sourit-il. Pour les photos, tu as choisi déjà ?

— Pas encore, j'avais pensé en insérer trois. Un portrait de l'adjudante prise le matin à son bureau, une autre où elle apparaît avec l'outil puis un gros plan sur l'inscription du fer. Tu aurais vu ce truc de barbare ! Franchement, j'en ai encore froid dans le dos, c'est vraiment un malade, ce mec, ne put s'empêcher de préciser la journaliste en plantant son regard dans celui du rédacteur en chef.

— Montre-moi !

D'un rapide mouvement de souris, Ayala cliqua sur l'icône du dossier dans lequel elle avait placé les clichés pris à Metz. Angelo, de son côté, grâce au réseau informatique, avait déjà envoyé les photos de l'adjudante Demery prises le matin-même à Guénange. La journaliste fit rapidement passer ces images pour s'arrêter sur celles où le fer à marquer le bétail était présenté.

— Regarde ce truc ! Et encore, en photo franchement, on n'a pas l'impression que tu ressens lorsque ce machin est sous ton nez, cria presque Ayala.

— Brrr, tu as raison, c'est vraiment bestial et sans mauvais jeu de mots, confirma le rédacteur en chef.

Il s'approcha encore de l'écran, retirant ses lunettes de myope.

— Tu ne trouves pas que cette fille a un regard franchement flippant sur cette photo ? demanda-t-il enfin en tapotant, avec la branche déjà toute mâchouillée de ses lunettes, l'écran au niveau du visage de la gendarme.

Ayala s'approcha à son tour. Les deux visages étaient désormais collés l'un à l'autre, à quelques centimètres du moniteur.

— Putain ! Tu as raison, elle a vraiment un visage bizarre sur cette photo. Attends, on regarde les autres ? Tu vas me trouver nulle mais je n'avais même pas remarqué, s'excusa-t-elle en se retournant vers le rédacteur en chef.

— Le privilège des anciens, c'est de voir ce que les jeunes aux dents longues ne remarquent pas, glissa-t-il goguenard en ponctuant sa sentence d'un clin d'œil. Choisis une autre photo en tout cas, celle-ci ne me plaît pas ! Du super boulot quoi qu'il en soit, Ayala !

La journaliste regarda le rédacteur en chef s'éloigner vers le bureau suivant, occupé par un confrère absorbé par la frappe de son article. Elle posa à nouveau son regard sur le visage figé de Julie Demery. Le rédac-chef avait raison. Sur l'un des clichés, le regard de l'adjudante était diaboliquement froid. Ayala regarda attentivement les autres clichés. Julie Demery apparaissait, certes peu souriante, mais cet éclat perturbant avait disparu. Sur certaines poses, la gendarme ne prenait même pas la peine de masquer l'agacement qui était le sien. Décidément, cette fille possédait un sacré caractère, se dit la journaliste. Tout au long de la journée, elle avait apprécié cette jeune femme, de quelques années sa cadette. Elle pensait sincèrement qu'elle pourrait aisément devenir amie avec elle. Qui sait ? Elles auraient sans doute l'occasion de se voir à nouveau et l'avenir réservait parfois de belles surprises. Leur tempérament était foncièrement opposé. Si la journaliste montrait aplomb et expansivité en toutes circonstances, de son côté, la discrétion de Julie frôlait parfois le mutisme. Mais derrière cette façade déconcertante, Ayala avait eu l'occasion d'apercevoir la générosité et l'abnégation que la gendarme plaçait dans son travail. Elle était certaine que ses qualités irradiaient l'existence de la jeune femme et que sa vie privée méritait qu'on s'y intéressa. En tout cas, tous les collègues de Julie Demery, Jean-Édouard en tête, semblaient sous le charme de cette professionnelle rigoureuse et compétente.

Ayala revint une dernière fois sur la photographie. Elle dut avouer qu'elle l'aurait sans doute choisie sans l'intervention de son rédacteur en chef. Le fer à marquer le bétail était particulièrement bien présenté, et c'est juste cet aspect technique qui l'avait intéressée jusqu'alors. Elle accepta le jugement du responsable et cliqua sur la petite croix rouge en bas de l'écran. Dans un ruissellement sonore, la photographie disparut vers la corbeille électronique. La journaliste opta vite pour une autre photographie. Elle acheva la conclusion de l'article qui, dès le lendemain, ouvrirait le quotidien, occupant une bonne partie de la une et la totalité de la page deux de toutes les éditions.

À vingt-et-une heures trente, fourbue, elle transmit les photographies et l'article au service chargé de la mise en page. Elle traversa la salle de rédaction pour saluer le rédacteur en chef. Il achevait de corriger l'article de politique locale, sa soirée promettait d'être longue, à l'image de toutes ses fins de journée d'ailleurs. Il remercia Ayala pour la qualité de son travail. Les longues bottes noires traînaient au pied de la table de travail occupée par la journaliste. Les semelles rouges tachaient d'une touche de couleur le revêtement gris du sol. La journaliste se chaussa, glissant avec volupté son pied dans le fourreau de cuir. Son smartphone vibra. D'un œil, Ayala vérifia le nom du correspondant et la teneur du court Sms.

Jean-Edouard @ Ayala : Tu viens ce soir ? Très envie.

Elle acheva de remonter la longue fermeture éclair de sa seconde botte et se saisit de son téléphone portable. Ses doigts dansèrent rapidement sur l'écran.

Ayala @ Jean-Edouard : Pas ce soir. Désolée. Je pense à toi. Moi aussi envie de toi.

La porte de l'ascenseur se referma sur elle, masquant le sourire carnassier de la belle quadragénaire.

Chapitre 3

Julie se tourna une nouvelle fois. D'un geste rageur, elle tira le coin de la lourde couette afin de rester intégralement couverte et conserver la chaleur qui régnait dans son lit. Elle détestait avoir froid. Aussi loin que ses souvenirs remontent, la jeune femme associait systématiquement les instants heureux au bien-être offert par des températures clémentes. Au contraire, ses pires cauchemars, comme ses plus mauvais souvenirs, semblaient avoir pour principal personnage le froid associé à la sensation désagréable de grelotter sans que rien ne puisse faire cesser ce douloureux engourdissement.

Malgré les douze années écoulées depuis sa formation initiale en 2003, elle se remémorait avec un mal-être viscéral l'impuissance physique ressentie lors de ses premiers mois en gendarmerie. Pour la première fois de sa vie, elle avait dû dormir dehors, en pleine nature. Les instructeurs de l'école de Chaumont réservaient des surprises détestables aux jeunes qui avaient décidé d'embrasser la carrière de gendarme. Durant plusieurs mois, dans une campagne altimarnaise réputée pour son climat rude, humide et froid, les apprentis gendarmes devaient subir un entraînement militaire intense et rustique. L'objectif des cadres étaient clairement affiché dès les premiers jours de la formation. Le métier auquel ces jeunes adultes aspiraient exigeait de véritables qualités d'endurance, de dépassement de soi et, surtout, de discipline. Il convenait de s'en convaincre dès les premières semaines passées sous l'uniforme. Les moins téméraires étaient poussés vers la sortie. Cette période initiatrice était par conséquent entièrement dévolue à l'entraînement militaire. Longues marches, manipulation des armes, apprentissage du tir, courses à pied, répétitions sans fin des actes élémentaires de la vie militaire. Et puis encore ces nuits interminables passées à la belle étoile, quelles que soient les conditions météorologiques.

Julie gardait un souvenir effroyable de ces périodes de bivouac. Cette année-là, le début du cursus correspondait avec un automne particulièrement rude. Les semaines passaient parfois sans le moindre rayon de soleil. Les activités extérieures se déroulaient alors systématiquement sous un ciel lourd et menaçant. Le vent, chargé des frimas annonciateurs de l'hiver, balayait vigoureusement le plateau sur lequel les jeunes sous-officiers subissaient de longues séances d'instruction. Dès les premières minutes de ces cours en plein air, la lourde parka militaire se gorgeait d'une humidité qui peu à peu s'immisçait au travers des différentes couches de vêtements. La peau commençait alors à se couvrir d'une chair de poule incontrôlable que rien ne pouvait endiguer. Julie Demery, à l'instar de ses camarades, avait tout essayé, en vain. Les mouvements compulsifs visant à réchauffer les muscles des épaules, les trépignements censés amener un peu de chaleur aux pieds glacés, les gestes réputés rendre la sensibilité aux doigts blanchis par le froid, rien ne fonctionnait. Julie avait rapidement compris que le froid allait devenir son principal adversaire durant ce long hiver 2003.

À dix-huit ans, le baccalauréat en poche, Julie avait déposé son dossier de candidature dans la brigade de gendarmerie la plus proche de son lieu de d'habitation. Le vieux gendarme qui l'avait accueilli avait conforté cette jeune fille timide dans le choix de vie qu'elle envisageait. Il avait été d'une rare franchise, ne cachant rien des avantages offerts par cette profession mais n'édulcorant pas non plus les inconvénients qu'elle allait rapidement rencontrer. Les femmes étaient encore peu nombreuses en gendarmerie. Même si la haute hiérarchie de l'institution pariait sur la mixité, les gendarmes de terrain se montraient encore parfois hostiles à l'arrivée de jeunes femmes dans leur unité. Et puis le service de la gendarmerie était lourd de désagréments. Revêtir l'uniforme revenait presque à entrer en religion, expliquait le gendarme avec cet accent berrichon prononcé qui ponctuait ses phrases de « r » sonores.

Julie Demery avait écouté sans broncher. Rien ne la ferait changer d'avis. Elle voulait fuir cette vie sclérosante qui l'asphyxiait et cette adolescence dont elle ne voyait pas la fin. La gendarmerie proposait ce dépaysement, cette aventure à laquelle tout son corps aspirait. Quelques mois plus tôt, à l'occasion d'un reportage télévisé qui présentait les perspectives de carrière que la gendarmerie offrait aux jeunes femmes, Julie avait trouvé sa voie.

Elle avait signé les documents et quitté la petite brigade, les joues rouges de l'émotion suscitée par ce premier pas dans la vie d'adulte.

Les épreuves du concours n'avaient été qu'une formalité. Julie avait franchi avec aisance les différentes étapes de la sélection. Ses résultats aux épreuves écrites étaient bien au-dessus de la moyenne requise. Même l'ultime entretien, barrière qui lui semblait la plus difficile, s'était révélé une partie de plaisir. L'épreuve de sélection conduite par un officier n'avait pas été longue. Julie Demery avait répondu honnêtement aux questions posées. Son phrasé correct, son vocabulaire riche et la profonde motivation qui l'animait avait fait la différence. À aucun moment de la discussion, le sujet qu'elle redoutait n'avait été abordé.

Moins d'un an plus tard, alors qu'elle grelottait dans un sac de couchage, Julie Demery ne regrettait pas son choix. Elle serrait les dents. Contrairement à certains de ses camarades, elle ne renierait pas son souhait d'entrer en gendarmerie. Elle subissait, pestait contre son incapacité à contrôler les tremblements qui agitaient ses membres et faisaient se choquer douloureusement ses dents, mais elle s'accrochait.

Jeune femme de vingt ans, timide et réservée, Julie Demery s'était coulée aisément dans l'uniforme de la gendarmerie. Elle répondait avec empressement aux sollicitations des cadres, exécutait avec application les tâches confiées. Ses capacités intellectuelles et l'intérêt qu'elle montrait lui permettaient d'intégrer rapidement les notions nouvelles, les définitions et procédures présentées. Bien vite, les résultats obtenus mirent en lumière cette élève qui s'était initialement noyée dans l'anonymat de la promotion.

Les instructeurs louèrent la qualité de son travail et son comportement irréprochable. Elle devint, dès les premiers mois, une stagiaire promise à un bon classement en fin de scolarité.

Pourtant, les six premiers mois de la formation avaient été une longue période de souffrance intérieure pour Julie. Un hiver rude, impitoyable avait recouvert la Haute-Marne et succédé à un automne déjà hostile. Une couche de neige épaisse figeait le plateau qui accueillait les infrastructures de l'école de gendarmerie. Le blanc manteau n'avait pas ralenti le rythme des activités. Julie avait continué à grelotter, les pieds figés dans les brodequins de cuir qui semblaient aspirer le froid.

Elle avait repoussé ses limites, surprenant tout le monde par la hargne qui ne semblait jamais l'abandonner. Certains stagiaires avaient renoncé, dénonçant leur engagement et quittant rapidement l'école pour retourner aux douceurs de la vie civile. D'autres trouvaient la moindre excuse pour déserter les activités et aller se réchauffer à l'infirmerie. Enfin, un certain nombre de ses pairs se contentait de subir passivement, transformant leurs souffrances en une apathie paralysante. Julie n'avait jamais envisagé aucune de ses trois options. Elle s'était au contraire jetée plus en avant dans l'apprentissage, passant la moindre période de son temps libre à ressasser les cours.

À l'approche du printemps, alors que la seconde moitié de l'année de formation était déjà entamée, Julie Demery paradait dans le trio de tête de sa promotion. La seule fille à avoir surmonté les affres de l'hiver avec détermination.

Désormais, les cadres la voyaient comme une des leurs. Cette jeune adulte qui continuait à rougir à la moindre remarque, qui vivait la moindre contrariété, même anodine, comme une profonde désillusion, les avait conquis par son endurance.

À la fin de la formation, l'élève Julie Demery avait reçu ses galons de gendarme avec les honneurs. Elle était la stagiaire féminine la mieux classée de sa promotion. Seuls deux garçons la supplantaient de quelques points.

L'adjudante Julie Demery ouvrit un œil et émergea de ses souvenirs encore vivaces. Sa main partit à la recherche du téléphone portable qui traînait négligemment sur le sol à côté de son lit. Un clic sur une touche alluma l'écran. Quatre heures vingt-deux ! À peine cinq heures de sommeil et elle sentait pourtant que sa nuit était déjà terminée.

Les yeux grands ouverts, elle resta quelques minutes dans le noir complet. Elle écoutait les rares bruits de la ville qui parvenaient jusqu'à elle. Un ronflement de moteur au loin, un aboiement de chien porté par le silence nocturne.

La jeune femme finit par trouver le courage de repousser la lourde couette. Elle se leva et sortit de sa chambre sans allumer.

Ce ne fut qu'en entrant dans la salle de bain qu'elle

actionna l'interrupteur. La lumière l'agressa brutalement. Julie resta quelques secondes les yeux plissés, les mains appuyées sur la faïence du lavabo. Les pupilles finirent par accepter la luminosité. Son corps se reflétait dans la glace. Ses cheveux emmêlés lui donnaient un air négligé. Sa peau était lisse, les crèmes qu'elle appliquait chaque jour avec soin parvenaient visiblement à ralentir l'apparition des premières ridules.

Une véritable vitalité de trentenaire irradiait son corps. Ses seins fermes s'ouvraient sur des abdominaux dessinés par une pratique sportive régulière. Julie n'avait jamais été une inconditionnelle des salles de sport. Pour elle, l'enfermement dans un espace clos était fondamentalement contraire à sa compréhension du sport. Son activité physique se résumait à la pratique de la course à pied, une à deux fois par semaine. Par contre, quotidiennement, au réveil, elle s'efforçait de travailler durant dix minutes ses abdominaux et ses muscles fessiers.

Après avoir laissé son regard courir le long de son corps nu, Julie quitta la salle de bain. Elle passa à la hâte une tenue de sport et opta pour un sweat-shirt en polaire et un coupe-vent bien imperméable. Une fois de plus, il pleuvait et elle ne tenait pas à souffrir du froid. Sans l'aide du miroir, elle enfila un bonnet, glissant ses quelques mèches rebelles sous la laine.

La nuit était sinistre, Julie décida de ne pas rejoindre le sous-bois. L'obscurité serait trop profonde. Elle se dirigea à petites foulées vers le centre-ville de Guénange. Les rues étaient désertes et la jeune femme put courir tranquillement sans se soucier d'éventuelles voitures. Son souffle était régulier et des petits nuages de buée trahissaient la condensation de ses expirations. Ses pas résonnaient sur le sol humide.

Quarante minutes plus tard, Julie rejoignit la caserne

de gendarmerie. Elle sentait une fine pellicule de sueur recouvrir son corps. Pour se mettre au chaud, l'adjudante pénétra dans le garage de la brigade. Quelques véhicules de service étaient stationnés. Une odeur de graisse industrielle planait dans le local. Le souffle encore haché par la course, elle entreprit une série d'exercices d'étirement.

— Bonjour Julie ! Quel courage matinal !

La voix du lieutenant Thierry Massilon fit sursauter la jeune femme. Elle n'avait pas perçu l'approche de son supérieur.

— Bonjour mon Lieutenant, vous m'avez fait peur. Courte nuit en effet, répondit-elle dans un sourire.

— Excusez-moi, je vous ai vue arriver par la fenêtre. Je termine à l'instant une procédure qui m'a occupé une partie de la nuit... Un crétin d'automobiliste avec une alcoolémie record, soupira l'officier. La patrouille l'a pris en chasse à la sortie de l'autoroute. Il zigzaguait tellement qu'il a embouti deux véhicules avant qu'ils ne parviennent à l'interpeller. Ils m'ont appelé à trois heures.

— Les joies de l'OPJ de permanence ! répondit Julie en étirant les muscles de son mollet droit.

— Comme vous dites... Le gus est en dégrisement, compléta le lieutenant.

— Si vous avez besoin d'un coup de main, proposa Julie.

— Non, non, chacun sa croix. Par contre, pas de footing pour moi ce matin, reprit Thierry Massilon. Je suis fatigué avant même de commencer la journée. Vous allez à Metz aujourd'hui ? demanda-t-il en changeant de sujet.

Thierry faisait référence aux allers-retours quotidiens que la jeune femme effectuait depuis qu'elle avait été choisie pour renforcer le groupe d'enquête.

— Non, pas aujourd'hui. J'ai posé deux journées de repos. Et le comble, pour une fois que je pouvais dormir tranquillement, une insomnie me tire du lit aux aurores, ironisa la jeune femme.

– C'est typique ! Je suis également un spécialiste, croyez-moi !

Thierry Massilon regarda sa subordonnée. Elle terminait sa séance en relaxant son dos. La tête toujours coiffée de son bonnet de couleur noire, elle avait l'air d'une petite fille. Ses joues rougies par le froid et l'effort accentuaient encore cette impression. Son visage fin, presque émacié, conservait malgré tout un charme féminin troublant. Thierry Massilon sentit son cœur s'accélérer.

Six mois après avoir accueilli l'adjudante Demery, il percevait toujours le trouble intérieur qui l'avait envahi lors de leur première rencontre. Dès qu'il se trouvait en présence de la jeune femme, un insidieux désir apparaissait. Persuadé que ses fonctions hiérarchiques étaient une barrière infranchissable, il s'efforçait de maintenir la distance. L'homme célibataire qu'il était, doutait parfois du bien-fondé de cette ligne rouge éthique. Il avait de plus en plus de mal à refouler ses véritables envies.

Ce matin-là, il ressentait un réel manque d'affection. Sa vie privée était un échec. Émeline, sa fille, l'avait appelé deux jours plus tôt. Dès qu'il avait entendu sa voix, Thierry avait suspecté un souci dont elle n'osait lui parler directement. L'adolescente, pressée gentiment par son père, avait fini par se confier. Des camarades de classe prévoyaient un week-end chez l'une d'entre elles. Une soirée dansante était même organisée le samedi soir. La jeune fille rêvait de s'y rendre. Sa mère, rappelant que cette fin de semaine correspondait à un week-end paternel, avait éludé la question, la laissant traiter cette affaire directement avec lui. Le cœur noué par la désillusion, Thierry avait accepté d'un ton joyeux que l'adolescente reporte sa venue à Guénange. Une nouvelle fois ! Il l'avait assurée que, bien entendu, il comprenait et qu'il espérait sincèrement qu'elle passerait un super moment. Il avait perçu le soulagement de sa fille. Un poids s'était soudain envolé et elle lui avait parlé avec excitation de ce fameux Mathieu qui, depuis un trimestre, ne cessait de lui avouer son amour et qui serait présent lors de cette boum.

— Tu te rends compte, papa, il m'aime depuis la rentrée, avait expliqué Émeline d'une voix sérieuse.

Pour la première fois, à presque seize ans, la voix gorgée d'émotions, sa fille évoquait les sentiments diffus qu'elle ressentait envers ce garçon qui était dans sa classe depuis deux ans. Les amourettes d'enfant s'effaçaient pour laisser le champ aux premiers amours.

Fier que sa fille daigne l'associer à ses émois, Thierry avait finalement raccroché après de longues effusions distantes mais réciproques.

Quelques minutes plus tard, alors qu'assis sur son canapé, il laissait la pénombre envahir le salon si vide de toute vie, son téléphone avait vibré.

Emelyne @ Jean-Edouard : Merci mon papa, tu es le plus chouette ! Je t'aime.

Thierry n'avait pu refréner le sanglot qu'il sentait poindre depuis la fin de la conversation téléphonique. Le portable à la main, il avait pleuré, persuadé qu'il passait à côté de sa vie. Le Sms de sa fille lui vrillait le cœur.

— Quelle vie de con ! se répétait-il pitoyablement tandis que les larmes perlaient sans discontinuer au coin de ses yeux.

Quarante-huit heures plus tard, dans le garage de la brigade, les yeux saoulés de fatigue, cette scène hantait sa mémoire. Face à lui, Julie Demery avait ôté son bonnet et s'apprêtait à rejoindre son appartement, visiblement satisfaite de ce début de journée sportif.

Quelques boucles blondes de la jeune femme collaient à son front, retenues par la transpiration. Ses yeux brillaient.

Elle semblait apprécier sa présence et laissait couler le temps à ses côtés.

Les rares patrouilles qu'ils avaient effectuées ensemble, les dossiers sur lesquels ils avaient collaboré les avaient sensiblement rapprochés. Elle appréciait ce chef attentif qui était toujours présent pour un conseil, un avis ou une décision. Thierry ne reculait jamais devant l'exercice de ses responsabilités. Autoritaire, il demeurait juste et n'élevait la voix qu'en dernière extrémité, jamais avec elle en tout cas. De son côté, le lieutenant avait rapidement eu la confirmation de ses premières impressions. Compétente et motivée, Julie Demery dynamisait une partie de l'activité de la brigade par son implication constante. Elle savait fédérer les énergies et même les plus récalcitrants donnaient le meilleur d'eux-mêmes dès lors qu'elle dirigeait un service ou une enquête. Thierry lui sourit amicalement. Et puis son cœur l'emporta sur sa raison.

— Ça vous dirait de venir dîner à la maison ce soir ? souffla-t-il brusquement dans un murmure.

Elle le regarda fixement. Incrédule mais souriante.

— Je reçois au moins une fois par an les gradés et six mois après votre arrivée, je manque à mes devoirs vis-à-vis de vous, s'empressa-t-il de préciser comme pour justifier cette invitation émise sur un coup de tête.

Julie avait entendu parler de ces dîners. Il lui avait pourtant semblé que, loin d'être une habitude établie, il s'agissait plutôt de relations privilégiées que le lieutenant entretenait avec deux ou trois collègues. Elle en avait même discuté avec les rares qui avaient eu l'occasion d'en profiter avec leur épouse. Au passage, ils avaient tous loué les talents de cordon bleu de leur hôte.

La jeune femme n'était pas dupe de la teneur de l'invitation et elle baissa les yeux. Pour masquer le trouble que cette demande suscitait en elle ou tout simplement pour trouver le courage de l'éconduire ?

Thierry remarqua ce regard fuyant et il pesta à l'idée d'avoir dépassé les limites. Il allait se faire renvoyer dans ses buts et passerait assurément pour un imbécile.

— Excusez-moi, je n'aurais pas dû...

— Pourquoi ?

Le regard de Julie finit par se relever et ses yeux se plongèrent dans ceux du lieutenant.

— Ce sera avec grand plaisir, répondit-elle. J'apporterai une bouteille de vin d'Alsace.

Alors qu'elle quittait le garage, elle se retourna en souriant.

— À ce soir alors !

Thierry eut le sentiment que ce sourire lui adressait autre chose qu'un simple remerciement. Une reconnaissance subtile d'avoir enfin franchi ce premier pas ? Il n'aurait su le dire. En grimpant les marches qui conduisaient au palier de son logement, Thierry se fit la réflexion que la boule de tristesse qui lui écrasait l'estomac depuis deux jours avait subitement disparu.

Chapitre 4

Depuis deux mois, la capitaine Bérangère Bontemps n'avait guère quitté le bureau qui lui avait été alloué dans les locaux de la section de recherches de Metz. Plus de huit heures par jour, elle relisait méthodiquement les centaines de procès-verbaux rédigés par les enquêteurs.

Elle s'attardait particulièrement sur les documents établis par les TIC relatant les constatations réalisées sur les scènes de crime de manière exhaustive et scientifique.

Elle avait demandé, et obtenu avec une rare célérité, la mise à disposition de toutes les photographies réalisées sur ces différents lieux. Elle voulait les examiner toutes, et pas seulement celles retenues pour illustrer les procès-verbaux destinés aux magistrats. Même les clichés flous, parcellaires, mal cadrés ou franchement ratés, pouvaient être éclairants pour elle.

Des heures durant, l'officier du département des sciences du comportement observait les clichés un à un. Sa curiosité la poussait à s'intéresser à tous les détails. Des plus anodins comme les éventuelles ordures retrouvées à proximité qui pouvaient ou non trahir un comportement du tueur, une consommation récurrente d'un type de boisson ou d'aliment, aux plus emblématiques de la manière d'opérer de ce prédateur. En la circonstance, Bérangère était bien servie. Rarement depuis qu'elle avait été recrutée par la gendarmerie elle avait eu l'occasion d'étudier un cas aussi dense.

Un bel exemple de la phraséologie technique utilisée lors de sa formation ! Toutes les hypothèses relatives aux « degrés d'alerte » étaient concentrées. Ablations d'organe, actes de tortures *ante et post-mortem*, déchaînements de violence, connotation sexuelle marquée, sérialité confirmée, mise en scène ! Les crimes en question recensaient tous les signaux que les profilers guettaient pour mener leur analyse. Ils se réjouissaient habituellement lorsqu'un dossier révélait deux, voire trois signaux. Dans le cas présent, elle était submergée d'informations. Trop même !

Comme à chaque enquête, Bérangère avait entamé ses lectures d'un œil vierge. Elle avait fait abstraction des données transmises oralement par les enquêteurs. Elle devait s'immerger et ne prendre en considération que ses propres grilles d'analyse.

Son métier souffrait d'une véritable méconnaissance. Cette ignorance patente avait tendance à disparaître mais la partie était tout de même loin d'être gagnée. Comme elle l'avait évoqué lors de sa prise de parole introductive, les séries télévisées, notamment américaines, créaient un imaginaire collectif particulièrement erroné et vicié.

Le meilleur exemple était la nature même de son intervention dans ce dossier.

Bien loin des traques haletantes, son travail était tout sauf enthousiasmant. La plupart du temps, Bérangère et ses collègues passaient des semaines à étudier des dossiers poussiéreux. L'aspect excitant du travail sur le terrain était relégué à un insignifiant pourcentage. Plus moine bénédictin qu'agent de terrain, sourit la jeune femme en se trémoussant sur un fauteuil à l'assise incroyablement inconfortable.

Ses notes commençaient à s'accumuler. Chacun des six meurtres avait été passé au filtre des grilles d'analyse. Désormais, Bérangère s'évertuait à bien saisir ce que l'immense tableau qu'elle avait annoté au cours des huit semaines précédentes lui signifiait. Tout son travail tournait autour de cet outil de plus de cent-soixante entrées. Chacun de ces items permettait d'enregistrer et de confronter des aspects précis.

Les conclusions qu'elle allait tirer étaient le fruit de ce travail scientifique rigoureux. Le hasard, les intuitions, les impressions n'avaient pas leur place.

D'ailleurs, Bérangère était tout sauf une rêveuse intuitive. L'habitude prise depuis des années de tout analyser minutieusement avait envahi sa vie. Même les aspects les plus privés et intimes ne résistaient pas à ce travers.

À trente-trois ans, Bérangère était fiancée depuis quelques mois. Elle avait enfin découvert le profil idéal qu'elle s'était intellectuellement et patiemment façonné depuis des années. Marceau correspondait strictement à ses critères. L'homme de sa vie devait être : plus grand qu'elle mais sans dépasser une différence de douze centimètres avec sa propre taille, plus âgé qu'elle mais sans franchir la barrière des sept années d'écart, brun éventuellement châtain, possédant une stabilité professionnelle déjà bien assise, une expérience de cinq années dans son poste était idéale, déclarant ouvertement vouloir des enfants, proche de sa famille sans être sous la coupe de sa mère, aimant les sorties entre amis mais préférant toujours les soirées en tête-à-tête avec elle, sans allergie déclarée, pas de pathologie héréditaire,.. Bérangère aurait pu égrener longtemps la liste des qualités requises. Sans doute voulait-elle la même chose que toutes les filles de son âge. La seule différence tenait au temps passé, aux longues soirées consacrées à l'élaboration d'une liste précise permettant de confirmer les sentiments naissants. Au fur et à mesure des rendez-vous avec Marceau, en rentrant chez elle, elle annotait nerveusement sa grille.

À Metz, Bérangère était désormais en mesure de présenter une première analyse du profil psychologique du tueur au colonel Muret de la Croix-Sainte.

Elle avait rejoint la salle de réunion très en avance. Toujours nerveuse avant ses interventions, elle tenait à préparer la table, chaque fiche d'analyse ayant été imprimée et archivée dans des pochettes de couleur. Elle était ainsi en mesure de mettre immédiatement la main sur les feuilles de conclusions susceptibles de donner lieu à des questions. Rien ne devait être laissé au hasard. L'enjeu était de taille. Elle allait dévoiler des déductions qui pouvaient orienter durablement le travail des enquêteurs de terrain. Pour se prémunir de toute mauvaise interprétation, son travail avait été vérifié plusieurs fois. Fin janvier, deux jours avant cette réunion, elle avait quitté Metz et rejoint Rosny-sous-Bois. Là, elle avait déroulé la présentation telle qu'elle la ferait dans quelques minutes. Ses collègues avaient écouté, annoté son travail, commenté. Finalement après huit heures de restitution et d'échanges parfois âpres, ils en avaient validé la teneur. Après cette longue séance, avant de reprendre le train tôt le lendemain matin en direction de Metz, Bérangère avait passé la nuit dans son appartement. Marceau était déjà rentré lorsqu'elle était arrivée. Il était tellement beau, son homme ! Après avoir fait l'amour et dîné aux chandelles, les deux fiancés avaient longuement évoqué la préparation de leur mariage prévu huit mois plus tard. Des choix essentiels avaient été faits. La couleur principale de la décoration de table. La police de caractère du faire-part. Bérangère avait pu rapidement cocher la réalisation de ces deux tâches dans le carnet ouvert spécialement pour l'occasion. Elle avait ensuite rejoint Marceau qui l'attendait déjà au lit.

Bérangère secoua la tête pour chasser ces images mielleuses. Elle se leva précipitamment et s'avança pour saluer les quatre hommes qui venaient de pénétrer dans la salle. Outre le colonel Muret de la Croix-Sainte, trois responsables de l'enquête allaient assister à son intervention. Le colonel Champigny, commandant la section de recherches de Strasbourg, avait fait spécialement le déplacement en sa qualité de directeur adjoint de l'enquête. La plupart du temps, ses responsabilités le tenaient éloigné de Metz et il ne suivait l'enquête que de loin. Le capitaine Kidali, lui, faisait office de procédurier ; enquêteur expérimenté, il avait la lourde tâche de veiller à la qualité de chacun des procès-verbaux établis par les enquêteurs. Chaque pièce de procédure passait ainsi entre ses mains et sa validation valait approbation. À ce titre, il avait une connaissance livresque du dossier. Enfin, le major Menier complétait l'assemblée. Responsable de tous les aspects criminalistiques, il était en mesure d'apporter les compléments techniques nécessaires.

Une heure trente plus tard, le colonel Muret de la Croix-Sainte prit la parole. Durant tout l'exposé, les enquêteurs avaient laissé parler le capitaine Bontemps. Ils ne l'avaient pas interrompue. La présentation avait été claire, limpide même. La représentante du département des sciences comportementales avait longuement développé sa technique de travail. Les quatre hommes avaient ensuite pu appréhender concrètement les conclusions tirées.

— Alors si je résume en une phrase votre brillant exposé, entama-t-il sans aucune ironie dans la voix, nous devons envisager avec une probabilité relativement forte que notre tueur soit finalement... une femme !

– C'est en un mot ce que je pense, oui, mon Colonel ! affirma Bérangère. La grille d'analyse éclaire les différents signaux adressés par le tueur. Si je simplifie, chaque meurtre doit être lu en mettant en avant l'aspect sexuel. Ce point est la porte d'entrée dans le processus voulu par le tueur, en l'occurrence la tueuse. L'ablation du sexe de chacune des victimes est, à mon sens, l'aspect le plus déterminant du mode opératoire. Aucune des victimes n'est réputée avoir eu des tendances homosexuelles. Au contraire ! Pour chacune d'entre elles, il a été aisé d'identifier les ex-petites amies parfois nombreuses. Rien n'explique qu'un homme agisse ainsi sur un autre homme. Si le sexe n'avait pas été retiré, la lecture serait tout autre. Sociologiquement et psychopathologiquement, la vengeance est clairement LE motif de passage à l'acte. Le terme polonais présent sur deux des six victimes, et symboliquement sur le premier corps de la série - détail déterminant puisque tout commence à ce moment-là - doit réellement être lu au sens premier. Il n'y a pas de message subliminal. Les deux autres mots inscrits sur les victimes deux et quatre : « porc » et « salaud » concourent à cette même idée. L'auteur des crimes cherchent à châtier ces hommes. Un événement de son passé doit sans aucun doute impliquer des militaires. Il est aisé de penser à un viol ou à un crime d'ordre sexuel. Des militaires ont usé de leur sexe pour la faire souffrir. Aujourd'hui, elle leur retire symboliquement cette possibilité. Elle leur dénie leur identité masculine.

Bérangère Bontemps fit une pause pour avaler sa salive. Elle avait oublié sa bouteille d'eau et sa gorge était sèche d'avoir trop parlé. Néanmoins, elle reprit, martelant ses conclusions.

— Tous les autres signaux concourent à cette idée de vengeance. Le tueur, ou plutôt la tueuse pour être précise, cherche à faire mal, à humilier, en un mot à effacer par une souffrance plus importante ce qu'elle a elle-même subi. Les tortures commises sont l'illustration de la haine qui l'habite. L'éviscération est une tentative ultime pour rabaisser ces hommes au rang de bêtes de boucherie. L'usage du fer à marquer est, selon les recherches que nous avons effectuées, un cas unique en France, et je pense même en Europe. L'emploi de cet outil barbare est symptomatique. Elle voit les victimes comme du bétail ! Elle n'a aucune empathie ou pitié à leur égard. Donc oui, pour moi, mon Colonel, le tueur doit sans aucun doute être une femme qui se venge d'une abomination qu'elle-même a subi à cause de militaires.

Le major Menier sollicita d'un geste la parole.

— En tout état de cause, et comme je vous l'ai déjà présenté, rien, absolument rien ne s'oppose à cette hypothèse. Les reconstitutions effectuées par l'IRCGN démontrent que les cadavres ont pu être positionnés par une personne dotée de capacités physiques moyennes. Par conséquent, homme de petite taille ou femme, pour moi il n'y a pas de différence flagrante. Ce que nous dit Bérangère se tient.

— Dans quelle tranche d'âge placez-vous l'auteur des crimes ? questionna le colonel Champigny.

— Rien ne permet de déterminer ce critère à l'heure actuelle, répondit immédiatement Bérangère. Les études sont essentiellement américaines, et donc à nuancer. Statistiquement, les tueurs en série sont des hommes blancs, issus des classes moyennes et âgés de vingt à quarante ans. Pour notre affaire, la projection est par conséquent difficile.

— À mon sens, cela ne sert à rien d'extrapoler ! coupa le colonel Muret de la Croix-Sainte.

— Pour être tout à fait franche avec vous, reprit Bérangère, l'hypothèse d'une femme tueuse en série est une exception rare. Les mêmes études américaines n'identifient que huit pour cent de femmes parmi les tueurs en série outre-Atlantique. Le plus souvent, elles agissent sans la violence débordante qui est présente dans notre affaire. Le poison est en effet l'arme préférée des femmes tueuses et ce, dans plus de quatre-vingt pour cent des affaires. Contrairement aux tueurs en série masculins qui tuent pour satisfaire leur soif de contrôle, de sexe ou d'excitation, les femmes, elles, cherchent principalement un profit matériel lorsqu'elles passent à l'acte.

— Nous avons donc à faire à une belle exception française ! ne put s'empêcher de lâcher le colonel Muret de la Croix-Sainte goguenard.

Les responsables de l'enquête laissèrent Bérangère Bontemps quitter la pièce, les bras encombrés de ses nombreux dossiers.

Le directeur d'enquête l'avait remerciée chaleureusement. Il percevait l'immensité et la difficulté de la tâche confiée à cette femme. Depuis son arrivée à Metz, il n'avait pu que la féliciter pour son implication quotidienne. Elle ne comptait pas ses heures, répondait systématiquement présente dès lors qu'une aide était sollicitée. Sérieuse, rigoureuse à l'excès, elle avait mené une étude exhaustive dont les conclusions ébranlaient toutes les suppositions qu'ils avaient formulées jusqu'alors. À titre personnel, il devait reconnaître qu'il n'avait jamais envisagé la piste d'un tueur féminin. Pourtant, rien ne venait formellement démentir les options ouvertes par le travail de profilage. D'expérience, il avait appris à se méfier des idées préconçues. Le fait d'attribuer, de prime abord, les crimes à un tueur masculin était une idée totalement arbitraire !

Désormais, il lui revenait de décider des suites à donner. Dès le lendemain, il devrait aviser l'ensemble du groupe d'enquête de cette nouvelle hypothèse de travail. Les enquêteurs auraient alors un travail à effectuer afin d'appréhender pleinement cette orientation. Finalement, rien ne changerait réellement dans leur manière de procéder. Les pistes qui les reliaient au tueur étaient si ténues que, homme ou femme, peu importait en fin de compte. Les enquêteurs traquaient pour l'heure une personne insaisissable qui ne laissait rien au hasard.

Le colonel Muret de la Croix-Sainte prendrait également rendez-vous avec le magistrat Diosberger en charge de l'enquête afin que le capitaine Bontemps puisse rendre compte elle-même de son travail. Le juge d'instruction avait été informé du souhait de la gendarmerie d'impliquer le département des sciences comportementales. Cette unité méconnue avait été officiellement présentée au magistrat à cette occasion. À l'issue de l'entrevue, juge d'instruction et procureur de la République avaient validé cette intervention tout en souhaitant la maintenir confidentielle. Ainsi, lors de la conférence de presse de novembre dernier, rien n'avait filtré sur la présence au sein du groupe d'une profileuse. Recourir officiellement à ce genre de démarche encore marginale en France revenait, selon eux, à donner un signal patent de leurs difficultés.

Ce silence volontaire pouvait aussi s'envisager comme un atout précieux le moment venu. Il était parfois opportun d'associer la presse. Le récent appel à témoins relatif au fer à marquer participait de cette utilisation utile des médias. Dès la parution de l'article signé par Ayala Ben-Aliouche, tous les organes de presse nationaux avaient relayé la photographie. Par contre, il était tout aussi essentiel pour les enquêteurs de pouvoir conserver une certaine marge d'initiative. Toute leur manœuvre d'investigations, ou en tout cas une large partie, gagnait à rester confidentielle. La surprise était la clé de leur succès futur. Aussi le colonel Muret de la Croix-Sainte savait-il d'ores et déjà que le juge d'instruction accepterait sans ergoter de garder secrètes les conclusions de Bérangère Bontemps.

Enfin, le colonel allait prendre attache avec la Direction de la Protection et de la Sécurité de la Défense. Cet organisme était chargé de certaines enquêtes sensibles au sein des unités militaires. Ses agents avaient déjà été sollicités afin d'apporter quelques précisions sur la personnalité des soldats assassinés ainsi que sur leurs plus récentes missions. Désormais, ils auraient à effectuer de nouvelles recherches. L'officier souhaitait envisager la piste d'une militaire, en activité ou jeune retraitée, cherchant à se venger du comportement subi sous l'uniforme. De son côté, il allait également faire éditer la liste des femmes victimes de sévices de la part de militaires.

Chapitre 5

Toute la journée, Julie ne cessa de penser au dîner que le lieutenant Massilon lui avait proposé. Elle avait accepté avec un réel plaisir. Cet homme discret et réservé se révélait charmant. Séduisant même. Il était en outre un supérieur hiérarchique particulièrement agréable à côtoyer. Alors pourquoi se priver d'une soirée placée sous de bons auspices ?

Engagée en gendarmerie douze ans plus tôt, Julie avait intégré une société principalement masculine. Le bon classement obtenu à Chaumont lui avait permis d'entrer de belle manière dans la profession. Très vite, elle avait souhaité s'élever dans la hiérarchie et s'était, une fois encore, donnée les moyens de réussir ses ambitions. À désormais trente-deux ans, son déroulement de carrière avait été rapide et elle pouvait légitimement envisager, avec assurance, l'avenir qui s'ouvrait à elle. Si elle se satisfaisait pleinement de cette vie passée sous l'uniforme, Julie devait reconnaître que sa vie privée était bien moins passionnante et enthousiasmante. Célibataire. Sans compagnon. Sans enfant ! Loin de porter ses absences comme les stigmates d'un échec, elle se satisfaisait sans peine de ces libertés. Ses centres d'intérêt étaient ailleurs. Les portes de son jardin secret étaient strictement verrouillées et elle ne tenait pas à dévoiler ce champ intime au premier venu. Comme tout être humain, elle aspirait au bonheur. Son plaisir résidait ailleurs. Ses chemins étaient de traverse.

En fait, Julie ne savait pas trop quoi attendre de ce dîner en tête-à-tête avec Thierry Massilon. Dans le passé, elle avait déjà eu l'occasion de côtoyer amicalement certains de ses collègues, voire certains de ses supérieurs. L'ambiguïté n'avait jamais été de mise. Elle était le plus souvent invitée à participer à ces soirées en même temps que d'autres, en toute amitié. La proximité créée par les conditions de travail, la promiscuité naturelle née de la vie en caserne facilitaient ces contacts.

Pourtant ce matin, dans le garage, elle avait senti la tension presque électrique qui régnait entre eux deux. Depuis son affectation à Guénange et à plusieurs reprises, elle avait senti sur elle le poids du regard de l'officier. Femme séduisante, elle était habituée à ces comportements masculins souvent pesants et irrévérencieux. Elle avait de longue date appris à se prémunir de ces attitudes machistes et conquérantes. Dans le cas de Thierry, elle n'avait jamais relevé la moindre allusion déplacée. Bien au contraire, il semblait être le plus gêné par cette complicité qui s'imposait. Aucune parole, autre que professionnelle ou amicale, n'avait jamais été prononcée. Pourtant son regard ne laissait que peu de place à l'équivoque.

Elle avait remarqué le léger fard qui avait coloré ses joues lorsqu'il l'avait invitée. Elle plaisait à cet homme, elle en était certaine.

L'obscurité commença à tomber dès le milieu de l'après-midi. Julie fit couler un bain. Elle aimait ce plaisir simple consistant à se plonger dans l'eau chaude. Un cliché peut être mais aucun autre geste du quotidien ne permettait de se relaxer aussi profondément. Elle alluma deux bougies parfumées, récemment acquises, et laissant l'eau couler bruyamment, sortit se préparer un café. La petite salle de bain baignait dans une moiteur étouffante lorsque la jeune femme y pénétra quelques minutes plus tard. Elle retira rapidement ses vêtements et commença à se glisser dans l'eau presque bouillante. La sensation de brûlure fut intense lorsque son pied s'immergea. Elle résista aux picotements et resta quelques secondes ainsi avant de s'accroupir lentement, laissant son épiderme s'habituer à la chaleur, centimètre après centimètre. Elle ne concevait pas de prendre un bain autrement que très chaud. Julie finit par s'allonger complètement. Une légère odeur d'agrumes émanait de l'eau irisée de bulles. Les sels de bains s'étaient totalement dissous. L'eau caressait sa peau et découpait son buste juste à hauteur des seins. Elle positionna sa tête sur la serviette-éponge déposée sur la faïence. La pièce était toute entière plongée dans l'obscurité. Seules les deux flammes scintillaient au pied de la baignoire et décrivaient de fines arabesques sur les murs. Julie aspira une longue rasade de café. La sensation était exquise, la boisson remplissait son corps d'une chaleur qui faisait écho à celle du bain. Les mains serrées sur le *mug* blanc, elle ferma les yeux et laissa ses pensées s'envoler.

Wolfgang apparut dans son esprit. Comme s'il lui jouait un vilain tour. Cette vieille histoire resurgissait bizarrement à cet instant précis, comme pour empêcher Thierry de s'emparer d'elle. Trois ans plus tôt, alors qu'elle était en poste à Strasbourg, elle avait rencontré ce quadragénaire allemand. Fonctionnaire, il travaillait au parlement de l'Union Européenne comme traducteur trilingue. Ils avaient fait connaissance lors d'un colloque organisé sur le thème de la coopération policière transfrontalière. Julie avait été désignée pour faire partie de la délégation envoyée par la gendarmerie française. De son côté, il était chargé du travail de traduction. Le hasard les avait placés presque l'un en face de l'autre dans le vaste amphithéâtre accueillant les conférences. Julie, la première, avait remarqué cet homme qui, un casque sur les oreilles, traduisait en simultané les interventions. Dissimulé derrière la vitre de sa cabine de traduction, Wolfgang avait à plusieurs reprises croisé son regard.

Profitant des quelques minutes de répit offertes par la projection d'un film, il avait goûté au plaisir offert par cette jeune femme blonde qui ne le quittait pas des yeux. Le lendemain, le même manège s'était reproduit. Lors du buffet servi dans une immense salle, il avait profité de la proximité offerte par les files d'attentes qui se créaient devant les tables recouvertes de plats. Il était venu se glisser derrière elle.

Julie se rappelait encore l'accent légèrement heurté de cet homme. Son phrasé français était parfait. Il employait un vocabulaire riche et châtié. Julie avait été sous le charme de sa voix grave, elle semblait porter un écho. Le soir, à la fin de cette seconde et dernière journée, il avait fait en sorte de la croiser avant qu'elle ne disparaisse. Sans ambages, il lui avait demandé son numéro de téléphone.

Une semaine plus tard, à l'issue d'un dîner vraiment romantique dans un restaurant de la Petite France, ils avaient longuement déambulé dans le quartier historique de Strasbourg. Les ruelles étroites de la Grande Île leur avaient permis de prolonger la volupté du repas. Là, dans la chaleur de ce soir de juin, à l'abri des maisons à colombage, Wolfgang avait fini par lui prendre la main. La jeune femme avait pensé que son cœur allait se rompre. Le contact chaud de cette peau masculine avait été électrique. Il avait un charme fou. Et même sans ces atouts, sa voix seule aurait conquis Julie.

Elle n'avait jamais brillé par le nombre de ses conquêtes masculines. Alors qu'elle affichait des attraits physiques incontestables, elle semblait pourtant faire peur aux hommes qui n'osaient pas franchir un certain niveau d'engagement avec elle. Julie restait parfois de très longues périodes sans avoir le plaisir d'être serrée dans des bras masculins. Les rares expériences amoureuses s'étaient toutes soldées par de pathétiques fiascos et aucune n'avait dépassé le cap fatidique du premier mois.

Ce soir-là, pourtant, elle se sentait bien. À sa place. La haute stature de Wolfgang irradiait un sentiment de sécurité. Au moment de se séparer, il l'avait attirée contre lui. Ses mains avaient enserré son visage. La tête de la jeune femme semblait minuscule ainsi posée dans ses larges paumes. Il s'était approché, un sourire radieux aux lèvres. Très vite, Julie avait senti le contact des longues mèches de cheveux châtains de Wolfgang qui caressaient son visage. Il arborait une coupe de cheveux assez improbable, un négligé savamment organisé en un carré de boucles indomptées. Avant même que ses lèvres ne se posent sur les siennes, Julie avait aimé le contact de la barbe. Les poils drus chatouillaient son nez. Elle avait accueilli sa bouche avec bonheur, lui rendant son baiser. Il l'avait serrée longuement contre lui.

Ils étaient devenus amants quelques jours plus tard. Après un film, il l'avait invitée chez lui. Il habitait un petit appartement situé au dernier étage d'un immeuble moderne près de la gare. La vue était splendide depuis la large baie vitrée. La cathédrale se découpait, véritable dentelle de pierres dans la nuit urbaine. Ils avaient fait l'amour dès leur arrivée dans ses lieux qu'elle ne connaissait pas. Le lit sentait la lessive. Il avait dû anticiper sa venue. Elle n'avait pas été enthousiasmée par cette première expérience. Même si elle ne s'était pas retrouvée nue avec un homme depuis des mois, même si l'excitation était à son maximum, elle n'avait pas réussi à jouir sous les caresses de Wolfgang. Elle avait alors douté d'elle-même et de son aptitude à s'inscrire dans une histoire de couple.

Leur seconde étreinte, au petit matin, avait été moins décevante. Elle l'avait abordée avec plus de décontraction, l'insouciance légère et endormie qui dominait alors son esprit lui avait permis de se laisser aller plus aisément.

Durant un mois, une semaine et trois jours, ils avaient bâti les premières pierres d'une histoire simple. Julie avait même réussi à se sentir chez elle dans l'univers dépouillé de l'appartement de Wolfgang. Pourtant, elle n'était pas aussi sincère qu'elle aurait dû. À l'invitation de l'Allemand, elle avait consenti à déposer quelques affaires de toilette dans sa salle de bain. Il lui avait fait une place sur la petite étagère murale chargé de produits cosmétiques masculins. Elle occupait artificiellement cet espace libre mais sans ressentir de plaisir particulier.

Julie passait plusieurs nuits par semaine chez son amant. Leurs soirées reflétaient la banalité d'un temps uniquement dédié à leurs sentiments. Des rires, des petits plats mijotés, des bouteilles de vin débouchées, des soirées passées devant des Dvd qui s'interrompaient lorsque l'ardeur de leur envie les poussait l'un contre l'autre sur le large canapé de velours gris. Pourtant, malgré le masque du bonheur qu'elle portait face à lui, elle ne ressentait aucune passion lors de leurs étreintes. Wolfgang avait beau redoubler d'efforts, il n'était pas un amant performant. Du moins, il ne parvenait pas à combler les attentes de sa partenaire. À sa décharge, Julie n'avait jamais osé dévoiler les pratiques qui la faisaient habituellement grimper au septième ciel. Redoutant le masque de dégoût qui accueillait le plus souvent ses aveux, incapable de franchir ce cap qu'elle redoutait, elle se contentait de caresses convenues et bien peu satisfaisantes. Pourquoi restait-elle alors ? Encore aujourd'hui, elle n'aurait su dire les raisons qui l'avaient poussé à prolonger cette aventure.

Et puis, tout s'était achevé dans une banalité affligeante. Un soir, après avoir montré des signes d'une nervosité mal contenue, Wolfgang avait annoncé que la veille au soir, il avait revu son ex-femme. Il n'avait jamais caché son divorce houleux, il n'avait pas menti non plus puisque Julie savait que cette Gisela, elle aussi, travaillait au parlement comme secrétaire. Selon lui, elle l'avait appelé pour une obscure affaire liée à la vente de leur maison. Ils s'étaient vus à la cafétéria. Ils avaient prolongé leur discussion par une promenade sur les bords du Rhin. Et ils avaient renoué avec leurs vieux démons en couchant ensemble, chez elle.

Julie trouvait là l'issue qu'elle espérait. En quelques secondes, elle avait rassemblé les rares affaires qui lui appartenaient et elle avait filé sans un regard pour ce grand corps secoué par les sanglots de la honte. Elle avait claqué la porte de l'appartement et dévalé l'escalier. Un sourire éclairait son visage, cette parenthèse était enfin close.

Julie ouvrit les yeux brutalement. L'évocation de cette scène lui avait fait l'effet d'un coup de poing. Même l'eau du bain pourtant encore chaude lui semblait maintenant inhospitalière.

— Quelle conne tu as été, ma pauvre fille ! se murmura-t-elle en s'ébrouant pour se réchauffer. C'est pas pour toi, ces mièvreries stupides !

Julie termina son café désormais froid en une seule longue rasade. Elle se leva, rinça son corps à l'aide du pommeau de douche, et sortit de la baignoire qui se vidait en produisant des borborygmes particulièrement déplaisants.

Sa somnolence l'avait conduite vers des souvenirs désagréables. Elle n'aimait pas ressasser ces périodes stériles desquelles rien n'était sorti. Aucune plus-value ! Aucun plaisir ! Rien de plus que l'âpre goût d'échec qui traînait en bouche. Relents aussi désagréables que ceux de la bile. Elle ressentait un malaise amer et toute envie de sortir l'avait abandonnée. Elle hésita longuement à annuler le dîner. Elle trouverait bien un prétexte quelconque pour se justifier. Les opportunités en la matière étaient pléthoriques. Lui faire le coup de la migraine ?

La main sur le téléphone, elle se ravisa. Indécise, minée par le doute. Quel intérêt avait-elle à s'emmurer ainsi dans un monde peuplé de ses seuls démons ? Elle devait garder les pieds sur terre. Ce soir, comme dans toute partie de poker menteur, les enjeux existaient mais ils étaient limités à ce qu'elle accepterait de parier. Très prosaïquement, l'homme qui lui avait demandé de venir dîner était son supérieur hiérarchique, pas un quidam lambda. Il agissait ainsi afin de créer, au sein de l'équipe qu'il commandait, les conditions d'une bonne coopération. Elle avait tout intérêt à bien s'entendre avec lui. Être appréciée serait une belle carte d'atout dans sa manche. Cela pourrait toujours servir ! La brigade de gendarmerie était une société à part entière. Les grandes passions qui régissaient le monde existaient aussi dans ce microcosme professionnel. L'amitié et les rancœurs, les sentiments les plus purs comme les plus abjects, les ressentiments et les jalousies. Pourquoi risquer une fausse note dans la symphonie bien huilée qu'elle déroulait depuis son arrivée à Guénange ? Thierry Massilon jouait son rôle, et rien que son rôle, en la conviant à dîner. Elle ne devait pas imaginer autre chose. Le cœur ou le cul n'avaient pas à s'interposer dans ce type de relations.

Julie passa un ensemble de sous-vêtements coordonnés. Coquetterie toute féminine quelles que soient les circonstances ! Les noires pensées repoussées au plus profond d'elle-même, elle entreprit de façonner la silhouette requise pour la soirée qui l'attendait. Désormais, elle en était convaincue, il ne s'agirait bien que de cela : un dîner entre collègues ! De toute manière, elle n'avait pas trop d'espace à offrir.

Julie enfila un jean taille basse acheté récemment dans une boutique de marques italiennes. Un chemisier blanc compléta la tenue, apportant la touche chic, banalement classique mais décontractée qu'elle souhaitait. Elle hésita longuement devant son miroir, boutonnant et déboutonnant le dernier petit cercle de nacre brune. Trop fermé, le chemisier lui donnait un air coincé pas très harmonieux. Ouvert, le chemisier offrait une vue osée. Le large décolleté laissait deviner la courbe de sa poitrine naissante. Finalement elle opta pour le bouton ouvert mais contrecarra l'impression frivole en nouant un foulard de soie rose parme autour de son cou.

Le pinceau de vernis incolore apporta la touche finale. Julie glissa ses pieds manucurés dans d'étroits escarpins à fines brides croisées. Le rose des chaussures répondait harmonieusement au foulard de sa gorge. Elle testa son assurance en marchant quelques pas devant un miroir. Ses chevilles supportaient parfaitement la précarité offerte par les huit interminables centimètres de fins talons.

À dix-neuf heures trente-cinq, Julie appuya son index sur la sonnette. Moins de vingt secondes plus tôt, elle avait verrouillé la porte de son appartement, descendu un étage et respiré profondément avant de s'annoncer. D'agréables senteurs aromatiques emplissaient le palier. Son hôte avait visiblement entamé la préparation du dîner. La porte s'ouvrit. Thierry Massilon apparut, un sourire chaleureux éclairant son visage taillé à la serpe. Une bonne partie de son corps disparaissait derrière un long tablier blanc noué autour de la taille.

— Désolé pour l'accoutrement ! précisa-t-il d'emblée. Je suis assez maladroit et la lutte contre les taches est la grande cause de ma vie.

Julie rit. À défaut d'être spirituelle, la piètre tentative d'humour permettait au moins de briser la glace que l'intimité nouvelle pouvait dresser entre les deux collègues.

Elle lui tendit une bouteille de vin.

— Gewurztraminer, vendange tardive, 2011 !

annonça-t-elle fièrement. Température idéale ! A consommer immédiatement !

— Je vais l'ouvrir pour l'apéritif alors. Je vous en prie, entrez !

Il la précéda en direction de la cuisine. L'appartement qu'il occupait était plus spacieux que le sien. Privilège du chef ! L'agencement des pièces était sensiblement différent mais Julie retrouva vite ses repères. Un large plat à tajine trônait sur la cuisinière. Des odeurs appétissantes s'échappaient du couvercle conique.

— Tajine de poulet, fenouil et citrons confits ! déclama Thierry en montrant du menton la cocotte maghrébine.

— Génial ! commenta Julie. Je meurs de faim.

Le lieutenant déboucha la bouteille de vin d'Alsace en un tour de main. Il fouilla dans un placard et sortit deux verres ballon. Les longs pieds de couleur verte semblaient prêts à se briser dans sa grosse main.

— Passons au salon ! intima-t-il. J'ai terminé et le plat peut mijoter tout seul.

Il lui indiqua un profond fauteuil club marron. Élégamment usé, le cuir était doux au toucher comme put le constater Julie en laissant courir la pulpe de ses doigts sur le large accoudoir.

Avant devenir trop pesantes, les quelques secondes de silence qui s'étaient installées furent rompues par Thierry.

— Je pensais que l'on pouvait peut-être passer au tutoiement ce soir. Non ? Je tutoie déjà les autres gradés supérieurs alors on pourrait passer du « vous » au « tu », enfin si ça te, pardon, vous dit, s'embrouilla-t-il, les joues immédiatement rosies.

— Avec plaisir ! Merci à toi de me le proposer ! rit-elle en lui tendant son verre. Trinquons alors ! Au tu et à toi !

La soirée fut agréable. Après avoir partagé deux verres de vin d'Alsace en picorant les fines tranches de légumes croquants nappées de sauce cocktail, ils avaient rejoint la table. Thierry avait ouvert une bouteille de vin algérien. Le côté âpre du breuvage était adouci par le maelström de parfums émanant des assiettes. Le tajine était succulent. La mâche du fenouil répondait au moelleux de la viande cuite à cœur. L'acidité du citron était adoucie par la touche sucrée des raisins de Corinthe gorgés de jus de cuisson. Les épices parfumaient l'ensemble de saveurs orientales piquantes mais suaves. Il l'épatait ! Julie aurait été bien incapable de telles prouesses, elle pour qui déjeuner et dîner se résumaient le plus souvent en un bol de nouilles asiatiques lyophilisées et de fruits frais.

La conversation n'aborda jamais les contingences professionnelles de la brigade. Les deux convives n'avaient aucune envie de laisser la discussion sombrer dans le commérage traditionnel des repas entre collègues. Bien au contraire, la soirée tourna exclusivement autour de sujets personnels. Thierry dévoila avec pudeur les ratés de sa vie privée, les joies trop rares offertes par sa fille Émeline et les désillusions amoureuses qui avaient été les siennes depuis son divorce.

De son côté, Julie fut plus évasive, se contentant d'esquisser d'une phrase le souvenir de sa passade strasbourgeoise. Elle fut plus à l'écoute que franchement prolixe. Elle n'aimait pas se livrer et protégeait son intimité par une vraie capacité à relancer la discussion de son partenaire. Esquive parfaite.

Rassasiés, ils finirent la soirée, affalés sur le profond canapé qui occupait le milieu du salon. Il inséra un Cd dans la chaîne Hi-fi qui trônait sur une commode. Le doigté délicat d'un prélude de Chopin retentit en fond sonore. Avant de se rasseoir, Thierry récupéra une étroite bouteille et fit découvrir à Julie la force enchanteresse d'une liqueur bretonne, souvenir d'une mutation déjà ancienne. La vieille eau-de-vie de cidre de Bretagne fit son effet, entretenant l'agréable langueur qui consumait le corps repu de Julie. L'ambiance créée par Thierry était agréable. Rien n'était comminatoire dans la proximité qui était désormais la leur. Au contraire, leur solitude respective semblait s'accorder pour mieux magnifier les instants partagés en bonne compagnie.

Ils étaient assis à chaque bout du canapé. Thierry avait déposé son bras droit sur le sommet des coussins de l'assise. Sa main berçait langoureusement le verre à liqueur à quelques centimètres des propres doigts de Julie qui, à son habitude, jouaient avec le tissu. Elle se sentait bien. La nuque lourdement calée contre le coussin, elle ferma les yeux, goûtant une plénitude rare. Durant quelques secondes, elle imagina ce que serait sa réaction si, là, à cet instant, après cette soirée réussie, Thierry se rapprochait d'elle.

Lui de son côté, bouillait de la voir ainsi. Alanguie, désirable, presque offerte à ses fantasmes. L'homme tournait et retournait les conséquences éventuelles des envies qui lui tiraillaient le corps. Julie était divine et il avait envie d'elle. S'il n'avait écouté que son désir physique, il l'aurait serrée contre lui. Il rêvait de la sentir frémir contre lui, de placer son nez dans ses boucles blondes, de caresser ce corps qu'il devinait parfait. Il voulait l'embrasser. La chaleur de la digestion avait contraint la jeune femme à retirer le foulard qui masquait sa gorge. Thierry ne parvenait que difficilement à détourner les yeux du décolleté plongeant.

Lorsque les douze coups de minuit frappés par les cloches de l'église communale parvinrent jusqu'à eux, Julie se redressa.

Depuis quelques minutes, elle avait ramené ses jambes contre elle dans une position enfantine. Son menton reposait sur ses genoux. Ses pieds avaient délaissé ses fins escarpins et étaient enfouis sous le tissu grège d'un lourd coussin décoratif.

— Minuit ! L'heure de Cendrillon ! Je vais filer.

Le charme fut rompu à regret. La jeune femme boucla les brides de ses chaussures. Thierry ne quittait pas des yeux les doigts de Julie qui couraient le long de ses chevilles. Il avait toujours aimé les pieds féminins. Fins, évocateurs de la personnalité de leur propriétaire, de l'attention que chacune apportait à son corps. Il lui était déjà arrivé de passer quelques soirées à traîner sur internet, à la recherche de sites dédiés aux pieds des femmes. Là, il lui semblait trouver toutes les qualités de Julie dans ce qu'il apercevait. Le soin méticuleux mis à leur entretien, la rigueur apportée à la pose du vernis, l'élégance des boucles de cuir qui les laçaient. Dieu ! Elle lui faisait réellement tourner la tête et bouillir le sang !

— J'ai passé une soirée vraiment merveilleuse, avoua-t-elle. Tu es un véritable cordon bleu et un hôte sincèrement adorable. Merci encore, Thierry.

Thierry se permit de poser sa main sur l'épaule de la jeune femme en la raccompagnant. Ils échangèrent une amicale bise en se saluant sur le pas de l'appartement. Ses lèvres claquèrent sur la joue de Julie. Thierry referma la porte, encore sous le charme de cette femme qui l'ensorcelait. Il n'avait pas rêvé, la joue de Julie s'était faite insistante contre la sienne lors de leur accolade.

Chapitre 6

Durlach était le quartier le plus ancien de Karlsruhe, une des plus importantes villes du Bade-Wurtemberg, *Land* situé tout au sud de l'Allemagne. Il avait longtemps été une cité à part entière avant d'être absorbé dans l'agglomération en pleine expansion avant la seconde guerre mondiale. Le cœur strictement piétonnier du centre était un véritable dédale de ruelles au charme médiéval. Les principaux joyaux architecturaux de Karlsruhe étaient implantés dans cette partie de la ville.

Le château de Karlsburg avait été édifié en pleine Renaissance. Un beau et vaste parc agrémenté de jardins floraux s'étendait à ses pieds apportant un charme campagnard apprécié des touristes et des habitants de la ville qui aimaient y flâner.

La Badener Strasse était une artère qui prenait naissance au pied de ce parc. Au numéro quarante-huit, une vieille demeure, aux murs peints d'un bleu ciel caractéristique et en partie mangés par une vigne vierge envahissante, abritait un atelier d'art prisé. L'artisan, qui avait installé dans ce lieu son atelier et un magasin ouvert au public, était renommé. Markus Wiehlache était ferronnier d'art et maître compagnon. Parmi ses titres de noblesse, il avait eu, jeune artisan, l'honneur de participer à la restauration d'une partie du patrimoine de la cité. Trente ans plus tôt, lors d'une vaste campagne d'embellissement de l'ancestral château, le privilège lui avait été donné de forger une balustrade de balcon donnant sur la cour principale. Ses fines volutes de fer forgé étaient un trésor d'application et de maîtrise des savoir-faire techniques.

Désormais, Markus ne forgeait quasiment plus, il occupait ses longues heures de présence dans l'atelier à suivre les travaux réalisés par ses trois ouvriers et les deux jeunes apprentis. Conscient que les métiers tels que le sien ne subsistaient que par la transmission de maître à élève, il s'efforçait de former ceux qui auraient la charge de lui succéder dans quelques années. Markus était un professeur sévère. Il ne tolérait pas l'approximation. Son amour du beau geste l'avait contraint à renvoyer une bonne dizaine de prétendants. Mais sa quête avait payé. Il pouvait s'enorgueillir d'avoir recruté les trois meilleurs apprentis de tout le *Land*. Appliqués, motivés, déjà talentueux, les deux hommes et la jeune femme qui s'activaient dans l'antre surchauffé par les forges rougissantes étaient l'assurance incarnée d'une relève réussie.

En ce dernier jour de février 2015, Markus n'avait cependant pas la tête à la tâche. Il ruminait ce que son plus jeune élève venait de lui annoncer. Tout juste âgé de vingt ans, Rolf possédait toutes les qualités requises pour devenir un artisan accompli. Ses gestes étaient précis. Lorsque Markus le regardait frapper le fer rougi, il retrouvait la dextérité qui avait été la sienne. Rapide, sûr, appliqué, il parvenait à donner vie à des structures raffinées. Aucune difficulté technique ne résistait à la sagacité intuitive du jeune homme.

Autant Rolf l'impressionnait un marteau à la main, autant, humainement, il le décevait. À plusieurs reprises, poussé par l'appât d'un gain facile, le jeune homme avait accepté des commandes indignes de son talent et de la maison dans laquelle il travaillait. Le vieux maître l'avait sermonné sèchement, avait rappelé que le talent ne souffrait pas la perversion mercantile ; Rolf venait, une nouvelle fois, de dévoiler sa face la plus sombre.

Une heure auparavant, à l'heure de l'embauche, l'apprenti avait demandé à lui parler en privé. Il avait déjà revêtu le lourd tablier de cuir qui le protégeait des escarbilles brûlantes. La tête baissée pour fuir le regard du maître, il frottait nerveusement ses mains caleuses l'une contre l'autre. Markus l'avait invité à le suivre dans la mezzanine qui dominait l'atelier. Là, dans ce bureau aux murs couverts d'étagères métalliques, tous les dossiers clients accumulés au fil des ans étaient archivés. Quelques photographies en noir et blanc représentaient les plus belles pièces sorties des forges de Markus. Le propriétaire de ce temple artisanal avait laissé le jeune homme expliquer les raisons de sa gêne évidente.

Rolf avait sorti de la poche arrière de son pantalon une page de journal pliée. Lentement, il avait rendu au papier son format original avant de le déposer sur la table. Sans un mot, il avait pointé de son doigt noirci par le travail du fer chaud, une photo en noir et blanc. Le maître artisan avait chaussé la paire de lunettes qui trônait en permanence sur son front. Il avait soufflé en se penchant à son tour, il détestait se servir de ces verres correcteurs qui lui rappelaient l'usure du temps. La page était écrite en français. Le vieil homme remarqua le nom du journal inscrit en caractères gras. Il le reconnut aisément. Celui d'un quotidien renommé de l'autre côté de la frontière, souvent cité et repris par les médias allemands. Markus possédait de vagues notions de français, héritage du tour de France qu'il avait réalisé à l'époque de son apprentissage. Onze mois durant, Markus, ses dix-huit bougies à peine soufflées, avait sillonné l'hexagone, se déplaçant d'un atelier à l'autre pour se gorger des leçons que les maîtres les plus réputés distillaient à ces jeunes compagnons avides d'apprendre.

Forçant sa mémoire, il parvint à déchiffrer le fond de l'article. Visiblement, un tueur sévissait en Alsace et en Lorraine et l'objet représenté en photographie avait été employé lors de cette macabre besogne. Il examina le cliché. Une femme en uniforme présentait un fer à marquer le bétail. Le traditionnel symbole stylisé représentant les armes du propriétaire du cheptel était remplacé par une base plus imposante. Six lettres étaient grossièrement forgées. Aucune volute ne venait magnifier le travail. Les lettres étaient de simples majuscules d'imprimerie hautes de cinq à six centimètres selon les estimations rapides de Markus. Chaque signe se distinguait clairement. Un travail soigné mais sans aucun intérêt, purement industriel. Une tâche qu'il aurait pu confier à un jeune apprenti en fin de première année. Éberlué, il regarda Rolf.

Le jeune homme expliqua rapidement :

— *Das habe ich selbst gemacht! Vor drei Jahren!*

Rolf lui avouait être le réalisateur de cet outil. Trois ans plus tôt, le jeune homme venait tout juste d'intégrer l'atelier du maître. Markus se souvenait des premiers mois de cohabitation. Rolf était incontestablement doué, il avait réussi, sans effort, les premières années de son apprentissage. Un des professeurs du lycée technique, une veille connaissance de Markus, avait demandé au maître de prendre à l'essai cet adolescent impétueux mais talentueux. À l'instar de tous les apprentis, Rolf était logé par Markus dans les combles aménagés de la grande demeure. Ce dernier avait rapidement décelé le talent manuel du jeune homme et constaté, avec un certain dépit, les affres d'une vie bien peu compatible avec les exigences du métier. Rolf sortait énormément, il brûlait la chandelle par les deux bouts, dépensant sans compter son modeste salaire hebdomadaire, en quelques heures.

Pour faire face à ses dettes, il acceptait de petits travaux. Rémunérés de la main à la main, ces extras lui permettaient, les bonnes semaines, de doubler son revenu. Markus avait mis fin à ces heures supplémentaires illégales dès qu'il en avait eu vent. La discussion avait été houleuse mais l'élève avait été maté. Sommé de choisir : l'artisanat d'art et ses exigences ou le besogneux et inintéressant travail industriel.

Les errements passés rattrapaient soudain Rolf.

Il regardait la photographie du journal sans pouvoir détacher les yeux de l'objet. Hagard, il réalisait les conséquences de ses actes. Il avait forgé un objet qui avait servi à torturer des gens ! Il avait contribué aux ignominies décrites par le journaliste. Un profond sentiment d'écœurement le submergeait depuis plusieurs jours.

Lors d'une escapade en Alsace avec sa petite amie, il était tombé par hasard sur ce journal vieux de quelques jours. Le propriétaire du gîte rural, où ils logeaient, avait déposé dans chaque chambre quelques magazines et journaux, histoire d'agrémenter à bas coût le séjour de ses hôtes. Un matin en attendant que son amie se prépare, le jeune homme feuilletait machinalement les pages écornées. Il était tombé en arrêt devant cet article.

En bouclant son sac quelques minutes plus tard, il y avait glissé la page arrachée.

Depuis l'annonce de Rolf une heure plus tôt, Markus était passé par tous les états de nervosité. Il avait commencé par déverser sa colère, accablant furieusement le jeune homme et son idiotie patente. Markus était réputé autant pour la minutie de ses créations que pour l'ampleur déferlante de ses foucades. Son vocabulaire châtié en temps normal se colorait alors d'un lexique à la grossièreté surprenante. Le fiel déversé, il s'était ensuite muré dans sa déception. Il avait fixé avec condescendance l'apprenti sadisé par la bordée d'injures. Le jeune homme avait été sommé d'un geste de quitter la mezzanine. Petit garçon pris en faute, il avait presque couru pour fuir l'environnement pesant de la pièce bien trop exiguë pour contenir la colère déversée. Puis le bon sens avait repris le dessus. Markus Wiehlache était un artisan honorablement connu dans toute la cité, il n'avait pas à pâtir des bêtises d'un jeune homme écervelé. Il s'était laissé lourdement tombé sur le fauteuil à roulettes et avait tourné hargneusement les fiches cartonnées de son antique répertoire téléphonique. Quelques secondes plus tard, la voix haute perchée de l'inspecteur de police Wolfram Becker répondait. Les deux hommes chantaient dans la même chorale depuis au moins trois décennies. La bonne entente réciproque, née au pupitre, avait peu à peu donné lieu à une amitié solide. Wolfram était le parrain de la dernière fille du ferronnier. Markus exposa succinctement l'affaire qui le préoccupait. Le policier prit bonne note. Il promit de téléphoner dès qu'il en saurait plus.

En attendant cet appel qui tardait, le vieil artisan tournait en rond dans son bureau, incapable de concentrer son esprit sur les nombreuses tâches administratives en suspens. Il ne cessait de fixer l'antique appareil en bakélite qui s'évertuait à ne pas sonner. Il tirait nerveusement sur sa pipe en porcelaine. L'odeur parfumée du tabac se répandait dans toute la pièce.

Finalement, Markus décida de sortir. En milieu de matinée, il aimait traverser la large rue pour aller siroter un café crème dans la *Konditorei* tenue par son amie Katrinn Wünschner. Depuis des années, il se réfugiait là, chaque matin, pour échapper quelques minutes au bruit des masses s'abattant sur le fer rougi. Les deux boutiques avaient ouvert à quelques mois d'intervalles, quarante ans plus tôt. Cette proximité avait rapidement créé des liens entre les deux propriétaires. Markus scellait souvent ses affaires les plus importantes dans l'espace accueillant du salon de thé. Il était un client assidu et fidèle. De son côté, Katrinn avait fait appel à son ami lorsqu'une vingtaine d'années auparavant, elle avait rénové son établissement. Toutes les tables et chaises étaient sorties de l'atelier de Markus. Une magnifique enseigne en fer était également fixée au-dessus de la porte d'entrée. Elle représentait une scène gourmande : un gâteau trônait sur un plateau avec une théière et quelques tasses. La finesse des ciselures et du travail était exceptionnelle. Le maître ferronnier lui en avait fait cadeau à l'occasion de la réouverture de l'établissement après les travaux.

Dix ans auparavant et durant quelques mois, les deux amis avaient même franchi les limites de l'intimité. Katrinn venait de perdre son époux, terrassé en quelques semaines par un cancer foudroyant. Le couple Wiehlache avait été là, tout au long de cette douloureuse épreuve. Bien vite, l'épouse de Markus que ses responsabilités de directrice d'école primaire ne pouvaient détourner bien longtemps de ses préoccupations professionnelles, s'était faite moins présente. Markus, lui, avait continué à soutenir quotidiennement son amie. Les semaines étaient passées dans la torpeur d'un deuil aussi brutal qu'inattendu. Peu à peu, les mois avaient commencé à rendre la peine moins douloureuse. Le maître ferronnier demeurait toujours aussi présent, ne rechignant jamais à aider Katrinn dans les tâches quotidiennes, l'accompagnant dans son combat contre la solitude. Il trouvait auprès d'elle la complicité que son propre travail et les contraintes de celui de son épouse ne permettaient plus au sein de son couple. Katrinn et lui s'étaient rapprochés, leur complicité était visible. Un soir, une ligne avait été franchie. Elle était tombée dans ses bras en pleurant. Leurs lèvres s'étaient trouvées comme aimantées par une envie irrésistible. Sans qu'ils n'aient l'un comme l'autre anticipé l'instant, ils avaient roulé sur le lit. Leurs corps s'étaient unis sans un mot. Seuls les râles d'une étreinte passionnée, presque violente, avaient retenti dans l'appartement qui surplombait la *Konditorei.* L'amitié avait momentanément laissé la place à une complicité sentimentale. Ils étaient restés amants plus de quatre mois avant qu'une décision spontanée ne clôture cette relation adultérine. Durant cette période, presque tous les jours, Markus se coulait contre le corps de Katrinn. Un matin, après avoir fait l'amour dans le lit de Katrinn, ils avaient simplement mis fin à cette partie de leur vie commune.

— Merci, Markus, d'avoir été là pour moi. Sans toi, je n'aurais jamais survécu à cette période. J'avais besoin de vivre, de me sentir désirée, de me sentir tout simplement vibrer. C'était délicieux mais il faut que je tourne la page !

— Je suis ton ami, ma Katrinn. Tu étais si fragile. Je comprends, ne t'inquiète pas ! J'ai toujours su que nous arrêterions un jour ou l'autre. Tu as raison, c'est mieux de passer à autre chose. Je suis là pour toi, quoi qu'il advienne, maintenant et pour toujours.

À l'abri des foudres de son épouse, véritable cerbère qui veillait sur chacun de ses repas et sur son taux de cholestérol, Markus accompagnait souvent son café servi à l'italienne d'une pâtisserie ou d'un petit encas de charcuterie finement tranchée. Il regardait son amie mettre la touche finale à la décoration des tables, le présentoir regorgeant d'appétissantes portions de gâteaux maison. Quelques saladiers débordaient de crudités et de sandwichs de baguette française croustillante, laissaient apercevoir des tranches de salaison et de gros cornichons aigre-doux. Bientôt, scène quotidienne immuable, les premiers habitués se présenteraient pour déjeuner.

Comme à son habitude, Markus passa derrière le comptoir et se servit un second café. Katrinn s'activait frénétiquement. Elle glissa contre lui afin d'atteindre sa réserve de serviettes aux jolis imprimés *liberty.* Les fragrances fleuries de son parfum parvinrent jusqu'à

Markus, activant automatiquement la remontée de souvenirs. Il laissa son regard courir le long du corps svelte, presque maigre de cette femme de plus de soixante ans qui avait su trouver un véritable second souffle. Elle resplendissait, virevoltait d'une table à l'autre en chantonnant pour elle seule. Le deuil était bien derrière elle.

Les vibrations de son téléphone portable le tirèrent de sa rêverie. Il perdit quelques secondes à fouiller différentes poches avant de mettre la main sur le vieux téléphone à clapet.

— Markus Wiehlache !

— *Hallo Markus, hier ist Wolfram.* Je te rappelle suite à ton coup de fil. Je me suis renseigné auprès des services compétents en matière de coopération et d'entraide judiciaire. Les enquêteurs français en charge de l'affaire ont d'ores et déjà été avisés que ton gars avait reconnu l'outil. Je les ai appelés directement.

Conscient du caractère abscons de ses déclarations, Wolfram expliqua en quelques mots les arcanes de la collaboration policière. Les Français entamaient les démarches administratives et judiciaires nécessaires afin d'obtenir l'autorisation de se déplacer à Karlsruhe. Cette possibilité, favorisée par de récents accords européens, était désormais une procédure courante, expliqua l'inspecteur de police. D'ici quelques jours, peut-être même avant la fin de semaine vu l'importance des crimes commis, il serait lui-même en mesure de convoquer Rolf à l'hôtel de police. Là, compléta Wolfram, l'apprenti serait entendu par les Français en présence d'un représentant de la police allemande. Par amitié pour Markus, Wolfram s'était déjà proposé et avait été désigné comme l'interface entre les deux services de police. Il le tiendrait au courant. Markus remercia chaleureusement et laissa la conversation filer quelques minutes encore autour des dernières nouvelles familiales.

Chapitre 7

Une certaine nervosité régnait dans les bureaux occupés par les enquêteurs. Les trois officiers de police judiciaire envoyés en Allemagne étaient enfermés dans la salle de réunion avec les officiers responsables des investigations. À leur retour de Karlsruhe, ils avaient traversé, un sourire aux lèvres, le long couloir et avaient immédiatement pénétré dans le bureau du colonel Muret de la Croix-Sainte. Depuis, les collègues présents attendaient avec impatience leur sortie. Tous espéraient que cette journée du 10 mars 2015 constituerait un virage déterminant pour leur enquête. Pour la première fois depuis le premier meurtre, un lien direct et concret pouvait être établi avec la tueuse.

Dans la large pièce, six sièges étaient occupés autour d'une table de réunion rectangulaire. Le colonel commandant la section de recherches présidait la réunion et occupait à ce titre la place située en bout de table. Il écoutait avec attention le compte-rendu du lieutenant Trinquier. Cet officier était un des piliers de la section de recherches de Metz. Ses qualités professionnelles le distinguaient comme un enquêteur aux résultats exceptionnels. Peu de dossiers résistaient à sa sagacité méticuleuse. En outre, il parlait un allemand parfait, raison qui avait logiquement poussé le colonel à le désigner pour l'audition à Karlsruhe.

Depuis dix minutes, Vincent Trinquier présentait la personnalité de Rolf Schumacher. Le jeune apprenti avait été entendu durant plus de six heures. La police allemande avait requis un traducteur mais finalement, son soutien n'avait pas été nécessaire. Vincent était bilingue et il avait pu conduire l'entretien sans aucune difficulté. Ses deux collègues, par contre, avaient assisté passivement à l'audition, se contentant de transcrire sur un ordinateur portable la traduction des questions et réponses telles que restituées par le germanophone.

La carapace hostile que Rolf avait présentée dans les premières minutes de l'audition s'était rapidement fissurée avant de voler en éclats. L'inspecteur de police allemand qui assistait à la scène avait pris la parole. En quelques mots cinglants, il avait expliqué, posément mais avec une fermeté qui ne laissait que peu de place à l'ambiguïté, les difficultés qui attendaient le jeune homme s'il refusait de coopérer. Le garçon était intelligent. Il avait immédiatement changé d'attitude et montré un empressement zélé lors des heures suivantes.

Au final, Rolf Schumacher conservait un souvenir de la personne qui avait commandé le fer à marquer. Une femme ! Il était affirmatif. Les orientations portées par la capitaine Bontemps obtenaient là une confirmation précieuse. Dans un premier temps, le lieutenant Trinquier évacua cet aspect, promettant de revenir longuement sur ce point essentiel. Il souhaitait tout d'abord évoquer la question des dates.

Ne conservant aucune trace des travaux qu'il effectuait en dehors des heures de travail officielles, l'apprenti avait eu quelques difficultés à situer précisément le premier entretien. Celui au cours duquel il avait reçu la commande. La date n'avait pas pu être établie. Le jeune homme la situait sans plus de précisions au début du mois de février 2012.

Il arrivait à cette conclusion par une suite de déductions finalement assez logiques. À l'époque, il prévoyait systématiquement un délai d'un mois pour réaliser ses commandes clandestines. Il se laissait un temps suffisant puisque par définition, il devait bosser en dehors de ses heures normales et qu'il attendait que le patron soit absent de chez lui pour se mettre au travail. Il affirmait sans sourciller que la date prévue pour la remise de l'objet était le 13 mars 2012. Il avait été particulièrement prolixe quant à ce rendez-vous final durant lequel il avait remis l'objet terminé. Outre les quatre cents euros empochés en petites coupures, il avait un souvenir précis de la date. Non pas en raison de l'objet lui-même, mais parce qu'il avait dû écourter rapidement le rendez-vous. Ce jour-là, il trépignait d'impatience à l'idée de la soirée qui s'annonçait. Sa cliente avait plus de trente minutes de retard et il avait craint de devoir partir sans lui remettre le fer à marquer. Il n'aurait pas hésité à lui faire faux bond. Rolf avait prévu de rejoindre un groupe de copains dans une brasserie située sur la célèbre Marktplatz, la place principale de Karlsruhe. À vingt heures quarante-cinq précises, le coup d'envoi d'un match de football était donné. Son équipe favorite, le FC Bayern München affrontait le FC Bâle pour le huitième-finale retour de la ligue des champions. Les yeux du jeune homme s'étaient allumés d'une lueur d'excitation à l'évocation de cette rencontre gagnée sur le score enivrant de sept buts à zéro par l'équipe allemande. Il n'avait pas pu s'empêcher de citer le nom du joueur néerlandais Arjen Robben, qui ce soir-là avait inscrit deux des nombreux buts. Il avait ouvert le score après seulement dix minutes de jeu donnant le ton d'une soirée inoubliable pour le Bayern. Rolf Schumacher n'avait pu que se féliciter d'avoir expédié rapidement la jeune Française et son outil métallique. Il était arrivé à la brasserie deux minutes après le coup de sifflet d'entame et n'avait pas encore eu l'occasion de tremper les lèvres dans sa chope de bière que le Bayern menait déjà au score.

À partir de ces éléments chronologiques, les enquêteurs rassemblés autour de Trinquier avaient amendé la chronologie des faits. La tueuse avait donc acquis le fer à marquer le 13 mars et était passée à l'acte aux environs du 15 mai suivant. À peine deux mois séparaient ces deux dates. Ces échéances accréditaient la thèse d'une longue et froide préparation, minutieusement organisée et planifiée.

Vincent Trinquier avala bruyamment une rasade de café. Il évoqua ensuite la personnalité de la jeune femme impliquée dans l'achat de l'outil. Rolf Schumacher en conservait une image nette. Il l'avait rencontrée dans le magasin qui jouxtait la boutique du maître ferronnier. Ce jour-là, il était à la disposition de l'employée chargée de l'accueil des clients. De cette manière, il pouvait intervenir afin d'envisager les aspects techniques des commandes ou sollicitations.

Très vite, il avait compris que la demande émise par cette cliente ne pouvait pas être accueillie favorablement par le propriétaire. Ce dernier veillait à ne réaliser que des travaux mettant en valeur son savoir-faire. Il interdisait toute commande basique, quitte à dénoncer les accords de principe parfois donnés à son insu. En l'occurrence, cette femme souhaitait la réalisation d'un simple outil.

Rolf, à son habitude, rechignait à éconduire les clients. Tout travail méritait salaire et il se moquait bien, lui, de l'aspect artistique des travaux. Il se rappelait avoir, en murmurant dans un anglais approximatif, évoqué la possibilité de travailler officieusement. Il réaliserait le travail demandé. Il avait assuré la cliente qu'un accord était toujours possible. Lui, il était tout à fait en mesure de fabriquer l'objet. Et de son côté, elle le paierait directement, sans justificatif, de la main à la main. En contrepartie, il veillait à lui facturer un prix inférieur à ce qu'elle pourrait trouver chez un autre artisan. Un arrangement gagnant-gagnant et que le *Finanzamt* aille se faire foutre !

Face aux gendarmes, Rolf avait parlé du soulagement

de la jeune femme. Visiblement, cet arrangement lui convenait parfaitement et elle n'avait pas émis le moindre commentaire sur l'illégalité commerciale de la démarche. Par contre, Rolf confirma vite aux enquêteurs qu'à l'époque, il n'avait noté qu'un simple numéro de téléphone portable français. Aucune identité n'avait été consignée, encore moins une adresse évidemment, il n'en avait pas besoin. Ils étaient convenus que le jeune homme appellerait une fois l'objet confectionné, sous quatre semaines environ. Ce qu'il avait fait. La suite avait déjà été abordée. Un rendez-vous avait été donné à proximité de l'atelier. Il avait remis l'objet empaqueté dans du papier protecteur. Elle avait tendu la somme demandée, dans une enveloppe. Trois minutes plus tard, sans même avoir pris la peine de compter l'argent, il courait pour attraper le bus desservant le centre-ville de Karlsruhe.

À la demande des enquêteurs, Rolf avait ensuite procédé à une description de la jeune femme. D'après ses souvenirs, elle avait peu ou prou sa taille, soit un peu moins d'un mètre soixante-dix. Elle était menue. Quant aux cheveux, il optait pour une couleur claire. Il n'était pas affirmatif mais selon lui, la jeune femme devait être blonde. Lors des deux entrevues, elle portait un chapeau qui masquait sa chevelure. Elle arborait une large capeline lors du premier rendez-vous et un bonnet en laine sombre le 7 mars suivant. Des mèches dépassaient-elles des couvre-chefs ? Le jeune homme avait soupiré, visiblement incapable de répondre. Par contre, il évoquait de manière assez péremptoire des sourcils clairs, certainement châtains très clairs.

Rolf Schumacher avait accepté la proposition formulée par le policier allemand. Un agent était alors venu se joindre aux enquêteurs. À l'aide d'un programme informatique spécialisé, il avait tenté de constituer un portrait-robot en s'appuyant sur les précisions ou les remarques de Rolf Schumacher. Durant plus de deux heures, ils avaient travaillé à la figuration des souvenirs du jeune homme.

Le lieutenant Trinquier sortit d'une pochette cartonnée une reproduction du travail réalisé. Le portraitiste avait pris l'option de présenter le visage de femme coiffé d'un bonnet de laine.

Comme pour tous les portraits-robots, la première impression n'était pas enthousiasmante. Esquissée en noir et blanc, l'anatomie du visage ne reflétait aucune singularité. Malgré les efforts du jeune homme, les souvenirs s'étaient révélés parcellaires, voire imprécis. Confronté à des choix, il était demeuré vague, muet ou désemparé. Les détails les plus cruciaux avaient été gommés par les trois années écoulées et par la brièveté des échanges. Rolf n'avait pas été capable d'apporter des éléments significatifs quant à la couleur des yeux, la forme des oreilles, la présence ou non de signes particuliers : grains de beauté, cicatrices, marques de naissance ou tatouages... Aussi le résultat était-il loin d'être probant et nombre de jeunes femmes trentenaires auraient aisément pu correspondre au résultat que contemplait le colonel Muret de la Croix-Sainte.

— Je mets un bonnet sur la tête de toutes les femmes gendarmes blondes de la caserne et j'obtiens autant de coupables potentielles, résuma-t-il narquois. Autre chose, mon Lieutenant ?

— Un détail lui est revenu à la toute fin de l'audition. Là encore, pas d'emballement puisqu'il a une nouvelle fois été évasif.

— ...

— Comme je l'ai déjà évoqué, le 13 mars 2012, il avait donné rendez-vous à la cliente à quelques centaines de mètres de l'atelier de ferronnerie. Au niveau de Grötzinger

Strasse, précisa le gendarme en parcourant le procès-verbal établi. Il avait choisi ce lieu à dessein : c'est un endroit simple à trouver et il y a une petite place avec de nombreuses possibilités de stationnement. Il se souvient que la cliente, en retard, est arrivée avec une voiture assez grosse : un 4x4 Toyota, un modèle Rav 4. Il en est sûr à cent pour cent. Pas doué pour la couleur des cheveux, par contre question bagnole, il n'a aucun doute ! Il attendait déjà depuis plus de vingt-cinq minutes et il a eu tout le loisir de la voir approcher. Il a parfaitement reconnu le modèle, les barres de galeries, la roue de secours sur le coffre. Une voiture de couleur sombre mais il ne sait plus trop et il hésite : bleu anthracite ou noir. Il faisait déjà nuit lors du rendez-vous, il ne se rappelle plus. Quant à la plaque d'immatriculation ? Je vous épargne la question, mon Colonel, précisa le lieutenant Trinquier. Aucun souvenir bien évidemment !

En début de soirée, le colonel Muret de la Croix-Sainte s'entretint avec le juge d'instruction qui avait ordonné l'audition du témoin allemand. Différents enseignements furent tirés par les deux hommes. L'implication d'une femme, hypothèse soulevée par le capitaine Bontemps, se confirmait concrètement. S'il était encore trop tôt pour que ces révélations aient une implication dans le déroulement des investigations en cours, il n'en demeurait pas moins que le profil réalisé par le département des sciences comportementales et l'audition du ferronnier allemand éclairaient l'enquête d'un jour nouveau.

L'option prise d'impliquer la presse s'était révélée payante. Ils devaient reconnaître que jamais ils n'auraient réussi à remonter jusqu'à l'atelier de Badener Strasse sans l'appel à témoins. La chance leur avait souri. Le juge et le colonel de gendarmerie décidèrent pourtant de ne pas divulguer prématurément les dernières informations obtenues.

La presse évoquait unanimement de manière asexuée le tueur qui sévissait depuis 2012. Il était clair que pour tous les chroniqueurs, comme pour les enquêteurs il y avait peu de temps encore, l'hypothèse logique était l'implication d'un tueur masculin. Nul doute que la personne qui se cachait derrière les meurtres lisait les articles relatant ses passages à l'acte, se gargarisant des avancées lentes et laborieuses des investigations. L'avidité de ce type de tueur pour la notoriété expliquait souvent leurs passages à l'acte répétés. Bon nombre d'entre eux finissaient d'ailleurs par commettre un faux pas, aveuglés par leur toute-puissance supposée. La comportementaliste avait été prolixe à ce propos. L'égorgeur ne devait pas être différent et les articles le concernant étaient sans doute dévorés. Pas besoin de lui donner bêtement des indications capitales. Il était préférable de taire les évolutions récentes.

Pour une fois, Muret de la Croix-Sainte sentait qu'il avait un atout dans son jeu. Il n'avait aucune intention de le gâcher inutilement.

Partie 6
Machination

Chapitre 1

Ayala pesta à voix haute. Elle tira furieusement le frein à main de la voiture, et s'empara du sac à main déposé sur le siège passager. Où était donc cette fichue télécommande ? Avec une nervosité mal contenue, elle commença à retirer un à un les objets qui emplissaient son sac. En matière d'encombrement, celui d'Ayala dépassait toutes les caricatures. Elle ne choisissait ses sacs que parmi les modèles les plus amples et égarait, de manière récurrente, clés, stylos, tubes de mascara et ce soir, ce bidule indispensable à l'ouverture du portail. Finalement, elle finit par trouver le petit boîtier de plastique gris, dissimulé dans une poche intérieure, perdu au milieu d'un kleenex utilisé, de papiers multicolores de bonbons et d'un nombre incalculable de tickets de carte bancaire froissés. Elle put enfin actionner le portail automatique qui s'ouvrit lentement, un battant après l'autre. La Fiat beige remonta le chemin dallé qui conduisait jusqu'à la maison. La porte coulissante du garage était fermée. Ayala eut la flemme de rentrer le véhicule dans le sous-sol aménagé. Elle coupa le contact et laissa la petite voiture au milieu de la courette. Yvan s'en occuperait ! Ou pas d'ailleurs, elle s'en fichait bien après tout.

La journaliste franchit en courant la petite volée de marches qui la séparaient de la porte d'entrée principale. Malgré son empressement et en l'absence du parapluie oublié au bureau, la pluie qui tombait en giboulées depuis le début de la journée la glaça. Elle s'engouffra à l'intérieur, repoussant la porte d'un coup de talon.

Une fois à l'abri, Ayala déposa son sac sur la commode du hall d'entrée. Le téléphone mural clignotait, signalant un appel en absence. Elle verrait ça plus tard ! Pour le moment, elle avait juste envie de s'affaler sur le canapé et de siroter un verre. La journée avait été exténuante et interminable. Elle n'avait quasiment pas eu une minute à elle. Les rendez-vous s'étaient enchaînés et ce soir, elle avait eu des difficultés à rendre l'article attendu par le rédacteur en chef. Panne d'inspiration, panne d'envie, panne de motivation ! Elle était crevée et ne rêvait plus qu'aux prochaines vacances ! Ayala retira ses bottes. Elle jura en s'apercevant qu'un de ses bas était filé au niveau de la cheville. Comment avait-elle fait cet accroc ? Elle ne s'était aperçue de rien... Neufs de ce matin et déjà foutus ! Putain, mais quelle journée de merde !

Agacée par cette succession de déconvenues, Ayala passa directement à la cuisine sans prendre la peine de retirer son blouson. Elle ouvrit le réfrigérateur américain et prit une canette de soda sans caféine, sans colorant, sans sucre, sans trop de goût non plus, d'ailleurs. Le moteur de la machine à glaçons intégrée au frigo produisit le grincement caractéristique préalable à la chute des cubes de glace au fond du verre. Ayala rejoignit le salon, récupéra en passant une bouteille de scotch et s'assit sur le vaste canapé d'angle en cuir. Elle confectionna un whisky-soda particulièrement dosé. Les deux breuvages se mélangèrent dans le tintement des glaçons. Son ordinateur portable traînait sur les coussins du sofa. Elle l'ouvrit en avalant une première gorgée. Ses yeux se plissèrent lorsque le liquide brûla ses papilles. Elle avait eu la main sacrément lourde question alcool !

Comme chaque début de soirée, elle effectua distraitement le tour d'horizon des réseaux sociaux auxquels elle participait. Boîtes aux lettres électroniques privées et professionnelles, Facebook, Twitter, site internet de son quotidien, elle parcourut rapidement les différents messages et publications. Rien d'important, la vacuité affligeante d'un monde de plus en plus désincarné ! Pourtant, scotchée à l'écran, elle resta connectée de longues minutes, commentant les publications ou courts messages de connaissances, manifestant son intérêt par une petite émoticône ou un clic rapide sur le bouton adéquat. Première à tancer la banalité de ces échanges, elle se gargarisait de ces relations électroniques sans trop de consistance. Ne faites surtout pas ce que je dis !

Son téléphone portable ne cessait de vibrer. Jean-Édouard s'ennuyait visiblement. Il lui adressait, sans attendre de réponse, de courts messages tous plus explicites les uns que les autres. Ils ne s'étaient pas vus depuis près d'une semaine. Il était en manque d'elle et la harcelait.

Elle était en train de taper une réponse lorsque la porte d'entrée s'ouvrit bruyamment.

— Putain ! Tu fais chier Yaya ! T'aurais quand même pu rentrer ta bagnole !

« Yaya » : seul son mari employait ce surnom totalement ridicule. Yvan Ben-Aliouche se débarrassa de son pardessus trempé. Ses lunettes étaient recouvertes de gouttes de pluie et l'eau ruisselait de ses cheveux. Poivre et sel, naturellement ondulés, coiffés en de longues mèches faussement anarchiques, ils étaient sa fierté masculine. Ce soir, ils collaient piteusement à son front, leur superbe annihilée par les trombes d'eau. Leur entretien absorbait une bonne partie du budget cosmétique de cet homme de cinquante ans. Autant il accueillait avec une vraie sérénité l'apparition de rides sur son visage hâlé en permanence ; autant il réagissait avec une exagération comique à la moindre perte de cheveux ou manifestation cutanée inopportune sur son cuir chevelu.

Ayala ne prit même pas la peine de se déplacer pour accueillir son mari. Elle acheva de taper son message et ne leva les yeux qu'après avoir appuyé sur la touche d'envoi. Il était en train de retirer la veste de son costume gris souris, le nœud de sa cravate était largement dénoué. Il s'approcha et déposa un baiser sur le front de sa femme.

— Ouais quand même ! Surtout quand il flotte, c'est chiant de toujours devoir passer derrière toi, Yaya ! Tu sais que la Porsche doit dormir au garage, putain, je te le dis tous les soirs !

Son haleine empestait le tabac froid. Chef de service en cancérologie au centre hospitalier régional de Metz, il était l'incarnation vivante des ambivalences du corps médical. Chantre des discours de prévention martelés à longueur de journée, il s'adonnait, à la moindre occasion, aux pratiques addictives condamnées. Il passait ainsi ses journées à soigner des malades qui, pour certains d'entre eux, s'éteignaient d'une longue maladie probablement favorisée par la cigarette. Malgré cela, il fumait, depuis des lustres, d'énormes cigares achetés une fortune chez un revendeur en lien direct avec une fabrique cubaine. L'odeur âcre du tabac froid imprégnait tous ces vêtements. Ayala refusait même de monter dans la voiture de son mari tant l'habitacle suintait de remugles écœurants. Ainsi, le rutilant mastodonte allemand n'avait jamais eu l'honneur d'accueillir l'épouse du docteur Ben-Aliouche. La seule concession d'Yvan concernait la maison. Il ne fumait jamais dans les pièces, s'exilant sous la véranda lorsque l'envie lui prenait de tirer sur un énorme *Habano Cervantes.*

— Tu m'en sers un ? demanda-t-il sèchement en indiquant du nez le verre déjà vide. Je monte me doucher, je suis trempé et frigorifié !

Il quitta la vaste pièce et Ayala l'entendit grimper quatre-à-quatre l'escalier qui conduisait aux chambres. Une douche en rentrant ? Il avait certainement hâte de gommer les traces laissées par sa maîtresse du moment.

Le froid et la pluie n'étaient que piteuses excuses ! Elle lisait en lui comme dans un livre et s'amusait des inutiles efforts qu'il déployait pour cacher des relations pourtant de notoriété publique. Quelques minutes plus tard, elle perçut les bruits étouffés mais caractéristiques d'une douche rapidement prise. Yvan redescendit lourdement les marches. Le verre demandé était déposé sur la table basse. Ayala, recroquevillée dans l'angle du canapé, pianotait frénétiquement sur le clavier de son ordinateur portable. Un mail destiné à son père. Veuf depuis quelques années, il était allé vivre en Israël, se découvrant sur le tard une passion pour ses racines religieuses. Ayala et ses quatre sœurs n'avaient pas été élevées dans le respect de la Torah. Son père n'avait jamais été pratiquant et sa mère, dévote mais lassée des sempiternelles remarques de son mari, avait finalement abandonné toute velléité en la matière. Pourtant, à soixante-dix ans passés, son père avait filé vers cette terre inconnue dès le lendemain de la mise en terre de son épouse. Depuis, il vivait dans une colonie récemment implantée en Cisjordanie. Il était devenu un pilier de la synagogue et abreuvait ses filles de réflexions spirituelles et de considérations politiques sur l'État hébreu.

— J'ai faim ! Pas toi ? T'as prévu un truc ? questionna Yvan après avoir avalé d'une traite près de la moitié de son verre.

Pour la première fois depuis qu'il était rentré, la voix d'Ayala se fit entendre.

— Tu n'as qu'à faire réchauffer les restes de lasagne. Le plat est dans le frigo ! Je finis un mail. J'arrive. Tu veux bien préparer le dîner ? Je suis exténuée...

— Ouais, comme d'habitude quoi...marmonna-t-il en franchissant la large ouverture qui desservait la cuisine. T'es chiante, franchement !

Quelques instants plus tard, elle le rejoignit. Il avait dressé la table, débouché une bouteille de vin rouge et finissait de rincer des feuilles de salade verte. Une agréable odeur émanait du four.

Ayala n'avait jamais brillé par ses talents de femme d'intérieur. L'entretien d'une maison lui pesait. Elle avait contourné son aversion profonde en recourant, très rapidement, au service d'une femme de ménage. Une bonne dizaine de candidates avaient été embauchées à l'essai sans jamais être à la hauteur de ses attentes. Finalement, elle avait trouvé la perle rare. Une femme du village voisin qui depuis près de dix ans, se révélait être le personnage indispensable au bon fonctionnement matériel du couple Ben-Aliouche. Recrutée pour les tâches ménagères d'entretien, elle avait peu à peu vu enfler la liste de ses prérogatives. Lessive, repassage, courses, et puis finalement confection des repas. Trois fois par semaine, cette dame cuisinait durant de longues heures et déposait les plats mitonnés dans le frigidaire. Ainsi, Yvan et Ayala se contentaient le plus souvent de réchauffer les préparations à leur retour tardif. Le week-end ou lors des vacances, la cuisine devenait l'antre d'Yvan qui, au fil des années, avait acquis une certaine virtuosité derrière les fourneaux.

Mariés depuis une quinzaine d'années, Ayala et Yvan n'avaient jamais réussi à avoir d'enfant. À trois reprises, les grossesses s'étaient terminées dramatiquement par des fausses-couches qui avaient nécessité de longues hospitalisations. Finalement, les sommités rencontrées grâce à Yvan avaient conseillé à la jeune femme de renoncer à la maternité. Chaque nouvelle tentative mettrait inéluctablement sa propre vie en danger. Elle s'était résignée à contre-cœur. Elle avait longtemps vécu avec le sentiment de ne pas être une vraie femme, d'avoir été trahie par son propre corps.

Depuis ce fatidique couperet, le couple masquait le vide créé par cette absence d'enfant grâce à l'argent dont il ne manquait pas. Tout n'était plus que dépenses et exubérance ! Leur vie se résumait à une accumulation permanente de biens de consommation. Les armoires débordaient de vêtements souvent portés à une seule occasion, les pièces de la maison regorgeaient de matériels Hi-fi dernier cri qui le plus souvent restaient désespérément éteints. Yvan changeait de voiture tous les deux ans, et semblait lancé dans une surenchère à chaque nouvelle acquisition. Le moindre caprice, la moindre envie étaient immédiatement exaucés. Les voyages, plusieurs fois par an, vers les destinations les plus exotiques, pimentaient leur vie à défaut de la remplir.

Peu à peu, l'amour avait laissé place à des sentiments moins exclusifs. Ils avaient, l'un comme l'autre, piétiné de nombreuses fois les clauses de fidélité de leur mariage. Yvan, le premier, avait un jour été surpris dans le lit conjugal en compagnie d'une jeune interne de quinze ans sa cadette. L'épouse, rentrée plus tôt d'un reportage à l'étranger, avait tout d'abord entendu les cris d'excitation poussés par la donzelle. Ayala avait couru vers la chambre, découvrant son mari en pleine action. Les mains collées aux hanches de sa partenaire, pilonnant son arrière-train, il s'était figé en apercevant son épouse. Ayala avait vu une peur panique passer dans le regard myope de son mari. A quatre pattes, la jeune femme surprise par l'arrêt brutal de son plaisir, avait commencé par rouspéter, continuant à remuer son bassin, avant d'ouvrir les yeux. La furie méridionale d'Ayala avait explosé. Elle avait éjecté la jeune femme de la couche, la chassant de la pièce à coups de pied. Cette traînée s'était retrouvée nue dans le jardin. L'épouse bafouée avait ensuite piqué une colère qui résonnait encore aux oreilles du mari. Lorsque, benoîtement, il avait soumis l'idée de rendre les vêtements éparpillés sur le sol à la jeune femme réfugiée dans sa voiture, Ayala lui avait asséné une gifle retentissante qui avait coupé court à la discussion. Pourtant malgré les grandes déclarations outrées, malgré l'humiliation, la menace d'une séparation était demeurée lettre morte. Ayala était restée. L'argent facile, les contingences matérielles, le confort d'une existence douce avaient permis de surmonter cette crise. Les deux époux en étaient sortis irrémédiablement changés. Lui avait juré de prendre, à l'avenir, les précautions nécessaires pour éviter la reconduction d'une scène aussi pathétique. Il avait dû supplier sa jeune maîtresse de ne pas ébruiter cet épisode peu glorieux. Il ne tenait pas à devenir la risée de tout l'hôpital. Terrorisée par le souvenir des trente kilomètres parcourus totalement nue au volant de son véhicule et par son lamentable retour au domicile parental, la jeune femme avait rompu mais promis le silence.

Depuis lors, Yvan n'avait jamais plus ramené de femmes dans la maison de Saint Julien-lès-Metz. Il avait pris ses habitudes dans un hôtel discret de Metz, devenu rapidement sa garçonnière attitrée.

Suite à cet épisode, Ayala, de son côté, avait perdu les dernières illusions naïves dans lesquelles elle se berçait aveuglément. Sa vie de couple était une longue succession de désillusions. Elle ne devait pas se leurrer, les liens qui l'unissaient encore à son époux étaient ténus, distendus et ne reposaient plus que sur une cohabitation d'habitude, matérielle et financière. Son mari gagnait bien mieux sa vie qu'elle. Elle aimait le luxe que cette aisance permettait. Pourquoi abandonner ce confort pour des considérations éthiques aussi ringardes ? À son tour, elle avait décidé de ne plus éconduire les opportunités que le hasard mettait sur sa route. Jean-Édouard était l'un des cadeaux que sa nouvelle philosophie de vie lui avait permis de s'offrir. Il était le dernier d'une longue série d'amants. Les hommes qui passaient entre ses bras apportaient une pincée de piment et de réjouissances dans une existence finalement bien morne.

Le couple Ben-Aliouche dîna tranquillement. Les sujets de conversation les plus insignifiants et consensuels ne manquaient pas. Ils étaient tous deux suffisamment affables pour transformer leur cohabitation en une agréable parenthèse au milieu de leur vie débridée. Malgré leur propension adultérine réciproque, ils continuaient à s'apprécier et jouaient, avec talent, un jeu de séduction permanente au cours duquel duperie et véritable attirance se mêlaient machiavéliquement. Ayala, hilare, faillit même s'étrangler avec une bouchée de pâtes lorsque Yvan imita à la perfection une connaissance commune au bégaiement particulièrement prononcé. La chair et le bon vin avaient toujours rendu le médecin particulièrement drôle. Un des aspects qui avait fait chavirer la jeune femme qu'elle était de longues années plus tôt, lors de leurs premières rencontres. Il brillait déjà de cet aplomb permanent et d'un sens de l'humour irrésistible. Il rayonnait dès lors qu'il avait un public en face de lui.

Ils finirent la soirée dans le salon, les dernières gouttes de la bouteille de vin rouge accompagnant leur discussion. Peu après minuit, au moment de monter se coucher, Yvan se fit pressant, entreprenant même. Depuis l'épisode de l'interne surprise en pleine levrette, le couple faisait chambre à part. Les époux ne se rejoignaient sous les mêmes draps qu'à de rares occasions. Ce soir-là, Ayala se laissa approcher. Elle avait beaucoup ri et retrouvait, avec un certain plaisir, le charme de son mari. La cinquantaine bien entamée, il continuait à plaire aux femmes, trop même ! Charmant, charmeur, les années qui passaient le bonifiaient avantageusement. Quelle injustice que la vieillesse fut si ingrate pour les femmes ! Lui, de plus de dix ans son aîné, semblait défier victorieusement le poids des ans. Ayala était terrifiée par l'idée même de vieillir. Son quarantième anniversaire, quelques mois plus tôt, avait donné lieu à une vraie déprime. Elle avait catégoriquement refusé de le fêter, rejetant toute idée de réjouissances. Depuis quelques années, elle s'adonnait à tous les régimes à la mode, courait acheter le moindre baume réputé freiner le vieillissement de la peau, fatiguait son corps par la pratique assidue d'activités physiques. Une seule limite à sa soif de jeunesse : Ayala n'avait jamais envisagé la chirurgie esthétique. Non pas par posture idéologique, elle était loin d'avoir de telles convictions, mais par simple crainte du résultat. Trop de femmes sortaient défigurées ou avec des espérances ruinées par des visages ravagés. Avide d'une jeunesse qui lui coulait entre les doigts, elle s'était rendue compte au fil des ans qu'elle ne choisissait ses amants que moins âgés qu'elle. Elle refusait pourtant de se considérer comme une *cougar*. Elle se gaussait de ces actrices américaines, ces quadra, quinqua ou sexagénaires qui tentaient de repousser les ravages du temps en s'affichant avec des compagnons de plus en plus jeunes. Elle ne pouvait franchement pas être à son tour reléguée à ce genre de subterfuges. Non ?

Yvan insistait lourdement en la serrant contre lui. Elle percevait son excitation et laissait les lèvres de son mari, courir le long de son cou. Le mâle réclamait son dû conjugal. Elle s'abandonna à lui et se laissa entraîner jusque dans la chambre qu'elle occupait habituellement. Lorsqu'ils avaient décidé de faire lit à part, elle avait exigé de conserver la chambre principale. Hors de question d'abandonner cette splendide suite, son immense lit, son cabinet de toilettes attenant et le dressing tout entier consacré à ses vêtements. Yvan avait, de son côté, aménagé à la hâte une des chambres d'amis. Il se contentait de peu et le lit bien plus étroit ne le gênait pas. Il s'endormait comme une masse et se fichait bien de l'environnement. Il l'entraîna dans la chambre qu'elle occupait.

Avant de rouler sur le matelas, emportée par la fougue de son mari, Ayala prit soin de déposer son téléphone portable sur la table de nuit. Elle ne savait plus s'en passer et profitait parfois d'un réveil nocturne pour jeter un œil à l'écran.

Il la déshabilla sans ménagement, avant d'ôter frénétiquement ses propres vêtements. Elle sourit en constatant l'effet qu'elle produisait encore sur lui. Elle était étendue sur le dos, seuls ses bas avaient résisté à l'effeuillage de son mari. Il ne changerait jamais ! Il avait toujours aimé les bas et la dentelle, la lingerie féminine en général. D'ailleurs, il ne s'était jamais montré trop original dans ses cadeaux. Les parures raffinées s'accumulaient dans les tiroirs au fil des occasions. Sans cesse plus exigeant, il avait même osé l'achat, dans des boutiques spécialisées, de tenues affriolantes parfaitement inconfortables mais visiblement enclines à produire chez lui une excitation débridée. Il exigeait parfois qu'elle porte ces costumes et s'amusait alors à pimenter leurs ébats de jeux de rôle dramatiquement pitoyables mais finalement assez cocasses. Elle ne rechignait jamais, trop heureuse de conserver ainsi son emprise sur ce coq impétueux. Cette fois-ci, il se contenta de ce qu'elle avait porté tout au long de la journée. Elle ne put s'empêcher de penser à l'accroc qui trouait son bas droit.

La langue d'Yvan parcourait son corps. Il la connaissait mieux que personne et parvenait, en quelques caresses, à la rendre folle. Aucun homme ne la faisait réagir comme lui.

Les préliminaires furent interrompus par les vibrations du smartphone d'Ayala. Le téléphone dansait littéralement sur la table de nuit, figeant toute la pièce dans un tremblement interminable. Un appel ! Il se redressa, certain qu'elle n'aurait pas l'affront de décrocher. Pourtant, libérée de l'étreinte masculine, Ayala se tortilla afin d'atteindre l'appareil qui continuait à vibrer.

Lorsqu'elle vit l'identité de l'appelante, elle se releva d'un bond. Marie ne l'appelait jamais aussi tard sans avoir une bonne raison.

— Je dois répondre ! C'est important, désolée ! Attends-moi si tu veux !

Elle jaillit du lit et se réfugia dans le cabinet de toilette, prenant soin de fermer la porte derrière elle. La dernière vision qu'elle eut de la pièce fut celle d'Yvan, les fesses sur les talons, la tête basse, contemplant son sexe dressé.

Avant d'entamer la conversation, elle entendit distinctement les jurons masculins prononcés à voix haute. Le claquement sec d'une porte, annonça brutalement et sans équivoque le départ du mari. Il devait être furieux. Il détestait la frustration et elle venait de le doucher froidement, avec une rare goujaterie et de la pire des manières.

— Ayala ? ... Allô, allô ? ... Ayala ?

— Bonsoir Marie ! Excuse-moi, oui, oui, je suis là ! Attends !

Marie Coustoullière était greffière dans un cabinet d'instruction du tribunal de Metz. Amies depuis leur passage en classes préparatoires littéraires, les deux femmes n'avaient jamais cessé de se côtoyer. Elles avaient suivi avec intérêt le déroulement respectif de leur carrière. Après avoir raté à plusieurs reprises le concours de la magistrature, Marie s'était orientée vers la profession de greffier. Une longue affectation en Île-de-France n'était pas parvenue à rompre leur amitié. Lorsque Marie avait rejoint Metz, sa ville natale, quelques années plus tôt, leur relation était repartie de plus belle.

— Je ne te dérange pas trop ? demanda timidement Marie. Je suis désolée de t'appeler si tard. Je sors d'un dîner avec des copines du tribunal. Tu dormais déjà ?

— Non ! Ne t'inquiète pas ! Tu ne me déranges jamais. Yvan vient juste de filer la queue entre les jambes, ne put s'empêcher de préciser, graveleuse, Ayala, tout en éclatant de rire.

— Oh ! Je suis désolée ! Il va me détester, c'est sûr ! s'accabla son amie.

— Tu parles ! Il ne sait pas que c'est toi qui appelles ! Et puis, ne t'en fais pas pour lui ! Cela ne l'empêchera pas de dormir.

— J'espère ! rit à son tour Marie.

Ayala sentait une certaine fièvre dans la voix de son amie. Celle-ci enchaîna, survoltée.

— Dis, ma belle ! Il faut absolument que l'on se voie demain à la première heure, un truc de fou ! Tu vas a-do-rer, crois-moi ! annonça-t-elle en laissant libre cours à son excitation.

— C'est quoi ?

Dans le passé, Ayala avait souvent été renseignée par Marie. Des procédures sensibles transitaient entre ses mains et elle ne s'embarrassait pas du secret de l'instruction à la grande joie de la journaliste. Comme beaucoup de ses confrères, Marie constituait une source d'information pour la presse et c'était elle qui, la première, avait un jour amené ce sujet dans leur conversation.

— Non, non ! Pas par téléphone, je préfère en discuter avec toi de vive voix ! J'ai quelque chose à te donner par la même occasion ! On se retrouve vers neuf heures, comme d'habitude ? proposa Marie en faisant clairement référence au salon de thé où les deux amies discutaient régulièrement autour d'un café.

La journaliste n'insista pas et confirma le rendez-vous.

Elle raccrocha rapidement, retira ses bas en prenant soin de jeter le déchiré à la corbeille et courut rejoindre sa couette.

Elle sourit en entendant les bruits étouffés qui parvenaient de la chambre occupée par Yvan, à l'autre bout du couloir. Visiblement, il cherchait le sommeil ou noyait la vexation en regardant la télévision.

Chapitre 2

L'édition du 17 mars 2015 du quotidien régional *Le Lorrain Libéré* titrait sur quatre colonnes : « Le tueur est une femme ! ». Le portrait-robot réalisé par la police allemande occupait ensuite une bonne partie de la page, reproduit en taille originale. Un sous-titre explicitait la une énigmatique : « En exclusivité, le document confidentiel qui implique formellement une jeune femme dans la série des meurtres sordides de militaires ». La journaliste Ayala Ben-Aliouche expliquait avec force détails les récents rebondissements allemands ainsi que les investigations conduites par la justice et les gendarmes français. Le rôle essentiel de l'appel à témoins passé par l'entremise du quotidien était largement mis en exergue. Enthousiasmé par les révélations, le rédacteur en chef avait tenu à marquer un grand coup. Les opportunités de se placer sur le devant de la scène étaient rares pour la presse quotidienne régionale. Il avait immédiatement émis l'idée d'un dossier de deux pages résumant, photos des victimes à l'appui, les principales informations relatives à cette affaire qui défrayait la chronique judiciaire nationale depuis plusieurs années. La veille, tout au long de la journée, une bonne partie de la rédaction du journal avait été mise à contribution sous la houlette d'une Ayala jamais aussi alerte et efficace que dans la frénésie de ces instants critiques. Un journaliste avait même effectué un aller-retour à Karlsruhe afin de recueillir quelques éléments sur l'atelier de ferronnerie où avait été forgé l'outil à marquer. Une photo représentait Rolf Schumacher, posant en tablier de cuir, devant la maison aux murs bleus.

Grâce à cette édition spéciale, les ventes du quotidien furent particulièrement élevées, loin devant les derniers tirages légendaires. Signe des temps, la fréquentation du site Internet explosa également. Le rédacteur en chef et la journaliste vedette eurent même les honneurs des principales chaînes de télévision d'information continue, pressées d'illustrer ce rebondissement par des images. À défaut d'images relayant une véritable information, ne restait plus que le jeu du journaliste interrogeant un confrère ou un de ces indéboulonnables experts. Ayala fit sensation.

L'emballement médiatique prit totalement de court les enquêteurs. La découverte de l'article fit l'effet d'une douche froide. Dès son arrivée au bureau, le colonel Muret de la Croix-Sainte fut sèchement convoqué par le juge d'instruction en charge du dossier. La réunion, à laquelle avait été conviée le procureur de la République afin d'envisager d'éventuelles poursuites, fut houleuse. La suspicion était de mise. Le nombre de personnes ayant effectivement eu entre les mains le portrait-robot était relativement réduit. L'individu responsable de la fuite était, selon toute vraisemblance, impliqué de près ou de loin dans l'enquête. Magistrats comme gendarmes ne pouvaient porter d'accusation formelle mais ils subodoraient tous que la divulgation de ce document émanait de leurs rangs. Se regardant en chien de faïence, ils retenaient du bout des lèvres leurs accusations réciproques, persuadés que l'autre administration était forcément à l'origine de ce coup journalistique.

Le procureur souscrivit aux recommandations émises par le colonel de la section de recherches. Particulièrement agacée par les retombées incontrôlées de cette affaire, la magistrate décida de diligenter une enquête interne afin d'identifier la personne incriminée. Annoncée lors d'une conférence de presse réunie en urgence en milieu d'après-midi, la décision de faire appel aux inspections générales de la gendarmerie et de la justice fut immédiatement commentée par la presse. Perçue comme la traduction d'un orgueil épidermique, les commentateurs se gaussèrent de cette réaction. Les analyses convergeaient toutes vers la même conclusion. Loin d'apurer une ambiance délétère, cette enquête risquait interne de s'empaler dans d'inextricables chausse-trappes administratives sans aboutir à la moindre révélation. C'était un présage du plus mauvais effet alors que la presse montrait à quel point l'enquête patinait malgré les quelques avancées récentes.

Devant les nombreux journalistes, le juge d'instruction Diosberger officialisa avec une mauvaise volonté patente les éléments présentés dans l'article d'Ayala Ben-Aliouche. Durant les vingt minutes de présentation, la parole ne fut jamais donnée aux représentants de la gendarmerie. Avec un véritable cynisme, le magistrat ignora ostensiblement la journaliste responsable des révélations qui demandait avec insistance le droit de poser, à son tour, quelques questions.

La découverte du portrait-robot plongea Anna dans une sidération incontrôlable. De longues minutes durant, elle eut l'impression que sa propre photographie trônait en première page du journal posé devant elle. Atterrée à l'idée d'être reconnue par les collègues qui, tout autour d'elle, commentaient à voix haute la nouvelle du jour, elle attendait l'hallali. Les battements de son cœur agitaient violemment la poitrine de la jeune femme. Persuadée que la main du bourreau allait s'abattre sur son épaule, elle attendait passivement. Seuls ses yeux, roulant en tous sens pour détecter le coup fatal, trahissaient la panique qui la paralysait. Les minutes passaient. La bouche sèche, les mains tremblantes, elle puisa enfin la force de réagir. Abandonnant son bureau, elle se réfugia chancelante dans les toilettes réservées aux femmes. Là, à l'abri des murs, elle se prostra de longues minutes, hébétée par la violence de la révélation. Ses mains mouillées d'une transpiration poisseuse rechignaient à ouvrir le journal qu'elles avaient froissé nerveusement. La voix de Laura résonnait furieusement, accentuant le malaise qui la paralysait. Son mauvais génie jurait, pestait, intimait l'ordre à cette stupide sœur de lire l'article. Elles devaient savoir de quoi il s'agissait !

Sourde à ces invectives, Ania balançait son buste d'avant en arrière. Elle ressentait une peur viscérale, incapacitante. La force nécessaire à la lecture dépassait les capacités de la jeune femme. Elle était perdue. Elle avait perdu. Ils avaient gagné. Ces enfoirés l'avaient trouvée, ce n'était plus qu'une question de minutes. Elle n'entrapercevait aucune possibilité d'échapper au piège qui s'était refermé sur elle.

Ania prit plusieurs inspirations et déplia le journal en fermant les yeux dans un réflexe enfantin. Lentement, ses paupières légèrement maquillées se soulevèrent et les traits du portrait apparurent à nouveau. Elle ne s'attarda pas et commença à lire. Au fur et à mesure des lignes parcourues, Ania sentait se dégonfler la boule oppressante qui comprimait son corps. Finalement, la journaliste elle-même reconnaissait la médiocre qualité du portrait-robot. Le travail réalisé ne serait d'aucune utilité pour les enquêteurs. Trop imprécis, trop vague, ne comportant aucun signe distinctif, il ne constituait en aucune manière une avancée déterminante. Pour cette peste d'Ayala Ben-Aliouche, l'information résidait ailleurs. La révélation du sexe du criminel était le véritable scoop. Une femme ! Déjà, la journaliste posait des questions convenues sur les motivations qui pouvaient pousser une de ses congénères à commettre une telle série de monstruosités.

Rassurée par ce qu'elle venait de lire, Ania prit enfin le temps de contempler le portrait. Le goût de bile qui empoisonnait sa bouche avait disparu, emportant avec lui cette abominable impression d'étouffement. Certains traits de son visage apparaissaient bien dans l'esquisse en noir et blanc. Mais la journaliste avait raison, il s'agissait d'un visage banal, presque tiré d'une bande dessinée, sans réelle consistance. Rassérénée, Anna consentit enfin à quitter son refuge. Livide, visiblement souffrante, elle n'eut aucun mal à obtenir la possibilité de rentrer chez elle se reposer. Son responsable la raccompagna sur quelques mètres l'encourageant à se ménager. Cette période était propice aux virus. Grippes et gastro-entérites pullulaient.

Enfermée à double tour, elle se déshabilla à la hâte, jetant ses vêtements humides de sueur dans le panier de linge sale. L'eau chaude lava ses dernières angoisses. La jeune femme resta immobile sous le pommeau de douche. Exténuée, vidée de toute substance, elle réfléchissait, passant en revue une à une les options qui s'offraient à elle.

Elle doutait désormais que la piste allemande puisse mettre les enquêteurs sur ses traces. Plus de trois années avaient passé. À l'époque, elle n'avait donné qu'un numéro de téléphone qui correspondait à une carte prépayée impossible à tracer, surtout aussi longtemps après. Les billets de banque de la rémunération avaient dû changer de mains des centaines de fois depuis lors. Le seul élément matériel était le véhicule qu'elle utilisait encore aujourd'hui, mais l'artisan avait-il pris la peine de relever la plaque d'immatriculation ? Elle en doutait. Elle gardait le souvenir d'un gamin pressé de déguerpir et qui n'avait, à aucun moment, montré le moindre intérêt pour elle. Non ! Ce garçon n'était pas un danger, elle n'avait aucune raison de se focaliser sur lui ! Le portrait bâclé prouvait que ses souvenirs étaient parcellaires.

Anna sourit. Elle s'était affolée bêtement. Les flics avaient bien abattu une carte mais elle restait la seule à tirer les ficelles du jeu macabre. Certes, les magistrats confirmaient que la piste d'un tueur féminin était l'option privilégiée depuis quelques semaines. Rien de plus concret n'apparut au fil de dépêches qui toute la journée ne cessèrent de tomber, artefacts visant uniquement à entretenir l'intérêt des lecteurs.

Emmitouflée dans un sweat-shirt, la capuche remontée sur la tête, elle déambulait à travers les pièces de son appartement. La proie acculée du début de la journée s'était transformée en un fauve qui tournait en cage, ruminant la violence d'instincts qui ne demandaient qu'à être assouvis. En sortant de la douche quelques heures plus tôt, elle avait opté pour la tenue habituelle de ses journées de claustration volontaire. Par fétichisme comme pour exorciser les dernières traces d'angoisse, elle s'était coulée dans ce costume dépareillé qui agissait invariablement comme un catalyseur. Un short court et moulant conçu originellement pour des séances de sport. Un pull de coton beige éculé par des années de port intensif mais qu'elle affectionnait par-dessus tout. Ses pieds nus étaient enfoncés dans des mini-bottes grises en peau de mouton retournée, bien loin des chaussures raffinées qu'elle portait en temps normal. Elle avait détourné en chaussons d'intérieur ces objets de mode fourrés, véritable phénomène culturel pour des générations de jeunes femmes. Le contact de la laine contre ses doigts de pieds nus valait tous les exercices de relaxation.

La tueuse était convaincue de n'avoir commis qu'une seule erreur. L'oubli du fer à marquer avait été une incroyable bévue. Impardonnable ! Elle en payait aujourd'hui le prix et ressassait sans fin son manque de rigueur. Pourtant, si les enquêteurs avaient marqué quelques points, elle conservait une avance confortable sur eux. Les lavages minutieux des cadavres, au détergent, portaient leurs fruits. Aucune trace biologique n'était exploitable. Elle en était certaine ! Aucun lien ne reliait entre eux les porcs sacrifiés et elle n'avait aucune raison de penser que les enquêteurs puissent les relier à elle. Elle demeurait bien une prédatrice en pleine possession de ses moyens. Et elle allait leur démontrer rapidement ! Cette évidence s'imposait à elle. Elle allait frapper à nouveau, elle devait rapidement reprendre l'avantage. Psychologiquement, ils l'avaient peut-être atteinte, mais concrètement, elle demeurait un cauchemar insaisissable que rien n'arrêterait.

La perspective de tuer à nouveau excitait les pulsions d'Anna. La voix de sa sœur l'incitait à agir. Elles trépignaient à l'idée de partir en chasse une nouvelle fois. Les deux femmes avaient préféré se faire discrètes après cette terrible nuit de novembre 2014 à Vigy. Les péripéties rocambolesques de cette soirée avaient durablement entamé leur confiance en elles. De longues semaines durant, Anna avait souffert de la côte brisée par le coup de pied asséné. Elle avait également dû porter une minerve pour soutenir sa nuque fragilisée par la chute. La douleur physique n'était cependant rien par rapport à l'impression de gâchis que ce dernier meurtre avait imprimée en elle. La catastrophe avait été frôlée de près. Il s'en était fallu de peu que la proie lui échappe. Pour la première fois, elle avait craint d'échouer.

Durant de longues nuits d'insomnie, le corps perclus de rancœurs, elle avait ressassé les erreurs commises et les approximations qui avaient été les siennes. Elle était certes allée au bout de son processus et avait infligé la mort ; le message avait été passé, mais à quel prix ! Durant les premiers passages à l'acte, elle avait engrangé une vraie assurance. Une forme de suffisance vis-à-vis de ses victimes était née de ses succès. Le dernier militaire l'avait ramenée à la case-départ. La proie avait ridiculisé la lionne. L'introspection qu'elle réalisa en compagnie de la voix mit en évidence les carences et les fautes commises. Elles devaient mieux se préparer et anticiper tous les aléas vraisemblables. L'improvisation et l'empressement avaient failli leur être fatal. La prochaine fois, elles appâteraient davantage la proie et s'efforceraient de mieux la connaître. Elles prendraient leur temps au lieu de passer à l'acte au bout de quelques trop courtes journées comme en novembre dernier. Elles resteraient maîtresses du jeu quoi qu'il advienne. Leur plaisir était au bout de cette préparation, tuer n'était que l'acte final de leur quête. La beauté ne devait pas être bafouée par des erreurs grossières. La chorégraphie finale ne tolérait aucun faux pas.

Tap ! Tap, tap ! Tap ! ...

Au fond de la pièce transformée en bureau, Anna était assise sur le sol, dans un coin. Le dos collé au mur peint en blanc, les talons ramenés contre ses fesses, elle aspirait lentement le café noir et brûlant, son premier repas de la journée. Entre deux gorgées, sa tête frappait doucement la cloison à intervalles réguliers.

...Tap, tap ! Tap ! Tap...

Le choc, bien atténué par la capuche et l'épaisseur de ses cheveux, résonnait en elle, martelant ses réflexions d'un rythme syncopé.

L'effroi causé par la découverte de la une du journal quelques heures plus tôt était désormais totalement digéré. Après avoir sombré, elle était parvenue à dompter ses émotions pour mieux contre-attaquer.

...Tap ! Tap ! Tap, tap ! Tap ! ...

Les premières lueurs du jour perçaient à travers le

volet, baignant la pièce d'une lumière encore chancelante mais qui finirait par irradier. Inéluctablement ! Elle sourit à l'idée de cette métaphore. Elle était cette lumière. Imperceptible à l'origine, parfois balayée par les aléas mais finalement toujours triomphante. Nullement anesthésié par les longues heures de veille, son cerveau fonctionnait froidement, mécanique implacable et dénuée de tout affect.

... Tap, tap ! Tap ! ...

Au cours de la nuit blanche, l'envie de s'amuser avait pris le dessus. Elle était la lumière qui joue avec l'ombre. Elle était le fauve qui joue avec l'antilope agonisante !

... Tap, tap ! Tap ! Tap, tap ! Tap ! Tap, tap ! ...

Les enquêteurs lancés à ses trousses passaient certainement par un tourbillon de sentiments contradictoires. La joie procurée par le portrait devait être contrebalancée et amoindrie par la perspective de l'enquête interne que la presse venait de relayer. Il fallait profiter de cet état d'esprit pour jouer avec leurs nerfs, les étriller, leur prouver que sa détermination n'était pas émoussée.

... Tap ! ...

Et puis l'autre garce !

... Tap, tap, tap, tap, tap, tap, tap, tap, tap, tap ! ....

Cette pute de journaliste !

... Tap, tap, tap, tap, tap, tap, tap, tap, tap, tap !

Incroyablement maline, cette salope ! Ania avait longuement regardé les interviews données par Ayala Ben-Aliouche tout au long de la précédente journée. Son air suffisant, faussement modeste, trahissait la haute opinion qu'elle avait d'elle-même. Elle paradait, bouffie d'orgueil et de satisfaction. Reine de la journée, sa photographie s'affichait en tête de tous les articles consacrés aux révélations. Grâce à la diffusion du portrait-robot, elle vivait son heure de gloire.

... Tap, tap, tap, tap, tap, tap, tap, tap, tap, tap !

... Tap, tap, tap, tap, tap, tap, tap, tap, tap, tap !

... Tap, tap, tap, tap, tap, tap, tap, tap, tap, tap !

Qu'elle profite, cette chienne !

Jouis bien, sale pétasse !

Elle allait morfler !

... Tap, tap, tap, tap, tap, tap, tap, tap, tap, tap !

Le portrait-robot !

La tête de cette journaliste !

À force de regarder alternativement les deux visages qui illustraient invariablement chaque publication sur internet, Anna était arrivée à la même conclusion que tous les commentateurs. Le portrait était tellement commun que n'importe quelle femme jeune, au visage légèrement émacié, pouvait correspondre. Même cette journaliste avait, d'une certaine manière, le physique de ce croquis grossier.

... Tap, tap, tap, tap, tap, tap, tap, tap, tap, tap !

La tête d'Anna bourdonnait à chaque choc contre la cloison. L'arrière de son crâne irradiait désormais d'une douleur lancinante.

... Tap, tap, tap, tap, tap, tap, tap, tap, tap, tap !

La perversion s'était imposée à elle. Exquise ! Cette Ayala Ben-Aliouche voulait jouer ? Elle appréciait le rôle de justicière qu'elle s'arrogeait ? Elle voulait jouer dans la cour des grands ? La journaliste allait trouver une adversaire bien plus coriace qu'elle n'imaginait ! Anna relevait le défi.

... TAP.........................

La tueuse se leva soudainement et se rua vers le bureau afin de consulter un annuaire en ligne.

Elle devait voir un médecin sans attendre. Les projets qui l'avaient submergés toute la nuit ne souffraient pas d'être reportés. Elle devait bénéficier d'un arrêt de travail de quelques jours. Elle avait besoin de temps pour avancer ses nouveaux pions. Ensuite, elle s'occuperait de cette femme !

— Tu vas me le payer, sale petite fouineuse ! Je vais te faire passer l'envie de m'emmerder ! Tu peux me croire ! Tu vas jouir, sale pétasse !

Chapitre 3

Anna s'affaissa dans son siège, tentant au maximum de réduire sa silhouette. L'imposante Porsche Cayenne noire franchit le portail automatique dans le grondement sourd des quatre-cents chevaux de son moteur. Le regard de l'homme au volant balaya prudemment la rue avant de s'y engager. La tueuse était certaine qu'il n'avait même pas remarqué la présence du petit véhicule utilitaire blanc loué spécialement. Elle avait abandonné l'usage de sa propre voiture pour d'évidentes questions de prudence. L'obscurité de ce début de matinée masquait encore les alentours et elle avait veillé à se garer loin de toutes sources lumineuses. Le mari d'Ayala n'avait aucune raison de suspecter quoi que ce soit.

La veille au soir, Anna avait entamé son travail de repérage. Stationnée à quelques mètres de l'accès principal, elle avait une bonne vue sur l'imposant bâtiment du journal. Le complexe de verre et d'acier abritait les bureaux administratifs, salles de rédaction et usine d'impression du quotidien régional *Le Lorrain libéré.* Elle avait guetté plusieurs heures durant l'apparition de la Fiat 500 couleur crème d'Ayala Ben-Aliouche. La petite citadine avait franchi le poste de garde peu après vingt-et-une heures. Anna avait laissé s'écouler quelques secondes avant de s'engager derrière elle. Quatre heures plus tôt, elle avait signé un contrat de location pour un véhicule passe-partout. Ayala conduisait vite et mal. Elle semblait ne tenir aucun compte des panneaux de limitation de la vitesse, dépassant allègrement les prescriptions et s'affranchissant souvent de la couleur des feux tricolores. Anna eut quelques difficultés à ne pas perdre de vue la petite voiture italienne. Le moteur du véhicule était poussif et elle était rapidement distancée dès qu'une ligne droite se présentait. Pourtant, au prix de quelques infractions, elle parvint à rester à bonne distance de la journaliste. Celle-ci prit la direction des faubourgs est de Metz. Quinze minutes après avoir débuté la filature, Anna aperçut la voiture ralentir à l'entrée de la commune de Saint Julien-lès-Metz. Très vite, Ayala quitta l'axe principal et s'engagea dans un lotissement visiblement huppé. Elle s'arrêta devant un large portail blanc. Celui-ci s'ouvrit instantanément. Quelques secondes plus tard, la Fiat 500 disparaissait, happée par l'obscurité et la fermeture des battants.

Anna effectua un rapide tour du quartier. Une dizaine de grosses bâtisses étaient disposées de part et d'autre de la rue. De jolis réverbères en fonte distillaient des halos de lumière, donnant un charme suranné au quartier. Les espaces verts communaux étaient parfaitement entretenus. Une impression cossue émanait de cet endroit. Des murs d'enceinte ou d'épaisses haies d'arbustes créaient des barrières infranchissables, dissimulant les riches demeures aux yeux indiscrets. Située à l'extrémité de l'impasse, la maison des Ben-Aliouche n'était bordée que par une seule parcelle habitée. L'autre partie de la propriété donnait directement sur un bois aménagé en parcours de santé. Anna se stationna, coiffa un bonnet et sortit du véhicule.

Un froid vif la saisit, l'obligeant à rentrer la tête dans le large col de sa parka. Dans une de ses poches, elle récupéra une paire de gants en cuir fourré. Elle passa une première fois devant le portail blanc désormais hermétiquement clôt. Un rapide coup d'œil l'informa du nom inscrit au niveau de l'interphone : « Ayala et Yvan Ben-Aliouche ». Dans le mille ! Elle savait désormais où trouver la journaliste. Elle sourit en évoquant mentalement le plaisir qu'elle allait prendre dans les prochains jours.

Elle devait se familiariser avec les lieux et les habitudes du couple. Anna s'avança dans le bois, veillant à ne pas trop s'éloigner de la propriété. Sur la rue, un mur de près de deux mètres masquait totalement l'intérieur de la parcelle. Très vite, en s'enfonçant dans le sous-bois, ce mur laissait place à un simple grillage. Prenant garde de ne pas trébucher sur une racine, Anna s'approcha, franchissant prudemment le rideau de végétation. Depuis le grillage, elle distinguait la maison. Malgré la nuit épaisse et le ciel lourd masquant la lune, elle paraissait immense, énorme bloc de béton blanc. Visiblement, la résidence du couple était le fruit d'un travail d'architecte. Les deux étages étaient surmontés d'un toit plat et des volumes différents semblaient s'imbriquer les uns dans les autres créant un aspect résolument moderne et modulaire. Par chance, le concepteur avait accordé une place déterminante à la lumière naturelle. De larges baies vitrées ouvraient la façade qu'Anna observait. Deux d'entre elles débordaient de lumière. Embusquée, la jeune femme apercevait une partie de la pièce. Visiblement, il s'agissait du salon mais Anna ne parvint pas à déceler une présence humaine.

Après vingt-cinq minutes d'observation, les pieds engourdis par le froid, elle décida de rentrer. Elle reviendrait et cette fois-ci s'attacherait à faire un tour complet de la propriété.

Anna avait décidé de dédier les deux prochaines journées à la filature exclusive de la journaliste. Les enseignements de leur dernier passage à l'acte avaient été transformés en résolutions par Anna et sa voix. Les deux sœurs avaient bien l'intention de les respecter scrupuleusement. Des règles de prudence avaient été édictées. Pas question de se précipiter et de risquer une nouvelle série de catastrophes. Une préparation sérieuse devait conjurer le sort.

Présente dès six heures du matin dans le lotissement,

la jeune femme finissait de mordre dans une pomme lorsque le portail s'était ouvert pour laisser sortir la grosse cylindrée allemande. Anna nota l'heure dans le carnet à spirale qu'elle avait emporté.

Quarante-huit minutes plus tard, à huit heures trente-neuf très précisément, le portail s'ébranla à nouveau. Ayala quittait à son tour les lieux au volant de sa petite voiture. Anna actionna le démarreur et prit la route.

La journée fut une succession infernale de déplacements dans toute l'agglomération messine.

Après un premier arrêt d'une heure au siège du journal, Ayala entama un véritable marathon. La journée fut fastidieuse à plus d'un titre pour Anna. Pas un instant, elle ne relâcha sa vigilance, même quand Ben-Aliouche pénétrait dans un bâtiment dans le cadre d'un rendez-vous. Il s'agissait de ne pas rater sa sortie. La journaliste enchaîna un entretien à l'hôtel de police de Metz et un autre dans la mairie d'un village tout proche. Vers treize heures, un déjeuner fut avalé sur le pouce dans un snack végétarien à la devanture vert pomme, proche du tribunal de Metz. Anna vit Ayala pénétrer dans le restaurant et rejoindre deux femmes dont l'une avait déposé une toge d'avocate sur le dossier d'un fauteuil. Anna profita de cette pause pour avaler quelques gâteaux et croquer des fruits secs. A quatorze heures, le café à peine avalé, Ayala s'engouffra à nouveau dans sa Fiat et prit l'autoroute en direction du nord du département. Après vingt-cinq minutes de route, sans prévenir, la petite voiture italienne quitta la voie rapide pour s'engager dans le centre-ville de Thionville. Distraite, Anna réagit tardivement. Elle feignit de ne pas entendre les longs coups de klaxon des véhicules à qui elle coupa la route pour ne pas rater l'échangeur de sortie. La journaliste traversa en trombe les quartiers proches de la rivière Moselle et s'engagea sur une large allée arborée. Immédiatement après avoir dépassé une immense esplanade, Ayala stationna son véhicule sur un emplacement réservé aux bus. Anna s'immobilisa à son tour, quelques mètres derrière elle, profitant d'une place de parking miraculeusement libre. Depuis sa position, elle vit parfaitement la journaliste s'approcher à pied de vieux bâtiments aux murs jaunes et décrépits. Sur une façade, un écriteau portait la mention gendarmerie sur un fond tricolore. La journaliste pénétra dans la cour et longea l'une des maisons qui donnaient directement sur l'avenue. Visiblement, elle avait un rendez-vous privé puisque les locaux administratifs étaient signalés à l'autre bout de la caserne. Après avoir grimpé les marches d'un court perron, la journaliste sonna. Elle se retourna à plusieurs reprises, cherchant visiblement à détecter la présence de curieux. Elle paraissait impatiente et peinait à cacher les marques d'une fébrilité excessive. La haie encore bien dénudée ne masquait pas la vue. Anna assista à l'intégralité de la scène. La porte s'ouvrit dévoilant un gendarme, le bleu ciel de son polo se détachait nettement dans l'embrasure sombre de la porte. Ayala se colla contre lui, ses lèvres s'attardèrent longuement sur celles du militaire. Les bras de l'homme se refermèrent sur le corps de la femme. Comme aimantées par un désir irrépressible, les mains masculines vinrent se poser sur les fesses moulées par la stricte jupe noire. Sans desserrer son étreinte, le couple fut happé dans l'ombre du hall d'entrée avant que la porte ne se ferme. Le visage d'Anna s'éclaira d'un large sourire. Cette femme était bien la petite salope qu'elle imaginait. Elle se moquait de toutes les règles ! Pas étonnant qu'elle soit une telle fouille merde ! Ayala entretenait une aventure adultérine avec un gendarme ! Cette relation était-elle la clé des fracassantes révélations des jours derniers ? Aucune limite ne semblait arrêter cette petite scribouillarde ! Anna était persuadée que la journaliste était prête à tout pour arriver à ses fins. Écarter les cuisses pour obtenir des informations était visiblement dans les cordes de cette garce !

Une heure-dix plus tard, la porte s'ouvrit à nouveau. La journaliste quitta en trombe la maison. Sans se retourner, elle parcourut la petite allée qui longeait le bâtiment avant de rejoindre la rue. Malgré les hauts talons de ses bottes, elle trottinait avec une certaine aisance. Une fois sur le trottoir de l'avenue, elle ralentit et rectifia sa tenue, lissant les plis de sa jupe. Ayala se retourna deux ou trois fois avant de rejoindre sa voiture. Visiblement, l'amante veillait à préserver une certaine discrétion. Pourtant quelques signes extérieurs trahissaient la teneur des minutes passées. Ses cheveux avaient perdu leur belle et stricte ordonnance, plusieurs mèches pendaient, indomptées. Ayala s'engouffra dans sa voiture. Un large sourire éclairait le visage aux joues rougies par le plaisir consommé.

Après l'excitation causée par la découverte des liens qui unissaient la journaliste à un gendarme, le reste de l'après-midi d'Anna fut un long et morne ennui. Contrairement à ce qu'avait envisagé l'observatrice, Ayala ne reprit pas immédiatement le chemin de Metz. Au contraire, après un court trajet dans le centre-ville de Thionville, elle stationna sur un emplacement proche de la zone piétonne. Son lourd sac tenu du bout des doigts, le téléphone portable vissé à l'oreille, la journaliste rejoignit à grandes enjambées l'agence thionvilloise du journal. À quelques mètres derrière elle, Anna percevait le claquement sec des talons des hautes bottes sur le pavement des rues. Les semelles rouges illuminaient la démarche de la proie. Anna usa les dernières cordes de sa patience durant les trois heures qu'Ayala passa dans les locaux.

Dix-huit heures s'annonçaient lorsque les deux voitures prirent enfin la route de Metz. La folle journée d'Ayala s'acheva par une longue halte au siège de son journal. Anna luttait contre l'épuisement, éreintée par ses ennuyeuses heures d'attentes, lorsque la journaliste rejoignit enfin son domicile.

La journée suivante fut tout autant fastidieuse. Anna s'était levée avec une lombalgie lancinante qui lui paralysait le bas des reins. Elle appréhendait par avance les longues heures à venir, inconfortablement cloîtrée dans l'étroit habitacle de la camionnette de location. La réalité fut malheureusement bien pire encore. Ayala n'arrêta pas une minute. Pas moins de six rencontres. Elle ne prit même pas la peine de déjeuner. Comble de malchance, la journée s'éternisa puisque la journaliste enchaîna sur une interminable soirée organisée dans un immeuble huppé. Il était plus de minuit lorsqu'elle pénétra enfin dans l'allée de la maison de Saint-Julien-les-Metz. Anna ne prit même pas le soin de vérifier que le portail se refermait bien et que la journaliste ne ressortait pas. Elle enclencha une vitesse et roula d'une traite jusqu'à son appartement. Là, à peine délestée de sa parka, elle se jeta sur son lit et sombra immédiatement dans un sommeil lourd. La prochaine matinée serait décisive. Elle avait besoin de repos.

Le caniche roux partit en courant, aboyant énergiquement. La vielle dame regarda avec effarement son petit compagnon s'éloigner. Les cinq mètres de sa laisse déroulante semblaient se dévider sans fin. Ses doigts, engourdis par l'arthrose et l'émotion causée par le comportement inattendu de l'animal, ne parvenaient pas à actionner le bouton poussoir permettant de freiner la course de la longe.

La jeune femme après laquelle le chien s'était élancé, se retourna. Elle s'agenouilla, flattant gentiment les flancs du quadrupède. Ce dernier sautillait de joie, visiblement enchanté de rencontrer un tel accueil. La vieille dame arrivait en claudiquant. L'embout de sa canne ripait sur le sol mouillé émettant un léger chuintement.

— Milou ! Milou ! N'embête pas cette dame, voyons !

Elle parvint enfin à hauteur de son chien. Le souffle court d'avoir accéléré sa marche, elle peinait à articuler distinctement.

— Alors Milou, il ne faut pas faire courir ta maîtresse ! répondit la jeune femme en se redressant. Le chien se trémoussait, levé sur les pattes arrière, véritable animal de cirque. Il tentait de lécher les mains gantées de sa nouvelle amie.

— Je vous prie de l'excuser, Mademoiselle ! réussit enfin à souffler la personne âgée. Quel affreux garnement tu es, Milou ! Maman n'est pas contente ! gronda-t-elle dans une colère faussement outrée.

Anna dépassait d'une tête la vieille dame. Elle s'efforçait de masquer son impatience rageuse derrière un masque de circonstance. Sous la peau de ses gants, Anna serrait les poings de rage, les phalanges blanchies par l'intensité qu'elle mettait à se contenir. Elle échangea pourtant quelques phrases avec cette vieille emmerdeuse puis laissa s'éloigner. Le duo que le cadavre ambulant formait avec le cabot Milou continuait à tirer sur la laisse, frustré de devoir quitter les caresses.

La dame se retourna pour appeler le chien tout en ramenant la longe pour initier le mouvement. Elle aperçut cette gentille fille s'éloigner dans le bois.

— Une sportive en tout cas ! murmura-t-elle pour elle-même en suivant des yeux la fine silhouette.

Les jambes gainées dans un fuseau de sport sombre, les pieds serrés dans des chaussures de course blanches et roses, Anna semblait équipée pour une longue marche. Les mains fourrées dans les poches d'une veste noire en duvet molletonnée, elle disparut dans le sous-bois. Les cheveux ramenés en une queue de cheval étaient passés par la bride d'une casquette de base-ball noire et se perdaient dans la fausse fourrure de l'épaisse capuche du blouson.

Après quelques mètres, Anna se retourna à son tour, pour s'assurer que la vieille avait bien continué sa route. Elle quitta le chemin et pénétra dans les fourrés. Très vite, la masse imposante de la maison d'Yvan et Ayala apparut. Durant quelques secondes, une main accrochée au grillage galvanisé, Anna observa le jardin de la propriété et les fenêtres. Aucun signe de vie.

Quatre heures plus tôt, le couple avait quitté les lieux. Anna s'apprêtait à passer à l'action lorsqu'elle avait été surprise par l'arrivée d'une Clio bleue. Une femme d'une cinquantaine d'années, en blouse de travail, en était sortie et avait ouvert le portillon donnant sur la rue. Les bras alourdis par des sacs de supermarché, elle avait pénétré dans la cour. Anna avait, une première fois, rejoint son poste d'observation actuel. Une femme de ménage ! Elle aurait dû penser à cette possibilité. Le peu qu'elle avait observé ne désignait pas Ayala comme une femme d'intérieur et son rythme de vie professionnel laissait bien peu de place aux contingences domestiques. Pendant près d'une heure, Anna observa la femme. Elle la voyait virevolter d'une pièce à l'autre, aspirant, nettoyant une trace sur une baie vitrée, secouant des draps depuis une fenêtre de l'étage, rejoignant un petit auvent dans le jardin afin d'étendre une lessive. Frigorifiée, Anna était retournée dans la voiture afin d'attendre le départ de l'employée de maison.

Le petit caniche avait surpris Anna lorsqu'elle s'était enfin décidée à passer à l'action. La femme de ménage avait quitté les lieux vingt minutes plus tôt.

Anna sauta pour atteindre le sommet du mur. Ses doigts gantés se refermèrent sur l'arrête saillante. Une traction des bras lui permit de se hisser et, après une rapide bascule, elle sauta à l'intérieur de la propriété. La terre meuble et humide amortit sa chute. Elle resta agenouillée une poignée de secondes, guettant le signe d'une quelconque présence. Une course rapide, penchée en avant, la rapprocha de la villa. Avant d'aborder la terrasse carrelée, elle sortit de son sac à dos une paire de sur-chaussures. Elle tapa ses semelles boueuses afin de se débarrasser d'une partie de la terre et enfila les protections de plastique bleu. Elle ne devait laisser aucune trace de son passage. Ainsi protégée, elle fit le tour extérieur de la maison, s'arrêtant à chaque fenêtre ou porte afin de tester la fermeture. Finalement, après avoir constaté que la porte principale était dotée d'un système de verrous difficiles à forcer, elle se rabattit sur une porte située à l'arrière de la maison. La femme de ménage avait utilisé cet accès lorsqu'elle était allée étendre le linge. Anna gloussa de contentement en jaugeant le système de verrouillage. Elle s'accroupit, fouilla une nouvelle fois dans son sac et sortit un cliché de radiologie médicale. Elle glissa le plastique rigide entre la porte et l'huisserie à hauteur de la clenche. Après quelques mouvements rapides, elle sentit la radio résister puis un léger cliquetis se fit entendre. Une poussée de l'épaule lui confirma l'ouverture de la porte. Avant d'entrer, elle changea une nouvelle fois de chaussettes de protection.

Une agréable odeur de cuisine régnait dans le couloir qu'elle emprunta. Anna commença à visiter le rez-de-chaussée. Les pièces étaient toutes meublées avec raffinement. Le mobilier, la décoration, les épais tapis, les équipements, tout était cossu, rutilant, sans aucun doute très cher et vraisemblablement sorti des meilleures boutiques spécialisées. Les matériaux utilisés lors de la construction de la maison trahissaient le souci du bel ouvrage. Le sol des pièces alternait entre des parquets de bois d'essences variées et des dalles de carrelage reproduisant les zébrures du marbre.

Elle termina rapidement la visite de ce niveau et grimpa à l'étage. Ce qu'elle cherchait se trouvait certainement dans la chambre à coucher. En abordant le palier, elle opta pour la droite du couloir. Trois pièces se succédaient devant elle. Une chambre visiblement reconvertie en bureau présentait un savant désordre. Un mur complet était dissimulé derrière une longue bibliothèque aux rayonnages couverts de livres de médecine. Le repaire du docteur ! La table de travail disparaissait totalement sous des dossiers ouverts, mélangés, et un large écran plat d'ordinateur émergeait du capharnaüm. Anna laissa ses doigts gantés courir le long des ouvrages rangés sur les étagères, uniquement de la littérature scientifique aux titres pas franchement accrocheurs. Elle ouvrit la porte d'un petit meuble d'angle et découvrit une cave à cigares regorgeant de longs tubes marrons aux bagues écrites en espagnol.

— Pas bon pour la santé, ça, docteur ! murmura-t-elle, mutine.

La fouille des deux autres pièces fut rapide. Elles ne recelaient aucun élément intéressant. La seule découverte fut que le couple faisait chambre à part. Des vêtements d'homme étaient pendus dans une armoire, à côté d'un lit aux draps marqués par les stigmates du sommeil. Tout laissait penser que Ben-Aliouche dormait ici. Une télévision à écran plat était posée sur une commode. Des dizaines de boîtiers de Dvd étaient empilés à même le sol. Beaucoup de films policiers américains des années cinquante et une sacrée collection de films pornographiques. Anna sourit à l'idée de ce mari esseulé trompant la solitude de ses soirées en fantasmant sur des actrices aussi inaccessibles que sa femme couchée à quelques mètres de lui. Pathétique !

— Ta femme baise n'importe où et toi, tu te branles devant la télé ! Docteur Ben-Aliouche dans « Vis ma vie de pauvre mec » ! ricana Anna.

La cambrioleuse parvint enfin dans la pièce qu'elle convoitait. Elle confirma ses constatations au premier regard. Ayala dormait ici et seule ! Anna prit le temps d'inspecter méthodiquement chaque meuble, chaque recoin. Elle voulait tout connaître de sa proie.

— Putain, ma salope ! Toi, tu te fais plaisir !

Elle pâlit de jalousie. Les rayons du dressing ployaient sous les piles de vêtements. Des cintres par dizaines engorgeaient la penderie. Les marques les plus prestigieuses étaient représentées. La plupart des vêtements étaient mis en vente à des prix inabordables pour le grand public. Anna ne put s'empêcher d'examiner avec une certaine curiosité la collection d'Ayala. Cette journaliste aimait les jolies choses, incontestablement. Les derniers tiroirs qu'elle ouvrit débordaient de lingerie et Anna découvrit même quelques tenues coquines.

Le cabinet de toilettes était un temple dédié à la féminité ! Partout des tubes de crèmes, des boîtes de maquillage, de poudre, d'onguents, des lotions, des pinceaux de toutes formes. Ayala semblait détenir la panoplie complète des produits cosmétiques de luxe. Anna découvrit enfin ce qu'elle était venue chercher : les brosses de la journaliste. Avec application, elle retira quelques cheveux emmêlés aux poils souples des peignes. Elle veilla bien que chacun des cheveux noirs possède le petit bulbe blanc signalant la racine. Elle les déposa ensuite méticuleusement dans une enveloppe de papier kraft.

Avant de refermer la porte de la chambre, elle vérifia que

rien ne trahissait son passage. Elle dévala ensuite l'escalier. L'horloge tournait. La visite de la chambre à coucher avait pris plus de temps que prévu. Il lui restait encore le sous-sol à fouiller. Là, dans un coffret dissimulé sur le sommet d'une armoire métallique, elle fit une surprenante découverte.

— Bingo !

De belles perspectives s'ouvraient à elle grâce à l'objet qu'elle subtilisa. Cinq minutes plus tard, elle claquait la porte arrière de la maison. Anna retira les sur-chaussures et prit le temps de les ranger dans la poche de son sac à dos. Elle rejoignit l'angle du mur d'enceinte et sortit de la propriété comme elle était rentrée. Le jeu de clés qu'elle avait dérobé dans le tiroir de la commode de l'entrée tintait dans la poche de sa parka. La machination était lancée. Les pièces du puzzle commençaient à s'assembler les unes aux autres.

Chapitre 4

« Joyeux anniversaire ! Joyeux anniversaire, Paul-Valéry ! Joyeux anniversaire ! »

L'assemblée, réunie autour du nouveau quadragénaire, acheva la traditionnelle rengaine en levant d'un même geste les verres remplis de vin et de soda.

Paul-Valéry prit la parole, remerciant collectivement ses invités de lui faire l'immense plaisir de l'accompagner en cette soirée particulière. Une banderole artisanale était suspendue au-dessus de la baie vitrée : « 12 avril 1970 — 12 avril 2015 : quarante ans ! » Nombre de réflexions humoristiques interrompirent le toast que l'hôte parvint néanmoins à conduire jusqu'à son terme. Depuis qu'il avait lancé les festivités dans le jardin de son pavillon, les collègues de Paul-Valéry ne cessaient de le taquiner avec son âge, insistant lourdement sur le passage de cette barrière symbolique.

Les odeurs de viandes grillées embaumaient tout l'espace délimité par la haie clairsemée de lauriers mal taillés. Paul-Valéry n'avait pas travaillé cette après-midi afin de préparer la soirée. Il avait passé une bonne partie de la demi-journée à installer les tables pliantes, à cuisiner des salades variées et à préparer les grillades. Célibataire, il était la débrouillardise incarnée et avait parfaitement géré la réception de plus de trente-huit personnes, au dernier décompte.

Pour franchir le cap de ses quatre décennies, Paul-Valéry avait invité quarante amis. Malheureusement, la veille au soir, il avait appris avec amertume qu'un couple se désistait pour un prétexte alambiqué. Dommage pour le symbole mais peu importait finalement, les personnes qui comptaient vraiment étaient là.

Une bonne quinzaine d'officiers du régiment de transmissions étaient présents avec leurs épouses. Paul-Valéry connaissait la plupart de longue date. Muté l'été dernier à Thionville, il occupait les fonctions d'adjoint auprès du chef du régiment. Il était en quelque sorte l'homme à tout faire chargé des tâches notamment administratives que personne ne souhaitait vraiment remplir. Malgré cette arrivée récente, tous les militaires présents étaient de vieilles connaissances. L'armée était leur petite famille et il avait eu, à de nombreuses reprises au cours de sa carrière, l'occasion de travailler avec certains ou de les croiser à l'occasion de missions à l'étranger.

Bien que très attaché à sa profession, Paul-Valéry ne vivait pas en vase clos. Il avait ainsi tenu à mixer la composition de ses invités. Il aimait s'implanter au cœur des villes qu'il habitait au gré des mutations. Ainsi, dès son arrivée à Thionville, il avait pris la peine de s'inscrire dans deux ou trois associations afin de pratiquer ses loisirs préférés. Quelques représentants du club local de course à pied, du groupe de danse *country* et d'une chorale avaient ainsi répondu présents à son invitation. Ils complétaient harmonieusement l'assistance.

Tout en retournant, sur le barbecue, une énième fournée de côtes de porc, il constatait avec plaisir que les groupes s'étaient assez rapidement mélangés. De grands éclats de rire ponctuaient les conversations et les bouches ne s'arrêtaient de discuter que pour ingurgiter la nourriture qu'il ne cessait d'apporter.

Paul-Valéry fendit l'assemblée avec un plateau en aluminium chargé de grillades encore fumantes. Il insistait pour que chacun se sente vraiment à son aise, comme à la maison, et n'hésite ainsi pas à se resservir.

— À la bonne franquette ! Pas de chichi entre nous ! ne cessait-il de répéter avec son large sourire bonhomme.

Heureux d'avoir vidé son plateau en un seul passage, il pénétra dans la maison en empruntant la large ouverture créée par la baie vitrée béante. Il était temps pour lui d'apporter les plateaux de fromages.

Dans la cuisine, il eut l'agréable surprise de découvrir la jolie Laura en pleine discussion avec Sophie, l'épouse de son meilleur ami. Les deux femmes papotaient joyeusement, un verre de vin rouge à la main. Il contempla quelques secondes cette scène avant de l'interrompre par son entrée.

Sophie déposa la main sur l'avant-bras de son interlocutrice.

— Allez, les amoureux, je vous laisse ! Pas de trop de bisous, hein ? Gare à vous, je reviens vous chercher !

Elle détala joviale, avant même que Laura ou Paul-Valéry n'aient le temps de rétorquer.

Ils se regardèrent et rompirent le silence par un rire partagé.

Ils s'étaient rencontrés une dizaine de jours plus tôt, réunis par hasard à l'occasion d'une manifestation culinaire que la municipalité thionvilloise organisait chaque année. Ce salon mettait à l'honneur le travail des restaurateurs locaux. Une foule de gourmets se pressait afin de déguster les réalisations élaborées spécialement par des chefs réputés et pour certains, étoilés.

En compagnie d'un couple d'amis, Paul-Valéry jouait des coudes devant l'étal d'un restaurateur connu pour sa cuisine lorraine. Il avait été bousculé et n'avait pu s'empêcher de pester en constatant que quelques gouttes du verre de vin qu'il tenait à la main avaient maculé sa chemise blanche.

Malgré le brouhaha qui régnait sous le chapiteau, il avait distinctement entendu les excuses gênées de la jeune femme responsable. En se retournant, il avait oublié sa colère. À la place de la remarque sardonique qu'il s'apprêtait à asséner, il avait souri à cette jolie brunette au visage empourpré, visiblement honteuse d'avoir été à l'origine de l'incident.

— Quelle gourde ! Je vous prie de me pardonner. C'est tout moi, ça ! Mon talon s'est pris dans le pli du tapis... Je suis vraiment désolée.

Paul-Valéry avait déployé des trésors d'amabilité afin de la rassurer. Sans vraiment réfléchir, il avait profité de l'occasion offerte pour l'inviter à partager un autre verre en sa compagnie.

— Histoire de vous faire pardonner ! s'était-il justifié avec un sourire bienveillant.

Le reste de la soirée avait été idyllique. Les taches qui souillaient toujours sa chemise avaient rapidement été oubliées et Paul-Valéry avait totalement délaissé ses amis. Il avait passé l'heure suivante à discuter avec cette jolie Laura. Ils avaient quitté la manifestation ensemble, prolongeant encore l'instant à côté de la voiture de la jeune femme. Avant de se quitter, ils avaient échangé leur numéro de téléphone et promis de se voir très vite.

Paul-Valéry avait eu de vraies difficultés à ne pas lui proposer un rendez-vous dès le lendemain. Il était sous le charme. À force de rappels à la raison pour temporiser son emballement, il avait réussi à respecter un délai de plus de vingt-quatre heures avant de l'appeler. Il ne souhaitait pas paraître sous les traits d'un avide coureur ou d'un mec vraiment en manque. La jeune femme avait paru ravie de l'entendre. Très à l'aise, ils avaient à nouveau discuté quelques minutes et avaient convenu d'un dîner le lendemain soir. Un restaurant venait d'ouvrir dans les anciennes prisons médiévales de Thionville. Le décor était, selon les premiers échos repris par Paul-Valéry, vraiment sympathique et la nourriture a priori exquise.

Au cours du repas partagé dans une petite alcôve sombre et propice aux confidences, la jeune femme avait salué le choix de son compagnon. Elle semblait aux anges et Paul-Valéry avait l'impression de ne plus toucher terre. Il flottait, emporté par cette relation incroyable qui était en train de se nouer.

Profitant de la clémence des premières soirées réellement printanières et de la température déjà agréable, le couple avait poursuivi le dîner par une promenade sur les bords de la Moselle. Peu avant minuit, en la raccompagnant à sa place de parking, Paul-Valéry avait le cœur qui battait une véritable chamade. Il avait craint d'être repoussé mais Laura avait accueilli ses lèvres. Après une certaine timidité, elle lui avait rendu son baiser passionné. Ils avaient flirté de longues minutes. La jeune femme appuyée à la portière de son véhicule, l'homme collé à elle, découvrant déjà, par de timides caresses, le corps de sa partenaire.

L'avant-veille de son quarantième anniversaire, à l'issue d'une soirée au cinéma, il l'avait invitée chez lui. Pour la première fois, une semaine jour pour jour après leur premier regard, ils avaient fait l'amour sur le canapé de Paul-Valéry et s'étaient endormis, lovés l'un contre l'autre, sur l'étroite banquette du salon.

Le matin, devant un café, leur premier ensemble, en prenant les précautions oratoires nécessaires pour ne pas sembler brusquer les choses, il lui avait proposé de participer à la soirée qu'il organisait le lendemain, vendredi soir, à l'occasion de son anniversaire. Bien entendu, elle ne devait pas se sentir obligée, les choses devaient se faire à l'allure qu'elle souhaitait.

— Avec plaisir, Paul-Valéry, au contraire, avait-elle répondu sans prendre le temps de la réflexion et en l'enlaçant affectueusement. Je suis ravie de découvrir tes amis. Ce seront un peu les miens désormais.

Paul-Valéry ne put s'empêcher de sourire à l'évocation mentale de cette histoire d'amour naissante. Laura paraissait à l'aise, heureuse d'être là. Il était sûr que ses amis appréciaient déjà la jeune femme. Elle était simple, gentille et si attentionnée. Il l'attira contre lui et les yeux dans les yeux murmura :

— Méfie-toi, Laura, je crois que je suis en train de tomber amoureux !

Elle ne répondit rien, se contentant, après avoir soutenu son regard une longue seconde, d'appuyer ses lèvres contre celles de son amant.

Ils échangèrent un long baiser, vite interrompu par le retour de Sophie.

— Ttttt les amoureux ! Arrêtez de vous bécoter ! Vos invités ont faim !

Paul-Valéry se détacha de Laura, les yeux brillants d'excitation et de plaisir.

— J'arrive, j'arrive ! Je profite juste du plus beau de mes cadeaux d'anniversaire !

Les deux femmes l'aidèrent à porter les plateaux de fromages et le pain frais tranché grossièrement.

Les derniers invités venaient de partir. Il était près de deux heures du matin. Seuls Sophie et son mari restaient en compagnie de Laura et Paul-Valéry. Les deux couples achevèrent de rentrer les dernières denrées périssables qui traînaient sur les tables. Le propriétaire ne tenait pas à attirer les chats errants ou les rongeurs. Paul-Valéry leur proposa de terminer la soirée par un café. Sophie et son époux refusèrent, la baby-sitter devait commencer à trouver le temps long. De son côté, Laura annonça qu'elle devait rentrer se coucher. Elle commençait tôt et le réveil sonnerait dans quelques trop courtes heures.

Les deux amants s'enlacèrent longuement et Laura quitta la maison en même temps que le couple. Leurs voitures étaient stationnées à proximité, ils échangèrent quelques mots avant de démarrer.

— C'est vraiment une chic fille ! annonça Sophie dès qu'elle se retrouva seule avec son mari.

Elle avait pris le volant, pas certaine que Marc soit en mesure de conduire suite au nombre de verres bus tout au long de la soirée. Marc de l'Hurbuche était le plus vieil ami de Paul-Valéry. Ils s'étaient rencontrés le premier jour de leur scolarité à Saint-Cyr. Alors âgés tous les deux de vingt ans, ils rejoignaient le creuset français des officiers de l'armée de terre. Depuis lors, leur vie était intimement mêlée et personne ne connaissait mieux que lui le nouveau quadragénaire. À Thionville, Marc était le numéro deux du régiment. À ce titre, il était le supérieur hiérarchique de Paul-Valéry. Leur amitié n'avait jamais souffert de ce positionnement. Bien au contraire, leur binôme se révélait être une des clés de la bonne organisation qui régnait dans cette unité de l'armée.

— Oui, tu as raison, ma puce. Laura est vraiment une femme bien. Il la mérite ! Il a beau faire le fanfaron, une présence féminine lui manque ! commenta le passager, les yeux dans le vague, regardant s'éloigner devant lui les feux arrière de la voiture de Laura.

— J'espère que ça va marcher entre eux, conclut Sophie en se concentrant sur la route.

Paul-Valéry sortait de la douche. Malgré l'heure déjà très avancée, il avait voulu se rafraîchir après cette longue soirée. Une serviette éponge sur le crâne, il frictionnait sans douceur ses cheveux coupés ras lorsqu'il crut entendre un bruit. Il se figea, tentant de délier la réalité des tours joués par son cerveau épuisé et légèrement aviné.

Non ! Il ne rêvait pas ! La mélodie stridente de la sonnette retentit une seconde fois.

Paul-Valéry masqua sa nudité dans une longue serviette de bain et s'approcha rapidement de la porte d'entrée. Persuadé qu'un de ses invités avait oublié quelque chose, il ouvrit largement la porte, prêt à lancer une plaisanterie moqueuse.

Laura se tenait sur le perron. Une casquette noire visée sur la tête. Elle s'était changée. Abandonnés, le pantalon blanc moulant et les escarpins à hauts talons. La jolie tenue avait laissé place à un ensemble de sport. Paul-Valéry constata ce changement mais sans vraiment l'enregistrer. Non, ce qui le marqua d'emblée était le visage de la jeune femme. Le doux sourire lancé à son départ avait disparu, transformé en un masque presque effrayant. Les lèvres pincées, les yeux écarquillés, elle semblait habitée par une présence diabolique.

— Coucou toi ! lança-t-il, tentant d'oublier l'impression déstabilisante qu'elle venait de produire sur lui. Tu as oublié quelque chose, mon cœur ?

— Je peux entrer ?

La voix de Laura avait perdu son chant cristallin. Elle semblait plus rauque, très déterminée. Une pointe de fureur perçait sans qu'il puisse se l'expliquer. Elle ne lui laissa pas le temps de répondre et fit un pas en avant. Il s'écarta pour la laisser pénétrer. Pensant qu'elle avait finalement décidé de passer la nuit avec lui, il détourna les yeux pour verrouiller la porte d'un tour de verrou. D'une certaine manière, il ne se trompait pas…

— Tout va bien, ma puce ? Un problème ? Tu sembles agacée ?

— …

— Qu'est-ce qu'il y a ? Je te manquais déjà ?

La tentative de Paul-Valéry pour détendre l'atmosphère résonnait ridiculement.

— On va dire cela ! répondit froidement la jeune femme en sortant la main de la poche de son court blouson noir.

— Tu es ...

Le militaire s'interrompit, laissant en suspens la fin de sa phrase. Il venait d'apercevoir le pistolet que son amie tenait de la main droite. Le canon était pointé sur son torse nu.

— C'est quoi, ces conneries, Laura ? Merde mais qu'est-ce que c'est que ces conneries ? réagit-il avec une virulence qui masquait difficilement le stress qui venait de l'assaillir.

— Arrête ça ! Je suis pas ta putain de puce, connard !

— ...

— Ce que je veux ??? C'est simple ! Te tuer !

— ...

— Tu vas mourir ce soir !

Malgré le tragique presque comique de cette réplique, Paul-Valéry comprit qu'elle disait vrai. Son regard ne cillait pas et exprimait une haine aveugle.

— On va dans ta chambre ! ordonna Laura. Je te préviens, tu fais le moindre geste, je te bute dans la seconde !

Paul-Valéry entreprit de rejoindre sa chambre à coucher. Instinctivement, par un réflexe conditionné, sans même qu'elle ne le demande, il avait levé les bras au-dessus de la tête. Il était déjà dans une posture de victime, signe tangible de la soumission qui allait le conduire droit en enfer.

En entrant dans la pièce, la vision du lit l'écœura. Sur ces draps colorés, vingt-quatre heures plus tôt, il avait fait l'amour à cette femme. Elle avait gloussé de plaisir, ses reins se cambrant contre lui pour mieux sentir le sexe de son amant la pénétrer. Le matin, il s'était dit qu'il devrait changer les draps froissés par leurs ébats et souillés par leurs sucs mêlés. Il n'avait pas eu le temps. Quelle foutue ironie !

Il se retourna pour lui faire face. Il percevait sa présence derrière lui.

— Je t'ai pas demandé de bouger ! Retourne-toi face au lit ! rugit-elle, rompant le flot des pensées de l'homme.

Il crut qu'elle allait profiter de cette position pour lui mettre une balle dans la nuque et il perdit toute contenance.

— Mais qu'est-ce que tu fous ? Laura ! Arrête ce jeu à la con ! Je t'en supplie !

— Ta gueule ! aboya-t-elle.

Le ton déterminé ne recelait aucune pitié. Les mots claquaient dans sa bouche, froidement. Il réprima le sanglot qui lui nouait la gorge.

D'un geste sec, elle enserra son poignet gauche dans une pince métallique. Le choc fit sursauter le quadragénaire. Elle tira sur l'objet, et la douleur vrilla l'épaule de Paul-Valéry lorsque son bras se tordit vers l'arrière, dans un angle improbable.

— Descends ton autre main ! ordonna Laura.

À peine le mouvement esquissé, il sentit une autre mâchoire de fer immobiliser son second poignet. Elle l'avait menotté. Ses avant-bras étaient meurtris par la morsure des entraves et la position fut immédiatement inconfortable. Il osa un mouvement mais celui-ci accentua encore la douleur.

Une main posée sur son épaule l'obligea à se retourner. Elle était devant lui, à quelques centimètres. Il sentait la chaleur de son haleine et les restes du parfum dont il s'était enivré moins de deux heures plus tôt. Elle se pencha en avant et ôta de sa main libre la serviette qui masquait sa nudité. Le sexe de l'homme pendait mollement, perdu au milieu de l'épaisse toison pubienne.

De sa main libre, elle sortit un long lien blanc en plastique rigide d'une poche. Elle s'agenouilla à ses pieds et Paul-Valéry suivit son mouvement des yeux.

— Ne joue pas au con ! lui intima-t-elle en le foudroyant d'un regard qui ne laissait aucune place à la moindre bienveillance.

Il ne réagit pas. L'idée de profiter de la situation pour lui asséner un coup de genou ou de tenter un geste ne lui avait même pas traversé l'esprit.

— Et j'espère que tu ne penses surtout pas que je vais te sucer !

L'éclat de rire ironique qui acheva cette phrase le glaça.

— J'ai bien un petit scénario à te proposer, renchérit-elle, mais désolée de te décevoir, il n'inclut pas franchement ton plaisir...

Elle posa l'arme à feu sur le sol et d'un geste sûr, ligota ses chevilles en serrant le bandeau. Il resta figé, raide comme une bûche, incapable de réaliser que la scène qui se jouait dans cette chambre le concernait vraiment.

Moins d'une seconde après, elle était de nouveau debout devant lui. Ce fut à cet instant précis qu'il comprit qu'il venait sans aucun doute de laisser passer une occasion unique de se rebeller. Il aurait dû tenter quelque chose alors qu'il avait encore ses jambes libres. Désormais, il était totalement à sa merci.

Elle lut dans son regard.

— Tu n'es qu'une fichue lavette ! Regarde-toi ! Tu te laisses faire comme un veau... J'ai l'impression d'être à l'abattoir en face d'un putain d'animal. T'as le regard qui pue la trouille mais t'as même pas les couilles de tenter quelque chose !

— ... je, ... je comprends pas...

— Tu comprends pas quoi ? T'es plus con que la moyenne ou quoi ?

— ... je pensais que toi et moi, ... que tu...

— Tu pensais quoi ? Tu croyais vraiment que je craquais pour toi ! Regarde-toi mon pauvre vieux ! T'as vu à quoi tu ressembles ? Mais tu t'es vu franchement ? Tu me fais gerber ! Rien que d'imaginer que tu m'as touchée, que je t'ai laissé me monter dessus, j'ai envie de vomir ! Ta queue, elle me fait juste gerber !

Elle ponctua sa diatribe par un coup violent. Le fer du pistolet vint frapper le sexe de Paul-Valéry, lui arrachant un cri de douleur. Un filet de sang apparu à l'endroit où la peau de la verge avait été coupée par l'impact.

Elle se déplaça et quitta son champ de vision. Il ressentait une profonde humiliation. Des larmes de douleur mêlée de dépit embrumaient son regard. Malgré la terreur que la scène lui inspirait, il était obnubilé par autre chose. Elle l'avait pris pour un imbécile ! Et lui n'avait rien vu ? Non seulement, il n'avait rien vu, mais en plus il avait cru à toute leur histoire ! Elle l'avait berné dès le premier jour, et lui n'avait rien décelé. Il avait même ressenti un certain orgueil à l'idée qu'une aussi belle fille puisse s'intéresser à lui, malgré son ventre déjà arrondi et les nombreux kilos qu'il avait en trop, malgré les années qui les séparaient. Il s'était senti vivant à ses côtés. Ces quelques jours avaient été la meilleure période de ses longues dernières années. Il avait vraiment espéré...

Grâce au miroir placé sur le mur en face de lui, il réussit à suivre les gestes de Laura qui s'activait dans son dos. Elle avait récupéré les deux oreillers du lit et s'efforçait de les solidariser l'un contre l'autre à l'aide d'un large ruban adhésif gris. À plusieurs reprises, il la vit placer l'arme à feu à l'intérieur de l'assemblage. Il comprit sans hésiter ce qu'elle était en train de réaliser.

À l'armée, il avait régulièrement eu l'occasion de manier des armes à feu. Cela lui avait permis d'identifier sans difficulté le type de pistolet qu'elle brandissait sous ses yeux. Un modèle automatique *Beretta* certainement du traditionnel calibre de neuf millimètres parabellum. Laura confectionnait un dispositif artisanal visant à réduire le bruit du coup de feu. Il en était certain. Les oreiliers ne masqueraient sans doute pas la détonation mais l'atténuerait suffisamment pour ne pas alerter le voisinage.

Elle revint vers lui, la main droite glissée dans les oreillers. Elle semblait avoir passé un énorme gant de boxe.

Il n'eut pas le temps de réaliser la suite des événements.

Elle leva son bras, le soutenant de sa main gauche, appuya les oreillers contre sa poitrine, du côté opposé au cœur. Un bruit sourd retentit et son corps explosa. La force de l'impact propulsa Paul-Valéry en arrière. Déséquilibré par le lit qui se trouvait à quelques centimètres derrière lui, il tomba sur le matelas. Du sang mêlé de fragments osseux et de tissus arrachés à sa poitrine maculait le mur au-dessus de la tête du lit.

Il avait cru mourir mais ce ne fut pas le cas. Ses tempes battaient et il avait l'impression que son crâne allait imploser. Malgré l'état de choc, il ressentait un mal abominable que chaque respiration rendait encore plus insupportable. Son poumon déchiré émettait un sifflement effroyable qui chuintait à partir de la plaie par laquelle la balle avait pénétré son corps. Du sang lui remplissait la gorge. Il avait peur d'étouffer et crachait des postillons rougeâtres à chaque respiration.

Malheureusement pour lui, Paul-Valéry resta encore conscient de longues minutes.

Chapitre 5

Patrick, Roger et Mohammed faisaient équipe depuis plusieurs mois. Dès les premières heures du jour, alors que le premier conduisait le camion de ramassage des ordures, les deux autres, rivés aux marchepieds, entamaient un ballet immuable. Après une courte course, les lourds bacs de plastique devaient être récupérés, poussés sur quelques mètres en évitant les trottoirs trop hauts et les véhicules stationnés anarchiquement, puis présentés à l'arrière du camion. Très vite, au cours de cette danse effrénée, les employés prenaient l'habitude d'ouvrir le couvercle des poubelles pour faciliter le vidage. Un coup d'œil rapide leur permettait également d'évaluer la nature des ordures. Grâce à un système de préhension automatique, les poubelles étaient basculées dans la benne puante qui absorbait près d'une dizaine de tonnes de déchets ménagers au cours de leur tournée quotidienne. La dernière partie de la noria était la plus facile. Délestés du poids des ordures, les bacs vides étaient poussés sans ménagement le long des trottoirs. Et un nouveau cycle débutait au prochain arrêt, quelques dizaines de mètres plus loin.

Les deux éboueurs préposés à ces tâches n'avaient guère le temps de parler durant leur longue déambulation quotidienne à travers les différents quartiers de la ville de Thionville. Ils n'échangeaient que par bribes, se contentant généralement de considérations pragmatiques, criant pour couvrir le bruit du camion et de la circulation. Avec l'arrivée prochaine du printemps, les conditions de travail évoluaient. Le froid qui paralysait les hommes durant tout l'hiver disparaissait lentement, remplacé par les premières chaleurs. Le redoux rendait plus acceptable une partie du travail. Par contre, les températures, qui n'allaient cesser d'augmenter jusqu'aux mois d'été, développaient des odeurs pestilentielles difficilement supportables. La gueule mécanique du camion refoulait des remugles abominables qui accompagnaient les hommes longtemps après la fin de leurs heures de travail.

En ce samedi matin, ils débutaient la matinée par le quartier huppé de Guentrange, vaste et calme entrelacs de ruelles étalé au pied d'une colline surplombant Thionville.

Lors de leurs premières tournées dans ces rues, parmi les plus tranquilles de la commune, les novices admiraient d'un œil envieux les propriétés qu'ils ne parviendraient jamais à habiter ; les plus expérimentés ne perdaient plus leur temps en de telles niaiseries. Inutile de rêver, leur seul univers à eux, c'était la merde des bourgeois ! Les gestes étaient précis, minimalistes pour ne pas user trop vite la force nécessaire à la journée. Ils étaient attentifs à la moindre faute. Une erreur pouvait vite se révéler dramatique entre le mouvement incessant des automobiles et celui des lourds vérins hydrauliques de la benne.

Peu avant sept heures, alors que la luminosité commençait à rayonner dans la courte allée des platanes, Mohammed mit en branle un énième container. Le couvercle n'était pas totalement refermé et en arrivant près du camion, l'éboueur le releva d'un geste automatique de la main. Arrêtant immédiatement sa course, il hurla le nom de son collègue et fit le geste convenu pour signaler au conducteur qu'il avait un problème.

Patrick suivait le travail de ses collègues grâce aux deux rétroviseurs latéraux qui équipaient sa cabine. Ils ne communiquaient que par gestes de la main. Il occupait le temps en écoutant distraitement la radio.

Dès qu'il vit la main de Mohammed effectuer de courts allers-retours au niveau de sa gorge, Patrick appliqua la procédure d'urgence. Il stoppa immédiatement le camion, coupa le contact et descendit de la cabine. L'éboueur signalait qu'il avait besoin d'aide. En s'approchant pour rejoindre Mohammed et Roger, Patrick soupira de soulagement. Ses deux collègues étaient debout, sur leurs deux jambes et visiblement aucun des deux ne souffrait d'une quelconque blessure. Il craignait toujours que l'un d'entre eux ne soit renversé par un automobiliste ou happé par la benne à ordures.

Par contre, comme eux, il se figea en apercevant le contenu de la poubelle.

La tête d'un homme dépassait de quelques centimètres du container. Patrick apercevait clairement les cheveux courts et les yeux figés. Très lentement, il s'avança. Outre la tête, tout un corps entièrement nu emplissait le bac. Patrick remarqua l'effroyable blessure qui semblait couper l'homme en deux au niveau de l'abdomen.

Mohammed avait retiré ses gants et pianotait déjà les touches de son téléphone portable pour appeler la police.

Très vite, il fut évident que le cadavre marquait un nouveau passage à l'acte du dépeceur qui défrayait la chronique. Le septième ! Les enquêteurs de la gendarmerie, déjà en charge des précédents meurtres furent alertés.

Quelques minutes après la découverte, l'allée des platanes grouilla d'un nombre incroyable de policiers et de gendarmes. La petite rue résidentielle fut totalement bouclée. Malgré l'heure matinale, les riverains s'agglutinaient aux fenêtres ou derrière les basses clôtures de leur maison. Les occasions de spectacle étaient rares et le sordide attirait toujours autant !

Le colonel Muret de la Croix-Sainte ne tarda pas à arriver. Censé passer le week-end en famille, il avait néanmoins immédiatement sauté dans son véhicule lorsqu'il avait été avisé de ce nouveau fait. Sur la route, il avait appris que le juge d'instruction Diosberger se déplaçait également.

L'officier de gendarmerie le précéda de quelques minutes sur les lieux.

Le major Menier et l'adjudante Demery achevaient de revêtir leur combinaison de protection. Une fois encore, le temps allait se figer durant leurs constatations. Conformément au protocole, ils seraient les seuls à s'approcher. Les trois éboueurs avaient d'ores et déjà été conduits dans les locaux de la gendarmerie, à quelques encablures. Leurs témoignages étaient relevés car il était essentiel de comprendre ce qu'ils avaient découvert à leur arrivée, le positionnement de la poubelle, les éventuelles présences de badauds.

Les deux techniciens en identification criminelle se dirigèrent vers la poubelle béante. Le container n'avait pas bougé depuis que le corps avait été découvert. Seul le camion de Patrick avait été stationné quelques mètres plus loin afin de libérer une partie de la route. Julie percevait distinctement les effluves nauséabonds qui émanaient de l'énorme benne roulante.

Le container en matière plastique grise occupait une partie de la chaussée. Le couvercle vert était ouvert et en s'approchant, les deux gendarmes aperçurent le crâne de l'homme. Selon les éléments transmis, ils savaient déjà qu'il s'agissait du commandant Paul-Valéry Valentin du régiment de Thionville. Le responsable de la police locale puis le commandant de compagnie de gendarmerie avaient tour à tour reconnu le visage de l'homme. Ils avaient l'habitude de côtoyer ce militaire au gré des manifestations rythmant la vie de la cité.

La tête du soldat était penchée sur le côté et appuyée sur le côté droit du container. Après avoir mitraillé de photographies les abords de la scène et le container, Julie s'approcha et commença à prendre des clichés du corps.

À travers l'objectif, Julie Demery détaillait l'affreuse

scène.

Le corps était recroquevillé, les jambes pliées dans le fond de la benne grise et les bras ballant de part et d'autre du torse. Elle distinguait parfaitement l'éviscération, les organes reposaient pour partie sur les cuisses de l'homme. Visiblement, une partie avait même glissé au fond de la poubelle. Une odeur de viande avariée et de déjections fécales régnait dans l'air.

L'étroitesse de la poubelle compliquaient particulièrement les constatations. Les deux spécialistes avaient d'emblée compris qu'il leur faudrait sortir le corps et le déposer sur le sol. Ils n'étaient pas en mesure de travailler s'ils le laissaient ainsi. La perspective de cette manœuvre ne les réjouissait pas.

Durant la prise des photographies, d'autres gendarmes s'affairaient à proximité. À la demande du major Menier, un petit chapiteau cubique de plastique blanc avait été dressé. Cette tente permettait de travailler sur certaines scènes de crime extérieures en se protégeant des conditions météorologiques défavorables ou de la vue du public. C'était cette seconde hypothèse qui avait poussé le major à exiger sa mise en place. Les curieux ne cessaient d'affluer et les flashs de la presse crépitaient déjà. Les deux techniciens déplièrent une bâche plastique sur le sol. Ils aidèrent ensuite leurs collègues à positionner la frêle structure de la pergola au-dessus de cette protection. Ainsi isolés des spectateurs et des curieux, ils poussèrent la poubelle à l'intérieur.

Sortir le corps fut nettement moins aisé que ce qu'ils imaginaient. Ils réussirent finalement à l'extraire et à le déposer sur le dos. La raideur cadavérique s'était installée et il conservait la position recroquevillée. Durant les deux heures suivantes, les deux techniciens travaillèrent, coupés du monde.

Un médecin légiste les avait rejoints. Le corps présentait les mêmes stigmates que les précédents soldats. Sexe coupé, blessure avec éviscération. Le front avait été marqué au stylo indélébile du mot : « PORC ».

Une blessure par arme à feu était présente légèrement en-dessous du téton droit. En retournant le corps, le légiste constata les dégâts causés par la sortie de la balle.

Julie, pour la première fois depuis qu'elle travaillait sur les corps attribués au dépeceur, réussit à prélever trois longs cheveux bruns. Elle les avait trouvés en ouvrant la main gauche de l'homme. Il avait dû se débattre avec son agresseur. Il s'agissait là d'une découverte essentielle et les cheveux semblaient dans un état permettant leur analyse génétique.

Durant son travail d'examen du corps, l'attention du médecin-légiste se focalisa sur la bouche du défunt.

— Visiblement, il a un truc dans la bouche ! signala-t-il. Demery ?

— Oui Docteur ?

— Je veux des clichés de ça, indiqua le médecin en montrant avec le bout d'une pince à épiler, un morceau de papier qui affleurait entre les lèvres du cadavre.

Extraire l'objet ne prit que quelques secondes.

— À vous de nous dire ce que c'est ! grogna le médecin en tendant aux deux gendarmes la boule de papier froissé qu'il tenait au bout de la longue pince.

Méticuleusement, s'arrêtant à plusieurs reprises pour laisser le temps à sa collègue de faire une photographie, le major Menier déplia le papier à l'aide de deux petites pinces en plastique.

— Purée ! siffla-t-il. Elle se fout de nous !

Il releva son long buste famélique, permettant à l'adjudante Demery de découvrir la fameuse une du quotidien régional annonçant que le tueur était une femme.

La photographie représentant le portrait-robot avait été griffonnée avec un large feutre rouge. La tueuse avait agrémenté le visage de manière enfantine. Désormais, les yeux louchaient ostensiblement et une petite langue tirée sur un grand sourire narguait les enquêteurs.

— Nous voilà clairement avertis, elle a envie de jouer avec vous !

La sentence tomba. La voix du magistrat s'était volontairement faite cassante. La blessure ouverte par l'article était encore vivace et le juge Diosberger tenait à le rappeler au colonel et aux gendarmes rassemblés autour de leur chef.

Une fois le cadavre enveloppé dans la housse mortuaire et emporté par les pompes funèbres, les deux TIC firent une pause de quelques minutes afin de discuter avec les enquêteurs. Après avoir plombé l'ambiance, le juge d'instruction avait quitté les lieux, déguerpissant sans un au revoir au volant d'une puissante berline. Les gendarmes se retrouvaient entre eux et ils évoquaient les dernières constatations. Les cheveux constituaient une découverte majeure. Ils allaient être immédiatement envoyés dans un laboratoire pour analyse du profil génétique. Malgré l'incongruité de leur soulagement en de telles circonstances, de nombreux gendarmes arboraient un sourire. Une nouvelle fois, le tueur semblait avoir commis une faute grossière et tous espéraient que l'ADN allait parler. La page du journal était un clin d'œil que la tueuse leur adressait directement ; les enquêteurs prenaient ce message comme tel et n'hésitaient pas à voir dans cette bravade une certaine forme d'élégance.

Les gendarmes se consacrèrent ensuite à la maison du défunt située dans la ruelle. Le pavillon fut l'objet d'une attention particulière. Pour la première fois, le tueur était passé à l'acte à l'intérieur même du domicile d'une victime.

La cuisine, le salon et le jardin présentaient les stigmates d'une réception. De la vaisselle sale en grande quantité débordait de l'évier. La table de la cuisine était recouverte de plats parmi lesquels les restes d'un gâteau d'anniversaire achevaient de glisser d'un plateau. De nombreuses tables pliantes et chaises en plastique avaient été stockées contre la façade, à l'arrière de la maison.

Menier et Demery s'attardèrent longuement dans la chambre. Les traces de sang indiquaient de manière irréfutable que l'homme avait été blessé et torturé dans cette pièce. Le mur au-dessus du lit présentait les projections caractéristiques d'une blessure par arme à feu. Le major Menier identifia sans difficultés l'impact au centre du vaste cercle de matières organiques et de sang déjà sec. À l'aide d'une longue pince effilée, il parvint à extraire la balle qui, après avoir ravagé la poitrine de l'homme, était venue terminer sa course dans le plâtre de la cloison.

Julie, pendant ce temps-là, fouillait chaque centimètre de la chambre. Le tueur avait été présent dans cette pièce et des traces de son passage étaient peut-être tangibles.

Agenouillée sur le sol, la tête à quelques centimètres du parquet, la jeune femme balayait le dessous du lit à l'aide d'une puissante lampe-torche. La lumière rasante permettait de distinguer aisément la moindre trace ou le moindre grain de poussière. Un éclat de lumière brilla au niveau d'un pied rond en bois soutenant le sommier.

Julie se déplaça. Elle trouva rapidement l'objet étincelant et héla son supérieur pour lui montrer ce qu'elle avait retiré. Un éclat curieux balaya son regard. Au bout de sa pince, elle tenait un étui de cartouche. Le petit cylindre en laiton avait été éjecté par le pistolet automatique lors du tir et avait dû rouler sous le lit. Julie déposa l'objet dans un long tube de plastique translucide. Étudié par les spécialistes en balistique, cet étui allait pouvoir révéler un certain nombre d'informations à propos de l'arme utilisée.

Le reste de la journée fut consacrée aux investigations de routine. Plusieurs équipes de gendarmes thionvillois avaient été déployées par le chef d'escadron Jean-Édouard Piatry. Elles se chargeaient de l'enquête de voisinage. Deux par deux, les militaires se présentaient devant chacune des résidences de l'allée des platanes afin de poser les mêmes questions. Avaient-ils vu ou entendu quelque chose de particulier au cours de la nuit écoulée ? Avaient-ils constaté une présence inhabituelle dans le quartier ? À quelle heure leur voisin sortait-il habituellement sa poubelle ? ... Les voisins les plus proches confirmèrent que Paul-Valéry Valentin avait donné une fête à l'occasion de ses quarante ans la veille au soir. Au cours de la semaine, il avait pris la peine de passer les prévenir. Tous louèrent son civisme et sa politesse. En moins d'une année de présence, il s'était imposé par sa gentillesse et sa courtoisie. Par contre, personne n'avait remarqué quoi que ce soit d'inhabituel. Les bruits de la réception donnée dans le jardin avaient cessé vers une heure trente du matin et le reste de la nuit avait été calme. Rien de notable jusqu'au passage des éboueurs.

Le colonel du régiment de transmissions avait rapidement été informé. Il avait aussitôt rassemblé ses principaux adjoints. Parmi eux, plusieurs étaient présents la veille chez Paul-Valéry. Ils étaient abasourdis par la nouvelle qui déjà avait été reprise par les radios. Le colonel Muret de la Croix-Sainte avait rejoint les locaux de son état-major. Il tenait à présenter ses condoléances aux collègues du défunt et à expliquer le déroulement des prochaines heures. Nombre de militaires allaient être interrogés par ses hommes.

Le lieutenant-colonel Marc de l'Hurbuche avait les yeux cernés. La fatigue de la nuit se mêlait aux larmes qu'il ne parvenait pas à contenir. Sa compagne avait tenu à l'accompagner. Elle aussi pleurait en hoquetant, le visage en partie dissimulé derrière un mouchoir en coton. Le couple donna aux gendarmes une liste assez précise des personnes présentes la veille chez le défunt. Ils furent cependant incapables de nommer certains invités extérieurs à la communauté militaire.

En début de soirée, le colonel Muret de la Croix-Sainte et ses collaborateurs firent un point rapide sur les investigations réalisées au cours de cette interminable journée. Tous étaient désormais suspendus aux résultats des analyses scientifiques que les experts scientifiques allaient leur communiquer à propos des cheveux et de la cartouche. Les prélèvements avaient d'ores et déjà été transportés par deux motards de la gendarmerie au siège de l'IRCGN pour exploitation.

Malgré l'optimisme légitime créé par la découverte de ces indices, les enquêteurs étaient sceptiques. Ils éprouvaient un sentiment étrange qu'aucun ne serait parvenu à décrire précisément. Le colonel Muret de la Croix-Sainte ressentait lui-même cet état d'esprit. Pour la première fois et sans que rien ne puisse l'expliquer, le tueur avait accumulé les erreurs grossières. Pour la première fois, plusieurs traces exploitables avaient été découvertes. Quelque chose devait justifier les approximations commises. Une telle évolution devait forcément avoir une justification. La tueuse perdait-elle son sang-froid ? Était-elle dépassée par les événements ? Avait-elle été dérangée ? Finalement, de nombreuses questions restaient en suspens, créant cette atmosphère d'insatisfaction. La capitaine Bérangère Bontemps était absente. Le week-end, le directeur de l'enquête l'autorisait à rejoindre la région parisienne. À cette heure, il regrettait amèrement sa bienveillance. Elle aurait sans doute observé la scène de la poubelle avec un regard affûté et différent du leur. Il l'avait appelé dans l'après-midi et la jeune femme avait semblé abattue. Elle n'avait cessé de s'excuser de son absence et avait promis d'être là, le lendemain matin à la première heure. Peu importe que ce fut un dimanche, sa place était au côté de ses collègues enquêteurs.

Le colonel Muret de la Croix-Sainte remercia ses subordonnés, leur souhaita une bonne fin de soirée et les regarda quitter les locaux. Cette enquête pesait lourdement sur les épaules de ces hommes et femmes. Certains avaient les traits creusés et, si le dynamisme du début était encore présent, l'officier percevait les premières traces d'usure. Il devait être lucide. Pour le moment l'enquête piétinait. Malgré quelques avancées marquantes, la tueuse continuait à passer à l'acte. Leur action ne la gênait pas. Elle gardait une longueur d'avance importante sur eux. Ils subissaient ! Chaque meurtre pesait plus lourdement que le précédent. La série des sept cadavres était la preuve patente de leur échec à stopper les agissements de cette femme monstrueuse. Ce matin encore, elle les avait nargués. Le petit crobard laissé à leur attention sonnait comme un affront à ses yeux. Elle se permettait de jouer avec leurs nerfs tant elle semblait sûre d'elle. Un autre élément qui ne collait pas avec les erreurs commises…

— Beau bordel encore une fois, résuma l'officier à sa seule attention.

Tête basse, le colonel Muret de la Croix-Sainte éteignit la lumière et quitta les bureaux.

Son épouse et leurs six enfants ne l'avaient certainement pas attendu pour passer à table et entamer le dîner. Un nouveau samedi sans papa ! Maryse avait l'habitude de ces journées passées seule, à guetter le retour du mari. Au fur et à mesure qu'ils grandissaient, ses cinq filles et Louis, le seul garçon, petit dernier de la fratrie, regrettaient de plus en plus ouvertement ses absences répétées. Les trois aînées, désormais grandes adolescentes, s'étaient peu à peu fait une raison et se contentaient maintenant de lever les yeux au ciel lorsque le téléphone de service sonnait.

En traversant la cour sombre et désertée de la caserne de Metz Queuleu pour rejoindre la maison qu'il occupait au bout de la parcelle, il pensa à son garçon de huit ans qui, aujourd'hui pour la première fois, avait été titularisé comme gardien de but de son équipe de football. Il lui avait promis d'être là pour ce match si important. À son départ en tout début de matinée, le petit Louis avait déjà revêtu sa tenue alors que la rencontre n'était prévue qu'en milieu d'après-midi. Il avait couru dans sa chambre et claqué la porte lorsque son père était parti. Une fois de plus, il allait lire la déception et le ressentiment dans les yeux de son petit garçon. Malgré tout, Louis continuait à affirmer haut et fort et à qui voulait l'entendre qu'il voulait « être gendarme, comme papa, pour arrêter les bandits ».

Partie 7
Une surprenante suspecte

Chapitre 1

Anna retourna à Saint-Julien-lès-Metz. Il était désormais temps pour elle de mettre en branle les éléments nécessaires à la machination. La mort de Paul-Valéry Valentin n'était que l'acte préparatoire du bouquet final élaboré pour se débarrasser de la journaliste.

Dissimulée dans sa voiture, elle assista une nouvelle fois au départ matinal du couple Ben-Aliouche. Comme à leurs habitudes, le mari précéda son épouse de quelques minutes. Cette fois-ci, Anna était sûre d'elle. Lors de sa visite dans la maison, elle avait pris soin de relever les journées et horaires de passage de la femme de chambre. Ils trônaient sur le frigidaire, bien en évidence. Aujourd'hui, elle savait pouvoir agir sans attendre. Aucun risque d'être dérangée. Grâce au jeu de clés dérobé, elle pénétra tranquillement dans la demeure. Des odeurs de café chaud achevaient de se disperser. Sans s'attarder, elle descendit directement au sous-sol. Le sac de sport qu'elle avait préparé pour l'occasion pesait lourdement au bout de son bras. Elle savait déjà où dissimuler les objets emportés. Elle était en train de remettre en place les piles de cartons qu'elle avait dû déplacer lorsque des bruits en provenance du rez-de-chaussée la firent sursauter. Silencieusement, elle acheva de tout replacer. Sur la pointe des pieds, elle quitta le petit cagibi, s'assurant que rien ne trahissait son passage. Elle n'avait pas encore eu le temps de reposer l'arme à feu. Dans la poche de sa parka, elle sentait le poids du pistolet.

— Il y a quelqu'un ? Madame André, c'est vous ? cria une voix masculine depuis la porte de l'escalier qui desservait la cave.

— Merde ! jura Anna entre ses dents. Elle se rappela qu'elle n'avait même pas pris la peine de refermer la porte de la cave en empruntant l'escalier.

Elle se colla contre le mur. Le sac de sport désormais vide pendait au bout de son bras droit. Lors des quelques pas que fit la tueuse pour se dissimuler, le sac accrocha par mégarde une bouteille de verre posée sur une caisse en bois. La bouteille roula et finit sa course sur le sol. Anna eut l'impression d'être étourdie par le fracas du verre qui se brisait sur le béton. Des pas lourds descendirent l'escalier et les néons clignotèrent, jetant une lumière crue dans toute la pièce.

La meilleure défense, c'est l'attaque, hurla la voix intérieure de sa sœur. *Improvise, Skarbie moje ! Improvise !*

Anna prit les devants.

— Madame Andr..., reprit le mari d'Ayala avant de s'interrompre brutalement.

— Bonjour, Yvan ! Tu m'as fait une de ces peurs. Je suis désolée, j'ai cassé une bouteille ! Je n'ai pas réussi à mettre la main sur l'interrupteur et ce garage est un vrai capharnaüm !

Yvan Ben-Aliouche s'était figé. Une main sur la rampe d'escalier, il regardait la jeune femme blonde qui lui souriait aimablement. Ses méninges tentaient vainement de mettre un nom sur cette visiteuse.

— J'espère que je ne t'ai pas fait peur ? enchaîna Anna en arrivant à sa hauteur.

Affichant une franche assurance, elle s'approcha de son visage et l'embrassa amicalement sur les deux joues. L'haleine de l'homme était lourde du café avalé au réveil mêlée à des relents de tabac froid.

Tente le tout pour le tout ! Profite de la surprise pour retourner la situation !

Les ordres de Laura raisonnaient dans la tête de sa sœur, lui insufflant le courage et le sang-froid nécessaires.

— Je ne sais pas si tu me reconnais, on s'est vu il y a

deux ans en fin d'année. Je suis Laura, une amie d'Ayala. On bosse ensemble au *Lorrain*.

Visiblement, l'homme était déstabilisé. Ses grands yeux roulaient, cherchant à agencer les pièces d'un puzzle dont le motif précis lui échappait encore.

— La Saint-Nicolas du journal ? hasarda-t-il en faisant référence à cette sacro-sainte commémoration annuelle qui voyait le journal réunir tous les collaborateurs et leurs familles. Il se souvenait vaguement avoir accompagné Yaya à trois ou quatre reprises. Une fête ennuyeuse au possible ! Les cris des gamins. Un crétin désigné pour se déguiser dans un costume évoquant celui du père Noël et astreint à la distribution de friandises alors qu'un autre gugusse singeait le père Fouettard derrière un masque. Quelle ineptie !

— C'est ça ! répondit-elle du tac-au-tac, ponctuant son affirmation d'un large sourire.

Elle le sentit se détendre instantanément. Et il sourit à son tour.

— Bien sûr ! Laura ! C'est ça... Excuse-moi, le matin je mets un peu de temps à émerger ! La preuve, j'ai oublié mon portable et j'ai rebroussé chemin pour le récupérer ! Mais, que diable fais-tu là ?

Aucun souvenir de cette collègue ne lui revenait précisément mais Yvan préféra passer outre sa mauvaise mémoire. L'idée de passer pour un sombre demeuré le poussa à dépasser l'incongruité de la situation.

— Moi ? C 'est Ayala ! Tu la connais, toujours à courir et pas de tête non plus ! Elle a complètement oublié qu'on avait prévu une partie. Elle m'a demandé de passer pour récupérer ses vieilles raquettes de tennis, improvisa la jeune femme.

Elle venait d'apercevoir derrière Yvan, sur le sommet d'une armoire, la traditionnelle housse servant à transporter ces objets. Elle se souvenait l'avoir ouverte lors de son passage ici, quelques semaines plus tôt. Deux ou trois raquettes et une tenue de tennis pour femme. Visiblement abandonnée là sans même avoir été lavée.

— On débute aujourd'hui, tu comprends ? À midi ! Ce matin en arrivant au journal, elle s'est rendue compte de son oubli. Comme elle n'avait pas le temps de repasser ici à cause de son stupide rendez-vous. Elle a dû t'en parler, non ?

— …

— Bref, peu importe ! Donc elle m'a demandé de faire un saut chez vous. Et me voilà, se justifia-t-elle un peu maladroitement et en secouant le trousseau de clés sous le nez du propriétaire des lieux.

— Ok, ok, pas de souci Laura, j'ai juste eu du mal à te remettre. En entendant du bruit, j'ai pensé à la femme de ménage, tu comprends ? Yvan se retourna. Tiens, les raquettes sont là-haut, montra-t-il du doigt. Je te laisse les prendre et choisir ce dont vous avez besoin. J'ai mon téléphone à chercher à l'étage. N'oublie pas d'éteindre en remontant, précisa-t-il en montrant le commutateur.

Le mari, après avoir ramassé les plus gros débris de verre, commença à remonter les marches. Il se retourna et regarda à nouveau Anna qui, sur la pointe des pieds, attrapait la housse de sport.

— Ayala se remet au tennis ? Franchement j'en reviens pas… Elle a toujours détesté ça. Yaya a dû te le dire, j'avais insisté pour qu'on s'inscrive à un club il y a … Pfff ! Au moins dix ans ! On a dû taper deux fois la balle. Elle n'accrochait pas et elle n'a jamais plus touché à ces trucs. Et tu dis qu'elle veut s'y remettre ?

Tu dois l'éliminer, Siostra ! Il t'a vue ! Il doit mourir, tu n'as pas le choix.

La jeune femme hocha la tête. Elle était consciente que

cet intrus devait disparaître. Son cerveau fonctionnait à toute vitesse pour trouver une option de sortie convenable. Elle rejoignit Yvan qui peinait encore à emmagasiner les informations reçues. Hors de question de passer à l'acte ici, dans la maison. Il lui faudrait improviser à l'extérieur. Plus tard.

— Ben franchement, je ne sais pas trop quoi te répondre. Moi, je sais juste que je joue avec elle à midi. Pour le reste, tu lui demanderas… Mais je ne savais pas que tu jouais aussi ? Tu as un bon niveau, j'imagine ?

— Ouais, je me débrouille. J'ai beaucoup joué plus jeune.

Yvan et Laura se faisaient désormais face dans le hall d'entrée. La jeune femme avait déposé à ses pieds le sac de sport poussiéreux contenant les raquettes. L'autre, le sien ? Putain, elle l'avait oublié au pied de l'armoire à la cave. T'es *vraiment pas douée, ma pauvre !* se gaussa la voix de sa sœur. Elle était quitte pour revenir quand il aurait le dos tourné.

Laura ferma les yeux pour reléguer ces mots au fond de son subconscient. Elle avait une tâche bien plus délicate à accomplir.

Premièrement, finir de convaincre ce gros plein de soupe de ne pas faire toute une histoire autour de sa présence ici.

Dans un deuxième temps, il lui faudrait agir. Elle avait toujours le pistolet sur elle et devait obligatoirement et rapidement le dissimuler à sa place originelle sous peine de foirer toute sa machiavélique mise en scène. Et puis quoi faire du mari ? Yvan Ben-Aliouche n'avait jamais fait partie du plan mais venait de faire une entrée fracassante sur la scène. Elle verrait ça plus tard, à tête reposée. D'ici là, il lui fallait neutraliser le danger qu'il représentait. Qu'il aborde cette scène vaudevillesque avec Ayala et c'était tout le stratagème laborieusement préparé qui s'effondrerait automatiquement, ruinant du même coup toute l'aventure menée depuis des années.

Ouvrant les yeux, elle planta son regard bleu dans celui d'Yvan. Il la fixait, sans trop savoir quoi faire.

— Dis, enchaîna la tueuse. Je me posais la question. Mais au fait je te retarde peut-être ? Tu dois être attendu, non ?

— Non, non, je t'en prie ! Tu sais, je ne suis pas obligé de pointer en arrivant à l'hôpital !

Laura éclata d'un rire jovial un peu forcé. Emportée par la plaisanterie, elle posa sa main sur le bras d'Yvan, surpris d'une réaction aussi enthousiaste suite à une répartie pas forcément drôle. Néanmoins, il apprécia de se voir ainsi récompensé.

— Pointer ! C'est excellent, le médecin qui pointe ! T'es vraiment drôle, Yvan.

Quitte à passer pour la niaise délurée qu'elle tentait d'incarner, autant y aller à fond !

— Donc je me demandais...

— Oui ?

— Ça te dirait un jour de taper deux-trois balles avec moi ? Comme je te le disais, je débute, mais toi avec ton niveau, tu pourrais sans doute me montrer tes trucs, minauda Anna sans retirer sa main de l'avant-bras du mari d'Ayala.

— Ben tu sais, j'ai pas touché une raquette depuis un bon bout de temps !

— Ouais, je comprends. Tant pis !

Anna se pencha en avant pour récupérer le sac de raquettes.

— Non, non ! Je dis ça pour te prévenir ! Ne pense juste pas que je sois au top ! rassura aussitôt Yvan. Mais bien entendu, ça me dit de jouer, surtout avec toi ! Je cherchais justement une bonne occasion de me remettre au sport, mentit-il sans vergogne.

— C'est vrai ? Ouah ! Super ! Je suis trop contente... Tu es un ange !

Cette fois-ci, l'homme était ferré, il convenait désormais de le manipuler en douceur. Anna accompagna son ravissement en apposant sa main libre dans celles d'Yvan, juste le temps nécessaire pour qu'il note bien son intention.

Il ne cilla pas mais sentit son échine se hérisser. Ce signe ne le trompait pas ! Le coq qu'il était avait immédiatement senti l'opportunité qui se présentait.

— Un ange ? Tu parles ! Mais attention, je vais te faire transpirer ! Je ne suis pas un tendre comme entraîneur !

— Mmmh ! Eh bien ! Me voilà avertie, répondit-elle avec un clin d'œil. On commence quand Monsieur le Coach ?

— Je te dis ça très vite ! Laisse-moi un numéro et je t'appelle dans la journée ; ça te convient ?

— Super ! Mais juste un truc si tu le veux bien ?

Anna baissa les yeux.

— Oui, je t'en prie.

Elle porta le coup de grâce.

— Ne parle pas à Ayala de notre petit projet ? J'aimerais la surprendre à notre prochaine rencontre ! L'assassiner par les coups que tu m'auras montrés ! rigola la jeune femme goguenarde. Genre, d'un coup, je suis devenue une championne !

Yvan se redressa.

— Promis ! Pas un mot. Juste toi et moi ! Elle va être verte de rage si tu la bats... Elle déteste cela !

— Ha, ha, ha ! Oui ! Juste toi et moi alors, je compte sur toi ! Bon allez, je file ! Merci encore ! Bye bye Coach ! cria-t-elle guillerette.

L'essentiel était fait ! Elle avait été suffisamment explicite dans ses propos et son attitude. Yvan donnait vraiment l'impression de sauter sur la moindre occasion. Il avait compris que leur prochaine rencontre déboucherait sur une partie fine. Il n'allait certainement pas évoquer devant son épouse la rencontre avec Laura et la fameuse partie de tennis de la mi-journée. L'alibi était fragile mais elle était désormais contrainte de faire confiance au mari volage.

La voix du mari se fit entendre alors qu'elle franchissait le seuil.

— À bientôt Laura ! Et promis, je t'appelle sans faute !

Le regard d'Yvan se posa sur les fesses d'Anna. Moulées dans un jean ! Il pouvait déjà sentir leur fermeté ! Il allait l'avoir, celle-là ! Foi de Ben-Aliouche, il se donnait quelques jours avant de baiser ce petit cul !

Chapitre 2

Le 18 avril 2015, à la réception des résultats d'analyse, le colonel Muret de la Croix-Sainte s'enferma dans son bureau. Seul. Il avait besoin de faire le point avant l'inéluctable déferlement qui allait suivre. Un camarade, responsable de l'institut de recherches criminelles, venait de l'appeler. Durant plusieurs minutes, ce scientifique avait présenté les premières conclusions obtenues suite à l'étude de l'étui de neuf millimètres et des cheveux récupérés sur le dernier cadavre. Conscient des incongruités des premières conclusions, il avait pris l'initiative de lancer une seconde expertise afin de confirmer le tout. Les enjeux lui avaient semblé suffisamment importants pour prendre sur lui le délai supplémentaire induit. Au final, les résultats concordaient. Aussi surprenants qu'ils soient, leur taux d'exactitude avoisinait les 100 %. Le colonel l'avait remercié chaleureusement pour la qualité du travail réalisé. Moins d'une semaine après la découverte du corps de l'officier thionvillois, l'enquête allait prendre un tour soudain et inattendu. Les prochains jours allaient totalement déstabiliser le microcosme local et donner lieu à une polémique inédite. Il était assis dans son fauteuil de cuir. Le dossier basculé en arrière, il effectuait des petits quarts de tour grâce aux roulements du siège de bureau. Son regard était perdu dans le vague et son esprit ne percevait plus l'environnement immédiat. Concentré à l'extrême, il peinait à saisir pleinement toutes les répercussions des analyses scientifiques.

— Quelle merde ! murmura-t-il pour lui-même. Quel putain de merdier !

Les enquêteurs avaient intérêt à redoubler de prudence, sinon ils allaient tous au-devant d'une sacrée tempête médiatique. Au fond de lui-même, il ne pensait objectivement pas échapper à celle-ci. Il allait devoir nager en eaux troubles durant les prochaines semaines. Il se sentait responsable de certains choix et mesurait pleinement les erreurs d'appréciation commises. La pagaille qui s'annonçait, couplée aux difficultés relationnelles qui persistaient entre la gendarmerie et les magistrats, allait se traduire par un stress monumental. Il savourait avec délectation les dernières secondes de répit qu'il s'accordait. Le colonel Muret de la Croix-Sainte était un catholique pratiquant. Il n'avait jamais souhaité mêler la foi profonde qui l'animait aux déboires professionnels qui ne manquaient pas de se dresser au cours d'une carrière comme la sienne. Pour la première fois, il ferma les yeux et s'en remit à Dieu. La prière fut brève. L'officier se redressa d'un bond et empoigna le combiné téléphonique. L'appel sans doute le plus important de l'enquête !

Trois heures plus tard, il pénétra dans le bureau du juge d'instruction Diosberger. Le jeune magistrat l'accueillit avec un sourire forcé.

— Asseyez-vous, mon Colonel. Un café ?

— Avec plaisir ! Mais bien serré, s'il vous plaît, répondit le colonel en se tournant vers le greffier qui s'était déjà levé pour répondre à la demande du juge.

Bien que travaillant à Metz depuis plusieurs années, le gendarme et le magistrat ne s'étaient véritablement découverts qu'à l'occasion de ce long dossier. Finalement, malgré les inévitables prises de bec liées à la longueur des investigations et aux contraintes de leur propre institution, ils appréciaient leur professionnalisme réciproque. Le juge s'avérait ouvert à la discussion et n'hésitait pas à discuter préalablement des alternatives qui se présentaient à eux. Il se distinguait de la majorité de ses collègues, persuadés de la prééminence et du bien-fondé systématique de leurs choix. De son côté, l'officier de gendarmerie était loyal, il n'avait jamais occulté les difficultés qu'il rencontrait. Cette confiance partagée leur permettait habituellement de surmonter les tensions qui pesaient sur chacun d'entre eux. Les récentes révélations d'Ayala Ben-Aliouche avaient mis à mal ce *gentlemen agreement.*

Les conclusions de l'enquête diligentée par l'inspection de la gendarmerie n'avaient pas encore été officiellement rendues. Les premiers éléments semblaient néanmoins s'orienter sur une responsabilité extérieure au premier cercle que gendarmes et magistrats formaient. Pour autant, la tension demeurait palpable et les sourires n'étaient encore que de façade, guidés par la bienséance que leurs fonctions réciproques imposaient en toutes circonstances.

Le greffier revint et déposa un petit plateau sur le bureau encombré. Le magistrat le remercia et d'un geste, lui fit comprendre qu'il souhaitait s'entretenir en privé avec son interlocuteur. L'homme récupéra un paquet de cigarettes sur sa table de travail et sortit.

— Vous avez une sale tête, mon Colonel ! railla-t-il. Encore une tuile ? J'ai lu la presse ce matin et sauf erreur de ma part, je n'ai pas découvert, sous la plume de notre amie commune, de nouvelles révélations quant à notre enquête…

Le colonel Muret de la Croix-Sainte haussa les sourcils sans surenchérir.

— Ne me dites pas que l'on a encore un cadavre sur les bras ? reprit le magistrat.

Le gendarme nia d'un hochement de tête mais ne tourna pas autour du pot. Il n'était pas homme à contourner les difficultés.

— Monsieur le Juge, je viens d'être contacté par l'IRCGN. Ils sont parvenus à établir un profil à partir de deux sources prélevées samedi à Thionville. L'étui de la munition tirée dans la chambre a révélé une empreinte digitale partielle mais suffisamment marquée pour pouvoir être exploitée. De leur côté, les cheveux n'ont pas été altérés par l'habituel lavage à la javel des corps. Ils ont pu être analysés.

Un profond soupir de soulagement éclaira le visage du juge d'instruction. Enfin ! Enfin, ils tenaient une piste concrète !

Le gendarme doucha sa joie éphémère.

— Ne vous réjouissez pas trop vite, Monsieur le Juge ! annonça-t-il, rabat-joie. Je pense que la suite ne va pas franchement vous plaire.

— Vous me faites peur, mon Colonel. Je vous écoute...

— Ils procèdent actuellement à une troisième et ultime analyse mais les deux premiers résultats obtenus sont concordants. Les traces prélevées impliquent formellement Ayala Goldberstein, annonça le colonel Muret de la Croix-Sainte.

— C'est qui celle-là ?

— Goldberstein est le nom de jeune fille d'une journaliste du *Lorrain Libéré* que vous co...

— Ben-Aliouche ? Non ? !

Oubliant toute retenue, le juge avait hurlé. Le gendarme hocha la tête en signe d'acquiescement.

— Mon Colonel, vous êtes en train de me dire que c'est Ayala Ben-Aliouche ? Mais qu'est-ce que c'est que cette connerie ? jura le magistrat martyrisant au passage le langage châtié qui était normalement le sien en toutes circonstances. Mais qu'est-ce que c'est que ce merdier ? reprit-il plus bas.

— Ils sont sûrs d'eux. Aucune erreur possible. Et oui, si je peux me le permettre, je ne vous le fais pas dire, monsieur le Juge. Un sacré merdier en effet ! Je vous avouerais que j'ai beaucoup de mal à comprendre...

Les deux hommes restèrent silencieux de longues minutes. Face à face, ils se dévisageaient mutuellement, laissant mutuellement les révélations faire leur chemin dans ces deux cerveaux habiles à mettre en perspective tous les éléments glanés depuis le début de l'enquête.

— Expliquez-moi ! Franchement je patauge ! Même si vos scientifiques confirment son implication et je leur fais en la matière toute confiance, je vous avoue que j'ai un peu de mal. Comment remontent-ils jusqu'à Ayala ?

— En 2005, madame Goldberstein épouse Ben-Aliouche a été impliquée dans une affaire de coups et blessures. Une bagarre sur la voie publique lors de l'interview d'une famille impliquée dans un trafic de drogue. Deux personnes de la famille en question ont déposé plainte contre elle. Ben-Aliouche, de son côté, a fait la même chose contre son agresseur principal. Bref, je vous passe les détails, mais à l'époque, comme la loi le prescrit, un prélèvement d'ADN avait été réalisé par les gendarmes de la brigade d'Uckange sur tous les protagonistes de la rixe. Je vous précise que l'affaire a finalement été classée sans suite par le parquet de Thionville. L'ADN est finalement le dernier témoin de cet épisode.

— Et ?

— Et, il y a un résultat positif entre l'ADN prélevé en 2005 et celui des cheveux trouvés sur le dernier corps. Pour faire simple, la victime avait trois cheveux de madame Ben-Aliouche dans la main lorsque nous l'avons découverte. En toute logique, il est donc aisé de tirer la conclusion que la victime a été confrontée à cette femme dans les tous derniers instants de sa vie.

— ...

— Et je n'ai pas terminé.

— Continuez...

— Suite à son passage dans nos locaux pour l'appel à témoins que nous avions, vous et moi, autorisé, ses empreintes avaient été relevées puisqu'elle avait été en contact avec le fer à marquer. Au cas où. Une précaution que j'avais prise dans le cadre, par exemple, d'une future discrimination éventuelle. – Oui, je me souviens très bien, vous me l'aviez précisé.

– Il y a également correspondance formelle entre son index et l'empreinte partielle relevée sur l'étui de la balle trouvée dans la chambre de Paul-Valéry Valentin. Par contre, l'arme en elle-même n'est pas enregistrée. Certainement achetée sur un marché parallèle.

– Ayala ? Je reste sans voix ! se contenta d'annoncer le juge.

À nouveau, les deux hommes demeurèrent immobiles une longue minute, se regardant l'un l'autre. Diosberger tentait de bien comprendre la tournure prise par l'enquête. Le colonel, quant à lui, respectait cette introspection nécessaire.

– Vous avez une idée d'un éventuel motif ? finit par demander le magistrat.

– Franchement aucun ! Vous le savez, nous n'avions jamais envisagé de nous intéresser à elle. Nous n'avons absolument rien pour le moment. Vous êtes le premier au courant. Je n'ai encore avisé ni ma hiérarchie, ni le groupe d'enquête. Vu la personnalité de la mise en cause, je souhaitais en discuter avec vous avant.

– Je vous remercie pour cet égard... Je pense en effet qu'après le coup de son récent article, toute la profession va nous tomber sur le dos... J'entends déjà les chacals et donneurs de leçons crier au règlement de comptes !

Le juge Diosberger respira profondément. Il secoua la tête comme pour chasser l'hébétude qui le terrassait depuis l'annonce faite par le colonel.

– Pour l'heure, mon Colonel, agissons avec prudence. Je vous demande de mettre une partie de vos enquêteurs sur elle. Nous devons percer à jour la personnalité d'Ayala

Ben-Aliouche. Elle est, à compter de maintenant, notre principale suspecte. Vous constituez un dossier solide. Je veux tout savoir d'elle avant d'agir. La seule chose que je peux vous recommander, c'est prudence, prudence, prudence ! Au moindre faux pas, c'est toute la presse qui nous tombe dessus. Elle est devenue une égérie pour nombre de ses collègues, ils ne la laisseront pas tomber. Donc surtout, de la discrétion, je vous en conjure. Vous avez bien conscience que vous comme moi, nous survivrons à une longue série supplémentaire de macchabées… Par contre, un fiasco médiatique et c'est l'échafaud…

Le colonel Muret de la Croix-Sainte hocha la tête. Il avait bien conscience des enjeux.

— Dès cette après-midi, j'engage le groupe d'observation et de surveillance sur elle. Ils ne la quittent pas d'une semelle. Dans le même temps, nous allons éplucher la moindre facette de sa personnalité. Il nous faudra les autorisations nécessaires pour les écoutes, Monsieur le Juge.

— Vous considérez que vous les avez d'ores et déjà. Tout ce dont vous avez besoin, vous l'avez !

Le juge d'instruction regarda sa montre et se leva, signifiant clairement la fin de l'entretien.

En raccompagnant le commandant de la section de recherches jusqu'à la porte de son cabinet, il ajouta :

— Et surtout, je compte sur vous, vous me tenez immédiatement informé de la moindre avancée importante.

— Ce sera fait, Monsieur le Juge.

— Merci, encore une fois.

Le juge déposa une main sur l'épaule du gendarme. Leurs regards fatigués se croisèrent. Celui du magistrat débordait désormais d'une véritable empathie.

— Colonel, je vais vous le dire maintenant parce que

je pense que nous sommes, vous et moi, dans une sacrée merde et que c'est bien là l'essentiel.

— Oui ?

— Je vous connais, vous, les gendarmes... Pas toujours facile à vivre, vous me le concéderez, mais animés par un certain sens de l'honneur... Je n'ai jamais réellement cru que l'un des vôtres avaient pu vendre la mèche dans l'affaire du portrait-robot. Franchement ! Après, vous me comprendrez, j'ai aussi l'obligation du réflexe corporatiste. Sans rancune ?

Le juge tendit la main.

Ils étaient bien conscients d'être tous deux derrière la barre d'une galère malmenée par la tempête. Il leur restait désormais à se serrer les coudes et à faire front commun face aux légitimes interrogations qui ne manqueraient pas d'être soulevées. Le magistrat avait besoin de lui et l'inverse était également vrai. L'heure n'était plus aux enfantillages.

La main du colonel se referma énergiquement sur celle du juge Diosberger.

— Sans rancune, Monsieur le Juge ! Merci à vous... et n'ayez crainte, nous avons les reins solides. On sera à la hauteur. Vous avez ma parole.

Désormais, tous deux allaient devoir expliquer et assumer, ensemble, un certain nombre de leurs décisions. On ne manquerait pas de s'interroger sur la manière dont ils avaient piloté l'enquête. Comment avaient-ils pu être dupes au point d'impliquer si étroitement celle qui se révélait aujourd'hui leur principale suspecte ? Ils auraient bien du mal à justifier leurs choix. Parmi les différents journalistes du sérail local, ils avaient parié sur la brebis la plus galeuse !

La lieutenante Alix Poupinat commandait depuis deux ans le groupe d'observation et de surveillance, le GOS, de Metz. Il s'agissait de sa première affectation depuis sa sortie de l'école des officiers de la gendarmerie nationale de Melun, le passage obligé de tous les cadres de l'institution. Elle était à la tête d'une petite unité de douze militaires, tous très expérimentés. Sélectionnés après des épreuves atypiques mais exigeantes, ces huit hommes et quatre femmes, qui se surnommaient entre eux les « GOSmen », avaient pour mission essentielle la surveillance et la filature des suspects les plus difficiles. Appelés à se fondre dans l'environnement de leur cible, ils présentaient des apparences bien peu orthodoxes pour des militaires de la gendarmerie. Cheveux longs et barbes de plusieurs jours pour les hommes ; maquillage ou tenues parfois outranciers pour les filles. Alix aimait cette mission ambivalente, en dehors des sentiers bien balisés habituellement empruntés par cette force militaire qu'est la gendarmerie. Pourtant, à l'annonce de son engagement, aucun de ses proches n'avait vraiment compris cette attirance pour un monde régi par l'ordre. Ils s'étaient longuement interrogés sur ce choix puisque rien dans la personnalité de cette jeune femme ne la prédisposait à la rigueur et à la discipline qui régnaient dans la gendarmerie. Corsetée ? Elle ne l'avait jamais été et était plutôt considérée comme réfractaire à toute autorité. Elle devait faire de constants efforts pour répondre aux exigences de ses fonctions. Ordonnée ? Son appartement était un vaste enchevêtrement anarchique, à l'image de sa vie personnelle plus spontanée et improvisée que réellement pilotée. Elle brillait ainsi plus par sa spontanéité que par sa rigidité. Méthodique ? Oui, par contre, elle l'était. Ses cinq années de fac de droit lui avaient au moins donné le sens de la méthode et de l'organisation.

Ce jour-là, la lieutenante Poupinat et son groupe s'apprêtaient à débuter la surveillance d'un individu suspecté d'escroquerie à l'encontre des boutiques les plus luxueuses de Metz et des environs. Ce travail avait demandé des semaines d'une préparation minutieuse. Quelques minutes avant de partir se mettre en place, ils avaient pourtant, sans explications, reçu l'ordre d'annuler la mission, purement et simplement. La jeune officière était par ailleurs sommée de se présenter chez le colonel Muret de la Croix-Sainte. Elle débarqua en furie dans les locaux occupés par les enquêteurs, bien disposée à abreuver son supérieur d'un mécontentement mal contenu.

Constatant immédiatement la pression qui régnait dans la salle de réunion où l'attendait déjà la quasi-totalité des militaires affectés à l'enquête sur les meurtres de soldats, elle comprit que ce n'était visiblement ni l'endroit ni le moment de créer un esclandre. Ses états d'âme attendraient. Elle se contenta de saluer ses collègues et s'assit sagement au premier rang.

Un silence de plomb bien inhabituel accueillit l'arrivée du colonel.

Celui-ci présenta les dernières informations en sa possession. D'un geste sec de la main, il mit fin aux murmures qui animèrent immédiatement la salle à l'annonce de l'identité de la suspecte principale. De sa voix monocorde, souffrant encore moins que d'habitude la contestation, le colonel Muret de la Croix-Sainte distribua les tâches. La plupart des enquêteurs se voyaient confier le recueil de tous les renseignements possibles sur Ayala Ben-Aliouche. Alix Poupinat et le GOS avait, de leur côté, la journée pour mettre en place la surveillance et la filature de cette femme.

Les missions confiées étaient prioritaires sur toutes les autres. Aucune question ne fut posée. Les officiers de police judiciaire avaient immédiatement perçu la tension qui pesait sur les épaules de leur patron. La nervosité qui animait sa prise de parole était prégnante. Leur expérience fit le reste. Ils savaient qu'une enquête était faite de coups de barre déterminants et que face à cela, ils se devaient de serrer les rangs. Aujourd'hui, ils comprenaient d'emblée que leur groupe entrait dans une phase déterminante et lourde de conséquences. Le temps n'était plus aux tergiversations. Les instructeurs militaires hurlent souvent qu'ils ne veulent voir qu'une seule tête lorsque les troupes s'alignent en colonnes pour la parade. La consigne valait pleinement en cette minute. Ils devaient marcher, comme un seul homme, dans la direction décidée par le chef, avec la loyauté et l'implication attendues.

À la fin de la réunion, la lieutenante se leva, prête à rejoindre le reste de son groupe. Finalement, la nouvelle mission était enthousiasmante. Les enjeux dépassaient amplement ceux de l'affaire d'escroquerie qui paraissait soudainement bien terne en comparaison. Le colonel Muret de la Croix-Sainte la héla, lui demandant de patienter quelques minutes. Pendant qu'il achevait de s'entretenir avec ses principaux adjoints, la jeune femme tira sur sa courte jupe. Le matin même, en prévision de sa mission, elle avait opté pour une tenue très féminine, adéquate pour une jeune femme censée faire du shopping toute la journée. En cet instant, elle se sentait affreusement ridicule au milieu de ces hommes et femmes qui, pour la plupart, portaient l'uniforme ou une tenue civile bien plus fonctionnelle et discrète que la sienne. Elle avait franchement l'impression de ne pas être à sa place. Bimbo au milieu d'une troupe militaire qui s'apprêtait à passer à l'action.

Pendant dix minutes, le directeur d'enquête lui expliqua plus précisément la mission confiée au GOS. Leurs observations allaient être déterminantes pour cerner la double vie qui devait être celle d'Ayala Ben-Aliouche. Le colonel Muret de la Croix Sainte voulait des résultats rapides et aucun impair lors de la mission. La lieutenante n'avait pas le droit à l'erreur, et très peu de temps devant elle. Le colonel était conscient qu'il confiait à la moins expérimentée de ses subordonnés, la tâche la plus essentielle des jours à venir. Il tenait à ce que la jeune cheffe qu'elle était, la gamine comme il avait trop souvent l'habitude de l'appeler en petit comité, comprenne bien les enjeux.

Chapitre 3

Le moteur de la puissante voiture démarra bruyamment. Yvan enclencha la vitesse et la Porsche Cayenne s'élança dans un rugissement.

Il se pencha en avant afin de récupérer la moitié de cigare qui traînait dans le cendrier. Une épouvantable odeur de tabac froid flottait dans l'habitacle.

La voiture roula quelques kilomètres. Yvan était soucieux, il pensait à cette femme qu'il allait retrouver. Encore aujourd'hui, quatre jours après l'avoir surprise dans la cave de la villa, il n'avait objectivement pas tout compris. Mais peu importait finalement ! *Carpe Diem* ! Ce qui comptait vraiment était ce qui allait se passer à compter de maintenant !

Elle était vraiment mignonne, cette Laura, et elle n'avait pas cessé de l'obnubiler depuis leur rencontre ! Il l'avait rappelée très rapidement, le jour même de leur surprenante rencontre, et ils avaient convenu de leur premier entraînement de tennis. À la manière assez évasive dont elle lui avait répondu, il avait fini par comprendre que Laura n'était pas seule. La pendule de son bureau ordinateur indiquait alors 13 h 05. Il fit rapidement le lien avec ce que la jeune femme lui avait dit le matin même. Ayala ! La partie de tennis avec son épouse était censée commencer vers midi. Elles devaient encore être sur le court ! Il avait ressenti une violente excitation sexuelle à cette idée.

Alors qu'il lançait la puissante voiture allemande sur l'autoroute, Yvan pensait encore à cette conversation téléphonique. Il avait poussé le vice très loin, insistant lourdement auprès de Laura sur le plaisir qu'il ressentirait à la retrouver rapidement. Yvan imaginait parfaitement la scène. Les deux collègues réunies au bord du cours, en train de boire ou de discuter entre deux échanges. La pauvre Laura devait se sentir très mal à l'aise ! Il adorait cette idée. Le plaisir ambigu d'imaginer celle qu'il convoitait, s'ajoutait au plaisir sadique associant son épouse à cette scène !

Ce n'était pas la première fois qu'il draguait ouvertement une amie d'Ayala.

Il esquissa un sourire en pensant à cette Alexandra avec qui il avait eu une liaison quelques années plus tôt. Soi-disant l'amie d'enfance d'Ayala, sa confidente depuis toujours, l'âme-sœur, pire même le témoin de mariage ! Il n'était pas certain qu'elle avait beaucoup pensé à sa copine lorsqu'elle avait écarté les cuisses pour l'accueillir.

— Un putain de bon coup, cette pouliche, pensa à voix haute Yvan en tapotant le cigare dans le cendrier déjà plein à déborder.

La première fois avec cette Alexandra, ils avaient fait l'amour dans la salle de bain de la maison conjugale. Il n'avait pas arrêté de la mater toute la soirée lors d'une réception donnée il ne savait plus pour quelle raison à Saint-Julien-Les-Metz. Le couple et elle ne s'étaient pas revus depuis une dizaine d'années. Alexandra rentrait juste d'un long séjour aux États-Unis, un divorce récent avait mis brutalement fin à son expérience américaine. Elle rentrait en France sans trop savoir quoi faire de sa vie désormais. Ayala avait expressément tenu à inviter son amie afin de lui changer les idées. Yvan avait immédiatement perçu l'opportunité offerte par cette femme, assaillie par le doute. Il lui avait fallu très peu d'efforts pour lui faire comprendre à quel point elle lui plaisait. Elle réagissait au quart de tour et roucoulait de l'intérêt que le mari de son amie lui portait. Il n'avait pas hésité à la rejoindre à l'étage lorsqu'elle avait demandé à s'esquiver quelques minutes, pour nettoyer une tâche de sauce sur sa courte jupe en jean. Il l'avait surprise en string, la jupe enlevée afin de mieux passer au sèche-cheveux la partie qu'elle venait de nettoyer à l'eau. Il n'avait pas pu résister. Ces fesses dessinées par la dentelle noire, ses bas noirs qui remontaient jusqu'à mi-cuisse, le souvenir du regard salace et des rires à gorge déployée dont elle avait ponctué le dîner à chacune des plaisanteries qu'il lançait. Il s'était approché d'elle et l'avait enlacée, collant son énorme érection contre son dos. Ils avaient échangé un long regard grâce au miroir. Elle ne l'avait pas repoussé, bien au contraire. Ses fesses s'étaient faites pressantes contre lui. Il l'avait prise sauvagement, ainsi, par derrière, sans ménagement, se contentant d'écarter le string avant de la pénétrer d'un coup sec. Il l'avait baisée dans une frénésie à la hauteur de l'excitation qu'elle avait fait naître en lui toute la soirée.

Il repensait avec nostalgie à cette femme. Finalement, elle avait rompu quelques courtes semaines plus tard, visiblement rattrapée par un sentiment de trahison vis-à-vis d'Ayala. Quelle conne ! Elle lui avait débité sa logorrhée de justifications vaseuses juste après lui avoir prodigué une longue fellation dans sa voiture. Son haleine empestait le sperme alors même qu'elle jurait la main sur le cœur ne plus pouvoir vivre avec le dégoût qu'elle s'inspirait ! À l'époque, il était rapidement passé à autre chose, se consolant du bon coup perdu dans les bras d'une jeune interne. Celle avec qui Ayala l'avait surpris. Avec ce dénouement pitoyable digne d'une mauvaise comédie ! Purée, une sale période de sa vie !

Yvan chassa ses souvenirs d'un mouvement de tête. Sa main gratta le bas de son ventre. Depuis lors, il n'avait plus jamais commis de faux pas. Toutes ses aventures étaient des sans-fautes. Les images surgies du passé l'avaient émoustillé. Il imaginait déjà le plaisir qu'il allait prendre avec Laura. Il savait pertinemment ce qu'elle avait dans le crâne. Elle comme toutes les autres ! Les nombreux Sms qu'ils avaient échangés étaient explicites. Cette fille n'était pas insensible à ses charmes et visiblement elle était frivole. Elle le montrait bien, n'hésitant pas à lui adresser des messages vraiment sans équivoque. Délurée comme elle semblait l'être, elle ne tarderait pas toute à l'heure à se couler entre ses cuisses... Il allait lui bouffer le cul !

Yvan et Laura s'étaient donné rendez-vous au club de tennis de Mondelange en fin de journée. À quelques kilomètres de Metz, cette petite ville avait vu grandir le jeune Yvan Ben-Aliouche. Il avait longtemps conservé des liens avec le club au sein duquel il avait tenu pour la première fois une raquette. Lorsqu'il avait contacté Jean, le vieux responsable, en prévision de la partie avec Laura, ce dernier avait immédiatement consenti à lui réserver un terrain. Pour l'occasion, Yvan avait tout de même dû aller rapidement dans une boutique spécialisée. La veille au soir, il s'était rendu compte avec consternation à quel point sa silhouette s'était épaissie. Foutus kilos superflus ! Il arborait donc une tenue blanche immaculée et discutait de vieux souvenirs communs avec le responsable lorsque Laura fit son entrée dans le *club-house*. Yvan se montra immédiatement détendu avec la jeune femme, la présentant à son interlocuteur comme une amie très chère et ponctuant chacune de ses phrases par un geste familier. Ils passèrent une heure à échanger des balles. Yvan était visiblement un joueur à la hauteur des prétentions qu'il avait affichées. Par contre, comme pédagogue, il y avait beaucoup à redire. Sa seule posture professorale consistait à la moindre occasion à rejoindre sa partenaire en trottinant mollement, et à se coller contre son dos afin de lui montrer le geste parfait en guidant son bras. Ses explications étaient alors alambiquées et confuses. Il se perdait dans des considérations techniques, mêlées d'un jargon anatomique supposé éclairer ses conseils. Laura était l'élève potiche parfaite, servie en la matière par une vraie méconnaissance de ce sport. Riant à gorge déployée à chacun de ses gestes ratés, elle s'appliquait consciencieusement, se coulant contre le torse de son professeur et ne renâclant visiblement pas à ces contacts physiques prolongés. Yvan était aux anges et en rajoutait à l'envi, ravi de la tournure prise par l'entraînement.

Ils terminèrent la soirée dans un snack situé à quelques encablures. Les joues encore rosies par l'effort physique consenti, Laura s'affala sur la banquette et commanda un imposant hamburger. Yvan, qui s'était absenté pour fumer, la rejoignit bientôt, chassé par la fraîcheur nocturne qui régnait à l'extérieur. Il s'installa à ses côtés, délaissant la place en face d'elle et plaçant immédiatement son bras sur le dossier de la banquette, dans le dos de Laura. Elle percevait les odeurs musquées qui émanaient du corps masculin.

— Alors, tes impressions ? la questionna-t-il directement.

— Sur quoi? roucoula Laura en le dévisageant sans retenue.

— Eh bien, notre premier entraînement pour commencer ?

— Mmmhhh, pas mal ! Mais tu penses qu'il y en aura d'autres ?

— Juste pas mal ? Tu vas me vexer là, dis-moi. Et oui, il y en aura d'autres... j'ai encore énormément de choses à te montrer, crois-moi...

— Tiens donc? Tu m'expliques, j'en ai déjà l'eau à la bouche ?

Laura prenait un plaisir évident à mener par le bout du nez cet homme tellement sûr de lui et de ses atouts. Il perdait toute retenue à l'idée de la baise qu'elle lui promettait ostensiblement, avançant alors comme un char d'assaut renversant tout sur son passage. Il ne prenait même plus la peine de dissimuler ses regards insistants. Ses doigts s'amusaient depuis le début de leur conversation avec les mèches blondes qui s'étaient échappées de l'élastique censé les retenir en une queue de cheval bien mise à mal par la partie de tennis.

— Pour commencer, tu n'as encore rien vu, crois-moi ! se vanta Yvan. Tu as encore tout à apprendre ! Et puis toi comme moi, nous savons pertinemment la tournure que nos entraînements ont prendre.

— Je ne comprends pas ?

Les grands cils se levèrent pour bien marquer l'étonnement qui était le sien. Dans le même temps, Laura laissa un petit bout de sa langue poindre entre ses mâchoires fermées. Ses joues se creusèrent en un sourire malicieux.

Yvan se rapprocha encore d'elle et il se pencha. Ses lèvres n'étaient qu'à quelques centimètres de l'oreille de la jeune femme. Elle frissonna en percevant la respiration de l'homme contre sa peau. Cette partie de son cou avait toujours été particulièrement sensible.

— Alors pour commencer, ma belle, nous allons rapidement expédier ce dîner, qui n'est absolument pas diététique. Ensuite, toi et moi, nous allons rejoindre ma voiture, qui est bien plus spacieuse que la tienne, je suis désolé de te le dire. Et là, je te promets que tu vas adorer ce que je te réserve, crois-moi sur parole !

— Vas-y, continue pour voir... glissa-t-elle dans un susurrement alors que le jeune serveur déposait la commande passée par Yvan.

— Je vais te montrer que mes capacités ne s'arrêtent pas au tennis. J'ai vraiment envie de toi... Depuis que je t'ai vue l'autre jour, j'ai imaginé tellement de choses avec toi que là, tout de suite là, je rêve de mettre tout cela en pratique ! Tu me rends dingue, Laura !

— Tu es toujours aussi direct avec les femmes ? Je suis presque choquée, tu sais ?

— Tu me fais rire, ma belle. J'adore ça ! Je suis direct car tu m'allumes comme une belle garde et j'ai bien du mal à me maîtriser !

— Eh bien, Monsieur l'étalon en rut ! Commençons par dîner, ça va refroidir et moi, j'ai besoin de prendre des forces !

Après l'avoir rabroué à voix haute, Laura chassa le bras qui l'enserrait de plus en plus étroitement et sans attendre sa réaction, mordit à belles dents dans son sandwich. La bouche pleine et légèrement dégoulinante de sauce, elle le regarda. Le message qui éclaira son regard mit à son tour Yvan en appétit et il se rua finalement sur sa propre assiette.

Ils roulaient depuis quelques minutes. La nuit finissait de tomber. En démarrant, ils étaient convenus que le moment d'une escapade dans un endroit reculé était venu. Laura avait néanmoins refusé qu'il la tripote sur le parking du snack-bar.

— Roule au lieu de faire n'importe quoi, intima-t-elle en repoussant le buste d'Yvan qui se penchait vers elle.

Un cahot de la voiture causé par un changement de vitesse mal négocié par Ben-Aliouche l'incita à passer à l'action. Laura se redressa brusquement, le pistolet automatique à la main. Elle colla violemment l'arme contre le flanc de l'homme. Yvan sursauta et poussa un petit cri de terreur. Il baissa le regard pour identifier la source du coup reçu dans les côtes. Pour bien signifier qu'elle fixait désormais les règles, elle enfonça davantage et sans ménagement le canon de l'arme. Il fit une embardée sous la violence du choc, le lourd véhicule changea brutalement de file et la manœuvre fit danser tout l'habitacle. En une seconde, le rouge grivois de ses joues avait laissé place à une blancheur cadavérique. Il était pétrifié. Elle dut donner un nouveau coup avec le pistolet pour le faire émerger de sa torpeur.

— Réveille-toi, Ducon ! Concentre-toi sur la route !

Tiré de sa torpeur, il fixa les yeux sur la route qui défilait à grande vitesse.

— Laura ? Qu'est-ce que t…

— Ta gueule Yvan ! Je te conseille de pas faire le malin ! T'as pigé ?

D'une voix qui n'avait plus rien d'amicale, elle lui intima d'exécuter à la lettre les directives qu'elle allait donner. Il ne fit aucune remarque et se laissa guider. Elle lui indiquait les directions à prendre d'un mot. Il exécutait sans broncher. Il n'arrêtait pas de jeter des regards effarouchés vers sa passagère pour tenter de percer les intentions de cette femme. Elle lui indiqua une route secondaire fréquentée permettant d'accéder à la colline d'Amnéville. Il tenta d'entamer le dialogue, elle leva sa main armée en direction de son visage.

— Tais-toi ! Pas un mot ! Tu m'as suffisamment saoulée ce soir avec tes conneries !

Le mari d'Ayala se mit à sangloter instantanément. Sans lâcher le volant, il se protégeait comme un enfant derrière son bras droit. Le regard déjà cillant à l'idée du coup à venir.

— Je suis désolé, excuse-moi ! Je pensais franchement que tu en avais envie aussi, pleurnicha-t-il néanmoins.

— Putain ! Je t'ai demandé de te taire !

Yvan n'insista pas. Parvenu sur le plateau qui dominait la vallée de la Moselle, le véhicule emprunta un chemin forestier avant de stationner en plein milieu des bois. L'obscurité était totale et masquait le sourire carnassier qui éclaira le visage émacié d'Anna. Tout son être frissonnait du dénouement qu'elle réservait à ce porc.

Chapitre 4

Durant quatre journées, les enquêteurs travaillèrent avec un acharnement redoublé. L'identité de leur suspecte était troublante, les preuves scientifiques coupaient court aux questionnements et les gendarmes oublièrent vite les liens qu'ils pouvaient avoir eus encore récemment avec cette femme. Aucune empathie ne grevait leur détermination. Au contraire, au même titre que leur patron, ils se sentaient trahis par celle qu'ils accueillaient toujours à bras ouverts. Beaucoup lui en voulait et se disaient humiliés par son implication.

De leur côté, les gendarmes du GOS ne lâchèrent pas les semelles rouges d'Ayala Ben-Aliouche. Ils la filèrent dans le moindre de ses déplacements professionnels et privés. Très vite, la lieutenante Poupinat demanda un entretien avec le colonel Muret de la Croix-Sainte. Elle devait impérativement évoquer une découverte particulière faite par les équipes sur le terrain. Rien encore n'établissait vraiment une implication avec les meurtres, le GOS avait l'habitude de la traque de délinquants parfois passés maîtres dans l'art de de la dissimulation. Cette fois-ci, leur cible était visiblement douée car rien ne trahissait une quelconque métamorphose de la journaliste bling-bling en une tueuse patentée. Seule la relation adultérine qu'elle avait avec le commandant de la compagnie de gendarmerie de Thionville, et qui avait rapidement été mise à jour, jeta un trouble supplémentaire dans une enquête déjà kafkaïenne.

Les rendez-vous clandestins n'avaient pas échappé à la sagacité des GOSmen. Les amants se virent à deux reprises durant la période de surveillance. La première fois directement au domicile de Jean-Édouard Piatry et la seconde, dans un petit hôtel rural. Les photos prises par les gendarmes étaient explicites et aucune ambiguïté ne subsistait quant à la nature de leur relation.

En apprenant cette nouvelle péripétie, le colonel Muret de la Croix-Sainte laissa libre cours à son énervement. Jusqu'où cette enquête allait-elle le mener en rebondissements dignes de Clochemerle ? Une fois la lieutenante partie, il informa immédiatement les supérieurs hiérarchiques de l'officier thionvillois. Il leur revenait d'évacuer illico ce nouvel imbroglio. Pour sa part, les choses étaient claires ! Muret de la Croix-Sainte dirigeait une enquête judiciaire, pas une pièce de vaudeville. La relation entre la suspecte et le gendarme était un danger supplémentaire qu'il convenait de traiter sans désemparer.

Tout s'enchaîna. En arrivant à son bureau peu avant sept heures trente, le 22 avril 2015, Jean-Édouard Piatry reçut un appel téléphonique lui ordonnant de se présenter à neuf heures chez son supérieur, à Metz. Habitué à se rendre de manière hebdomadaire au chef-lieu de la gendarmerie mosellane, il avala un rapide café et effectua le trajet l'esprit relativement serein. Les sujets ne manquaient pas afin de justifier ce genre de convocation : gestion des subordonnés, affaires judiciaires en cours, annonce d'une mission particulière, ... Cela dit, le ton employé par son interlocuteur lors de l'appel et l'absence de référence à un dossier en cours, jetait un trouble certain sur la nature de cette convocation.

En pénétrant dans le bureau, Jean-Édouard comprit que cette fois-ci, la réunion n'allait pas être une partie de plaisir. Le colonel Bordurier, responsable des gendarmes de Moselle, ne présentait pas le visage affable qui était habituellement le sien. Au contraire, il lui réserva un accueil glacial, sommant l'officier d'attendre quelques minutes dans la salle de café contiguë, puisqu'ils allaient être reçus par le général Ravier en charge de la gendarmerie pour le grand quart nord-est de la France. Jean-Édouard avala difficilement sa salive. Il était particulièrement inhabituel pour lui d'être en contact direct avec une telle autorité et surtout de manière aussi énigmatique. Il sentit grossir une boule au creux de son ventre. Visiblement, le visage renfrogné de son chef, la réunion avec le général, tout cela n'était pas franchement rassurant. L'officier commença à réfléchir aux semaines écoulées, cherchant les éventuelles erreurs professionnelles qu'il avait pu commettre et qui pouvaient justifier un tel traitement. Qu'est-ce qu'ils pouvaient bien lui vouloir ?

Le général Ravier était accompagné par le colonel Muret de la Croix-Sainte et par le chef des ressources humaines de la région de gendarmerie. Un tel aréopage d'autorités lui confirma, dès son entrée dans le bureau, que ses appréhensions étaient justifiées. Un truc n'allait pas et un véritable tribunal semblait avoir été constitué à son intention. La matinée prit une tournure abominable pour l'officier de Thionville. Durant quarante minutes, il encaissa une série d'uppercuts qui le laminèrent.

Le colonel Muret de la Croix-Sainte présenta sans aucun ménagement les dernières avancées de l'enquête relative aux militaires assassinés. L'univers de Jean-Édouard s'effondra à l'instant précis où le nom de sa maîtresse fut énoncé. Terrassé psychologiquement, il s'affaissa littéralement dans le fauteuil qu'il occupait. Abasourdi par la nouvelle, incrédule malgré les éléments présentés, il était atterré par l'engrenage inéluctable des événements. Le choc fut insurmontable lorsque l'enquêteur exposa brutalement une photo le montrant enlacé à Ayala. Visiblement, on les suivait et il put immédiatement faire le lien entre le cliché et la rencontre l'avant-veille. Le souvenir de la robe à fleurs portée par Ayala était encore vivace. Le ton employé par le responsable de l'enquête exprimait clairement tout le mépris que ses chefs lui portaient pour avoir noué une relation avec une femme aujourd'hui sans doute considérée comme un des principaux ennemis publics français.

À l'issue de ce premier exposé, le général Ravier enchaîna sans laisser le moindre répit à Jean-Édouard. Le ton était aussi sec que celui de Muret Sainte-Croix. Jean-Édouard perçut même une dégradante condescendance dans les mots utilisés. Le général ne fit aucun effort pour l'épargner. L'officier fut contraint de boire le calice jusqu'à la plus infecte lie. Il fut froidement et très explicitement mis au fait des attentes impératives de la gendarmerie.

— Mon commandant, vous comprendrez aisément qu'au regard des circonstances, il nous revient, à nous votre hiérarchie, de décider de la suite à apporter. Comprenez-bien qu'à cet instant précis, vous ne vous appartenez plus ! C'est compris ?

— …

— Très bien ! reprit le général commandant la région. Aussi, tout ce que nous allons vous ordonner maintenant n'est pas sujet à questionnement ou remarque. Je vais être extrêmement trivial, mais je tiens à être parfaitement clair ! Vous allez ranger une bonne fois votre bite dans votre pantalon, et commencer à utiliser ce qui vous sert de cerveau ! Reçu ?

— …

Piatry ne parvenait même plus à prononcer un mot, se recroquevillant à chaque parole davantage encore dans le fauteuil, il recevait coup après coup, se contentant d'opiner de la tête.

Dans un premier temps, il allait immédiatement être formellement interrogé par les enquêteurs dans le cadre de l'implication de sa maîtresse. Le général fut limpide : soit il collaborait complètement avec la SR, soit il jouait au con. Dans ce cas, le colonel Muret de la Croix-Sainte placerait immédiatement l'intéressé en garde à vue et son statut changerait alors du tout au tout, entraînant dans son sillage, les conséquences judiciaires et médiatiques inéluctables.

— Avez-vous envie de rajouter, à la fange putride dans laquelle vous vous traînez déjà, une mise en examen pour complicité dans une affaire recensant déjà sept cadavres ?

Sans attendre, le général Ravier continua sur la même lancée en rappelant qu'il était formellement interdit d'avoir, dans les jours à venir, le moindre contact avec la suspecte. Il était demandé à Piatry, par ailleurs, de ne prendre aucune initiative vis-à-vis de la journaliste du *Lorrain Libéré*. Celle-ci ne devait, à aucun prix, avoir vent des investigations qui étaient en train d'être conduites. Il serait spécialement tenu pour responsable de la moindre anicroche et le général aborda de nouveau et de manière insistante les conséquences judiciaires induites.

Clairement, la hiérarchie de la gendarmerie lui intimait l'ordre formel d'abandonner sa maîtresse. Son honneur d'officier, –"ou ce qui en restait", se fit un plaisir de préciser de manière narquoise le général, devait lui permettre de comprendre les enjeux. Tout faux pas lui serait fatal. La gendarmerie comptait sur son discernement et sa conscience professionnelle.

Le responsable des ressources humaines prit à son tour la parole et présenta méthodiquement les deux uniques alternatives qui s'offraient à Jean-Édouard. Soit il obtempérait et la poursuite de sa carrière pourrait s'envisager sans trop d'incertitudes, mais il s'en doutait déjà, dans une autre région que la Lorraine. Soit l'officier se signalait par la moindre nouvelle faute de comportement et il serait alors immédiatement soumis à une enquête de commandement interne doublée d'une mise en cause immédiate pour entrave à une enquête. Les conclusions, une fois encore, n'avaient pas besoin d'être expliquées.

Afin de bien marquer le poids de l'épée de Damoclès qui était désormais suspendue au-dessus de sa tête, une lettre reprenant les éléments que le général venait de présenter fut placée sous les yeux de Jean-Édouard. Il dut la parapher. Il était désormais formellement avisé. Placé dans une situation personnelle inextricable, l'officier se contenta de hocher la tête positivement lorsque la question lui fut posée quant à sa bonne compréhension des choses. À l'inverse, il la secoua de droite à gauche lorsqu'il lui fut proposé de poser éventuellement une question.

Son supérieur direct, qui avait assisté muet à cette réunion percutante, prit enfin la parole. Le commandant de compagnie disposait encore d'un nombre élevé de jours de vacances. Il était immédiatement placé en congé pour une quinzaine de jours. Bien entendu, sa présence à Thionville n'était pas souhaitable durant cette période et il lui était fortement suggéré d'envisager un départ dans la journée vers le sud-ouest, sa région natale. Il était désormais persona non grata et il tardait visiblement à ses chefs de le voir disparaître au plus vite.

— Avant de quitter ce bureau, mon Commandant, vous me remettrez votre arme de service ! ordonna cérémonieusement le colonel Bordurier.

Quelques heures plus tard, en gare de Metz, Jean-Édouard montait dans un TGV en partance pour Paris. Il n'avait quasiment pas ouvert la bouche depuis l'instant où il avait quitté le bureau dans lequel, quatre heures durant, il avait été soumis à un flot incessant de questions de la part du colonel Muret de la Croix-Sainte. Tout avait été abordé de son histoire avec la journaliste.

Il avait dû établir un calendrier exhaustif de leurs dates de rencontre. Il se rendit compte que les interrogations portaient principalement sur les dates de passage à l'acte de la meurtrière. À un moment, le regard du colonel Muret de la Croix-Sainte s'était planté dans le sien. Sans aucune fioriture, l'enquêteur avait entamé la série des questions fatidiques.

— Avez-vous été surpris par les révélations qui viennent de vous être faites ?

— Avez-vous constaté un comportement verbal inhabituel, violent, injurieux de la part de madame Ben-Aliouche, notamment vis-à-vis du monde militaire ?

— Précisez-nous la nature des relations sexuelles que vous avez entretenues ?

— Avez-vous à un moment donné ressenti des doutes quant au comportement d'Ayala Ben-Aliouche à votre endroit ?

— Avez-vous assisté à des scènes, peut-être anodines à l'époque mais pouvant aujourd'hui être interprétées d'une autre manière ?

— Avez-vous ...

— Avez-vous ...

— Avez-vous ...

Jean-Édouard ne parvenait plus à retracer le fil des questions. Il avait répondu avec franchise, tentant réellement de présenter les faits avec l'objectivité attendue. Finalement, le colonel Muret de la Croix-Sainte avait quitté la pièce. Spécialiste de ce genre d'interrogatoire, Jean-Édouard savait pertinemment que le patron de la SR devait rendre compte de la teneur de leurs échanges au juge d'instruction. Le magistrat allait alors décider de la suite à donner. Un quart d'heure plus tard, un gendarme était venu lui dire qu'il pouvait partir. Il avait traversé les locaux la tête basse, sous le regard de la dizaine d'enquêteurs qui, à sa vue, avaient immédiatement stoppé ce qu'ils étaient en train de faire. Toutes les paires d'yeux s'étaient posées sur lui, ajoutant un poids supplémentaire au mal-être qu'il portait depuis le début de la journée. Personne n'avait pris la peine de répondre à son au revoir lancé à la cantonade en franchissant la porte.

À Thionville, il avait évasivement prétexté un problème familial urgent et avait confié la gestion de la compagnie à son adjoint, sans aucune autre explication.

Arrivé chez lui, dans cette maison où deux jours plus tôt il avait encore fait l'amour à cette femme, sur le lit qui portait encore les traces de leurs ébats passionnés, il avait jeté un sac de voyage et rapidement fourré les premières affaires qui passaient devant ses yeux, sans trop réfléchir.

Des questions sans réponse se bousculaient dans son esprit. Il ne cessait de se heurter à des murs que sa raison ne parvenait pas à franchir. Un cauchemar.

Comment cette femme totalement frivole et, selon lui uniquement encline à satisfaire ses désirs consuméristes et charnels, pouvait-elle être aussi le monstre sadique responsable de telles atrocités ? Il avait, de ses yeux, constaté les actes commis par la tueuse. Le corps récemment découvert dans la poubelle troublait encore son sommeil. Il savait la violence des sévices infligés. Comment avait-il pu ne pas détecter le moindre signal d'alerte ? L'avait-elle aimé ou seulement utilisé à des fins bien déterminées ? Dans l'esprit de cette folle dangereuse, était-il lui aussi appelé à finir éventré et le sexe coupé ? À aucun moment il n'envisagea une méprise. Il connaissait trop la manière dont la gendarmerie conduisait ses enquêtes pour croire à une erreur. Comment allait-il pouvoir surmonter cette situation ? Certes au niveau professionnel, il avait compris que quoi qu'il advienne, il serait rapidement muté de Thionville, il acceptait dès à présent cette décision. Il l'espérait même. Il lui tardait de quitter la boue dans laquelle il était englué ici. Plusieurs fois d'ailleurs, en succombant dans les bras de la journaliste, il avait craint de franchir une ligne rouge éthique qui ne pouvait que le conduire dans l'impasse. Il était rattrapé par ses travers. Tant pis pour lui !

Au niveau personnel, il était brutalement tombé des sommets où l'avait placée depuis des années sa confiance innée dans sa bonne étoile. Il se sentait pitoyablement ridicule et totalement humilié. Il devrait apprendre à dominer ses pulsions, ses envies. Cette course au plaisir qui le guidait dans ses relations personnelles ne pouvait plus être poursuivie. Le résultat actuel était un avertissement d'une rare brutalité. Brûler la bougie des deux bouts ! L'expression de sa mère lui revint en tête alors qu'il s'installait dans le TGV.

Affalé dans le siège, les yeux perdus sur le spectacle offert par le quai de gare, Jean-Édouard était en train de se promettre le strict respect de cette résolution lorsque son téléphone vibra.

Ayala @ Jean-Edouard : Envie de toi ! T'as pas un moment aujourd'hui ? Suis à Thionville à quinze heures. A.

Jean-Édouard sentit la bile lui brûler l'estomac et seuls des efforts inouïs l'empêchèrent de se précipiter vers les toilettes du wagon pour vomir sa panique. Fébrilement, retenant péniblement ses haut-le-cœur, il ouvrit le capot de son téléphone et arracha la puce électronique de l'emplacement qu'elle occupait sous la batterie. D'un geste furieux, sous le regard vaguement anxieux de la vieille dame qui occupait le siège à côté de lui, il plia la carte en deux et la fit disparaître dans la corbeille métallique.

Le train démarra lentement. Jean-Édouard avait l'impression d'être un condamné, un bagnard exilé loin de chez lui. L'ostracisme de ses pairs le marquait d'une tache indélébile. Son monde, ses certitudes venaient d'être balayés en quelques heures.

En regardant les faubourgs populaires de Metz défiler sous ses yeux éteints, il se demandait s'il possédait la force intérieure suffisante pour surmonter cette mauvaise passe.

Chapitre 5

Ayala était fatiguée d'une nouvelle nuit sans sommeil. Son téléphone n'annonçait pas encore six heures du matin, et pourtant il lui semblait qu'elle était réveillée depuis des heures. La veille, durant une bonne partie de la journée, elle n'avait cessé de laisser des messages sur le téléphone de Jean-Édouard. Elle n'avait plus aucune nouvelle de lui. Chaque appel donnait systématiquement lieu au déclenchement automatique de la boîte vocale. Elle était passée la veille à Thionville, les volets de sa villa étaient clos et son adjoint, qu'elle avait questionné innocemment à l'occasion d'un rapide passage dans les locaux de la gendarmerie, avait été évasif, évoquant un départ précipité pour des raisons personnelles.

Encore cette nuit, dans son insomnie, elle avait tapé plusieurs Sms à l'attention de son amant. Aucune réponse. Elle ne savait même pas si les messages lui parvenaient, s'il les lisait. Son désir de le voir avait peu à peu laissé place à la crainte qu'il ne lui soit arrivé quelque chose. Désormais, la colère lui emplissait le cœur. Elle l'aurait volontiers giflé s'il était apparu devant elle. Il était à elle ! Elle n'avait jamais imaginé qu'il puisse l'abandonner ou la larguer sans aucune explication.

Emmitouflée sous la lourde couette, Ayala se tourna une nouvelle fois. Elle tira sur le bas de sa courte chemise de nuit qui ne cessait de remonter et l'agaçait prodigieusement par les plis inconfortables qui se créaient alors. De son côté, Yvan non plus n'était même pas rentré depuis trois jours. Encore un autre qui disparaissait ! Elle avait bien reçu son long Sms deux jours plus tôt expliquant qu'il était appelé pour une intervention chirurgicale très particulière en Belgique. Lui non plus ne répondait plus à ses appels. Elle s'inquiétait et lorsqu'elle avait appelé l'hôpital pour joindre la secrétaire du service, les doutes avaient été confirmés. Eux non plus n'avaient pas de nouvelles, à part un mail laconique expliquant qu'il devait s'absenter plusieurs jours et qu'il convenait de reporter tous ses rendez-vous. Elle avait tourné et viré dans l'immense maison vide, trompant son désœuvrement un verre à la main, arpentant sans but les pièces désertées. Elle avait passé un long moment, assise sur le lit d'Yvan. Elle avait même un peu fouillé dans ses affaires, sans vraiment savoir pourquoi, sans même chercher quelque chose en particulier. Par ennui ! Elle était certaine qu'il était avec une femme. À deux reprises déjà par le passé, après une dispute conjugale, il avait filé sans explications rejoindre la maîtresse du moment. Pourtant cette fois-ci, Ayala envisageait le pire. Sa décision était prise, demain, elle irait au commissariat de police faire part de ses inquiétudes. La tête un peu vaseuse après les trois verres bus d'une traite, elle s'était glissée dans son lit, peu avant une heure du matin. Certaine que cette nuit encore, le sommeil ne viendrait pas. Elle était à bout de nerfs.

Dans un demi-sommeil, elle perçut vaguement un bruit sourd et sec. Un craquement en fait, comme celui produit par une planche en bois qui se briserait. Elle n'ouvrit pas les yeux. La fatigue accumulée les jours derniers la plaçait dans un état second. Et puis parfois, certains matériaux de la maison produisaient de tels bruits. Rien d'inquiétant selon son mari. De toute manière, elle ne distinguait plus vraiment la césure entre la réalité et les rêves trop vite expédiés lors de ses rares périodes d'endormissement.

Pourtant, elle tendit l'oreille. Elle entendait clairement des piétinements et avait l'impression que des personnes se déplaçaient rapidement au rez-de-chaussée. Soudain, elle se redressa. Des gens montaient l'escalier en courant. Elle percevait le glissement de leurs semelles sur les marches cirées.

— Yvan ? Yvan ? C'est toi ? Tu es rentré ? hurla Ayala, terrifiée.

Elle ferma les yeux, aveuglée par une lampe torche éblouissante braquée sur son visage.

Et puis l'enfer se déchaîna. Des cris ! Des hurlements où elle peina à distinguer le mot « gendarmerie » répété à plusieurs reprises. Des mains puissantes arrachèrent la couette. Des bras la saisirent, la jetèrent hors du lit et la plaquèrent au sol sans ménagement. Un poids énorme l'écrasa, lui enfonçant le visage dans le tapis épais. Ses épaules se vrillèrent lorsque ces monstres lui tirèrent les bras en arrière et lui entravèrent les poignets à l'aide d'un lien qui lui blessa la peau. Terrifiée, Ayala hurlait. Elle ne voyait rien, la pièce était toujours plongée dans l'obscurité et seuls des traits de lumière blanche, aveuglante, balayaient parfois le décor qu'elle peinait à reconnaître, collée au sol, les yeux emplis de larmes.

Elle perçut quelques mots à travers un grésillement, identique à celui émis par les radios FM lorsqu'il fallait chercher une station en pleine campagne. Et puis trois mots hachés par une voix grave, à quelques centimètres de son oreille.

— Objectif neutralisé. RAS.

Quelques secondes suivirent ce « rien à signaler » et quelqu'un actionna l'interrupteur. Les spots halogènes du plafond diffusèrent leur lumière chaude.

Les bras qui la maintenaient immobilisée sur le tapis, la soulevèrent sans ménagement. Il lui sembla qu'elle n'était qu'un fétu de paille dans les mains de géants tant elle décolla du sol. Ayala se retrouva assise dans le fauteuil de velours noir qui occupait un coin de sa chambre. La pièce était emplie d'une dizaine de soldats. Des hommes casqués, harnachés sous des équipements guerriers, les mains encombrées d'armes à feu équipées de petits projecteurs puissants qui continuaient à l'aveugler en croisant son regard. Leur visage, dissimulé par une lourde visière transparente, n'apparaissait que partiellement. Seuls leurs yeux perçaient à travers les fentes des cagoules qui les rendaient anonymes, tous similaires, robots imperturbables. Toutes blanches, les lettres GIGN barraient le dos de certains hommes.

Une main puissante était verrouillée sur son épaule, empêchant tout mouvement de sa part. Elle baissa la tête et s'aperçut que la fine bretelle de sa nuisette avait été déchirée. Le lien rompu pendait, entraînant avec lui le fin triangle de soie censé dissimuler son sein gauche. Son téton dénudé haletait, marquant les difficultés qu'elle avait à endiguer la panique qui était la sienne.

— File-moi le pull ! éructa l'homme qui l'immobilisait à l'attention d'un autre.

Un assaillant se pencha au niveau de la chaise renversée par leur intrusion et qui barrait la porte d'entrée. La veille au soir, sur le dossier du siège, elle avait déposé en tas les vêtements portés. Le gendarme s'approcha d'elle. Le fin pull en cachemire blanc semblait un minuscule vêtement de poupée dans les mains de cet homme imposant.

— Levez-vous, Madame, lui dit-il avec une voix étrangement douce et posée.

Il lâcha la longue arme qu'il portait de l'autre main et avec des gestes presque délicats, enfila le pull sur la tête d'Ayala. Une fois les cheveux passés à travers l'ouverture, il prit soin de bien ajuster le vêtement de laine pour masquer la nudité partielle qui était la sienne.

À travers la visière, son regard se posa dans celui d'Ayala. Elle remarqua le bleu magnifique des yeux de ce soldat.

— Tout à l'heure, vous pourrez vous habiller, ne vous

inquiétez pas, madame, lui expliqua-t-il doucement.

La quiétude qui émanait de cet homme tranchait avec l'allure guerrière qu'il présentait. Elle s'effondra en larmes.

Quatre hommes en civils apparurent à la porte de la chambre. Ayala fut presque soulagée de découvrir le visage du colonel Muret de la Croix-Sainte. Pourtant celui-ci avait perdu l'amical entregent qui était le sien lorsqu'ils se croisaient habituellement. Après avoir relevé la chaise et ramassé les habits pour entrer, il resta en retrait, observant la scène, les bras croisés. Il portait lui aussi un court gilet pare-balles noir.

Un autre homme plus âgé s'approcha d'Ayala.

— Bonjour Madame, je suis le lieutenant Picard de la Section de Recherches de Metz. Vous êtes bien madame Ayala Goldberstein épouse Ben-Aliouche ? demanda-t-il d'une voix forte.

La journaliste était trop tendue pour pouvoir répondre. Elle se contenta de hocher la tête mécaniquement.

— Très bien ! Madame Ben-Aliouche, nous sommes le 23 avril 2015, il est exactement six heures passées de six minutes. Vous êtes placée en garde à vue pour le meurtre de Paul-Valéry Valentin, déclama-t-il. Je vais maintenant vous expliquer les droits qui sont les vôtres en tant que personne gardée à vue. Vous acquiescerez à chaque fois pour bien signifier que vous avez compris. C'est clair ? Vous êtes prête ?

Ayala regardait, sans comprendre, cet homme bedonnant et grisonnant lui expliquer ce à quoi elle pouvait prétendre. Les mots glissaient sur elle. Avocat, information, médecin, prévenir une personne ? Elle hochait la tête d'une manière mécanique, chaque fois que l'homme arrêtait l'évocation obligatoire des possibilités qui s'offraient à elle.

La scène se brouillait de manière indéchiffrable. Elle gardait le souvenir précis de son écran de téléphone qui annonçait cinq heures cinquante-huit. Le gendarme venait de lui expliquer qu'il était six heures six. Seules huit courtes minutes séparaient du moment présent cet instant où elle se tournait dans son lit, hagarde de fatigue et de colère. Pourtant Ayala avait l'impression que toute une vie venait de se dérouler. Elle était perdue. Les hommes en combinaison sombre avaient quitté la pièce. Seul l'un d'entre eux se tenait à côté d'elle, pour la surveiller. Quel danger représentait-elle à leurs yeux ? Quand bien même elle l'aurait voulu, que pouvait-elle contre eux ? Elle n'avait même pas la force de se lever.

L'homme en face d'elle continuait à parler. Sa voix ne lui parvenait qu'à travers un écran de coton. Elle entendait les mots, les percevait de manière atténuée mais sans comprendre la raison de l'intrusion de ces flics.

À plusieurs reprises, au cours des années précédentes, elle avait été autorisée à assister à des interpellations matinales. À chaque fois, la brutalité de ces scènes l'avait marquée, presque effrayée. Elle se demandait si, aujourd'hui, elle présentait elle aussi le visage ahuri et perdu qu'elle avait alors observé, avec une certaine pitié, chez ces hommes et femmes tirés brutalement de leur sommeil. Elle se rappelait ces odeurs âcres d'intimité, ses draps froissés, ses yeux vitreux, ses bouches aux commissures blanchies par la salive de la nuit. Était-elle à son tour cet animal débusqué par une horde de chasseurs, acculé dans un bosquet et qui attend, dans la peur, l'hallali ?

Le lieutenant Picard passa la main devant les yeux d'Ayala.

— Eh oh ! Madame Ben-Aliouche ! Vous m'écoutez ?

Elle reprit pied dans la réalité et opina d'un coup de menton.

— Très bien, je vous pose à nouveau la question, souhaitez-vous faire appeler un avocat en particulier ou recourez-vous à un conseil commis d'office ?

Pour la première fois, les lèvres d'Ayala s'animèrent et un court souffle, inaudible, sortit d'elle.

— Mmmmm Mmmm...

— Pardon ?

L'homme se pencha vers elle.

— Maître Marguerite, murmura-t-elle à nouveau.

— Très bien, nous allons le prévenir de votre interpellation. Pour le moment, Madame Ben-Aliouche, vous allez pouvoir vous habiller. Une collègue va vous accompagner. Vous faites vite par contre ! On a encore pas mal de choses à faire !

Julie Demery apparut dans le champ de vision d'Ayala. Elle ne l'avait pas encore remarquée. La gendarme portait son uniforme bleue et le col de sa polaire sombre était remonté jusqu'à son cou. De ses doigts gantés de latex, elle retira l'entrave qui liait ses poignets et aida Ayala à se lever. Elle dut la guider jusqu'au cabinet de toilettes. Ayala avait l'impression d'avoir perdu tous ses repères. Elle aurait été bien incapable de retrouver seule le chemin de la salle de bain et du dressing. Le visage que le miroir lui renvoya était celui d'une étrangère. Les yeux rougis par les pleurs, les traits tirés, les cheveux emmêlés, la femme qui se reflétait dans la glace n'avait rien de la belle quadragénaire toujours apprêtée avec soin.

Voyant qu'Ayala restait plantée devant le lavabo, Julie lui ordonna d'une voix sèche de s'activer. Elle désigna le jean récupéré sur le sol dans la pièce voisine.

— Dépêchez-vous ! Enfilez ça !

Finalement, la gendarme dut se résoudre à aider la journaliste qui paraissait incapable de s'habiller seule. Comme une mère avec un enfant, elle fit glisser sa nuisette et lui fit passer les bras dans les manches du pull qui la couvrait toujours. Au bout de quelques minutes, les deux femmes sortirent. Ayala était à nouveau entravée par une paire de menottes. Julie l'avait aidée à enfiler le jean et des ballerines rouges découvertes au pied d'un placard.

— Madame Ben-Aliouche !

La voix du lieutenant Picard fit sursauter Ayala.

— Nous allons procéder à une perquisition de votre domicile. Vous comprenez ? Nous allons fouiller toutes les pièces de la maison. Vous serez présente avec nous. On va commencer par ici. Vous pouvez vous asseoir mais par contre vous regardez bien ce qui se passe. Ok ? Si vous pensez que certains éléments ici peuvent nous intéresser, dites-le-moi tout de suite. Nous gagnerons tous du temps.

Un tout petit oui répondit. Ayala se laissa tomber sur le fauteuil et assista à la fouille de toute son intimité.

L'adjudante Demery et deux de ses collègues ouvraient les placards, les tiroirs. Leurs doigts palpaient les fines étoffes de ses vêtements, leurs mains déplaçaient les piles de lingerie, secouant une à une chaque pièce pour mettre la main sur d'éventuels « je- ne-sais-quoi », pensa Ayala.

Durant les trois premières heures de la perquisition, rien ne fut découvert. L'étage et le rez-de-chaussée de la maison ne révélèrent pas grand-chose. Ayala avait obtenu l'autorisation d'aller aux toilettes. Julie Demery l'avait accompagnée. Pour la première fois depuis l'école maternelle, Ayala avait fait pipi devant quelqu'un. Les gendarmes l'autorisèrent également à boire un verre d'eau. Sa bouche pâteuse semblait incapable de contenir plus longtemps sa langue gonflée par la soif. À peine l'eau ingurgitée, elle vomit dans un spasme, éclaboussant tout le plan de travail de la cuisine.

Les enquêteurs étaient prévenants. Ils agissaient sans aucune sympathie mais prenaient soin de lui parler calmement, poliment.

Les minutes passant, les demi-heures s'accumulant,

Ayala avait fini par retrouver une certaine forme de contenance. L'hébétude avait laissé place à une résignation mêlée d'incompréhension.

À plusieurs reprises, le lieutenant Picard l'interrogea à propos de cet homme. Ce Paul-Valery Valentin ! Bien sûr qu'elle savait qui il était. Elle avait assisté de loin à leurs investigations lors de la découverte du corps, cloîtrée comme ses collègues journalistes derrière le cordon de sécurité infranchissable. Elle avait ensuite rédigé les articles qui relataient cette mort. Main non ! Elle ne lui avait jamais parlé, ne le connaissait pas. Peut-être l'avait-elle croisé lors d'une réception officielle à Thionville, mais rien de plus. Ils faisaient erreur.

Comment pouvaient-ils l'associer au meurtre affreux de ce militaire ? Ils savaient bien qu'elle avait couvert les premiers jours d'enquête. Elle avait développé dans plusieurs articles les ramifications qui liaient cet acte à la série des autres assassinats.

Pensaient-ils vraiment qu'elle était responsable de tous ces crimes ? Ils la connaissaient depuis si longtemps, comment pouvaient-ils se fourvoyer de la sorte ?

Elle savait que le temps des explications viendrait plus tard, dans leurs locaux. Pour l'heure, elle assistait passivement au retournement de toute sa maison, pièce après pièce. Elle tentait de rassembler de manière cohérente les éléments qu'elle percevait par bribes.

Julie Demery aida Ayala à descendre les marches raides qui conduisaient au sous-sol. Le froid fit frissonner la journaliste. Elle aida les enquêteurs à trouver l'interrupteur en leur indiquant sa position. Autant en finir le plus rapidement possible après tout. Les néons du plafond clignotèrent quelques secondes avant d'illuminer le vaste espace encombré. De longues étagères métalliques s'alignaient contre les cloisons. Ayala ne venait jamais dans cet endroit qu'elle trouvait lugubre. Elle avait toujours eu peur des caves. Yvan et la femme de ménage se chargeaient du rangement des provisions et des courses qui s'empilaient sur une partie des rayonnages. Le reste était un amoncellement de boîtes et de cartons de toutes sortes et de toutes tailles. Une partie de sa vie de couple était rangée à l'intérieur. Des souvenirs, des choses inutiles qu'il aurait été plus simple de jeter mais qu'ils continuaient à empiler là, par facilité, au cas où.

Les quelques gendarmes chargés de la perquisition débutèrent à nouveau leur lent travail de recherche. Les cartons étaient ouverts les uns après les autres et leur contenu contrôlé plus ou moins précautionneusement. La tâche paraissait sans fin. Peu après onze heures, les enquêteurs passèrent à la petite pièce sans ouverture qui servait de débarras. Outre l'armoire électrique, le cagibi servait également de remise. De vieilles armoires métalliques avaient été installées. Elle se rappelait avoir aidé Yvan à les disposer lors de leur emménagement. Ayala était assise sur une caisse en fer qui, de mémoire, contenait les chaussures de ski. La tête penchée en avant, elle jouait avec le bout de sa ballerine et dessinait des arabesques sur le sol poussiéreux.

Elle sursauta lorsque la voix de Julie Demery retentit.

— Bingo !

La gendarme était montée sur un petit escabeau trouvé dans la pièce précédente. Elle fouillait le dessus des armoires recouvertes d'un bric-à-brac hétéroclite. Elle descendit les marches en tenant, à bout de bras, une caissette métallique de petites dimensions qu'elle venait d'ouvrir. Elle la présenta directement au colonel Muret de la Croix-Sainte qui discutait dans la pièce précédente. Il s'était avancé, curieux, en entendant le cri de la jeune femme.

Du bout des doigts, l'adjudante sortit un pistolet. Elle le tenait par la crosse et le présenta à Ayala Ben-Aliouche.

— C'est à vous ? demanda le lieutenant Picard.

Incrédule, Ayala mit du temps à recouvrer la mémoire. Elle se rappelait vaguement les discussions envenimées avec son mari, dix ou douze ans plus tôt. Un soir, il était rentré du travail avec cette arme achetée auprès d'un patient soigné à l'hôpital. Un mec au passé un peu douteux, avait précisé Yvan. À plusieurs reprises, Yvan avait émis l'hypothèse d'acquérir une arme à feu. À l'époque, plusieurs maisons du voisinage avaient été cambriolées et dans l'une d'entre elle, la propriétaire avait même été molestée. Les riverains avaient vécu plusieurs mois dans la peur, mais les faits s'étaient arrêtés sans que les auteurs ne soient jamais interpellés, se rappelait-elle. À la vue de ce pistolet, elle avait hurlé sa désapprobation. Elle refusait la présence de ce truc dans sa maison. Une arme à feu ! Qui plus est, acquise sous le manteau ! Il était fou ! Lassé de l'opposition de son épouse, Yvan avait promis de se débarrasser de l'arme et ils n'en avaient jamais plus discuté. Elle lui avait fait confiance. À tort visiblement !

Ayala regardait l'adjudante Demery manipuler l'arme. Face au mur, la gendarme effectuait un certain nombre de gestes dont la compréhension échappait totalement à Ayala. L'objectif était de s'assurer que l'arme ne présentait pas de danger : retrait du chargeur, manœuvre de la culasse. La gendarme finit par déposer l'arme sécurisée dans la caissette, non sans l'avoir portée auparavant à hauteur de son nez.

— Il faudra vérifier mais à mon sens, elle a servi il y a peu de temps, affirma-t-elle péremptoire.

Ayala perdit son sang-froid. Elle hurla. Elle en avait ras-le-bol de cette mise en scène démoniaque.

— Arrêtez vos conneries ! J'en ai ma claque de vos

insinuations à la con ! Cela fait au moins dix ans que je n'ai pas vu ce truc. Je pensais que mon mari l'avait jeté, cria-elle. Il avait promis à l'époque...

Une main ferme s'abattit sur son épaule et la força à s'asseoir à nouveau.

— Calmez-vous, Madame ! Pas besoin de vous énerver... De toute manière, vous savez pertinemment que l'on posera la question à votre mari ! Dès que nous aurons réussi à le contacter.

La fouille reprit. L'ardeur des enquêteurs paraissait avoir été décuplée par la découverte de l'arme.

Alors qu'ils semblaient avoir terminé, un gendarme ouvrit un dernier contenant découvert sous de lourdes piles de vieilles revues médicales datant de plusieurs années. Il s'agissait d'une glacière bleue. Un de ces vieux modèles en plastique rigide datant de la fin des années quatre-vingt. Ayala se rappelait quelques lointains pique-niques dominicaux en compagnie d'amis. Yvan stockait alors les bouteilles de vin rosé ou les bières dans cette antiquité moche et encombrante.

L'homme retira le couvercle.

— Putain de merde ! lâcha-t-il, en reculant brutalement et en portant sa main au visage.

Les autres gendarmes approchèrent. Ils eurent tour à tour le même mouvement de dégoût en découvrant le contenu de la glacière.

Ayala sentit son cœur s'arrêter. Qu'avaient-ils encore découvert ? Bon sang, mais qu'est-ce qu'ils allaient encore lui mettre sous le nez ?

L'homme qui avait ouvert la caisse, se ressaisit et se pencha en avant pour en extraire le contenu. Ayala entendit le son caractéristique d'objets en verre qui se heurtaient. Le gendarme extirpa un bocal et le présenta à bout de bras. Julie Demery approcha une lampe torche nimbant l'objet d'une lumière blanche puissante qui traversa le contenu opaque. Il s'agissait d'un contenant utilisé traditionnellement par les ménagères pour conserver des aliments en conserve. À la lueur de la lampe, Ayala apercevait ce qui semblait être un morceau de viande, flottant dans un liquide d'une couleur jaunâtre, relativement dégoûtante.

Le gendarme se rapprocha d'elle.

— Et ça ? C'est aussi une de nos conneries ? demanda-t-il, l'œil torve.

Ayala mit quelques secondes à comprendre la nature du morceau de chair. Puis, elle réalisa et poussa un cri de dégoût.

Un sexe d'homme flottait. Elle reconnaissait la forme de la verge et les bourses flasques des testicules. Des touffes de longs poils bruns étaient collées à la peau au niveau d'une affreuse plaie à la chair brunâtre et gonflée.

Ayala détourna le regard. Malgré son ventre vide, elle eut un haut-le-cœur et ne put s'empêcher de vomir de la bile. Penchée en avant pour cracher, elle continuait d'entendre les voix des gendarmes.

— Il y en a six autres, finit par annoncer Julie Demery.

Ayala porta ses mains au niveau de ses oreilles pour tenter d'arrêter le cauchemar. Elle vomit une nouvelle fois. Cette fois-ci, l'écœurement causé par la vision du sexe tranché avait laissé place à de la peur. Une peur viscérale. Elle sentait le froid des mâchoires de fer se refermer sur elle. Un piège la happait implacablement. Elle était acculée et pour le moment, rien ne semblait arrêter sa chute dans l'ignominie.

Chapitre 6

Ayala sanglotait doucement. Roulée en boule sur l'immonde matelas gris, elle était exténuée. Le temps semblait s'être figé. Toute trace de la vie qui était encore la sienne quelques heures ou jours plus tôt, elle n'aurait plus su le dire, avait disparu. Elle vivait dans un état second. En dépit des odeurs pestilentielles qui émanaient de la couche, elle avait fini par s'allonger en réprimant les nausées causées par la saleté du lit. Ses muscles ne la tenaient plus. Malgré la fatigue accumulée, elle ne parvenait pas à trouver le sommeil. Depuis son arrestation, elle n'avait pas réussi à fermer l'œil une seule minute. Elle avait également refusé les aliments proposés sachant qu'elle n'aurait rien pu avaler. Le goût de la bile vomie la veille empoisonnait encore sa bouche. Constatant le délabrement de son état physique général, les gendarmes chargés de la garde à vue avaient fait intervenir à deux reprises un médecin généraliste. Celui-ci n'avait pas indiqué de contre-indications médicales à la poursuite de la mesure. Son calvaire perdurait.

Trois coups frappés sur la lourde porte métallique lui apprirent qu'on venait la chercher. Dans un réflexe incroyable d'adaptation, son corps enregistrait les règles du nouvel univers. Elle qui ignorait tout de ces rituels, voilà qu'elle régissait désormais d'instinct. Elle se redressa et s'assit au bord du lit, les mains sur les genoux adoptant la posture que l'on attendait d'elle. La clé tourna dans les deux serrures et la porte s'ouvrit, amenant un bol salutaire d'air non vicié, presque frais.

Le lieutenant Picard se tenait dans l'entrebâillement de la porte. Il contemplait l'étroite cellule aux murs peints en gris. La seule source de lumière naturelle filtrait à travers les quatre carreaux de verre scellés au mur du fond. Par habitude, sans même se soucier de la nécessité, il actionna depuis l'extérieur la chasse d'eau de la chiotte à la turc qui occupait un angle de la cellule.

Il tendit à Ayala un gobelet de plastique fumant.

— Café ! Prenez-le, Ayala ! Franchement, vous en avez besoin.

Elle secoua la tête en signe de refus.

— Comme vous voudrez, mais vous n'êtes pas raisonnable, rétorqua-t-il en aspirant une gorgée du breuvage. Allez, venez ! On y retourne !

La journaliste se leva. Elle sortit en traînant ses pieds nus frigorifiés et enfila les ballerines qui l'attendaient à l'extérieur. Une fois chaussée, elle se retourna et présenta ses mains jointes au gendarme. D'un geste assuré, il emprisonna ses poignets dans les menottes et lui fit un geste du menton pour la prier d'avancer.

Ayala connaissait le chemin désormais. Elle ne se rappelait plus combien de fois elle l'avait déjà parcouru depuis son arrivée ici.

Elle monta les quelques marches et s'avança dans le hall du bâtiment. Le soleil brillait par la baie vitrée. En traversant le court espace inondé de lumière, elle sentit même la chaleur lui caresser la peau. Le lieutenant Picard la devança pour ouvrir une porte et elle dut grimper les deux étages conduisant aux locaux du groupe d'enquête. Quelques semaines plus tôt, elle avait été reçue ici-même. Ils lui avaient alors longuement présenté l'objet en fer forgé. Elle avait ri avec certains d'entre eux, siroté paisiblement le café servi par le colonel Muret de la Croix-Sainte. Certaines vieilles connaissances l'avaient embrassée en la croisant, comme une vieille copine. Ils étaient du même bord alors.

Aujourd'hui, ces mêmes hommes et femmes la

toisaient hostilement. Elle n'était plus des leurs. Elle était l'adversaire, celle après qui ils couraient depuis plusieurs mois, voire plusieurs années pour certains. Ils savouraient ostensiblement leur plaisir. Ils l'avaient enfin prise dans leur nasse. Elle était à leur merci. Ils avaient gagné.

Non pas que quiconque fut impoli avec elle, ni même agressif. Non, bien au contraire, aucun d'entre eux n'avait eu de gestes ou paroles déplacés. Les auditions étaient bien loin des images d'Épinal véhiculées par certaines séries policières ou qui faisaient parfois les gorges chaudes de la rédaction du journal. À aucun moment, elle n'avait eu peur d'être frappée. À aucun moment, elle n'avait été injuriée ou bousculée. Elle entrait dans une pièce, s'asseyait sur la chaise métallique installée face à un bureau. Les gendarmes formulaient alors des questions, les unes après les autres, certaines anodines, d'autres complètement orientées sur les meurtres. Ils tapaient à l'ordinateur. Elle répondait ou pas. Leurs doigts sur le clavier actaient la moindre de ses réponses ou mentionnaient ses silences.

Non, aucune hostilité vraiment ! Les seuls cris avaient été de son fait. Elle s'était brisée la voix à leur hurler qu'ils se trompaient. Elle n'était pour rien dans toute cette mascarade. Ils la connaissaient depuis combien d'années pour douter ainsi d'elle ? Rien ne les ébranlait. Ni ses véhémentes crises, ni ses larmes sincères.

Ses éructations avaient été stoppées net, annihilées par leur démonstration implacable, répétée à plusieurs reprises. Ils ne pouvaient pas douter d'eux-mêmes et de leurs conclusions puisque, scientifiquement, tout était établi ! À plusieurs reprises, le colonel Muret de la Croix-Sainte avait assisté à des auditions. Il se tenait alors debout, les bras croisés, fixant son regard sur la journaliste. Impassible, il n'avait pas adressé un seul mot à Ayala et son visage ne reflétait aucune émotion.

Le lieutenant Picard, qui était toujours présent dès lors qu'elle était interrogée, avait sorti des documents d'un classeur plein à craquer. Il lui avait présenté des diagrammes incompréhensibles mais qui prouvaient que, techniquement, son ADN était le même que celui découvert sur l'homme trouvé dans la poubelle à Thionville. Le mort avait arraché trois cheveux de son agresseur avant de succomber. Et ces cheveux étaient ceux d'Ayala. Fin de la démonstration.

Il lui avait ensuite montré une empreinte digitale, puis une autre, l'invitant à remarquer leur similitude. Des petits points rouges avaient été positionnés pour faciliter cette comparaison. Et oui ! Il s'agissait bien de son index ! Et oui ! Ce doigt avait été en contact avec la balle qui avait blessé ce même homme ! Elle avait beau jurer que, jamais de sa vie, elle n'avait eu un pistolet entre les mains. Comment les convaincre réellement de sa bonne foi ? Deuxième démonstration implacable.

Quelques heures plus tôt, il lui avait porté le coup de grâce en lui expliquant avec force détails techniques, que l'examen de l'arme trouvée à son domicile était terminé. Le lieutenant lui avait révélé qu'il s'agissait bien du pistolet qui avait tiré la munition à Thionville. La démonstration de trop pour Ayala.

Son avocat, lui-même, avait hoché la tête, dubitatif, lorsque les gendarmes avaient porté les faits reprochés à sa connaissance. Visiblement, cet ami de quinze ans du couple Ben-Aliouche paraissait sous le choc et bien incapable d'apporter le moindre réconfort à sa cliente. Il n'avait d'ailleurs que très peu discuté avec Ayala, se contentant de quelques questions sur son état, sur les conditions matérielles de la garde à vue. Il avait presque détalé en lui affirmant qu'ils se reverraient rapidement, qu'elle devait tenir, s'accrocher. Certes mais à quoi, puisque tout lui filait entre les doigts ?

La suspecte avait demandé si elle pouvait appeler son mari. Elle se faisait du souci. Aucune réponse de la part des gendarmes.

Ayala avait capitulé devant tous ces rebondissements la mettant en cause. Il lui était impossible de se défendre face à une telle logique. L'arme, la balle, l'empreinte, les cheveux ! Elle-même ne pouvait que reconnaître l'évidence des accusations qu'ils portaient. À toute autre place que la sienne, elle aurait aussitôt voué un tel coupable aux gémonies. Elle aurait crié au loup, usant de tous les fils que son métier lui offrait pour clouer au pilori la suspecte idéale qu'elle était.

Le lieutenant Picard s'assit à nouveau en face d'elle. Il embaumait l'après-rasage. Ayala regarda l'heure à la pendule du bureau. Midi et demi. La petite encoche dateuse annonçait un vingt-quatre. Vingt-quatre avril. Cela faisait donc près de trente heures qu'elle était là. Elle sentait mauvais. Sa dernière douche remontait désormais à plus de quarante-huit heures. Tout son corps empestait. Son haleine était affreuse, lourde et ses dents sales. Jamais, elle n'avait été dans un tel état physique. Lorsqu'une femme gendarme la conduisait aux toilettes, elle fermait les yeux en passant devant le miroir du point d'eau. Elle refusait l'idée même de se voir. Elle n'était pas cette loque ! Elle n'était pas cette suspecte idéale que l'on traînait dans la boue et que bientôt, on allait enfermer à tout jamais. Car c'était bien cela qui l'attendait. Quoi d'autre ?

L'officier lui expliqua calmement qu'elle allait être conduite à l'hôpital. Le juge d'instruction avait prescrit un examen psychiatrique afin de déterminer si elle commettait tous les actes reprochés en ayant la conscience de ses faits et gestes.

Puisqu'elle s'évertuait à ânonner à chaque réponse qu'elle n'avait rien à voir avec tout cela, le magistrat souhaitait l'expertise d'un médecin spécialiste afin de déterminer si une pathologie pouvait expliquer l'inexplicable. Elle se raidit à l'annonce de cette visite médicale. L'hôpital ! Forcément celui de Metz ! Tous les amis d'Yvan travaillaient là-bas. Elle-même connaissait des dizaines de médecins ou d'infirmières pour les avoir côtoyés, certains avaient sans doute été ses hôtes. Elle refusait de croiser le moindre visage connu. Ils ne pouvaient pas lui imposer cette nouvelle épreuve. Son regard se fit suppliant.

Le lieutenant Picard détecta son malaise et anticipa.

— Nous avons pris la peine de vérifier, le docteur qui va vous recevoir ne vous connaît pas. Ni votre mari, d'ailleurs. Soyez sans crainte ! Si vous le souhaitez, nous pourrons dissimuler votre visage lors des trajets.

Les conclusions de cet examen levèrent toute hypothèse d'altération de ses facultés mentales. Ayala était parfaitement saine d'esprit. L'intéressée soupira de soulagement. Elle avait fini par croire à sa propre folie. Soulagée. Face aux accusations visiblement fondées, elle avait douté d'elle-même. Peut-être était-elle malade et atteinte d'une forme de schizophrénie ? Elle avait couvert des cas similaires d'hommes ou de femmes qui, un beau jour, pétaient les plombs et sombraient dans une folie meurtrière. Mais non ! Elle n'était rien de tout cela. Durant quelques minutes, elle vécut ce diagnostic comme une libération. Désormais, les enquêteurs ne pouvaient pas faire autrement que de la croire. Elle était cohérente et leur affirmait que tout cela n'était qu'une machination. Ils allaient comprendre leur erreur.

Et puis le couperet du raisonnement inverse tomba, laminant tout espoir sous son implacable logique. Ils avaient maintenant la certitude médicale que cette femme dissimulait sciemment l'horreur de ses gestes. Non seulement, les preuves matérielles l'accablaient, mais désormais, ils étaient confortés dans l'idée qu'elle leur mentait ouvertement en s'enferrant dans un silence stérile. Son attitude fuyante valait accusation. Elle n'était plus une folle pouvant être exonérée d'une part de responsabilité ! Non, elle n'était bien qu'une impitoyable tueuse qui agissait froidement et qui fuyait délibérément sa mise en cause.

La suite de sa garde à vue lui prouva qu'elle avait vu juste. Pour la première fois, le discours tenu se muscla. Le lieutenant Picard quitta l'air bonhomme qui était le sien. Son énorme voix retentit dans les locaux, paralysant Ayala plus inquiète que jamais. Les quarante-huit heures légales de la mesure de garde à vue arrivaient à leur terme et l'officier de police judiciaire voulait des résultats. Les temps de repos se raréfièrent. Les questions se firent plus pressantes. Ayala se mura dans un mutisme imperturbable. Elle ne prononça plus un mot. Elle était piégée mais comment faire comprendre une vérité aussi vacillante ?

Face au visage empourpré du lieutenant excédé, elle tentait de réfléchir. Qui pouvait chercher à lui nuire si ce n'était le véritable auteur des faits ? Son métier l'avait habituée à cette recherche de la vérité. Mais pour avancer sur la voie, il lui aurait fallu être à l'air libre, disposer de ses contacts, de son ordinateur, de tout ce qui faisait sa vie d'avant. Maintenant, elle n'était plus la journaliste réputée pour sa ténacité, la chasseuse capable de pister de longues journées durant la vérité. Elle n'était plus que l'ombre de cette femme-là. Une simple épave sale et malodorante, totalement désarmée !

Afin de pousser la gardée à vue dans ses retranchements, les enquêteurs avaient décidé de la confronter à la réalité de ses actes. À cette fin, durant près d'une heure, deux gendarmes avaient constitué une frise abominable. Sur un long mur de bureau, ils avaient ainsi affiché trente-cinq photos. Cinq par assassinat. Au-dessus de chaque série, une page imprimée présentait sobrement l'identité du militaire et la date des faits.

Ayala fut contrainte de passer de longues minutes devant chaque photo. Le lieutenant Picard posait alors avec insistance un certain nombre de questions visant à faire réagir l'auteur supposé de ses crimes.

Il commençait systématiquement son laïus par des propos identiques. Égrenant la macabre liste.

— Caporal-chef Amadou Tioré, port de Strasbourg, mai 2012.

— Sergent Jérémie Vandoustarski, chapelle de Rouffach, janvier 2013.

— Soldat Frédéric Durandi, chantier de construction d'école à Epinal, juillet 2013.

— Adjudant Yohann Schneidermann, parc Japiot à Verdun, février 2014.

— Sous-lieutenant Jérôme Pitiot, aérodrome d'Etain, mai 2014.

— Soldat Mohammed Larbi, dans un champ à Vigy, novembre 2014.

— Chef d'escadron Paul-Valéry Valentin, à son domicile, avril 2015.

Pour chaque nom évoqué, l'enquêteur commençait par désigner une photo présentant l'homme encore bien vivant. Souvent souriant et détendu, ignorant qu'il deviendrait ce cadavre abominablement saccagé représenté par les autres clichés judiciaires. Un homme noir écartelé entre deux arbres, le torse marqué de brûlures. Un jeune blondinet pendu la tête en bas. Un troisième couché sur une dalle de béton dans un chantier, le tronc perforé par un pieu imposant. Ou encore cet autre, dans un jardin public, pendu à l'échelle d'un toboggan. Celui-là encore, ligoté à une aile d'avion. Cet homme d'origine maghrébine, incroyablement musclé, lui aussi pendu mais cette fois-ci à un poteau électrique. Pour le dernier, elle avait assisté de loin à la scène, cet homme trouvé dans une poubelle. Partout la même sauvagerie. Des ventres ouverts, béants d'entrailles. Ces entrejambes systématiquement mutilés avec violence. Ayala traversa l'horreur de chacune de ces scènes. Ainsi ils l'accusaient, la pensaient capable d'avoir commis toutes ces abominations. Le lieutenant Picard enchaînait. Utilisant les menottes passées dans le dos de la suspecte pour la faire roquer d'une série à l'autre. Et puis les questions. Ritournelle sans fin. Comprendre pourquoi? Comment elle avait choisi lui plutôt qu'un autre? Pourquoi retirer le sexe? Quelle signification derrière l'éviscération? Pourquoi? Quand? Comment? Pourquoi? Pourquoi? Pourquoi?

Ayala ne répondait pas. Le visage fermé. Elle descendait marche après marche vers l'enfer qui lui était destiné.

En quittant le lieutenant Picard après cette interminable confrontation, Ayala pensait qu'elle avait touché le fond. Pourtant, elle découvrit avec horreur que le destin lui réservait encore des tours maléfiques. Son agonie n'avait pas encore pris fin.

Deux gendarmes qu'elle n'avait pas encore rencontrés vinrent la chercher dans la cellule. Moins de vingt minutes s'étaient écoulées, depuis que le lieutenant, exaspéré, avait claqué la porte derrière lui.

Les deux hommes la firent monter une nouvelle fois au second étage. Leur bureau était moins grand que celui dans lequel elle était habituellement interrogée.

D'emblée, ils la poussèrent à regarder des clichés maintenus sur un tableau blanc par des petits aimants. La couleur enfantine et gaie de ces supports ronds tranchait avec l'horreur des scènes représentées. Un magma noir, difficile à reconnaître. Les restes d'une grosse voiture visiblement. Elle les regarda sans comprendre.

— Hier soir, le 23 avril donc, vers vingt heures, deux joggeurs ont découvert la carcasse calcinée d'une voiture, dans un bois à proximité du golf d'Amnéville. Vous connaissez ? interrogea le plus jeune des deux gendarmes.

— Comme tout le monde ! Forcément ! répondit presque sèchement Ayala.

— Tout le monde, Madame, rétorqua le gendarme visiblement irrité par le ton employé, n'utilise pas ces bois pour mettre le feu à une voiture.

— …

— Eh oui ! Vous deviez vous attendre à ce que l'on vous en parle un jour ou l'autre, mais c'est fait ! On l'a découvert !

— Qui ? se contenta de murmurer tout doucement Ayala, anxieuse à l'idée de ce qu'ils allaient encore asséner. Malgré la sécheresse qui semblait s'être emparée de tout son corps au cours des dernières heures, Ayala sentit une larme rouler le long de sa joue.

— Pas une petite idée ? Non ?

Le même gendarme l'empoigna brusquement et la propulsa sans aucun ménagement devant le tableau blanc recouvert de clichés. Sa main lui tordait douloureusement le biceps pour la forcer à regarder une photo en particulier.

Ayala écarquilla les yeux. L'image représentait l'intérieur de la voiture brûlée. Elle distinguait assez aisément le squelette métallique et rond du volant. Le reste de l'habitacle était un amalgame de matières noires informes. Le gendarme apposa son doigt sur une seconde photo.

— Et ça ?

Une forme chevelue était déposée sur un banc en bois.

— Et ça ?

Le doigt du gendarme tapa violemment sur un troisième cliché.

Ayala s'approcha et fixa les yeux sur le détail que pointait l'enquêteur. Un gros plan d'une masse légèrement arrondie émergeait. Au centre, elle finit par remarquer une fente, figée dans un rictus abominable. Des dents. Une mâchoire. Une tête humaine ! Il lui montrait une tête !

— Ayala Ben-Aliouche, je vous présente Yvan Ben-Aliouche, ou du moins ce qu'il en reste ! hurla-t-il dans l'oreille de la journaliste. Ce bon vieux Yvan à qui vous avez tiré une balle dans la tête avant de la lui couper ! Espèce de malade !

Le militaire sentit le bras de la femme se raidir lorsqu'elle comprit ce qu'il venait de lui cracher au visage. Après cette crispation, les dernières forces abandonnèrent Ayala et elle s'écroula lourdement sur le sol de la pièce. Le gendarme se pencha sur elle et tenta par quelques claques de la ramener à elle. Son collègue courut dans la pièce voisine appeler les secours.

Chapitre 7

Anna souffla d'un coup sec pour chasser l'eau de son nez. Ses doigts parcoururent son visage pour ôter les mèches de cheveux que l'eau avait ramenées sur ses yeux. Le bain était brûlant. Elle prit une nouvelle inspiration et se laissa glisser à nouveau le long de la paroi de faïence. La tête immergée, elle jouissait de la volupté procurée par l'environnement aquatique. À court d'oxygène, elle émergea et cette fois-ci, s'installa plus confortablement. Elle comptait bien profiter du bain réparateur, moment de douceur et d'abandon amplement mérité. Ses mains caressaient machinalement la peau douce de son ventre. Seule sa tête sortait de l'eau. Elle pouvait rester des heures ainsi, à jouir de l'enveloppe caressante d'un bain parfumé.

La semaine avait été longue et éreintante ! Mais tellement excitante ! Elle avait réussi à gérer admirablement chaque étape du scénario. Désormais avec le recul et la satisfaction du résultat, elle souriait béatement à l'évocation de ses talents de marionnettiste. Ils avaient tous été des pantins ridicules entre ses mains.

Ce soir, elle avait survolé les gros titres de la presse nationale. Tous les sites internet des journaux titraient sur la détention provisoire d'Ayala Ben-Aliouche. Les journalistes, pourtant habituellement si prompts à protéger les membres de leur confrérie, clouaient unanimement leur consœur au poteau d'exécution. Les éditorialistes avaient tous fait œuvre de grandiloquence pour décrire le monstre qu'était cette femme. Aucun ne doutait de la culpabilité de cette dernière. Ils se délectaient même de sa perversité. Certains l'avaient côtoyée personnellement, ils pouvaient ainsi se rassasier de leur propre évaluation, de leurs souvenirs partagés, de leur certitude absolue.

Les propos tenus par le juge d'instruction Diosberger lors de la conférence de presse de l'après-midi étaient repris dans tous les articles. Les preuves matérielles circonstancielles étaient accablantes. Même si elle s'était refusée à toute explication lors des quarante-huit heures de garde à vue, les indices découverts tant sur les lieux du dernier crime qu'à son domicile criaient une vérité irréfutable. Peu importait qu'il revienne dans quelques mois à une cour d'assises de la juger et donc de la désigner aux yeux de tous comme coupable si réellement elle le méritait, peu importait la notion de présomption d'innocence ; elle était déjà coupable et exécutée médiatiquement ! Elle avait assassiné froidement ces jeunes soldats et avait fini par retourner l'arme contre son propre mari.

Pour l'heure, le juge avait confirmé que seule la tête de Ben-Aliouche avait été retrouvée. Les recherches continuaient pour découvrir le corps supplicié.

Les évocations du mobile différaient en fonction des rédacteurs des articles. Puisque aucun élément n'avait été fourni par la justice, la plupart des journalistes échafaudaient scénarios et hypothèses. Les conjectures allaient bon train. De nombreux experts sollicités par les médias interprétaient à leur manière les statistiques en matière de criminalité féminine.

Seul, *Le Lorrain Libéré* tranchait par sa une. Un simple mot : « Pardon ». Une longue chronique du rédacteur en chef suivait ce titre délibérément sentimentaliste. Le supérieur de la journaliste présentait des excuses tous azimuts. Pour avoir donné la parole à cette Ben-Aliouche et construit la ligne éditoriale du quotidien sur le seul point de vue de cette femme. Pour avoir été lui-même incapable de comprendre le double visage de sa collaboratrice. Pour avoir présenté comme des vérités acquises les mensonges qu'elle égrenait au fil de ses articles. Pour avoir enfin bafoué la confiance des lecteurs du journal en leur donnant à lire les horreurs de ce monstre. Un récent entrefilet repris par tous les sites d'information en ligne annonçait que l'auteur du mea culpa s'était pendu en fin de journée dans les toilettes des bureaux de la rédaction. Victime collatérale d'une affaire qui n'avait visiblement pas fini de secouer le sérail mosellan.

Anna sourit à l'évocation de cette conclusion épique. Le jeu était si excitant. Elle lançait les dés et constatait avec délectation que les résultats pouvaient dépasser ses plus heureuses estimations ! Tout s'était bien enchaîné et le hasard lui avait même permis de brouiller les pistes !

Cette fois-ci, Anna avait pris son temps et découvert la victime idéale en la personne de ce cher et romantique Paul-Valéry Valentin. Elle avait pris un plaisir incroyable lors de cette cohabitation. Il était si naïf et si attentionné. Découvrir le vrai visage de sa belle l'avait plongé dans un désarroi qu'elle avait observé avec un exquis plaisir. Il était mort, annihilé par sa propre naïveté. Après le fiasco du dernier passage à l'acte au pied du pylône, Anna avait pu pleinement savourer le délice du trépas contrôlé de Paul-Valéry. La mise en scène de la poubelle lui avait été imposée par la configuration des lieux. Et finalement, cette solution de pis-aller s'était révélée grandiose. L'homme renvoyé au rang de l'ordure qu'il était intrinsèquement ! Les journalistes s'étaient alors surpassés pour décrire l'horreur de la scène. Anna en gloussait encore de satisfaction.

Le reste avait été d'une incroyable facilité. Le meurtre du sieur Ben-Aliouche avait été le fruit d'un improbable coup du sort. Elle avait su retourner à son avantage la mauvaise surprise qu'il lui avait réservée en la surprenant dans la cave. Cette mort était un de ces clins d'œil offert par le destin. Jamais envisagée mais contribuant pleinement à la légende. Elle contribuait à enfoncer encore plus profondément la journaliste dans la boue de sa culpabilité. Le signe que l'action rédemptrice s'inscrivait positivement dans la course du monde.

Partie 8
Bas les masques !

Chapitre 1

Thierry Massilon glissa centimètre après centimètre. Le plus lentement possible, par une longue reptation dorsale, il se rapprochait du bord du matelas. Avec d'infimes précautions, il souleva le bras qui barrait son buste et s'efforça de sortir de l'étreinte, sans réveiller sa partenaire. Lorsqu'il fut debout, il resta quelques secondes au bord du lit. Ses lèvres esquissèrent un sourire gourmand et il laissa ses yeux se gorger de la silhouette qui reposait encore entre les draps. Les filles doivent avoir un sixième sens, rit-il en lui-même. Même endormie profondément, la jeune femme semblait avoir pris le soin d'agencer chaque partie de son corps comme pour composer une ode à la féminité. Le tableau offert était sublime. Une véritable pose d'artiste. Les longs cheveux dorés formaient une belle auréole sur l'oreiller. La sensualité qui émanait des boucles blondes était un atout essentiel du charme de la femme endormie. Déjà haut dans le ciel en ce milieu de matinée, le soleil osait quelques rayons à travers la barrière du rideau roulant. Ils baignaient la chevelure, entourant le visage endormi d'un vaporeux nuage de reflets presque scintillants.

Les traits étaient apaisés. Les lèvres légèrement entrouvertes semblaient une invitation aux baisers; avant de sombrer dans le sommeil, il avait épanché sa soif de désir à la fontaine de cette bouche. Les fines parois du nez busqué palpitaient à chaque expiration. Les paupières closes portaient encore les traces d'un maquillage sombre, bien malmené au cours des dernières heures et qu'elle n'avait pas pris la peine de retirer avant de s'endormir. La fine membrane rehaussée de longs cils frissonnait parfois au rythme de ses rêves clandestins.

Les yeux de Thierry s'attardèrent longuement sur les

seins qui dardaient dans la lumière tamisée. Leur courbure happait la lumière du soleil, se nimbant d'un subtil jeu d'ombres qui mettait en valeur leur forme et la peau de porcelaine. Ils se soulevaient lentement au rythme du souffle de la dormeuse. La veille au soir, il s'était enivré de la texture ferme de cette poitrine. La bouche aimantée aux tétons, il les avait mordillés longuement, goûtant avec extase leur dureté naissante, symbole du plaisir qu'il prodiguait. Sa langue avait découvert chaque centimètre de cette peau suave, hâlée et légèrement parfumée. Un drap blanc recouvrait le reste du corps de la jeune femme. Seule une jambe pliée formait un mont et échappait ainsi en partie au drapé impalpable du coton froissé.

Le vernis vert émeraude qui recouvrait les ongles de ses orteils formait une touche de couleur harmonieuse. Thierry remarqua pour la première fois, le large anneau d'argent, frappé de motifs géométriques, qui enserrait le second orteil du pied découvert.

Il était sensible à ce discret symbole féminin. Il s'était toujours émerveillé de la touche charmante que les plus raffinées de ses anciennes partenaires parvenaient à apporter dans les plus légers détails de leur tenue ou dans le soin qu'elles portaient à leur silhouette. En la matière, sa nouvelle maîtresse semblait être une source sans fin de surprises exquises.

À regret, il quitta la chambre sur la pointe des pieds. Il veilla à tirer la porte derrière lui, laissant à sa compagne la possibilité de dormir tout son saoul. Entièrement nu, il rejoignit lentement la cuisine. L'appartement portait encore les traces de leur folle entame de soirée. Thierry ramassa les vêtements qu'il portait la veille ainsi que ceux de la jeune femme. Suivant le jeu de piste de ses vêtements abandonnés çà et là, il s'amusa à reconstituer à rebours leur cheminement érotique. Après avoir roulé sur le canapé du salon, ils avaient fini par parcourir, enlacés, les quelques mètres qui les séparaient de la chambre à coucher. Chaque coin, chaque meuble avait été l'occasion d'étreintes fougueuses. Ils s'étaient mutuellement déshabillés, semant les vêtements qui s'obstinaient à masquer leur corps. Une sandale traînait devant la porte de la chambre, une autre trônait au milieu du couloir, la courte robe blanche formait un tas clair au milieu du tapis dans le salon. Quant au string, il ne parvint pas à le retrouver. Les mystères de la passion en quelque sorte ! Il secoua les habits avant de les disposer, du mieux qu'il put sur le coussin du fauteuil club. Son propre jean, ses chaussettes et son caleçon avaient été jetés, en passant, dans la corbeille à linge sale.

Thierry descendit le store roulant de la cuisine. Il ne tenait pas à apparaître en tenue d'Adam si quelques curieux s'amusaient à observer sa fenêtre. Il brancha la machine à café et se fit couler une longue tasse.

Enfin ! La veille au soir, ils avaient, enfin, pu vivre pleinement leur relation. Depuis le 1er août 2015, Julie Demery n'était plus une des subordonnées directes du lieutenant Massilon. Un an jour pour jour après son affectation à Guénange, la jeune femme avait obtenu d'être mutée à la section de recherches de Metz. Ses excellentes prestations lors de l'enquête sur les meurtres de militaires avaient grandement facilité et accéléré cette décision. Le colonel Muret de la Croix-Sainte avait apprécié l'implication constante de cette gendarme. Son travail en tant que technicienne d'identification criminelle avait été déterminant à plus d'un titre. Aussi, l'officier messin, désormais libéré du poids de cette enquête dantesque, avait appuyé très positivement la demande émise par l'adjudante Demery.

Dans une semaine, elle commencerait une nouvelle vie professionnelle. Pour l'heure, Julie profitait de quelques jours de vacances. Pour l'année à venir, elle conserverait son appartement à Guénange. L'adjudante continuerait à vivre ici et effectuerait quotidiennement les allers-retours jusqu'à Metz. Les deux amants avaient accueilli cette nouvelle avec un plaisir non dissimulé. La mutation de l'adjudante l'éloignait physiquement de l'unité de Guénange et permettait ainsi de rompre la règle tacite qui interdisait au lieutenant de nouer une relation amoureuse avec un subordonné. Ils avaient bien l'intention de profiter de cette liberté recouvrée.

En mai dernier, dans la semaine qui avait suivi l'incarcération d'Ayala Ben-Aliouche, Julie avait été rendue à la brigade de Guénange. Seuls quelques enquêteurs messins continuaient à travailler sur la poursuite des investigations liées aux agissements de la tueuse. L'enquête était entrée dans une phase finale moins pesante. Les gendarmes se contentaient, sous la direction du juge Diosberger, de clôturer certaines vérifications. Le groupe d'enquête avait donc maigri drastiquement et était désormais uniquement piloté par le lieutenant Picard chargé de mener à son terme ce qu'ils appelaient dans leur jargon la "queue de commission rogatoire" en référence à la queue de comète.

Le commandant de brigade de Guénange avait été soulagé de retrouver sa subordonnée. Le détachement avait été long et chaque absence individuelle pesait directement sur la charge de travail de ceux qui restaient. Il avait apprécié de pouvoir croiser à nouveau plusieurs fois par jour cette femme qui enflammait son corps et son esprit.

Il avait souffert de son absence. Suite au dîner partagé en février, il avait constaté, avec plaisir, une évolution de leur relation même s'ils n'avaient pas eu l'occasion de se retrouver autrement que pour des raisons de travail. Alors même, donc, qu'aucun rapprochement ne s'était produit, leur proximité sautait déjà aux yeux et à plusieurs reprises, le lieutenant Massilon avait surpris, involontairement, des discussions entre gendarmes. Ne se doutant pas qu'ils étaient entendus, ils évoquaient ouvertement « la copine du lieut » en parlant de l'adjudante Demery. Visiblement, Julie et Thierry faisaient les gorges chaudes de la petite communauté à laquelle ils appartenaient tous deux. Les conséquences de cette vie encasernée étaient parfois bien lourdes.

Quelques jours après le retour à plein temps de Julie à Guénange, le lieutenant Massilon avait profité d'un passage de la jeune femme dans son bureau. Il avait fermé la porte et s'était jeté à l'eau. Il avait lu la surprise sur son visage. Elle avait été prise de court par cette nouvelle invitation lancée, le regard bien planté dans les yeux de Julie. Sans trop d'ambages, il lui avait proposé de l'accompagner à Metz le dimanche suivant. Début mai, le centre Pompidou, enclave messine du fameux musée parisien inauguré quelques années plus tôt, proposait une exposition dédiée à une artiste française internationalement renommée. Thierry s'était promis de découvrir cette expo sans doute magnifiée par l'architecture atypique du lieu. Julie avait accepté avec entrain l'idée de cette virée culturelle.

Le jour dit, Thierry avait attendu la jeune femme au pied de son véhicule. Il avait senti le charme féminin agir dès son apparition. Le chignon haut dévoilait la finesse du cou et libérait les traits de son visage. Le maquillage sombre et marqué soulignait la ligne de ses yeux déjà mise en valeur par la coiffure stricte. Le rouge à lèvres vif tranchait sur la peau faiblement hâlée de Julie. Elle avait revêtu un short marron et des collants opaques. Des bottes d'une teinte légèrement plus sombre finissaient d'agrandir les jambes par des talons qui, à chaque pas, martelaient le sol d'un claquement sec. Un blouson en cuir noir complétait cette tenue décontractée. L'homme habitué à l'austère tenue militaire de Julie avait été séduit par l'allure de sa partenaire. Les légères épaulettes de la veste de cuir renforçaient agréablement la carrure de ses épaules.

Elle était divine ! Et il lui avoua d'entrée de jeu, dès qu'elle s'assit à ses côtés. Déstabilisée d'emblée par une telle déclaration, elle rougit. Malgré cette gêne initiale, ils ne cessèrent de discuter durant le trajet. La file d'attente qui serpentait sur près de cent mètres à l'entrée du musée leur permit de prolonger les échanges. Les rayons du soleil matinal avaient laissé place à une pluie fine qui contraignait le couple à se serrer sous le parapluie de Julie. À plusieurs reprises, la promiscuité créée avait rapproché leurs corps. Ils se souriaient alors, intimidés par les élans produits par ces contacts, le plus souvent involontaires. Tout d'abord un peu affolé par la peur d'être rabroué, Thierry hésitait de moins en moins à accompagner chaque mouvement de la file d'attente par un geste invitant courtoisement Julie à avancer. Au bout de quelques sauts de puce, il prit même le parti de laisser sa main s'attarder quelques secondes sur l'épaule de la jeune femme.

L'exposition fut inégalement appréciée. Thierry avait toujours été amateur d'art contemporain et il s'enthousiasma. Il resta de longues minutes, muet, admiratif devant les œuvres exposées. Il semblait avoir totalement oublié l'environnement bruyant et bruissant qui régnait tout autour de lui et était dithyrambique, assommant la jeune femme de commentaires enthousiastes sur la qualité picturale de certaines pièces. Julie, de son côté, fut rapidement indisposée par cette foule pressante qui envahissait chaque mètre carré des salles. Elle fit part à Thierry de son léger malaise et apprécia de retrouver le grand air. Même si Thierry aurait bien passé quelques heures supplémentaires dans la chaleur moite des vastes pièces, il n'avait pourtant fait aucun commentaire.

Ils avaient fini la journée dans un pub du centre-ville de Metz. Une passion commune les réunissant autour de la *Beamish*, cette bière brune fortement alcoolisée et brassée en Irlande qui les avait grisés. À la nuit tombante, ils avaient quitté l'établissement mais ni l'un ni l'autre n'avaient envie de rejoindre le parking souterrain où attendait la voiture chargée de les ramener dans leur appartement respectif.

Désormais enlacés sous le parapluie, ils avaient affronté les bourrasques de pluie et arpenté les rues de la vieille ville. Le printemps tardait à s'installer. La pluie et des températures encore bien basses pour ce mois de mai ne les dérangeaient pas. Les pavés glissaient d'humidité, les flaques scintillaient des lumières de la ville. Collés l'un à l'autre, ils se sentaient bien. Leur chaleur corporelle partagée les empêchait de frissonner sous les rafales de pluie. Place de l'opéra, alors qu'ils cheminaient le long des murs imposants du vieux temple protestant, le talon de Julie avait glissé sur un pavé fourbe. Thierry la sentit vaciller. D'un geste brusque et maladroit d'empressement, il lâcha le parapluie pour rattraper la jeune femme. En un instant, ils se retrouvèrent l'un en face de l'autre, fermement liés par les bras puissants de l'homme. La pluie drue ruisselait sur leur visage. Entre deux fous-rires incontrôlables, elle le remercia. Le cocasse de la situation les ravissait. Il riait également de bon cœur. De manière irrésistible, leurs lèvres gourmandes se rapprochèrent et se goûtèrent pour la première fois. Ce baiser laissa place à d'autres plus appuyés. Leurs langues débridées se découvraient, leurs lèvres avides se happaient. Les gouttes de pluie s'immisçaient entre eux sans oser les séparer.

Plus tard, ce soir-là, ils retrouvèrent les plaisirs des émois d'adolescents. Maladroitement installés dans l'habitacle de la voiture de Thierry, leurs doigts impatients se caressaient. Humides de la pluie, échauffés par leur excitation montante, ils exhalaient une moiteur qui couvrit rapidement les vitres de la voiture d'une buée prompte à dissimuler leur flirt. Leurs mains ne se quittèrent qu'à l'entrée de la brigade de Guénange. La gendarmerie et ses règles s'imposèrent à eux sans qu'ils ne s'en aperçoivent. Ils grimpèrent dans un silence complice les quelques marches desservant les logements. Un simple et rapide baiser du bout des lèvres en guise d'au revoir et Thierry écouta, sans bouger, le martèlement des bottes de Julie grimpant au deuxième étage. Il n'enfonça les clés dans la serrure de son appartement qu'après avoir entendu la porte se refermer sur la jeune femme. Il dormit mal cette nuit-là. Trop énervé, trop excité, trop plein d'un bonheur auquel il n'osait plus croire.

Enfin ! Il avait enfin franchi le pas. Désormais, il en était certain, la vie allait lui sourire. Il s'impatientait déjà à l'idée des prochains rendez-vous. Cette femme qui l'obnubilait depuis des mois était enfin à lui. Il se promit de tout entreprendre pour la conserver le plus longtemps possible.

De manière tacite, le couple trouva des palliatifs naturels pour contourner les interdits et la discrétion qu'ils affichaient publiquement. Hors de question pour Julie de séjourner trop régulièrement dans l'appartement du lieutenant. Impensable pour lui de flirter ouvertement ou de laisser libre cours à leur nouvelle proximité. Seuls quelques sourires rapidement échangés, seuls quelques Sms adressés clandestinement auraient pu trahir leur relation amoureuse naissante aux yeux d'observateurs avertis. Ils continuèrent à travailler de concert sans rien changer aux habitudes de leur unité.

Après cette première soirée, quelques escapades en fin

de semaine leur permirent d'afficher librement leur envie de l'autre. Ils prenaient alors la peine de partir séparément et se donnaient rendez-vous à quelques kilomètres de Guénange.

Il leur fallut attendre trois semaines, et leur premier week-end ensemble, pour renouer avec la fougue de leur désir. Dans une chambre d'hôtel, à Luxembourg Ville, ils se découvrirent nus. Leur première nuit ensemble fut une longue succession d'étreintes. L'amour, pour leur première fois, fut rapide, presque expédié tant leur désir ne pouvait être retenu plus longuement. Ils jouirent trop rapidement pour pouvoir assouvir leur besoin de l'autre. Une fois ce premier coït expédié, ils s'attardèrent et prirent le temps, profitant avec ravissement de la joie de préliminaires désormais mieux maîtrisés. Il frémit d'aise à l'écoute des longs gémissements de sa partenaire. Sa peau se couvrait d'une chair de poule fulgurante lorsqu'elle jouissait entre ses cuisses. De son côté, elle comprit rapidement les attentes de cet homme et ses goûts sexuels. Elle parvint vite à le satisfaire en l'emmenant vers les sommets de volupté dont il ne se rassasiait jusqu'alors qu'en rêve.

La veille au soir donc, le 2 août, pour la première fois, ils avaient passé la soirée puis la nuit chez lui. Ostensiblement, sans avoir besoin de se dissimuler à la vue des autres familles de la caserne. Puisque leurs rapports hiérarchiques avaient été administrativement défaits, ils pouvaient s'afficher au grand jour. Un curieux hasard faisait coïncider les deux dates. Un an plus tôt, jour pour jour, le lieutenant recevait en entretien l'adjudante Julie Demery nouvellement mutée.

Nu, il était appuyé contre le plan de travail de la cuisine, une tasse de café à la main, lorsque Julie fit son apparition. Les rêveries de Thierry s'interrompirent. Elle avait pris la liberté de revêtir la chemise blanche qu'il portait la veille au soir. Ouverte, le vêtement dissimulait à peine la nudité radieuse de la jeune femme. Les pans du tissu glissaient sur la courbe de ses seins, dévoilant avec sensualité le brun de ses aréoles. La blondeur de la toison de son sexe se dessinait au bas de son ventre en un fin triangle d'or. Il découvrait avec émotion les charmes d'une intimité rêvée et fantasmée depuis de longs mois. Il n'oserait jamais lui avouer mais des dizaines de fois au cours de l'année écoulée, il s'était caressé, jouissant seul entre ses doigts, sur ce même matelas qu'elle venait de quitter, les yeux clos pour mieux se figurer leurs ébats oniriques. Julie lui sourit en entrant dans la pièce. Seuls ses cheveux ébouriffés trahissaient le récent réveil. Ses traits étaient reposés. Les reliques de son maquillage donnaient à son teint une coloration raffinée. Ses yeux cernés de mascara par les outrages de leurs ébats ne parvenaient pas à l'enlaidir. Dieu qu'elle est belle, se murmura Thierry. Elle s'approcha de lui et l'embrassa timidement. Ses lèvres ne se résolvaient pourtant pas à l'abandonner si vite. Elles se firent plus entreprenantes, fières d'être accueillies si goulûment. Câline, Julie posa sa tête contre son torse poilu. Collée à lui, sans avoir encore prononcé la moindre parole, elle profitait de l'instant vécu. Les bras ballants le long de son corps, elle caressait du bout de ses ongles verts la cuisse de son amant. Thierry frémit sous cette chatouille, incapable de résister à l'appel de la chair. Aucunement gêné, il sentit son sexe se gonfler, insatiable du désir qu'elle lui procurait. Bientôt fièrement dressé, son membre turgescent s'agitait, impatient de s'offrir. Les mains de Thierry caressaient Julie. Glissés dans l'épaisse toison de ses cheveux blonds, cinq de ses doigts massaient le cuir chevelu. Les cinq autres, délicatement déposés sur le galbe des fesses de la jeune femme, glissaient sur la peau douce, procurant à chaque mouvement une onde de plaisir le long de la colonne vertébrale de la jeune femme. Levant les yeux vers lui, elle esquissa un sourire. Sans un mot, sans que leurs yeux ne se quittent, elle s'agenouilla lentement à ses pieds. Le sexe dressé de l'homme battait au rythme de l'emballement causé dans son sang. La bouche délicate de Julie s'ouvrit lentement pour happer l'envie de son homme. Ses mains montèrent le long des cuisses tendues de Thierry et vinrent caresser son torse, jouant avec les poils bruns qui le recouvraient.

Il poussa un long soupir de bien-être. Les lèvres de Julie couraient sur toute la longueur de son sexe. Il finit par apposer les mains sur les cheveux de la jeune femme, l'incitant par une pression imperceptible à l'avaler plus encore. Tout au long de la nuit, la bouche avait rapidement pris l'habitude de son sexe. Ce matin, la caresse était divine, précise par son raffinement, insoutenable par ses taquineries.

Finalement, sentant son désir le submerger, il se retira d'elle. Il voulait l'associer à son plaisir et ne concevait pas autrement son orgasme. La main dans celle de la jeune femme, il l'attira contre la table de cuisine et l'aida à s'asseoir au bord du plateau de bois. Il la pénétra lentement malgré son désir irrépressible. Elle s'arqua et ses jambes musclées vinrent enserrer le corps de l'amant. Ainsi liés, ils jouirent dans une parfaite harmonie. Elle, ses propres mains rivées à ses seins durcis par l'excitation, les fesses surélevées pour mieux s'empaler contre les reins de son homme. Lui, cambré à l'extrême par un rut difficile à contenir. Leurs cris se mêlèrent presque bestialement.

Chapitre 2

La jeune adolescente secouait la tête au rythme de la musique qui hurlait dans ses oreilles. Ses parents avaient beau, chacun de leur côté, la mettre en garde contre les dégâts qu'un tel volume sonore pouvaient causer à ses tympans, Émeline ne concevait l'écoute de sa musique que le son poussé au maximum. Les passagers les plus proches entendaient distinctement les notes qui s'échappaient des écouteurs. Elle les regardait sans broncher, se gaussant de leur mine outrée ou réprobatrice. Tous les mêmes, ces vieux grincheux d'adultes !

— Qu'ils aillent tous se faire foutre ! murmura-t-elle.

Vaine tentative de rébellion bien trop timidement esquissée pour atteindre et choquer ceux à qui elle était destinée. Rebelle, un peu, mais pas trop tout de même ! Bien trop timide pour cela.

Le TGV traversait la campagne à pleine vitesse. Émeline laissait ses yeux courir sur les paysages. Ces fermes isolées où l'on devait s'ennuyer à mourir, ces villages loin de tout où les jeunes devaient tourner en rond, désœuvrés ! Elle détestait la campagne ! Elle, ce qu'elle voulait, c'était la ville, son bruit, son animation, ses boutiques branchées ! Les jeunes étaient si cool dans les grandes villes. À seize ans révolus depuis quelques mois, l'adolescente ne supportait plus la petite ville où sa mère habitait. Une ville, tu parles ! Un trou de quatre-cent bouseux arriérés ! Heureusement que désormais elle allait au collège à Saint-Malo ! Au moins, là, elle était à sa place !

Les paroles syncopées de la chanson reprirent. Le ton véhément du chanteur renforçait encore la violence du morceau. La musique était rythmée, hachée, franchement pas agréable mais ce jeune rappeur américain était si beau !

Elle adorait ses clips et ne cessait de harceler sa mère pour avoir le droit d'aller le voir en concert, à Rennes, en octobre prochain. Les semelles de ses tennis montantes en toile posées sur le tissu du fauteuil, les jambes ramenées contre sa poitrine naissante, Émeline passa la dernière demi-heure du trajet, prostrée, les yeux perdus dans le vague, à chantonner dans un anglais approximatif ses couplets favoris qu'elle ne comprenait pas. Le train finit par ralentir et bientôt, elle aperçut les premières banlieues de Metz. Elle n'allait plus tarder à arriver.

Un crissement aigu annonça l'immobilisation du long train gris et bleu. Émeline lui avait communiqué par Sms le numéro de sa voiture et Thierry attendait depuis plus de vingt-cinq minutes. Il était toujours très en avance, refusant par principe l'idée même du moindre retard. Il anticipait largement l'arrivée et patientait en arpentant le quai. Depuis qu'il fréquentait la gare de Metz à chaque venue de sa fille, il ne faisait plus attention au bâtiment et aux magnifiques décors architecturaux. Comme à son habitude, elle descendit parmi les derniers passagers. Il la vit arriver dans le petit sas du wagon tirant maladroitement son énorme valise rose. Il ne put s'empêcher d'être ému en apercevant ce petit bout de femme. Sa fille n'était plus une gamine désormais. À chaque fois qu'il la retrouvait, il constatait la disparition irrémédiable des traits de l'enfance. Peu à peu, ils avaient laissé place aux premiers bouleversements de l'adolescence. Les tenues de sa fille, surtout, avaient évolué. Plus question désormais de porter les T-shirts à l'effigie des personnages qui peuplaient quelques années plus tôt tout son univers enfantin. Ses pantalons se faisaient plus moulants (« pas moulants, Papa ! *Slim* ! »), ses hauts plus près du corps. En voyant son père, elle lâcha la poignée de sa valise et lui sauta au cou, franchissant d'un seul bond les deux marches du wagon. Il recula de quelques pas sous l'impact et l'embrassa tendrement en la serrant contre lui.

Une vieille dame pestait contre cette valise qui l'empêchait de descendre du train. Thierry se précipita, ramassa l'objet et abandonna la personne âgée outrée. Sa fille accrochée à son bras, ils quittèrent la gare à grandes enjambées.

Le soir-même, devant le carton d'une pizza qu'ils dévoraient de concert, Thierry commença, par quelques paroles sibyllines, à faire allusion à la jeune femme qui partageait sa vie depuis quelques mois. Il bouillait d'envie de lui raconter cet amour naissant mais s'abstint préférant tester lentement les réactions d'Émeline. Julie avait accepté la proposition de Thierry de profiter de cette semaine de vacances pour faire la connaissance de l'adolescente. Père et amant, Thierry ne concevait pas de se scinder. Il avait d'emblée souhaité mettre les choses au point avec sa maîtresse. Julie connaissait sa vie privée. Par le passé, avant leur relation, elle avait eu l'occasion d'apercevoir la fille Massilon, puis dès qu'ils avaient commencé à se rapprocher, Thierry avait abordé régulièrement les aspects liés à son statut de père divorcé.

L'adolescente coupa court, brutalement, à la discussion.

— J'espère au moins qu'elle ne sera pas aussi conne que mon beau-père !

Elle se leva brusquement pour aller chercher une autre canette de soda dans le réfrigérateur. Lorsqu'elle revint, elle enchaîna immédiatement sur un autre sujet, laissant son père dubitatif. Ils passèrent les heures suivantes, vautrés sur le canapé, à regarder un Dvd qu'il avait acheté en prévision de sa venue. Une histoire à l'eau de rose, d'une rare banalité mais qui combla la jeune fille. Elle riait aux éclats des situations cocasses dans lesquelles les deux personnages s'empêtraient. Elle s'offusqua lorsque l'histoire d'amour improbable qui les unissait périclita et elle sembla heureuse lorsque survint le dénouement cousu de fil blanc qui ravit son cœur de midinette. Le générique défila, il était déjà tard et Thierry lui demanda d'aller se coucher.

Comme à son habitude, il vint lui dire bonsoir dans sa chambre. D'emblée, elle lui déclara que dès le lendemain, elle s'occuperait de trier un certain nombre d'objets de déco.

— C'est trop la honte de garder ces trucs !

Il l'embrassa et s'éloigna. Il allait quitter la chambre et s'apprêtait à fermer la porte lorsque la voix d'Émeline, étrangement douce, se fit entendre :

— Elle s'appelle comment, ta copine, Papa ?

Il lui sourit.

— Julie, ma puce.

— C'est cool, comme nom ! Et je vais la voir ?

— Oui, nous avions prévu qu'elle vienne dîner demain soir.

— Ok ! Bonne nuit, l'amoureux ! lui lança-t-elle moqueuse.

Émeline se tourna face au mur et il éteignit la lumière.

La soirée du lendemain fut un échec cuisant. Toute la journée, une tension palpable avait envenimé les relations entre Thierry et sa fille. Celle-ci se révéla boudeuse, irascible à la moindre réflexion paternelle. Pour la première fois, il allait lui présenter une femme avec laquelle il imaginait pouvoir construire une histoire. Depuis son divorce, il n'avait jamais envisagé d'associer sa fille à ses passades sans lendemain. Il appréhendait lui-même cette rencontre et son propre stress alimentait sans doute celui de l'enfant.

Peu après dix-huit heures, Julie sonna. Après avoir longuement hésité à acheter un petit cadeau à la fille de Thierry, elle avait finalement renoncé. Elle n'avait pas à soudoyer l'amitié de cette adolescente. Le temps des présents viendrait plus tard, éventuellement. Thierry dut aller chercher sa fille dans sa chambre. Elle refusait de se déplacer pour accueillir l'amie de son père. Leur premier échange fut glacial.

Le reste de la soirée fut pesante.

Sans être odieuse, Émeline dévoila une détestable facette de sa personnalité. Avare de paroles, renfermée, elle ne se signala que par des réflexions désobligeantes. À plusieurs reprises, Thierry dut élever la voix. Cette petite peste commençait sérieusement à l'échauffer et il détestait l'impression de naufrage qui se dégageait de cette rencontre. De son côté, Julie paraissait en effet franchement mal à l'aise face au couple père-fille. Son entrain, sa jovialité étaient bridés par l'immixtion d'Emeline dans l'intimité que les amants avaient commencé à construire. De son côté, miné par le désastre, Thierry était trop tendu par l'enjeu pour être naturel.

Julie qui aimait enlacer le corps de son homme, qui déposait en toutes circonstances des baisers tendres ou langoureux sur ses lèvres, se fit distante. Elle repoussa même sèchement les approches que Thierry osa lors d'un court aparté dans la cuisine

— Non ! Pas devant ta gamine !

Le repas fut une épreuve interminable, de longs silences ponctuaient les rares échanges. Le dessert à peine avalé, Julie prétexta l'heure pourtant pas si tardive, et se retira rapidement. Thierry, complètement abattu, la regarda partir, sans trop savoir quoi faire. Il était dépité. Son amour paternel tentait de comprendre et d'excuser la jalousie manifeste d'Émeline. Sa passion pour Julie était intacte malgré le manque d'intérêt flagrant qu'elle avait montré pour sa fille. Il réalisait le calvaire qu'il venait de lui imposer. À trop vouloir trouver des excuses à sa fille et à Julie, il finit par s'accabler. Émeline se coucha. Dès le départ de l'amie de son père, elle avait retrouvé le sourire.

Thierry, une fois seul, tenta à plusieurs reprises d'appeler Julie. Le téléphone de la jeune femme sonnait désespérément dans le vide. Le lendemain, il avait planifié un départ aux aurores et il voulait la voir avant. Hors de question de partir sans avoir pu aborder de vive voix le désastreux résultat de cette soirée ! Il avait réservé, de longue date, un séjour en bord de mer. Émeline était enthousiaste à l'idée de ces quatre jours en tête-à-tête avec ce père qu'elle ne voyait que trop rarement.

Thierry ne put résister. Après avoir collé son oreille à la porte de la chambre de sa fille afin de s'assurer qu'elle dormait, il quitta son appartement sur la pointe des pieds et grimpa à l'étage supérieur. En appuyant sur la sonnette, il se rendit compte qu'il n'avait jamais pénétré dans l'appartement de Julie. Ils se voyaient systématiquement chez lui. Elle ne l'avait jamais invité. Il insista lourdement, laissant son doigt longuement appuyé sur le bouton. Il percevait des bruits étouffés à l'intérieur de l'appartement et ne comprenait pas pourquoi elle tardait tant à répondre.

Enfin la porte s'ouvrit et le visage de Julie apparut dans l'entrebâillement. Elle avait visiblement pris une douche. Elle le regarda, glissant dans son regard une distance qui brûla le cœur transi de son amant. Elle ne semblait pas disposée à lui ouvrir sa porte.

— Je voulais m'excuser pour l'attitude de ma fille, parvint-il à murmurer. Tu me laisses entrer ?

— Non ! répondit-elle sèchement sans prendre la précaution de parler à voix basse.

Face à une telle réaction, Thierry resta coi.

— Non ! Non, ce n'est pas à toi de t'excuser et je me fous d'ailleurs de tes excuses ! Et non, je n'ai aucune envie de te voir maintenant !

— Chérie ? Je ...

— Écoute, je suis claquée, j'ai passé une soirée lamentable, alors fous-moi la paix !

— ...

— Et passe une bonne semaine avec ta sale gamine ! asséna-t-elle avec hargne.

Julie retira son visage et claqua la porte. Thierry, pantelant, entendit distinctement le bruit de la clé qui verrouillait la serrure.

Abasourdi par cette virulence, sonné par le bruit de la porte qui venait de se refermer sur lui, il descendit lentement les marches et s'affala sur le canapé de son salon. Il ne dormit quasiment pas de la nuit, tournant et retournant dans son esprit les options qui s'offraient à lui.

Finalement, en se levant de très bonne heure, il arriva à la conclusion que ces quelques jours de séparation allaient peut-être éclairer d'un jour nouveau sa relation avec Julie. Elle lui plaisait terriblement, il était déjà fou d'elle, et il avait pensé qu'elle pouvait être celle qui partagerait sa vie. Désormais, après la débâcle de cette soirée familiale, il ne se permettait plus d'être aussi enthousiaste.

La semaine dans le sud de la France fut enchanteresse. Le temps magnifique permit à Thierry et Émeline d'alterner les après-midis à la plage et les visites touristiques. Le père prit un vrai plaisir à initier sa fille au plaisir des musées, des découvertes. Autodidacte éclairé et amateur passionné, il veillait à lui apporter le petit complément de culture, ce dont il savait sa mère incapable, empêtrée comme elle était dans une vie aigrie, totalement repliée sur elle-même et sa boulangerie.

Un soir, alors qu'il venait de se coucher, il entendit vibrer son téléphone dans la pièce principale du petit appartement de location. Il se précipita. Il guettait, depuis trois jours, le moindre signe de Julie. La jeune femme s'obstinait, emmurée dans son silence, malgré ses nombreuses relances. Il ne comprenait pas cette attitude radicale. Le comportement d'Émeline avait été franchement déplacé. Il en avait longuement discuté avec elle sur la route, sa fille en avait convenu, expliquant à demi-mots qu'elle n'avait pas envie de partager son père. Elle craignait qu'il se détourne d'elle. Elle n'était finalement qu'une enfant prise dans un tourbillon de changements : l'adolescence, l'amie de son père, les premiers élans du cœur… Julie, de son côté, était une adulte responsable. Jusqu'alors, il l'avait pensé stable et équilibrée. Sa rage lorsqu'il s'était présenté à sa porte était clairement exagérée. Il était déçu par l'accueil glacial qu'elle lui avait réservé alors qu'il venait s'agenouiller à ses pieds. Pourtant, pas une heure ne s'était écoulée depuis sans qu'il ne guette un signe de sa part. Il l'avait dans la peau et refusait de la perdre aussi bêtement.

Il s'empara fébrilement du téléphone. C'était bien Julie qui venait de lui adresser un long message.

Julie @ Thierry : Tu me manques mon amour. Pardonne-moi ! J'ai été si nulle ! J'espère que tu voudras encore de moi. Les vilains démons qui m'habitent sont encore là ! ! ! ! Je dois les chasser ! ! ! ! J'espère que ta fille et toi, vous vous amusez bien ! Je pense à vous, à toi, je t'embrasse tendrement.

Il resta de longues minutes, assis sur le bord de son lit, contemplant l'écran bleuté de son portable. Il était ravi et soulagé d'avoir de ses nouvelles mais butait sur le sens de certaines allusions, s'interrogeait sur les démons qu'elle évoquait. Elle était parfois si mystérieuse. Julie ne se livrait que par bribes, gardant enfouis des pans entiers de sa vie.

Bien sûr qu'il voulait encore d'elle ! La simple réception de ce Sms éveillait en lui des envies irrépressibles. Il avait tellement besoin de la serrer contre lui.

Il réfléchit longtemps à la réponse qu'il devait lui envoyer. Finalement, après avoir tapé des messages et les avoir effacés insatisfait, il pianota les seuls mots qui lui semblaient adaptés. Pour la première fois et malgré les doutes qui persistaient, il avait juste envie de lui dire :

Thierry @ Julie : Je t'aime. Tu me manques aussi.

Chapitre 3

À son retour du sud de la France et une fois Émeline accompagnée jusqu'au train qui la mènerait en Bretagne, Thierry appela Julie. Ils ne s'étaient pas parlé depuis une semaine. Seuls des Sms avaient émaillé la seconde partie de la semaine. Ils convinrent d'un rendez-vous en fin d'après-midi, le jour même.

Il était en train d'épousseter l'appartement lorsque le timbre de la sonnette retentit. Elle était là, radieuse, plus belle encore que dans ses souvenirs. Elle ne lui laissa pas le temps de prononcer le moindre mot et se rua sur lui. En un instant, il oublia tous ses doutes. Les mains de sa maîtresse le déshabillaient fiévreusement. Il s'étendit sur le canapé. Sans perdre le temps de retirer sa robe, elle le chevaucha rageusement hurlant qu'elle voulait qu'il la baise. Elle s'empala brutalement, presque violemment sur son sexe dur de huit jours d'abstinence. Elle était déchaînée et ils jouirent ensemble, furieusement.

La tempête, qui avait submergé leurs sens, avait été fulgurante. Elle roula sur le côté et partit d'un rire incontrôlé, visiblement fière de sa dépravation et de la satisfaction qu'elle venait de prendre. De son côté, Thierry reprenait son souffle, déboussolé par ces retrouvailles débridées. Lui aussi avait apprécié ces ruades rapides qui venaient de dissiper ses longues tergiversations en quelques secondes.

Il se leva, rajusta ses vêtements et aida la jeune femme à se mettre debout. Alors, ils s'enlacèrent pour échanger un baiser.

Thierry sentit à quel point il était fou d'elle. Elle le subjuguait. Pourtant, la ligne franchie lors de leur dernière rencontre pesait sur son bien-être, lestant chaque seconde d'un goût amer qui perdurait, même en ce moment, alors qu'il venait de se gaver d'elle. Il savait qu'il lui faudrait du temps pour oublier le regard, rendu presque diabolique par l'intensité de son dédain, qu'elle lui avait adressé avant de claquer la porte.

Ce soir-là, elle organisa leurs retrouvailles. Elle débordait d'une vitalité nerveuse. Elle le somma de ne pas bouger et ne cessa de le couvrir d'attentions, multipliant les questions sans lui laisser le temps d'articuler la moindre réponse, courant de la cuisine au canapé qu'elle lui avait interdit de quitter. Elle virevoltait. Elle lui servit un verre, proposa de baisser les stores pour qu'il se repose mieux, voulut cuisiner, s'empêtra dans un menu qu'elle ne parvint pas à mener à bout, éclata en sanglots, finit par appeler le restaurant chinois du quartier pour se faire livrer une quantité phénoménale de plats qu'ils picorèrent assis autour de la table basse. Julie riait aux éclats, l'embrassait à pleine bouche, débutait une anecdote, perdait le fil, l'abreuvait de déclarations d'amour. Alors qu'ils terminaient difficilement le dernier plat de nouilles, elle lui sauta à nouveau dessus, lui dégrafant nerveusement le pantalon pour le sucer avidement, presque animalement. Gavé de l'excitation de la jeune femme autant que des tonnes de nourriture chinoise qu'il avait engouffrées, Thierry était écrasé par la tornade endiablée qui tourbillonnait autour de lui. Il se répandit dans sa bouche dans un rugissement furieux.

Enfin, elle voulut se promener afin de profiter de cette chaude soirée aoûtienne sous une voûte céleste éclairée d'une nuée d'étoiles. Une brise légère soufflait. La sortie sembla calmer l'excitation démente qui animait Julie. Ils déambulèrent, une heure durant, goûtant la fraîcheur qui chassait peu à peu l'étouffante température qui avait régné toute la journée. Ils discutèrent presque normalement, de tout et de rien, n'abordant jamais leur dispute passée. Plusieurs fois, elle s'arrêta, le regardant avec cette étincelle fiévreuse qu'elle avait parfois lorsque son désir lui brûlait les sens. Elle l'attirait alors contre elle et l'embrassait lascivement. Bien qu'il n'osât l'admettre, Thierry jouissait de la sensualité qui émanait de Julie. Elle réveillait en lui des envies quasi bestiales. Après avoir pensé la perdre, il aimait la voir se jeter sur lui sans aucune retenue. Cette femme était insaisissable. Affichant une féminité raffinée mais débordant d'une passion fiévreuse presque vulgaire, elle le subjuguait littéralement, l'emportant dans des expériences d'une intensité nouvelle pour lui.

Elle voulut faire l'amour dès leur retour, et ils roulèrent à nouveau sur le large canapé du salon. Ils s'accouplèrent avec une vigueur délicieuse, ne cherchant pas à masquer la violence physique de leur envie. La dureté de leur séparation devait être balayée par la fougue indomptée de leurs ébats. Elle le griffa jusqu'au sang et il dut presque se débattre pour lui échapper tant elle le blessa douloureusement. Il bouscula la table basse en se dégageant, brisant du même coup un vase de décoration qui chuta, déséquilibré. Une fois séparé d'elle, comme ivre et possédé par une rage folle, il la retourna furieusement. Son pieu de chair rouge du sang qui le gorgeait trouva la corolle brunâtre de l'anus encore inviolé. Il l'empala d'un mouvement sec, conscient de la douleur qu'il lui procurait à la forcer ainsi. Elle rugit comme une démente mais s'accrocha aux longs poils du tapis afin de lui offrir ce qu'il désirait. Il s'enfonça en elle sans ménagement. Ses boucles blondes ramenées en une queue de cheval dansaient au rythme des coups de reins. Au moment de jouir, il attrapa la couette de cheveux et tira violemment dessus, obligeant sa partenaire à se cambrer pour mieux absorber son plaisir. Profitant de la proximité de cette tête maintenue en arrière par sa poigne solide, il l'embrassa furieusement, mordant à pleine bouche son cou ruisselant de sueur. Les yeux de la jeune femme étaient mouillés des larmes nées de la furie de ses assauts. Nulle trace de colère pourtant dans son regard, juste le voile d'un besoin qu'elle était enfin parvenue à satisfaire.

Elle s'endormit aussitôt, à même le tapis, lovée contre lui, ses seins nus collés à son flanc, ses cheveux caressant la joue de Thierry.

De son côté, il resta longtemps éveillé, les yeux rivés au plafond. Le sommeil tarda à s'emparer de lui. L'obscurité de la pièce ne parvenait pas à le calmer. La chaleur qui régnait était insupportable. Il sentait la sueur rouler sur son torse. En quelques heures, il avait traversé trop d'émotions et s'était perdu, entraîné malgré lui vers des comportements violents qui réveillaient en lui des souvenirs anciens.

Une fois déjà, il avait laissé ses sens l'entraîner vers une telle violence. Le souvenir du viol qu'il avait imposé à Katell, la mère d'Émeline, le hantait. Certes, la situation était bien différente alors. Elle était son épouse, se refusait à lui depuis des semaines, et il avait beaucoup bu ce soir-là. Qu'importe ! Jamais il n'avait eu aussi honte et seize ans plus tard, il sentait encore tout le poids de la culpabilité.

Ce soir, il avait à nouveau pété les plombs. Julie s'était révélée une telle garce qu'il avait pris plaisir à la faire souffrir en la sodomisant aussi brutalement. Finalement, seule cette violence était parvenue à calmer la jeune femme. Comme si la folie qui semblait l'avoir habitée toute la soirée devait être endiguée par une folie plus dominatrice.

Thierry était torturé par ce maelström. La retrouver avait été délicieux, mais la violence qui avait été sous-jacente durant toute la soirée l'effrayait presque. Les effusions qu'elle lui avait réservées étaient trop intenses et démonstratives. La passion débordait. Le comportement de Julie avait frôlé l'hystérie. Lui, de son côté, ne valait guère mieux. Il avait aimé la baiser ainsi. Obnubilé par le comportement odieux qu'elle avait eu sur le pas de sa porte, torturé par les ongles de Julie qui lui tailladaient l'épiderme, il n'avait eu qu'une envie : lui infliger une punition, la châtier. Là, alors qu'elle dormait paisible contre son flanc, il était perdu. Il savait qu'au fond de lui, une part de violence sommeillait. Il détestait cette part d'ombre qu'il renfermait. Il finit par sombrer dans un sommeil éreintant, saccadé de rêves aussi tourmentés que les souvenirs qu'il gardait de ses dernières heures. Qui était-elle réellement ? Elle ne cessait de le surprendre, aussi déstabilisante que ces statues antiques du dieu aux visages antagonistes. Divine ou diabolique ? Un ange de pureté ou une salope dépravée ? Elle semblait osciller entre ses deux natures.

Plusieurs semaines après cette violente soirée de retrouvailles, Thierry ne cessait de s'interroger sur la vraie nature de sa compagne.

Lors de leurs premiers mois ensemble, dans la clandestinité de leurs rendez-vous cachés, elle était apparue douce et attentive. Elle montrait dans sa vie privée les mêmes qualités que celles qu'il appréciait en tant que supérieur hiérarchique. Pondérée, réfléchie, se donnant les moyens d'atteindre ce qu'elle désirait, mais toujours soucieuse de bien faire et pleine d'une belle empathie. Elle débordait d'un amour franc et simple. Sensible surtout.

En deux soirées, elle avait montré le feu qui pouvait brûler en elle. Après le malaise inhibant créé par l'attitude provocatrice d'Émeline, elle avait été consumée en quelques minutes par les excès d'une rage débordante, violente et vulgaire. Suite à cet embrasement, Julie avait alors mis plus de trois jours à reprendre contact avec lui. Comme si tout ce temps lui avait été nécessaire pour calmer des nerfs mis à vif et torturés.

Depuis leurs retrouvailles en août, ces contradictions et cette instabilité s'avéraient récurrentes. La cyclothymie de Julie le troublait par la violence des bouleversements de son état psychique. Elle restait parfois plusieurs semaines sans sombrer dans cette étrange dualité, Thierry commençait alors à se remettre en question et savourait de retrouver la douce jeune femme dont il était tombé amoureux. Il se maudissait d'avoir pu douter d'elle. Julie s'avérait alors la compagne la plus attentive qu'il ait côtoyée. Pourtant, Julie finissait toujours par le rappeler à une réalité plus complexe. Il lui arrivait ainsi, au sein d'une même journée, de se dédoubler complètement. La jeune femme alternait alors des phases d'intense excitation, avec des ruptures brutales qui la faisaient sombrer dans un abattement apathique, totalement déroutant. Il la découvrait perdue dans ses pensées, comme absente, absorbée par une réflexion qui la coupait du monde. Il lui fallait de longues minutes avant qu'il ne parvienne à lui faire reprendre une certaine contenance. Le plus inquiétant était pour lui l'expression des yeux de Julie. Son regard fixe, presque hypnotisé, semblait alors refléter une énergie maligne qui effrayait son compagnon.

Le sexe et la pratique que sa maîtresse dévoilait parfois étaient devenus un autre sujet de tourment. Il continuait à se délecter de ce corps si séduisant. Pourtant Thierry avait remarqué qu'elle était désormais sujette à une excitation démesurée, lorsqu'ils faisaient l'amour ou lorsque son désir d'amoureuse transie la rattrapait. Survoltée, elle apparaissait alors complètement extravertie, insensible à la gêne que ses élans publics pouvaient parfois causer, ne semblant désormais vivre que pour satisfaire ses besoins et combler les plaisirs de son homme. Comble d'ironie, lui qui aimait particulièrement les manifestations bruyantes dans leur intimité, il avait dû lui demander de refréner ses cris tant ses orgasmes prenaient parfois une dimension sonore déferlante presque choquante. Les murs de son appartement lui paraissaient alors tellement poreux, qu'il affrontait les regards de ses voisins avec une gêne certaine.

Un matin, dans le calme de son bureau, Thierry franchit une étape supplémentaire. Ce jour-là, aux aurores, il avait rejoint son antre le cœur tenaillé par le doute. La nuit avait été difficile. Julie habitait presque à plein temps chez lui, en tout cas, elle passait toutes les nuits dans le lit de Thierry. Cette nuit-là, elle avait disparu sans qu'il ne parvienne à la joindre. Depuis plusieurs semaines, elle ne cessait de lui demander d'entrer dans un jeu scabreux qu'il refusait systématiquement. Elle lui murmurait à l'oreille qu'elle rêvait de l'entraver, qu'elle jouirait encore plus intensément s'il consentait à se laisser attacher. Elle avait tout prévu, lui assurait-elle. Thierry coupait court. Ils avaient parfois agrémenté leurs ébats à l'aide de rubans ou d'objets sexuels qu'elle se procurait Dieu sait où. Mais là ! Non ! Jamais ! Il avait exigé qu'elle se débarrasse de ces entraves métalliques sordides qu'elle avait exhibées un soir et qui lui rappelaient en tous points les menottes qu'ils utilisaient tous deux dans le cadre de leur profession. La veille au soir, le sujet avait une nouvelle fois été abordé. Ils s'étaient disputés à propos des fantasmes débiles de la jeune femme. Sa journée avait été longue et difficile et il s'écroulait littéralement, incapable même de trouver les forces nécessaires pour lui faire l'amour. Il laissa Julie sur sa faim. Elle avait quitté la chambre, partant bouder dans une autre pièce. Il s'était endormi aussitôt, terrassé de fatigue.

Lorsque plusieurs heures plus tard, il s'était levé pour aller aux toilettes, il avait été surpris de ne pas la sentir à ses côtés. Pensant qu'elle s'était endormie sur un des canapés de l'appartement, il avait regardé dans chaque pièce. Il ne l'avait pas trouvée. Julie était partie ! Malgré la nuit encore longue, Thierry n'avait pas réussi à trouver le sommeil, trop troublé par cette nouvelle crise. Elle n'avait pas répondu à ses appels et Sms. Lorsqu'il avait fini par aller sonner à sa porte, là encore, aucun signe de vie de la jeune femme.

Il appréciait réellement les instants passés avec elle mais il restait interdit face à sa complexité. Il ne parvenait plus à la cerner aussi précisément qu'il l'aurait souhaité. En apparence, Julie était toujours cette professionnelle aux qualités humaines et techniques reconnues. Il avait eu l'occasion de discuter, à plusieurs reprises et récemment encore, avec des collègues enquêteurs. Ils étaient dithyrambiques et ne cessaient de louer l'excellence de leur nouvelle collègue. Elle venait même de se voir décerner une récompense pour la qualité du travail accompli au sein du groupe chargé de l'enquête sur les meurtres. Les avis unanimes, l'attitude paisible qu'elle affichait en compagnie de tiers et la plénitude qu'il ressentait la plupart du temps à ses côtés, tendaient à rendre ridicules les craintes et les doutes qu'il émettait parfois. Il se persuadait alors que la jeune femme était simplement épuisée par le rythme de ses nouvelles fonctions, par les bouleversements récents de sa vie. Il se devait d'accepter sa personnalité. Lui non plus n'était pas toujours facile à vivre lorsqu'il ramenait à la maison l'énervement de toute une journée de travail.

Pourtant, il ne parvenait jamais réellement à faire disparaître la suspicion qui lui tordait l'estomac. Il aimait Julie mais se surprenait de plus en plus souvent à se méfier et à appréhender les réactions de la jeune femme.

Ses doigts martelèrent le clavier. L'écran affichait le traditionnel bandeau d'un moteur de recherches. Thierry soupira et enfonça la touche *Enter*. Il ne fallut que quelques secondes pour que l'écran se charge des résultats de la requête. Les mots tapés apparaissaient en surbrillance : « troubles, comportement, sexualité, déviance ».

Il garda sa fille à deux reprises au cours du mois de septembre mais Julie, retenue par une enquête, ne put se joindre à eux. Ils n'eurent ainsi pas l'occasion de réitérer l'expérience de la cohabitation familiale. La jeune femme sembla le regretter amèrement et il ne douta à aucun moment de sa sincérité. Émeline, de son côté, n'évoqua même pas l'amie de son père, trop occupée à expliquer la relation tumultueuse qu'elle nouait avec un certain Renaud, d'un an son aîné et visiblement la coqueluche du lycée. Elle passait de longues minutes, scotchée au téléphone portable que son père venait de lui acheter. Il constatait ainsi, avec un certain fatalisme, qu'elle était bien plus encline à utiliser cet appareil pour contacter ses amis, que pour l'appeler durant leurs périodes de séparation. Il devait souvent se contenter de Sms ou de quelques secondes de conversation rapidement expédiées.

Fin octobre, Émeline passait le week-end de la Toussaint chez son père. Thierry n'avait cessé de la questionner. Il ne comprenait pas l'air abattu de sa fille. Elle, si encline à plaisanter et à rire, semblait, depuis son arrivée, traîner une morosité qu'il ne lui avait jamais vue auparavant. Alors qu'il la pensait endormie, le samedi soir, il avait entendu des sanglots en passant devant sa porte. Il s'était précipité et l'avait trouvée les yeux rougis, les doigts serrés autour de la peluche qui avait été, durant des années, l'indispensable et réconfortant doudou du petit enfant qu'elle était alors. Il s'assit à côté d'elle, lui caressant doucement la tête. Il hésitait à l'interroger frontalement, doutant qu'elle daigne lui répondre. Finalement ce fut elle qui lui annonça que Renaud venait de rompre quelques heures plus tôt. Lâchement, par un message laconique qu'elle lui fit lire. Elle expliqua les doutes qui l'assaillaient depuis le milieu de la semaine passée. Son amoureux semblait se détourner d'elle, et elle l'avait surpris à plusieurs reprises collant les jupes de cette peste de Clémentine Mathias ! Depuis le collège, elle avait toujours détesté cette pimbêche et à chaque rentrée scolaire, elle avait la malchance de se retrouver dans la même classe qu'elle. Elle haïssait cette fille, et ce Renaud trop nul.

Oubliant l'heure déjà tardive, Thierry prit le temps de réconforter sa fille, n'hésitant pas à faire référence à ses propres chagrins d'amour, l'assurant que ce Renaud ne méritait sans doute pas une fille aussi jolie qu'elle. Émeline finit par sourire et il la laissa, prenant soin de l'embrasser tendrement, comme lorsqu'elle était enfant.

Il rejoignit sa chambre, ému par son ado qui grandissait trop vite. Il appela Julie mais ne parvint pas à la joindre. La jeune femme passait le week-end chez une amie. Un nouveau week-end où ils n'avaient pas été capables de se retrouver tous les trois. Il lui adressa un long message plein d'amour et du manque qu'il ressentait loin d'elle.

Le lendemain matin, Thierry se leva relativement tard. Il entendait du bruit dans la cuisine. Sa fille devait déjà être debout. Lorsqu'il fit son apparition dans la cuisine, elle s'affairait à presser des oranges et avait dressé une table pour un petit déjeuner en tête-à-tête. Des œufs cuisaient dans une poêle. Elle lui sourit et il accueillit avec plaisir ce signe réconfortant. Il ne posa pas de question, ne souhaitant pas aviver des plaies certainement encore béantes.

Au contraire, il s'enthousiasma sur la parfaite petite femme qu'elle était en train de devenir. Il fit même semblant de ne pas remarquer le goût âcre des œufs brouillés en partie carbonisés.

À la fin du brunch improvisé, ils restèrent longtemps l'un face à l'autre. Émeline prit finalement la parole.

— Cette nuit, j'ai eu vachement de mal à dormir. Je n'arrêtais pas de penser à Renaud et à Clémentine. Je n'arrivais pas à trouver le sommeil. C'est vraiment trop nul et vraiment pas cool d'avoir attendu que je sois loin pour m'écrire tout ça. Il aurait pu me le dire en face, non ?

Thierry hocha la tête, la laissant continuer. Comment expliquer à cette fille pleine d'une innocence naïve que les hommes étaient souvent bien lâches en de pareilles circonstances ? Ils le démontraient même de plus en plus tôt visiblement.

— J'avais tellement envie de pleurer, mais tu m'avais dit qu'il fallait être forte, alors j'ai vraiment essayé de l'être. Vers trois heures du matin, j'en avais marre de pas dormir et en plus, il faisait super super chaud.

Elle se dandina sur sa chaise, visiblement contrariée

— Bon, enfin bref. Je me suis levée et je me suis approchée de la fenêtre afin de l'ouvrir un peu. Et là, tu sais qui j'ai vu ?

Son père haussa les sourcils pour marquer son absence d'idée.

— J'ai vu ta copine qui partait en voiture. Ça m'a paru bizarre car je croyais qu'elle n'était pas là... enfin, c'est ce que tu m'avais dit, non ?

— Oui, Julie est chez une amie à Paris, c'est pour cela que tu ne la verras pas ce week-end.

— Eh bien papa, moi je suis certaine que c'était elle cette nuit. Je te le jure ! Je l'ai reconnue malgré son déguisement. J'en suis sûre.

— Elle était déguisée ? ne put s'empêcher de réagir Thierry, troublé par l'assurance de sa fille. Il tenta un petit rire afin de masquer sa surprise.

— Ouais, enfin pas vraiment avec un costume, mais elle avait une perruque. Elle n'était pas blonde ! Pas comme d'hab, quoi ! Mais complètement brune, comme maman.

— Tu sais, ma puce, la nuit avec l'obscurité, tu as

peut-être confondu avec une autre voisine.

— Papa ! souffla-t-elle, agacée de ces adultes qui s'estimaient en droit de toujours contredire les enfants quel que soit leur âge. Tu crois vraiment que je te ferais suer le matin parce qu'une voisine traînait dans la rue ? Je suis pas débile et Julie, je l'ai quand même eue en face de moi, alors, si je te dis que c'est elle, crois moi ! Purée ! T'es lourd !

— Ne t'énerve pas, Émeline, je te crois ! D'accord ? temporisa Thierry. Il ne souhaitait pas pousser plus avant la discussion. On regarde la fin du Dvd ? proposa-t-il, certain que sa fille serait partante pour visionner la dernière demi-heure d'un film inachevé la veille.

Quelques minutes plus tard, profitant d'une scène pas franchement intéressante, sa fille prit la parole, tirant Thierry d'une rêverie désagréable.

— Tu sais, Papa ? En brune, tu pourras lui dire que ça lui va super bien à Julie ! insista Émeline.

— Je lui dirai, promis ma puce ! Regarde le film !

Chapitre 4

Julie acheva d'enfiler sa robe de laine grise. Elle poussa un petit cri étouffé pour masquer la douleur produite. Sa nuque la faisait horriblement souffrir. Sa pommette gauche était encore gonflée, presque violacée. Elle avait abandonné l'idée de masquer le vilain hématome sous une épaisse couche de maquillage. La tâche était irréalisable tant les teintes sombres persistaient et la douleur, causée par l'appui du moindre coton sur la contusion, annihilait toute envie de poursuivre le camouflage. Elle allait être dans l'obligation de trouver une explication alambiquée.

Elle se regarda dans le miroir avant de quitter la chambre. Elle s'était habillée de manière très provocante. Vaine tentative de diversion avec laquelle elle pensait le détourner des marques de coups reçus. Ses longues bottes noires grimpaient jusqu'à hauteur de ses genoux. Elle portait rarement ces bottes lacées aux talons presque vertigineux. Bien que très sobre, sa robe était courte, très courte même. La laine dévoilait une longue partie de ses cuisses. Elle ajusta la large ceinture de cuir qui accentuait la finesse de ses hanches et sortit.

Elle tapa à la porte de Thierry. Bien que squattant l'appartement de son amant une bonne partie de la semaine, elle se percevait encore comme une intruse et n'aurait jamais eu l'idée d'entrer sans avoir frappé avant. Il ouvrit aussitôt et la contempla d'un regard gourmand. Ses yeux se figèrent sur l'ecchymose qui gonflait sa joue gauche et contraignait son œil à rester à demi fermé.

— Qu'est-ce qui t'est arrivé, ma chérie ? Entre, je t'en prie !

Elle déposa un baiser sur sa bouche et il sentit la pointe

de sa langue caresser le galbe de ses lèvres.

— Ne m'en parle pas ! Nous sommes sorties avec Alexandra, ma copine, et une bagarre a éclaté dans la rue. J'ai reçu un coup de coude. J'ai échappé de peu à l'œil au beurre noir mais pas à ça, indiqua-t-elle en pointant son doigt en direction de la bosse. J'ai un horrible mal de nuque, une sorte de coup du lapin lorsque je suis tombée.

— Ça s'est passé où ? demanda-t-il.

— Une rue dans Paris, pas loin de Bastille. Bref, tu ne connais sans doute pas, coupa-t-elle court.

Elle enchaîna aussitôt.

— Je t'ai manqué ? Émeline allait bien ?

— Bien sûr ! Tu me manques dès que je suis loin de toi. Quant à elle, première peine de cœur…

Julie n'enchaîna pas sur ce sujet. Elle se recula de quelques pas, sans lâcher la main de Thierry. Elle prit la pose, mimant une attitude de mannequin, une jambe légèrement repliée, sa main libre posée sur sa hanche. Un sourire carnassier dévorait son visage tuméfié.

— Je te plais comme ça ? Sauf ma gueule de boxeuse bien sûr. J'avais envie d'être belle juste pour toi.

Elle vint se coller contre lui, remontant son genou, lentement, contre la cuisse de Thierry. Il sentit la pression de sa jambe contre son sexe.

— J'ai envie que tu me baises. Je veux que tu sois comme une bête… souffla-t-elle dans son oreille.

Sa langue s'infiltra dans le lobe de Thierry, se glissant habilement le long des circonvolutions. Il frissonna de plaisir. Elle connaissait ses points faibles.

Elle fit quelques pas, la main de son homme toujours dans la sienne. Elle se hissa sur la table en bois exotique qui occupait le centre du séjour. En se tortillant, elle parvint à remonter la robe sur ses hanches. Elle écarta largement les cuisses, adoptant une pose volontairement provocatrice. Il remarqua l'absence de tout sous-vêtement. Ses bas s'arrêtaient tout en haut de ses cuisses, dévoilant ensuite la chair nue de son intimité blonde.

Elle le regarda, impudique et effrontée, les lèvres légèrement entrouvertes.

— Baise-moi, là ! Maintenant ! J'ai envie de te sentir en moi ! J'ai envie que tu me défonces !

Thierry resta immobile. Il sentait pourtant son sexe gonflé, comprimé par la toile épaisse de son jean. Il l'aurait volontiers prise sur cette table où par le passé ils avaient déjà fait l'amour. Il en mourait d'envie. Il adorait la prendre dans cette position, sans avoir pris la peine de se déshabiller. Elle savait exciter l'instinct animal qui sommeillait au plus profond de lui.

Il ne bougea pas cependant, se contentant de la regarder, dubitatif. Il ne voulait plus perdre la raison. Ses propres excès le déstabilisaient. Il regrettait amèrement cette soirée où il l'avait presque violentée. Il ne voulait plus se faire manipuler.

— Tu n'as pas envie de moi ? s'indigna Julie. Tu ne me trouves pas assez bonne ?

Ses longs doigts manucurés caressaient la toison de son sexe. Il voyait darder le petit mont de son clitoris. Son index l'excitait doucement par de petites rotations rapides.

— Si ! Bien entendu que j'ai envie de toi, tu t'en doutes bien ! Mais...

— Mais quoi ? lui demanda-t-elle sèchement. C'est mon visage qui te dégoûte ? Tu veux me prendre par derrière ?

Elle s'était redressée et s'apprêtait à descendre de la table.

— J'aime quand tu me prends par le cul, tu en as envie ?

Thierry hocha la tête négativement.

— Comment ça, non ?

— On peut parler cinq minutes tout de même, non ?

— Parler de quoi ? Je suis venue pour que tu me baises. J'ai pas forcément envie de parler pour le moment. Si ça t'est trop difficile, ne t'inquiète pas, je trouverai bien ailleurs quelqu'un qui se fout de l'état de ma gueule, asséna-t-elle furieuse.

Debout, campée fermement sur ses talons, elle tirait nerveusement sur les bords de sa robe pour masquer sa nudité.

— Julie, arrête, s'il-te-plaît ! Mais bon sang, qu'est-ce qui t'arrive ? Qu'est-ce qui se passe ? C'est quoi, cette allusion ? Ce n'est pas toi, ça !

Thierry martelait ses questions d'une voix calme. Il tentait de capter le regard fuyant de Julie. Il voulait qu'elle comprenne à quel point il tenait à elle et s'inquiétait pour elle.

— Comment ça, c'est pas moi ?

— Non ce n'est pas toi ! Cette attitude ! Cette vulgarité ! Tu n'es pas comme cela... Tu rentres défigurée par des coups et tu voudrais que je ne sois pas inquiet, que je ne me pose pas de questions. Que je ne t'en pose pas ? Oui, j'ai envie de toi mais j'ai aussi et surtout envie de prendre soin de toi, de comprendre ce qui s'est passé ! Tu sais ...

— Qu'est-ce que tu sais de moi ? le coupa Julie, hargneuse. Tu es qui pour me juger ? ... Je croyais qu'on était un couple ? Dans un couple, l'homme baise la femme, point barre ! Si tu ne veux plus de moi, dis-le, on arrête là tout de suite et je me casse !

— Chérie ! On est un couple ! C'est pour cela que je m'inquiète pour toi ! Je n'ai pas envie de te faire l'amour comme ça, en laissant de côté les choses qui me paraissent plus importantes. Là, maintenant ? Je pense à autre chose qu'à une partie de jambes en l'air !

— Quelles conneries ! Merde !

— Je me fais du souci pour toi, Julie ! Vraiment...

— Putain ! Mais boucle-la, pauvre mec !

Elle hurlait désormais. Ses lèvres maquillées tremblaient de rage. Il appréhendait déjà la suite de cette crise. Le regard de Julie avait perdu l'éclat chaud et salace qui était le sien à son arrivée. Désormais, ses pupilles déversaient une fureur sourde et froide. Elle était déchaînée. Il ne l'avait jamais vue ainsi.

— Tu me fais chier, Thierry, avec tes états d'âmes à la con ! grinça Julie. Putain ! Arrête avec ton rôle de chevalier défendant la veuve et ses connards d'orphelins ! Je vais bien ! Tu m'entends ? Bien ! Sans doute mieux que toi, qui n'es même pas capable de baiser ta copine ! J'ai pas besoin d'une séance chez le psy ! Juste d'une bite ! Si c'est trop te demander... T'es qu'un sale con impuissant !

Elle s'approcha de lui. Il sentait le parfum enivrant qui émanait de sa peau. Malgré la colère qui l'habitait, elle conservait un charme irrésistible. L'énervement colorait ses traits d'une rudesse qui ne parvenait pas à l'enlaidir. Il aurait été si simple de l'étreindre, de rentrer dans son jeu de débauche. Son corps mourait d'envie de la basculer sur la table et de la culbuter comme elle le souhaitait. Thierry aurait ainsi mis fin à une scène qui risquait d'être démentielle et lourde de conséquences. Pourtant, il garda le cap que son cœur et sa raison lui dictaient. Il avait longuement réfléchi, tout au long de ces deux derniers jours. Il ne pouvait plus ignorer une réalité qui devenait étouffante.

Les paroles d'Émeline n'arrêtaient pas de lui revenir en mémoire. Avait-elle réellement vu Julie ? Et dans ce cas, que manigançait sa maîtresse ? Pourquoi lui mentait-elle ouvertement ? Il perdait pied face à toutes ces interrogations. Pourquoi prétexter un week-end à Paris si elle était restée à Guénange ? Pour échapper à un week-end avec lui et sa fille ? Thierry avait eu les larmes aux yeux en évoquant cette hypothèse au cours des dernières heures. Si elle en était arrivée à cette extrémité, il ne donnait pas cher de la suite de leur histoire commune.

Et puis ce visage tuméfié ! Qu'avait-elle réellement fait ces derniers jours ? L'image de Julie se brouillait, totalement dénaturée par le comportement troublant de ces mois écoulés, par les soupçons qu'il commençait à formuler et par les colères de Julie qui, de plus en plus souvent, empêchaient toute discussion. Et ce dimanche soir, une nouvelle étape venait d'être franchie.

Il n'en revenait pas. L'attitude de Julie relevait de la folie pure. Jamais il n'aurait cru qu'elle soit capable de restreindre leur histoire à une simple succession de copulations de plus en plus dépravées. Ils n'avaient jamais autant fait l'amour, cette frénésie sensuelle prenait le pas sur tous les autres aspects de leur vie à deux. Le sexe étouffait littéralement le reste de leur relation. Julie était souvent mutique. Elle dormait beaucoup ou passait de longs moments, perdue dans ses pensées. En tout cas, il n'avait alors aucune prise sur elle. Ils discutaient de moins en moins. Seul le sexe semblait désormais compter pour elle dans leur relation. Plusieurs fois, il avait tenté d'évoquer ce qu'il considérait de plus en plus comme une pathologie. Il ne se rappelait plus vraiment tous les termes abscons lus dans les articles médicaux compulsés sur le net. Par contre, il avait parfaitement reconnu les traits de Julie et de son comportement dans un article parlant des déviances sexuelles chez certains patients atteints de pathologies psychiatriques obscures pour le vulgaire néophyte qu'il était. Poser un tel diagnostic était parfaitement incongru mais l'idée même d'avoir à l'envisager suffisait à l'effrayer ! Depuis qu'il avait lu cet article, il était persuadé que Julie avait besoin de lui mais surtout d'être prise en compte par un médecin.

Il respira et posa la question qui lui brûlait les lèvres.

— Tu étais où ce week-end ? Dis-le-moi franchement.

— Tu es con ou quoi ?

Elle le fixait, ahurie, les deux mains posées sur les hanches.

— Arrête d'être vulgaire, s'il te plaît ! Et oui, je te le demande : où as-tu passé ton week-end ? Tu es réellement allée à Paris ?

— Je te l'ai dit ! J'étais chez Alexandra ! Pourquoi ? Tu me fliques maintenant ? Tu crois quoi ?

— Non, je ne te flique pas comme tu dis ! Mais oui, j'aimerais vraiment savoir ce que tu as fait pour te retrouver dans un tel état.

Virulente, Julie pointa son index dans la direction de Thierry et lui martela le torse afin d'accentuer les paroles qu'elle allait prononcer.

— Je te l'ai déjà dit ! Putain ! Arrête ça tout de suite ! Tu m'emmerdes vraiment avec tes questions et ta jalousie de gros connard. Non seulement tu ne me baises pas ! Soit, ça, c'est ton problème ! Donc non seulement tu me laisses là comme une conne mais maintenant, en plus, tu insinues des trucs complètement débiles ! Tu n'es qu'un sale con ! Comme les autres, en fait, malgré tes grands discours débiles à l'eau de rose !

Thierry sentit la colère monter. Elle commençait vraiment à l'énerver avec ses injures. Il détestait cette vulgarité gratuite. Une fois encore, il prit sur lui pour ne pas exploser.

— Ce n'est pas toi qui sortais de la caserne hier en pleine nuit ? Réponds-moi franchement ! Même si la femme que j'ai vue, au portail, était brune, je mettrais ma main à couper que c'était toi ! Qu'est-ce que tu fabriques, Julie ? Tu allais où à trois heures du matin ? Travestie en plus !

C'était fait ! Il avait abattu ses cartes. Du moins celles

qu'Émeline avait distribuées ! Il était hors de question pour lui d'impliquer sa fille ! Peu importait de toute manière que ce soit Émeline ou lui qui ait aperçu Julie ! Il avait fini par comprendre qu'il croyait les insinuations de son enfant. Elle n'avait jamais été une affabulatrice. Elle était mâture, posée. Aucune raison logique ne pouvait expliquer ou justifier un tel mensonge. Émeline avait réellement aperçu Julie. Il en était persuadé. Les derniers doutes avaient été balayés par l'attitude abominable de Julie depuis son arrivée.

— Je t'EM — MER — DE, Thierry ! Putain, tu le comprends ça : JE T'EMMERDE et va te faire foutre, connard ! Pauvre type !

Julie traversa la pièce telle une furie. Ses immenses talons hauts ne l'empêchèrent pas de franchir les quelques mètres à une vitesse incroyable. En passant à proximité de la commode sur laquelle il avait déposé quelques semaines plus tôt une photo d'eux prise lors d'un week-end dans les Vosges, elle attrapa et, se retournant brusquement, lança le cadre dans sa direction. Thierry sursauta et réussit à éviter l'objet qui se brisa contre le mur du couloir, derrière lui. Les morceaux de verre cliquetèrent en tombant sur le sol. Le jet avait été si violent qu'un coin aigu du cadre avait marqué le plâtre du mur. Elle avait réellement voulu le blesser, en visant son visage avec une telle force.

La porte de son appartement claqua avec une explosion inouïe, faisant vibrer les cloisons du couloir.

Resté seul face à cette porte close, Thierry se laissa glisser sur le sol. Le dos contre le mur du hall d'entrée, il prit sa tête entre les mains et se laissa aller à l'émotion qu'il l'étreignait.

Il venait de la perdre ! La seule femme avec qui il avait envie d'être venait de mettre un point final à leur histoire. Et de la pire des manières qui plus est. Comment cette belle aventure, dont il avait rêvé dès l'arrivée de Julie à Guénange, avait-elle pu prendre une telle tournure ?

Il ne savait plus quoi penser. Tout se brouillait. Les hypothèses pouvant expliquer le comportement nocturne de Julie se bousculaient.

Avait-elle rencontré quelqu'un d'autre ? Finalement, Julie avait vraiment changé d'attitude après sa mutation à Metz en août dernier. Cette date marquait un tournant évident. Avait-elle succombé aux charmes d'un nouveau collègue ? Se rendait-elle compte que leur propre histoire n'était finalement pas celle dont elle avait envie ? Il en doutait puisque, jamais, elle n'avait été aussi avide de son corps que ces derniers temps.

La clé de l'énigme était sans doute ailleurs.

Le surmenage ? Le rythme au sein d'une section de recherches n'était pas plus intensif qu'en brigade. Pour autant, il avait tout de même déjà vu des collègues perdre complètement pied. Mais Julie était une professionnelle aguerrie ! Elle connaissait le rythme pour l'avoir expérimenté au pire des moments durant son détachement au profit du groupe d'enquête. Elle était sportive ! Endurante ! Thierry ne la voyait vraiment pas craquer.

Malade ? Il se rendit compte qu'il ne parvenait jamais à prononcer le seul mot qui s'imposait à lui de toute évidence. Il avait longtemps refusé de se poser crûment cette question. La seule qui, pourtant, expliquait logiquement cette longue succession d'attitudes irraisonnées. Julie était-elle folle ? Il ne savait rien d'elle, en fait. Elle n'avait jamais dévoilé que d'étroites parties de sa vie, laissant dans l'ombre des pans entiers de son existence. Avait-elle vécu ou été confrontée à des situations qui expliquaient son comportement actuel ? Avait-elle des antécédents médicaux ? Elle n'aurait pas été la première en gendarmerie à souffrir de pathologies psychiatriques. La gendarmerie détenait bien un dossier médical sur chacun de ces membres, mais jamais Thierry ne pourrait accéder à ces informations protégées par le secret médical. Et puis, il était si facile de berner les toubibs militaires, jamais très enclins à sortir de la routine quotidienne de leur médecine du travail.

Thierry resta longtemps prostré dans le couloir.

Vers vingt-deux heures, il entendit le bruit d'une porte qui se fermait à l'étage au-dessus. Le claquement de talons qui descendaient les escaliers lui confirma qu'on approchait.

Julie ? Venait-elle s'excuser auprès de lui ? Il se releva, essuyant d'un revers de manche ses yeux humides afin de pouvoir affronter dignement son retour. Il s'approcha de la porte, prêt à l'accueillir. Les pas arrivèrent sur le palier et ne s'arrêtèrent pas, continuant à retentir sur la volée de marches suivantes. Thierry soupira de déception et, par acquit de conscience, colla son œil au judas de la porte. Malgré la vision déformée par le dispositif optique, il aperçut une femme brune qui descendait l'escalier. Son appartement se trouvait dans le prolongement direct des marches qui conduisaient à la porte de l'immeuble. Avant de disparaître, masquée par la différence de niveau, la femme se retourna et regarda fixement la porte derrière laquelle Thierry était dissimulé.

Chapitre 5

Julie !

Il en était certain ! Même si la scène avait été fugace, même si, craignant bêtement d'être démasqué, il avait retiré son œil à la hâte, il l'avait reconnue immédiatement.

Émeline avait vu juste ! Julie sortait clandestinement de chez elle, ses boucles blondes dissimulées sous une perruque brune. Purée, mais qu'est-ce qu'elle foutait ?

Sans qu'il ait besoin de réfléchir, les réflexes du gendarme prirent le dessus sur l'apathie de l'homme dévasté. Thierry enfila à la hâte un blouson de moto, le casque traînait dans un placard du couloir. Il le passa et ouvrit avec précaution la porte. Il ne tenait pas à rencontrer Julie. Sans trop savoir dans quoi il s'engageait, il ressentait le besoin de la suivre pour comprendre ce qu'elle tramait.

Cette soirée du 1er novembre prenait une tournure inimaginable.

Thierry descendit les marches. Il entendait le bruit d'un moteur qui ronronnait. En s'approchant de la porte vitrée de l'entrée, il aperçut le véhicule noir de Julie. Le portail automatique achevait de s'ouvrir et elle allait partir. Il sortit par l'arrière du bâtiment, courut jusqu'à sa moto stationnée sous le petit abri dédié aux deux-roues des résidents de la caserne. Il utilisait rarement son engin. La tuile serait qu'elle lui fasse faux bond ! Pourtant, la vieille Yamaha réagit au quart de tour et il démarra en trombe. Julie avait déjà quitté la cour. Le portail se fermait déjà lentement et dans un vrombissement, Thierry passa entre les deux battants. Un choix ! Droite en direction du centre-ville de Guénange ? Gauche en direction de la bretelle qui permettait de rejoindre la départementale et par là une foultitude de directions ? Le cadran horaire de sa moto indiquait vingt-deux heures passées de huit minutes. À cette heure-ci, qui plus est un jour férié, rien ne justifiait que Julie aille à Guénange. Il opta pour la gauche et passa rapidement les rapports afin de gagner en vitesse. Quatre cent mètres plus loin, il aperçut les feux rouges d'un véhicule. Il ne ralentit qu'après s'être assuré qu'il s'agissait bien de Julie. Ne souhaitant pas être repéré, il resta très loin derrière, se contentant de garder un contact visuel suffisant pour ne pas la perdre de vue. Les risques qu'elle le décèle et comprenne qu'il était à ses trousses lui paraissaient bien minces. Ils n'avaient jamais fait de moto ensemble. Elle avait sans doute constaté la présence du casque mais savait-elle qu'une moto lui appartenant traînait à la brigade ?

Julie emprunta la départementale en direction de Metz. Très vite cependant, elle quitta cet axe important et bifurqua vers la droite. La route était plus étroite et serpentait entre des exploitations de gravières liées à la rivière Moselle toute proche. Les immenses tas de pierres roulées semblaient autant de petites collines dans l'obscurité. Julie franchit la succession de ponts enjambant tour à tour le canal, le large cours d'eau, les voies de chemins de fer puis l'autoroute. Cette zone industrielle et portuaire n'était pas très étendue et elle arriva rapidement dans la commune voisine de Mondelange. Là, la voiture prit la direction du sud et traversa la petite ville endormie.

Thierry ne quittait pas des yeux les deux halos rouges. Bien peu concentré sur la conduite, il échafaudait plusieurs hypothèses. Un dimanche soir qui plus est férié, où pouvait-elle se rendre ? Il craignait de plus en plus que toute cette soirée n'aboutisse à un constat d'une banalité confondante. À cette heure tardive, il y avait de fortes chances qu'elle rejoigne quelqu'un. Elle avait été explicite lors de leur engueulade quant aux opportunités qui s'ouvraient à elle. Cocu ! Ce mot résonnait dans son crâne et il percevait déjà l'horrible jalousie lui tordre l'estomac.

Après quelques kilomètres à vive allure, au niveau de la sortie de la commune de Hagondange, Julie quitta sans prévenir la route principale et s'enfonça dans une zone commerçante et industrielle. Thierry connaissait cet endroit. Deux boîtes de nuit étaient implantées au bout de la route. Les gendarmes mettaient régulièrement en place des opérations de contrôle routier afin de sensibiliser les clients, voire de les réprimander. Il avait lui-même déjà participé à ces longues soirées de travail.

Julie dépassa le premier établissement. Le parking était saturé de voitures. Les boîtes de nuit étaient ouvertes. Elles profitaient du long week-end de la Toussaint et des vacances scolaires, pour organiser des soirées spéciales autour du thème d'Halloween.

La voiture de Julie ralentit, des groupes de fêtards déambulaient sur la voie. Elle les dépassa à vitesse réduite et poursuivit sa route, laissant derrière elle la seconde discothèque.

— Putain, je commence à en avoir ma claque de ces conneries ! Mais où vas-tu, bon sang ?

Thierry ignorait où menait cet axe. Il n'avait jamais poussé plus loin, la route lui semblait sans intérêt, bordée par d'interminables hangars industriels dont il n'aurait su dire s'ils abritaient encore une activité. À l'extrémité de la zone d'entrepôts, la voie se faisait plus étroite, avant de s'arrêter, barrée par deux imposants blocs de béton. Malgré l'éloignement des boîtes de nuit, les bas-côtés étaient encore étrangement encombrés de voitures. Julie se gara. Thierry, de son côté, se glissa entre deux véhicules, coupant immédiatement le moteur de sa moto et relevant sa visière pour ne pas être gêné. Un lampadaire fatigué éclairait la voie d'une lumière blafarde. Julie descendit de la voiture. Elle ne s'était pas changée depuis leur engueulade. Il distinguait les longues bottes noires et le bas de sa robe courte. Elle était emmitouflée dans un court blouson de cuir qu'il lui avait acheté récemment. La perruque brune la rendait méconnaissable. La frange stricte et droite qui barrait son front, le carré long et plongeant encadrait son visage d'une manière inhabituelle.

— Si seulement elle n'était pas si belle, laissa échapper pour lui-même Thierry.

Il remarqua que la partie supérieure de son visage était dissimulée par un masque noir comme ceux qui font florès à Venise au moment du carnaval. Il la laissa s'éloigner puis franchit l'espace le séparant du portail largement ouvert qu'elle venait d'emprunter.

Elle se dirigea directement vers un bâtiment, sorte de hangar industriel visiblement reconverti dont la porte était surmontée d'une enseigne lumineuse en néons roses. « Le Feu Follet » déchiffra Thierry.

Il avait entendu parler de la réputation sulfureuse de ce club sans pour autant n'y avoir jamais mis les pieds. Les journaux locaux avaient, quelques années plus tôt, commenté l'ouverture de cet établissement. Certains parlaient de club libertin, d'autres d'un espace interlope fréquenté par nombre de noctambules de la région qui aimaient s'encanailler dans cet espace éloigné des habituels endroits festifs. Il avait lu les messages internes à la gendarmerie relatant les contrôles effectués par ses collègues locaux accompagnés de représentants de l'inspection du travail. Malgré la personnalité ambiguë du propriétaire, un malfrat notoire qui alignait déjà plusieurs séjours en prison, rien de franchement illégal n'avait été découvert. L'activité paraissait, en tout cas, florissante vu le nombre de véhicules qui encombraient l'espace

La porte se referma derrière Julie et le cerbère chargé

de la sécurité reprit sa place. Les bras croisés, serré dans un costume noir visiblement bien trop étroit pour accueillir la masse musculaire qu'il contenait, il empêchait quiconque de pénétrer et décourageait d'emblée les plus téméraires. Thierry s'approcha. L'homme le salua poliment et lui précisa immédiatement qu'il s'agissait d'un club privé. Il indiqua les tarifs exorbitants. Thierry acquiesça. Il n'imaginait pas renoncer, il était allé trop loin maintenant. Il voulait savoir, même s'il appréhendait la découverte qu'il allait sans doute faire. Le lieu, la tenue de Julie, son travestissement et ce loup qui dissimulait ses traits, tout cela lui laissait une saveur bilieuse au fond de la gorge. L'homme restait en place, muraille infranchissable.

— Ici, c'est comme au poker ! Faut payer pour voir ! Vous voulez entrer ?

Thierry acquiesça.

L'homme donna un coup sur la lourde et massive porte de bois. Un dispositif coulissant s'ouvrit dévoilant une étroite fenêtre. Deux yeux féminins apparurent.

— Un nouveau qui souhaite s'acquitter du droit d'entrée, annonça le mastodonte.

Une machine à carte bleu passa à travers l'ouverture. L'agent de sécurité introduisit la carte bancaire de Thierry et celui-ci composa son code, tentant d'oublier qu'il déboursait deux cents euros pour avoir le seul privilège de franchir la muraille.

Dès que le terminal afficha que le paiement était accepté, la porte s'ouvrit. Thierry s'avança, sans répondre aux souhaits de bonne soirée formulés par le vigile. Une grande jeune femme, vêtue d'une courte nuisette en dentelles et sequins, l'accueillit en lui tendant le reçu de son paiement. Ses longues boucles rousses ruisselaient jusqu'à mi-dos. Elle était sculpturale, dépassant Thierry de quelques centimètres. Il jeta un coup d'œil autour de lui.

Difficile de penser que ce lieu n'était qu'un vaste hangar aménagé ! Une obscurité savamment orchestrée mettait en valeur une décoration cossue visiblement plagiée sur la vogue des boudoirs de la Belle Époque. Ils se trouvaient dans une petite pièce aux murs recouverts de velours rouge et noir. Le mobilier Art Nouveau, ou du moins les copies, tout en arabesques donnait au hall des allures désuètes mais chaudes. Des sons étouffés parvenaient jusqu'à lui à travers une double porte capitonnée. À l'invitation de l'hôtesse, il se débarrassa de son blouson. Elle le stocka dans un espace encombré de portiques déjà surchargés. À plusieurs endroits du vestibule, des cierges étaient fixés sur des têtes de mort. La cire rouge dégoulinait parant les crânes de traits encore plus grossiers. Interloqué par le mystère qui émanait de cette atmosphère, il interrogea la jeune femme sur la nature de la soirée.

— Ce soir, Monsieur, nous fêtons nos morts ! Si j'ose dire, nuança-t-elle avec un sourire moqueur. La thématique est la mort, le cimetière, Halloween ! Week-end de la Toussaint oblige ! Nos décorateurs ont fait des merveilles, vous verrez. Mais ne vous inquiétez pas, nos clientes les plus fidèles sont là et la soirée promet d'être particulièrement intéressante.

Thierry ne sut quoi répondre et il se contenta de la fixer. Il se faisait l'impression d'être un parfait demeuré face à ce cerbère au regard de braise.

— Bien ! Si je peux me permettre puisqu'il s'agit de votre première fois au Feu Follet, sachez que vous avez ici toute liberté. Vous n'êtes absolument pas obligé de participer aux agapes. Des sièges sont disposés dans les alcôves pour ceux de nos clients qui préfèrent simplement profiter des spectacles. Si vous souhaitez entrer dans le jeu, nos hôtesses vous indiqueront les vestiaires où vous pourrez vous dénuder en toute tranquillité. Je me permets de vous préciser, Monsieur, que tout client se doit de consommer. Il s'agit d'un club privé, et c'est là une de nos règles.

Thierry entérina d'un mouvement de tête. La jeune femme reprit.

— Si vous le souhaitez, je ne saurais trop vous conseiller le port d'un masque. Certains de nos membres tiennent à l'anonymat, vous le comprendrez par vous-même. Rares sont nos clients qui osent s'afficher d'emblée, surtout à leur première expérience. Je vous recommande cet artefact, si vous le permettez. Vous le constaterez vous-même, vous vous sentirez un tout autre homme ainsi à l'abri. La jouissance de pouvoir voir sans être soi-même reconnu est un délice.

Cette femme était charmante dans sa courtoisie lissée de maîtresse de maison. Parfaite dans son rôle de commerciale ! Son discours bien rôdé avait le mérite d'aborder immédiatement les règles essentielles. Elle avait un fort accent heurté. Luxembourgeoise sans aucun doute.

Une fois encore, il resta coi, se contenant de hocher la tête. La femme se glissa derrière le comptoir du vestiaire et sortit un panier d'osier. Elle rit, ravie de la surprise qu'elle lui réservait.

— Pour ce soir, nous proposons de superbes spécimens mortuaires, entama-t-elle en exhibant des masques glaçant de réalisme. À défaut, nous avons toujours nos grands classiques ! Ainsi que quelques incontournables !

Elle lui présenta d'horribles cagoules de cuir coloré qui se fermaient visiblement par de longues fermetures zippées.

Thierry ne fit pas preuve d'une grande originalité, il opta pour un simple masque blanc, inexpressif, qui avait l'avantage de dissimuler tout son visage. Il avait l'impression d'être le Pierrot blafard de ces histoires enfantines qu'il avait lui-même racontées à sa fille. Il ajusta l'objet grâce au petit élastique et vit l'hôtesse lui ouvrir les portes menant aux salles principales. Elle s'effaça avec un large sourire.

— Amusez-vous et surtout détendez-vous ! lui murmura-t-elle avec un clignement d'œil complice. Vous verrez, c'est un endroit magique dès lors que l'on se laisse aller. Je suis certaine que le club va vous plaire, alors laissez-vous aller et ne soyez pas trop timide !

Une musique rythmée l'accueillit. Un éclairage tamisé régnait dans le vaste espace. L'atmosphère ouatée était agrémentée par le mobilier et la décoration uniformément sombres et raffinés. Les murs recouverts de velours grenat, les larges miroirs, la décoration rétro conféraient au lieu une ambiance feutrée mais frivole, dans une gamme de couleurs sombres et chaudes. Les nombreux tableaux qui ornaient murs et cloisons semblaient de prime abord des toiles tirées de la période impressionniste. Mais en regardant de plus près l'une d'entre elles, Thierry s'aperçut que par un étrange mélange, la fameuse technique picturale et certains tableaux de maître avaient été détournés. Les scènes présentaient ici des copulations orgiaques mêlant plusieurs personnages, plagiats savoureux de tableaux célèbres. Des statues et autres pilastres dorés agrémentaient certains endroits de la vaste salle. Thierry avait réellement l'impression d'avoir effectué un bond dans le temps pour atterrir dans une maison close du début du vingtième siècle. Depuis l'extérieur, il était difficile d'imaginer une telle profusion décorative. Une centaine de personnes semblaient être présentes. Thierry s'approcha du centre de la pièce, passant entre les sofas disposés autour de tables basses. Des couples étaient affalés et discutaient en picorant distraitement des canapés de cocktail. Des serveuses habillées à l'identique de l'hôtesse d'accueil déambulaient entre les groupes, leur plateau recouvert de bouteilles ou d'assiettes d'amuse-gueules. Il tenta immédiatement de repérer Julie. Il fut distrait par une jeune serveuse noire qui vint à sa rencontre. La fameuse consommation obligatoire ! Il choisit un whisky soda et paya les vingt-cinq euros requis. Une soirée qui lui revenait cher ! Il fallait avoir les moyens pour s'encanailler !

La piste de danse était occupée par des hommes et femmes de tous âges qui se dandinaient mollement. Thierry cligna des yeux en remarquant la tenue de certaines personnes. Des femmes s'affichaient quasi nues, ne portant que leurs chaussures et quelques effets de lingerie coquine. Comme l'hôtesse d'accueil avait pris le temps de lui préciser, la majorité des personnages présents était masquée. Des hommes dansaient également torse nu ou en caleçon. Certains arboraient des strings parfaitement ridicules ou se trémoussaient entièrement dévêtus, leur sexe battant le long de leurs cuisses au gré des mouvements. Les couples se frottaient, s'embrassaient, flirtaient sans aucune gêne. De nombreuses personnes, seules, étaient assises, regardant les danseurs. Certains hommes caressaient ostensiblement leur sexe dénudé. Thierry déambulait autour de la piste de danse, tentant de se donner une contenance décontractée malgré le malaise qu'il n'arrivait pas à endiguer. Il sirotait son verre grâce à la paille que la jeune serveuse lui avait proposée. Il avait tout d'abord refusé avant que celle-ci ne se penche vers lui pour se faire entendre.

— À cause de votre masque, Monsieur !

Il détestait l'ambiance des discothèques traditionnelles. Ici, il se sentait encore moins à sa place. Il n'avait pas auparavant été confronté à une telle atmosphère dépravée et ce genre d'établissement ne l'avait jamais tenté. La grande salle s'ouvrait sur un long couloir qui desservait quelques pièces aux dimensions moins spectaculaires. Certaines n'étaient que de simples alcôves. Les yeux de

Thierry s'exorbitèrent derrière le masque. Dans certains recoins, des couples copulaient sous le regard de plusieurs spectateurs dont certains se masturbaient. Plus loin, une femme visiblement quinquagénaire accueillait plusieurs hommes à la fois, en hurlant. Il ne put s'empêcher de sourire devant le ridicule de cette scène. Visiblement, le vice n'avait pas d'âge ! À chaque pièce, il avait l'impression de sombrer encore plus profondément dans un monde infernal. Ce club était une descente dans les pires travers de la société. Il parvint enfin à la dernière salle. Se haussant sur la pointe des pieds pour passer par-dessus le rideau d'hommes qui faisaient obstacle, il entrevit une femme énorme, enchaînée à une sorte de croix en bois. L'obèse se faisait fouetter par deux hommes entièrement nus, le visage recouvert des cagoules de cuir que l'hôtesse lui avait proposées à l'accueil et le corps moulé dans des combinaisons en cuir.

Où avait-il mis les pieds ? Comme gendarme, il était bien placé pour savoir que le monde regorgeait d'une perversité qui s'immisçait dans tous les milieux de la société. Pourtant ces déviances demeuraient le plus souvent hors de vue et ne s'exhibaient jamais aussi directement. Les voitures rutilantes qu'il avait aperçues sur le parking, le montant des droits d'entrée prouvaient que les personnes qui se roulaient ici dans la fange de leurs fantasmes étaient sans doute de dignes représentants des classes les plus aisées. Thierry sourit à l'idée des notables qui fréquentaient sans doute ce lieu.

Dans d'autres circonstances, nul doute qu'il aurait pu observer les comportements avec une décontraction toute anthropologique. Mais une question le taraudait de manière nauséeuse. Que diable Julie foutait-elle ici? Qu'est-ce-que sa maîtresse venait chercher dans ce lieu absolument hideux? L'idée qu'elle puisse simplement fréquenter un tel établissement l'écœurait. Il redoutait particulièrement de la découvrir dans cet univers pervers. Il se figea ! Il rebroussait chemin pour rejoindre la salle principale lorsqu'il la vit. Le cœur de Thierry se mit à tambouriner dans sa poitrine et son estomac se souleva en un haut-le-cœur irrépressible.

Julie était assise dans un salon exigu. Plusieurs canapés aux tissus matelassés et agrémentés de larges fleurs japonisantes étaient répartis le long des trois murs de cette pièce très sombre. Ils formaient ainsi un large U s'ouvrant, au centre, sur une cage ronde dans laquelle une femme dansait lascivement en s'accrochant aux barreaux de métal, entièrement nue. Jetant un coup d'œil circulaire, Thierry avisa une place libre et s'installa discrètement. Depuis sa position, il pouvait observer Julie tout à son aise. La cage le gênait et suivant les mouvements, sa maîtresse pouvait totalement disparaître masquée par le corps de la danseuse. Néanmoins, il était aux premières loges.

Julie était habillée ! Il ressentit un vrai soulagement en constatant cela. Il appréhendait sincèrement de la trouver dans une position ambiguë ou une tenue légère à l'instar des femmes qui racolaient un peu partout. Un homme d'une cinquantaine d'années était installé aux côtés de Julie. Le visage était masqué par un simple loup blanc et il était habillé lui aussi ! Le couple discutait. La seule source lumineuse de la pièce émanait d'un spot inséré dans le sol du podium central. L'éclairage était aléatoire, les piétinements de la danseuse créaient un décor syncopé qui gênait l'observation. Pourtant, Thierry distinguait le visage de Julie. Son masque sombre de fines dentelles dissimulait son nez et deux fentes ovales étaient découpées au niveau des yeux. Si, en règle générale, les hommes portaient des masques d'une banale simplicité, Thierry avait observé que de nombreuses clientes s'illustraient par le raffinement du leur. Certains semblaient tirées des périodes d'antan lorsque les belles duchesses rivalisaient d'élégance et de perversité. Sade ou le vicomte de Valmont n'auraient pas été dépaysés dans un tel lieu ! À plusieurs reprises, au gré de ses déplacements, Thierry avait d'ailleurs eu le sentiment de parcourir les scènes de certains films consacrés à l'aristocratie du dix-huitième siècle. Ces masques de dentelles agrémentés de perles et de pierres, ces femmes au corps dénudé, riant à gorge déployée, sans aucune gêne. Tout se mélangeait pour un spectacle tout droit tiré des plus belles heures du libertinage.

D'un mouvement de tête, Thierry chassa ces images pour se recentrer sur le couple qu'il observait à la dérobée. La blessure qui barrait le visage de Julie était occultée par le masque. À plusieurs reprises, elle appuya sa main sur la cuisse de l'homme. Les deux interlocuteurs discutaient et riaient de bon cœur. La jeune femme semblait joviale, très à son aise. Elle s'amusa à défaire quelques boutons de la chemise noire que portait l'homme. Une femme vint s'asseoir à côté de Thierry et commença à lui passer la main sur le bras. Sans écouter ce qu'elle lui susurrait à l'oreille, il l'éconduisit d'un geste.

Durant une interminable vingtaine de minutes, Julie et l'homme se contentèrent de papoter. Ils affichaient une réelle complicité et une intimité de plus en plus marquée. Leurs intentions étaient dénuées d'équivoques. Thierry redoutait la perspective d'un passage à l'acte et sa fureur ne cessait d'enfler. Ils flirtaient ouvertement. Julie avait entièrement déboutonné la chemise, ses ongles glissaient distraitement le long du torse velu. Elle s'était rapprochée de son compagnon et sa cuisse reposait désormais sur celle de l'homme. Il avait posé sa main sur la peau galbée par le bas. Elle l'avait laissé faire. Sa bouche sensuelle était collée à l'oreille de l'homme et n'arrêtait pas de chuchoter. Thierry avait la nausée. Sa curiosité était satisfaite ! Et de la pire des manières. Il avait poussé le jeu au-delà des limites et la réalité crue qu'il découvrait le douchait froidement. Voir celle qui faisait battre son cœur se faire tripoter par un autre lui était viscéralement insupportable. Les doigts de l'homme remontaient imperceptiblement vers le large élastique qui maintenait le bas, s'insinuant peu à peu sous la laine de la robe. Julie changea de position et s'installa plus confortablement dans le canapé, écartant ostensiblement les cuisses. Thierry se mordait les lèvres pour ne pas hurler. Les doigts crispés à l'accoudoir du fauteuil, il sentait ses articulations se durcir douloureusement. Malgré l'insanité de la scène, il n'était pas capable de fuir et buvait le calice de l'infamie jusqu'à la lie.

Le compagnon de Julie se redressa et se débarrassa de sa chemise. Il était incroyablement musclé, bodybuildé même. Un large tatouage barrait son dos. Une tête de mort recouverte d'un képi militaire blanc. Le fameux slogan de la Légion étrangère s'étalait au bas de son dos musculeux : *Legio patria nostra.* Avec une aisance que sa stature ne laissait pas supposer, il glissa sur le sol et s'agenouilla entre les cuisses largement ouvertes de Julie. Même ainsi, il demeurait imposant et continuait à dominer de toute sa masse la frêle garce. Il commença à l'embrasser. Ses lèvres couraient sur le cou offert, plongeant de plus en plus ouvertement vers le galbe de la poitrine. D'un geste franc, il fit glisser le large col de la robe, dévoilant les seins dressés de la jeune femme. Elle, la tête en arrière, s'offrait de manière lascive. Les doigts de Julie se refermèrent sur le crâne presque rasé de l'homme alors qu'il s'attardait sur sa gorge. Ses longs doigts massaient le cou de taureau de cet homme trapu, l'attirant davantage contre elle. Ses mains paraissaient être celles d'une poupée tant ses doigts étaient minuscules sur le corps de l'homme. La main de ce dernier fourrageait pour remonter la robe. Thierry vit le visage de Julie se crisper lorsque son compagnon colla sa bouche sur le sexe féminin. Elle hoqueta de plaisir, arquant son buste, comme pour mieux se laisser happer. Sa tête se posa sur le crâne de l'homme. Occupé à la caresser, il alternait en de lents va-et-vient entre son entrecuisse humide et ses seins. Thierry voyait la bouche de ce porc se délecter des tétons de Julie. Il était hypnotisé par la scène.

À plusieurs reprises, les yeux clairs de Julie se posèrent sur cet homme qui, de l'autre bout de la pièce, regardait intensément leurs ébats, dissimulé sous un masque blanc. Les voyeurs pullulaient dans cet univers de débauche mais Thierry capta le regard de Julie et il eut le sentiment qu'elle l'avait démasqué. D'ailleurs, elle lui sourit, passant le bout de sa langue sur sa lèvre supérieure et plissant visiblement les yeux de malice. Lorsque l'homme accentua ses caresses, elle s'abandonna davantage en gloussant.

Thierry crut que le monde s'écroulait autour de lui. Ainsi, Julie était ce genre de garce ! Quelle salope ! Il n'aurait jamais pu imaginer que la jeune femme douce se laissa ainsi aller, s'offrant en spectacle comme une simple prostituée de cabaret. Elle dont la timidité l'avait conquis dès leur première entrevue. Même si par la suite, elle avait su se montrer si peu soucieuse du regard d'autrui, il n'aurait jamais pensé qu'elle puisse se conduire de la sorte. L'écœurement laissait la place à une déception puissante, viscéralement insupportable. La jalousie lui vrillait le ventre. Loin de la haïr, il l'aimait à en mourir. Il la voulait pour lui. Il détestait cet homme qui la salissait. Elle était à lui ! À lui ! Il n'y avait que la peur de l'esclandre public, et de la rouste que le gorille lui réserverait, pour le retenir d'intervenir et mettre fin à cette ignominie. Il avait besoin de hurler la fureur qui balayait ses tripes. Alors qu'il observait toujours leurs ébats, Thierry se tétanisa. Une nouvelle fois, les yeux de Julie venaient de se poser sur lui. Elle souriait. Il était électrisé par le regard qui le dévisageait, incapable de comprendre si elle l'avait reconnu ou si elle se laissait simplement aller à son plaisir. Il était transpercé, vrillé par les éclairs de ses yeux. Les lèvres de Julie remuèrent imperceptiblement. Puis de manière plus accentuée. Thierry comprit qu'elle s'adressait à lui. Bien sûr qu'elle l'avait reconnu ! Quel crétin il était ! Tout le trahissait : ses habits, les mêmes que ceux portés en début de soirée, son allure, mais surtout cette crispation inhabituelle qui ôtait toute discrétion à sa surveillance. Il se focalisa sur la bouche et déchiffra.

— Vi-ens ! Vi-ens ! crut-il lire.

Au même instant, alors que l'esprit de Thierry était chauffé à blanc par la confusion des sentiments, la femme qu'il avait chassée quelques minutes plus tôt réapparut, cette fois-ci totalement dévêtue à l'exception de longues cuissardes blanches. Elle s'accroupit à quelques mètres de lui et avança à quatre pattes. Elle fit mine de se glisser en louvoyant entre ses cuisses, forçant pour se frayer un passage jusqu'à ce qu'elle convoitait. Thierry la repoussa sans aucun ménagement. La femme déséquilibrée chuta lourdement sur le sol. Un cri supplanta la musique ambiante. Les couples cessèrent immédiatement de folâtrer pour regarder la scène. Thierry se leva, s'excusa platement et aida l'importune à se mettre debout. Il quitta le petit salon, sous les yeux de Julie et de son compagnon. En passant à leur niveau, Thierry ne put s'empêcher de dévisager Julie. La fine dentelle renforçait le charme de son visage. Elle était si belle. Thierry sentit les larmes le submerger.

— Quel con, ce mec ! l'entendit-il dire à l'homme, tout en se penchant vers lui pour l'embrasser à pleine bouche.

Ses yeux n'avaient pas quitté Thierry durant toute sa fuite mais là, en happant la bouche honnie, elle le terrassa d'un regard.

Malgré la déferlante émotionnelle qui l'anéantissait, Thierry n'avait pu se résoudre à quitter le club. Après avoir platement fait œuvre de contrition auprès de la dame bousculée et d'un responsable de l'établissement qui s'était précipité, il s'était faufilé jusqu'au bar et avait commandé un verre d'alcool fort. Il l'avala d'une traite, sans réfléchir. Il faillit recracher le breuvage tant la brûlure de la boisson fut intense sur son palais. Puis il resta assis, sur le tabouret de bar, totalement hagard. Il fixait le miroir placé au-dessus de la rangée de bouteilles et laissait ses pensées se perdre dans le spectacle de la piste de danse qui se reflétait. Cinq verres, descendus machinalement, lui furent nécessaires pour retrouver une certaine contenance. Il buvait rarement une telle quantité d'alcool et un brouillard anesthésiant avait envahi son esprit. Au moins ses angoisses étaient-elles momentanément jugulées. Thierry trouva enfin la force de reprendre le fil de la soirée. Il titubait lorsqu'il entreprit de traverser la vaste salle principale. Julie et son compagnon avaient quitté le salon. Il les retrouva aisément trois espaces plus loin. Ils occupaient un large canapé d'angle, en compagnie d'un autre couple. Les heures passant, la foule était moins dense et Thierry circulait plus aisément. L'alcool avait fait son office et levé les inhibitions qu'il avait ressenties à son arrivée quelques heures plus tôt. En les apercevant, il se dissimula derrière une statue de plâtre représentant une scène galante, certainement une copie réalisée d'après un modèle ancien. La sensation désagréable qui l'habitait en début de soirée avait disparue, évaporée dans la succession de déconvenues et de verres. Il joua passivement son rôle de voyeur sans se poser de questions, presque indifférent. Il avait voulu comprendre ce que manigançait Julie. Désormais, il savait. Après cinq ou six minutes passées à mater les ébats de Julie et de son gorille, Il s'esquiva.

Peu après trois heures du matin, Julie et l'homme traversèrent la salle. Elle était nue à l'exception de ses bottes et des bas dont l'un pendait négligemment autour de son genou. L'homme avait passé la main autour de sa taille et de l'autre, il tenait la robe de laine grise. Thierry laissa le couple disparaître en direction du vestiaire. Il termina le verre qu'il venait de commander puis quitta l'établissement à son tour.

Il frissonna en franchissant la porte. Le masque toujours positionné sur son visage, il vit Julie s'engouffrer dans sa voiture. L'homme était à ses côtés, sur le siège passager. L'automobile démarra en trombe. Ils riaient.

Thierry jura en s'approchant de sa moto. Elle gisait dans le fossé qui bordait le bas-côté de la route. La voiture, qui, à son arrivée, était garée devant lui, avait disparu. Le conducteur avait sans doute percuté le deux-roues en manœuvrant pour quitter la place. Thierry, malgré d'intenses efforts, ne parvint pas à redresser la moto. Ce modèle pesait près de deux cent kilogrammes et Thierry paraissait sans force. Trop saoul et trop désabusé pour avoir envie de fournir les efforts nécessaires. Il finit par rejoindre le garde qui protégeait toujours la porte de l'établissement. Après avoir parlementé quelques minutes, l'homme accepta de venir lui prêter main-forte.

La moto démarra du premier coup. Thierry remercia chaleureusement l'homme et remonta enfin la voie. Il avait perdu un bon quart d'heure et désormais toute possibilité de retrouver Julie était anéantie.

Il rentra directement à Guénange. Avant de monter dans son appartement, il voulut faire une rapide vérification sur le parking de la caserne. La voiture de Julie n'était pas là. Il s'en doutait et pourtant il ne put retenir un sanglot.

En arrivant chez lui, il se rendit directement aux toilettes. Là, à quatre pattes, la tête penchée au- dessus de la faïence, il vomit en de longs jets, comme si toute la déception accumulée au cours des dernières heures devait être expulsée. Il eut le sentiment qu'une partie de lui-même, celle construite autour des souvenirs liés à Julie, partait ainsi, mêlée aux remugles d'alcool qui lui brûlaient la gorge. Il tira la chasse d'eau et regarda son vomi disparaître péniblement au fond des toilettes.

Partie 9
Et si ...

Chapitre 1

Quinze jours après la soirée dans le club libertin, Thierry peinait à se débarrasser des images collectées au fil des heures passées à épier Julie.

Ce qu'il avait découvert d'elle lui laissait un goût âcre d'échec et d'humiliation. Au-delà de la profonde désillusion qui le tiraillait encore, il éprouvait une rage patente à l'idée d'avoir été ainsi trompé. Non pas physiquement avec cet homme mais bien plus insidieusement, elle s'était complètement jouée de lui. Qu'y avait-il de vrai dans leur relation ? Elle était complètement folle. Il en était persuadé maintenant. Elle souffrait d'un trouble de la personnalité qui, visiblement, la submergeait de plus en plus. Deux femmes cohabitaient en elle et la garce prenait aujourd'hui le pas sur l'angélique trentenaire. Jamais il n'aurait pu et dû tomber amoureux de cette fille dépravée, complètement nymphomane. Il avait été régulièrement amené à traiter avec des personnes souffrant de troubles psychiques ou psychiatriques. Mais pour la première fois, il n'avait pas été un observateur extérieur intervenant ponctuellement, sans réel affect. Non ! Il avait vécu avec cette femme. Il comprenait, avec retard, la profonde détresse observée chez les proches des malades. Leur regard perdu, leur incapacité à agir avec discernement. Côtoyer la folie était une expérience absolument infernale tant elle impliquait l'absence de toutes normes ou de tous repères. L'image caricaturale du fou débile était tellement réductrice. La plupart des personnes malades se révélaient infiniment intelligentes, à l'aise en société, capables de jouer leur rôle à la perfection.

Pendant de longs mois, lorsqu'il la commandait, il l'avait observée sur son lieu de travail, sans rien détecter d'anormal. Plus tard, il avait découvert l'intimité qu'elle avait bien voulu lui offrir et avait plongé avec entrain dans la douceur de son amour. L'avenir lui paraissait alors rayonnant avec une telle beauté à ses côtés.

Le doute s'était immiscé peu à peu. Tel un germe qui croissait lentement, il avait insidieusement creusé son sillon. Thierry avait tenté de comprendre l'ambivalence ponctuelle de sa compagne. Mais pouvait-il comprendre ce qu'il refusait de croire ? Puis, la foudre s'était abattue sur lui. Pour la première fois de sa vie, il avait été berné sur toute la ligne. La réalité était si crue qu'il lui avait fallu plusieurs jours pour comprendre à quel point il avait été naïf, manipulé. Marionnette de chiffon entre les mains de cette femme. Dans les souvenirs partagés avec elle, Thierry était incapable de trier ceux qui relevaient de la machination et les rares instants où il espérait avoir aperçu la Julie qui avait ravi son cœur.

Depuis leur rupture, ils s'étaient croisés à plusieurs reprises. Leur voisinage immédiat rendait incontournables ces rencontres fortuites. La jeune femme et Thierry s'étaient ostensiblement ignorés. Elle partait rejoindre les bureaux de la SR à Metz, il pénétrait dans la brigade. Aucun signe de politesse de la part de Julie. Les regards de Thierry, tour à tour suppliants, puis empreints de déception et aujourd'hui déterminés, étaient rejetés par son ancienne maîtresse. Chacun d'entre eux savait, intrinsèquement, qu'un cap avait été franchi lors de cette soirée dantesque. Inexorablement, une ligne de fracture les éloignait. Des traces indélébiles empoisonneraient à jamais toute tentative potentielle de reconquête ou de rapprochement. Thierry avait rangé dans un sac plastique les quelques affaires que Julie avait laissées chez lui. Il avait déposé le sac sur le paillasson de l'appartement.

Pourtant, il n'en avait pas fini avec elle. La déconvenue était trop grande pour se satisfaire d'une simple et banale rupture. Il devait comprendre qui était réellement cette femme. Trop de questions avaient été soulevées et demeuraient sans réponse. Des détails plus anciens faisaient en effet et à nouveau leur apparition dans son esprit, jetant un discrédit supplémentaire sur cette femme.

À deux reprises, il avait fait confiance. Aveuglément. Non seulement parce qu'avant même de sortir avec Julie, il ne se résolvait pas à lui faire du tort mais surtout parce qu'il ne pouvait pas accorder de crédit aux accusations formulées.

Professionnellement et humainement, l'adjudante Julie Demery était irréprochable. Il avait préféré fermer les yeux et avait tout fait pour convaincre le chef d'escadron Piatry, leur supérieur à tous les deux, de faire de même.

En décembre 2014, quatre mois à peine après l'arrivée de l'adjudante Demery à Guénange, le commandant de compagnie de Thionville avait profité d'une réunion qui les réunissait tous les deux pour s'entretenir en aparté avec le lieutenant Massilon. Il lui avait alors montré une lettre reçue quelques jours plus tôt. Un habitant d'un village proche de Guénange dénonçait l'adjudante Demery pour l'avoir littéralement agressé physiquement à l'occasion d'un banal contrôle. Il portait de graves accusations, n'hésitant pas à la comparer à une furie, une folle complètement hystérique. Il n'avait pas souhaité porter plainte malgré les menaces et un coup asséné au niveau du bas-ventre, mais il tenait « en bon citoyen » à informer les responsables de la gendarmerie de ce comportement totalement inadmissible qui ne manquerait pas, il en était certain, d'être « dûment sanctionné ». Le commandant de la compagnie de Thionville et le chef de la brigade de Guénange avaient tous deux douté du bien-fondé de ces allégations. Il n'était pas rare que les gendarmes fussent accusés de tous les maux ; la rançon de leur profession en quelque sorte. Le comportement de la Demery qu'ils connaissaient tous deux était si éloigné des excès dénoncés qu'ils les avaient balayés. Ils étaient convenus de la réponse à apporter. Piatry se chargerait d'adresser un courrier au dénonciateur afin de l'assurer de la prise en compte de ses dires et de le calmer par la même occasion. Thierry, quant à lui, devait essayer de tirer discrètement cette affaire au clair. Ces démarches furent rapides. Ce jour-là, Julie Demery était seule et l'incident avait dû survenir sans aucun autre témoin. C'était les paroles de ce villageois contre la réputation sans tache du gendarme. La balance pencha immédiatement et l'affaire fut close.

Quelques mois plus tard, dans les bureaux de la police municipale d'une commune voisine, le lieutenant Massilon avait surpris une discussion grivoise ponctuée de rires cancaniers et d'allusions déplacées. Alors qu'il était en train de vérifier des documents administratifs, deux fonctionnaires locaux s'étaient installés dans la salle voisine. Visiblement, ils se moquaient de celle avec qui il sortait alors depuis quelques semaines. Il n'avait pas forcément saisi tous les détails puisque la discussion avait commencé avant leur arrivée, mais les policiers se gaussaient d'avoir surpris une femme gendarme en pleine partie de jambes en l'air dans un bois réputé localement pour servir de lieu de rencontres. Pour eux, en tout cas, il n'y avait pas d'ambiguïté possible. Ils associaient bien cette coquine avec « la blonde, je crois qu'elle est de Guénange, tu sais la super bandante qui est arrivée l'été dernier ». Thierry Massilon n'avait jugé ni nécessaire d'intervenir pour mettre un terme à ces échanges, ni utile de prendre cette discussion pour argent comptant. Les ragots allaient bon train et il suffisait souvent de peu de choses pour alimenter les rumeurs les plus incohérentes.

Emporté par ses sentiments, il n'avait plus jamais repensé à ces deux épisodes. Jusqu'à ces derniers jours.

L'amour rend aveugle, affirme l'adage populaire, Thierry avait surtout l'impression d'avoir été pris pour un con alors que certains signaux clignotaient depuis longtemps. Il aurait dû faire preuve de plus de clairvoyance...

Blessé dans son amour propre, et honteux de voir ses sentiments amoureux traînés dans la boue la plus infâme, il réagissait orgueilleusement. Habité par une sombre idée de vengeance, il avait désormais à cœur de mettre au grand jour et donc un terme à la mascarade de Julie Demery. Pour le moment, il masquait ses basses œuvres personnelles derrière des considérations professionnelles. L'axiome qui l'obnubilait était basique et suffisait à ses yeux à justifier la croisade entreprise : la personnalité et le comportement de Julie Demery étaient incompatibles avec l'uniforme qu'elle portait.

Depuis le lundi de la Toussaint, il avait pris l'habitude de surveiller son ancienne maîtresse. Non pas durant les heures de travail, il savait par avance que cela n'aurait aucune utilité. Mais dès lors qu'elle était présente à Guénange et dans la mesure où ses propres soirées lui offraient cette possibilité. Les sorties nocturnes de la jeune femme surtout l'intéressaient, l'intriguaient. Il était hanté en permanence par des interrogations. Voyait-elle encore cet homme, le légionnaire du Feu Follet ? Le fréquentait-elle depuis longtemps alors même qu'ils étaient encore ensemble ? Avait-elle eu d'autres aventures pendant qu'il se pâmait d'amour pour elle ? Il voulait avoir des réponses. Il avait même contacté un des deux policiers municipaux à propos de leur supposée découverte, mais l'homme était resté évasif.

Dès qu'il était dans son appartement, il s'efforçait de guetter les bruits pouvant indiquer une sortie de la jeune femme. À plusieurs reprises, il avait couru rejoindre le judas de sa porte et avait soupiré en s'apercevant qu'il s'agissait simplement d'un voisin qui descendait les poubelles ou d'un enfant qui partait promener un chien.

Au bout de deux jours, il comprit que cet amateurisme ne menait à rien. Il en avait assez de tendre l'oreille en permanence, de tout abandonner à la moindre suspicion de présence dans l'escalier et d'être devenu complètement dépendant de ce maudit judas. Soit il stoppait tout et décidait de tourner définitivement la page. Soit il se donnait les moyens nécessaires pour réellement mener un travail d'investigation. Abandonner n'était pas une option envisageable. Aussi décida-t-il d'opter pour un dispositif de surveillance électronique. Il devait pouvoir être avisé de chacune des sorties de Julie afin de lui coller aux basques et de découvrir la vérité. Thierry était ami de longue date avec un gendarme spécialiste informatique à Metz. Ce dernier lui devait un vieux service pour une histoire de stage que Thierry avait réussi à décrocher pour la fille de ce vieux copain. Le lieutenant Massilon le sollicita pour des conseils. Trouver tout le matériel nécessaire fut un jeu d'enfant. Après une heure dans une boutique spécialisée, Thierry ressortit avec des gadgets bon marché qu'il pensait jusqu'alors réservés à des professionnels. Nanti de ce matériel d'espionnage, il allait pouvoir mettre en place une surveillance en bonne et due forme. Le soir même, Thierry installa la minuscule caméra dans l'armoire technique qui jouxtait sa porte d'entrée. Il profita de la gaine de la ligne de téléphone pour passer le câble permettant de connecter le dispositif de prise de vue à un ordinateur. Un simple port USB permettait de visualiser les images directement à partir des programmes déjà installés d'origine sur les ordinateurs grand public.

— Ce n'est ni plus ni moins qu'une webcam identique à celle que vous utilisez habituellement, lui avait assuré le vendeur.

Dès lors, grâce à son ordinateur portable, il pouvait suivre en permanence les allées et venues dans la cage d'escalier. Le programme permettait même d'enregistrer les images et de les visualiser, plus tard, en vitesse accélérée. Et peu importait à Thierry d'enfreindre un bon nombre de lois relatives aux libertés individuelles ou de règlements militaires, il s'asseyait allégrement sur ces considérations. Place à l'efficacité !

Grâce à ce stratagème, Thierry fut discrètement alerté des sorties nocturnes de Julie. Il veillait d'un œil l'écran de son ordinateur. Deux fois, au cours de la semaine suivante, il abandonna le Dvd qu'il visionnait distraitement pour s'équiper à la hâte et la rattraper avant qu'elle ne quitte la caserne. Il parvint ainsi à la suivre au cours de ses virées. Il remarqua que la jeune femme portait systématiquement son postiche brun lorsqu'elle rejoignait l'homme avec qui il l'avait surprise dans le club. Il avait aussi constaté avec amertume qu'elle lui réservait souvent des tenues particulièrement affriolantes. Visiblement, elle reportait sur cet homme le comportement dépravé qu'elle avait réservé aux dernières semaines de leur relation.

Thierry abordait ses surveillances à l'instar de ce qu'il aurait fait lors d'investigations judiciaires conduites pour la gendarmerie. La même rigueur l'animait. Il ne laissait aucune place au hasard, notant chaque détail sur le carnet de poche qui ne le quittait pas, reportant ensuite les principaux faits et gestes de Julie sur un agenda journalier.

Pour la première fois depuis la soirée au club Feu follet ou du moins depuis qu'il la surveillait activement, le 10 novembre, vers vingt-et-une heures, elle avait retrouvé l'homme à Amnéville. Avant même qu'elle ne le rejoigne, Thierry avait repéré son successeur. Il était difficile de ne pas le remarquer, immense comme il était. Il était planté à côté d'un fast-food. Le couple avait mangé rapidement leurs sandwichs américains avant de s'engouffrer dans le vaste complexe cinématographique voisin. Thierry avait suivi, un bonnet vissé sur la tête afin de passer le plus inaperçu possible. Julie, pendue au bras de son nouvel amant, paraissait minuscule. Elle ne cessait de lui murmurer des paroles à l'oreille. Bien que la salle de projection soit presque totalement vide, ils s'étaient assis au fond de la salle, très à l'écart. Thierry n'avait tout d'abord jeté qu'un simple coup d'œil afin de s'assurer de leur emplacement. Il avait patienté à l'extérieur de la salle, effrayé à l'idée qu'elle puisse le remarquer avant le début de la séance parmi les rares spectateurs. Il avait attendu que l'obscurité se fasse avant de rejoindre un siège, au dernier rang également, à une bonne vingtaine de places du couple. Le film était une comédie française particulièrement insipide et stupide malgré la présence d'un nombre important d'acteurs renommés. Quelques rares rires émaillaient parfois les scènes les plus cocasses. Thierry ne quittait pas Julie et l'homme des yeux. Bien que relativement éloigné d'eux, il eut le sentiment qu'ils n'avaient cessé de flirter durant les quatre-vingt-dix minutes de la séance. Le faisceau lumineux du projecteur diffusait une lumière sautillante au gré des scènes. À cause de ces halos presque stroboscopiques, Thierry peinait parfois à distinguer les postures de Julie et de son mec. Il vit tout de même nettement la jeune femme glisser discrètement de son siège et, à genoux sur la moquette, se pencher sur l'entrejambe de l'homme. Les mains masculines se posèrent sur la tête qui s'agitait de manière non équivoque.

Thierry quitta la salle dès les premières secondes du générique final. Caché maladroitement derrière un abribus, il attendit le couple près de la sortie du complexe. Il était un peu plus de minuit et le parking s'était vidé. De rares voitures restaient stationnées. L'homme entraîna Julie à l'écart, dans un des nombreux bosquets qui rendaient le plateau d'Amnéville si agréable pour les citadins messins. Thierry les vit s'enfoncer entre les pins. Sans les quitter des yeux, il effectua une série de bonds rapides, profitant des nombreuses zones très sombres pour masquer ses mouvements. Julie était adossée contre un tronc. L'homme était collé contre elle. Sans effort, il la souleva. Les longues jambes vinrent se crocheter autour du bassin de l'homme. Quelques secondes plus tard, les gémissements explicites qui parvinrent jusqu'à Thierry ne laissaient aucun doute sur la manière dont ils terminaient la soirée.

Dès son retour, malgré l'heure tardive, Thierry passa à son bureau avant de rejoindre l'appartement. Connecté au fichier des plaques d'immatriculation, il entra le numéro relevé quelques heures plus tôt dans la base de données. Le nom de celui qui avait pris sa place auprès de Julie apparut rapidement. Ensuite, en croisant l'identité du propriétaire du véhicule avec le fichier des permis de conduire, il put rapidement mettre un nom sur le nouvel amant de Julie. Owen Mac Donald était âgé de cinquante-et-un ans. Il était né en Irlande du Nord et demeurait à Metz-Borny d'après les renseignements glanés. Le lendemain, Thierry passa un coup de téléphone à un collègue affecté à l'antenne messine de la Direction de la Protection et de la Sécurité de la Défense, un service particulier au sein des armées qui se chargeait de certaines missions d'enquête interne. Il était persuadé que le colosse était militaire. Le tatouage, la coupe de cheveux, la dégaine, tout en lui suintait cette profession. Son correspondant n'eut aucune difficulté à répondre à la question posée. Le major Owen Mac Donald travaillait au centre de recrutement des armées à Metz. Il était l'adjoint du chef de service. Ce militaire possédait des états de service à faire pâlir un certain nombre de ses condisciples. Engagé à l'âge de dix-neuf ans dans la légion étrangère, il avait effectué toute sa carrière au fameux régiment parachutiste de Calvi en Corse. En 1999, un accident lors d'un saut en parachute l'avait éloigné des unités opérationnelles. Depuis lors, il s'était orienté dans le recrutement. Il était en poste à Metz depuis trois ans. En outre, Thierry comprit pourquoi le couple ne se rencontrait que dans des lieux publics. Le militaire était marié et père d'une famille nombreuse.

Au cours des deux soirées suivantes de filature, Thierry assista, à peu de choses près, au même déroulement. Julie et Owen se rencontraient de manière régulière, tous les trois jours. Certes, Thierry comprenait désormais pourquoi le militaire ne pouvait pas la ramener chez lui mais l'option d'une chambre d'hôtel ne paraissait pas non plus intéresser les deux amants. Sans doute l'épouse du major se chargeait-elle de la tenue des comptes et de telles dépenses n'auraient pas manqué de lui mettre la puce à l'oreille, imagina benoîtement le lieutenant Massilon. Par ailleurs, Thierry se doutait, d'expérience, que Julie n'accueillerait pas l'homme à Guénange. Le couple semblait se contenter de ces rendez-vous dans des lieux publics. En tout cas, ils prenaient un certain plaisir à baiser dans les endroits les plus insolites. Rien, en dehors de leurs ébats débridés, ne semblait les rapprocher. Pas d'expo, pas de visites, quelques séances de cinéma mais la qualité des films ne semblait pas être un facteur de choix.

Un soir, alors que les températures hivernales avaient vidé les rues du centre-ville de Metz, Thierry eut l'occasion de les observer s'accoupler sauvagement sur le capot de la voiture de sport de l'homme. Une étroite impasse constituait un décor sordide. Julie paraissait déchaînée. Thierry, qui avait vécu de l'intérieur des rapports intimes avec cette femme, retrouvait la furie qu'elle montrait au cours de leurs derniers jours de vie commune. Il observait, avec une certaine frayeur et une pointe de malaise, la violence de son comportement sexuel. Il comprit également l'origine du coup qui défigurait Julie lors de leur dernière dispute. Alors que Julie hurlait sous les coups de butoir, le soldat lui décrocha une claque au niveau du visage.

— *Shut up bitch*! cria-t-il d'une voix teintée d'un fort accent trahissant ses origines dublinoises. Tu vas attirer les flics à gueuler comme ça, pouffiasse !

La claque avait été assénée avec violence. Caché derrière un bac à ordures, Thierry n'entendit pas le bruit du coup. Il vit néanmoins le visage de la jeune femme se vriller sous l'impact de la main. Les hurlements de plaisir de Julie stoppèrent immédiatement. L'homme continuait à la baiser sauvagement.

Thierry hésita. Voir une femme se prendre une telle mandale dépassait les normes de ce qu'il pouvait accepter. Savoir que le visage de Julie porterait plusieurs jours les traces de cette violence le révulsait. Pourtant il s'abstint et resta accroupi derrière la poubelle. L'idée que Julie méritait ce qui lui arrivait avait traversé son esprit, annihilant toute envie de jouer au preux chevalier. Par ailleurs, qu'avait-il à gagner à se dévoiler ? La brute allait l'assommer et Julie saurait qu'il passait ses soirées à lui filer le train. Il venait d'avoir la confirmation que bien avant d'avoir rompu, Julie le trompait avec le légionnaire. Nul doute qu'elle était avec le soldat lors du week-end qui avait précédé leur rupture. Julie recommença à se laisser aller. Ses râles se firent de plus en plus intenses. Avant de crier, elle se mordit le poing.

Début novembre, Thierry eut la certitude que Julie avait

détecté sa présence. Soit le hasard lui jouait des tours, soit il avait commis une imprudence permettant à la jeune femme de l'apercevoir. En tout cas, à plusieurs reprises, elle regarda fixement dans sa direction. Dissimulé derrière un imposant bac à fleurs en bois, il les observait dîner dans une pizzeria située sur une place messine réputée pour sa vie nocturne. Chacun des regards que la jeune femme lançait vers l'extérieur de la salle venait systématiquement se poser au niveau de la cachette de Thierry. Persuadé d'être suffisamment dissimulé par l'ombre, relativement loin de la devanture vitrée, il se contentait de simuler une discussion au téléphone portable. Il dut se raisonner pour conserver son sang-froid. Après leur repas, et à leur habitude, les deux amants errèrent quelques minutes dans les ruelles alentours. Finalement, ils s'engagèrent sous un porche. Thierry s'approcha. Au fil des soirées passées à leurs basques, il avait adopté une démarche coulée, choisissant d'instinct les angles morts, les trottoirs les moins éclairés. Collé contre le mur de béton, il avança discrètement la tête de manière à pouvoir jeter un coup d'œil rapide à l'intérieur de l'impasse. À moins de trois mètres de lui, l'homme était en train de s'acharner à grands coups de rein sur une Julie à la jupe relevée et penchée en avant, les mains accrochées à un rebord de fenêtre. La jeune femme avait la tête tournée vers la rue principale. Thierry vit distinctement le sourire diabolique qu'elle lui adressa ! Elle l'avait vu ! Elle l'attendait même, sachant qu'il viendrait jusqu'à elle ! Le long rire sardonique de la jeune femme le poursuivit alors qu'il prenait la fuite en courant. Transi de froid, dépité d'avoir foiré aussi piteusement, il courut jusqu'au parking souterrain où il avait stationné sa moto. Il se sentait aussi honteux qu'un enfant surpris en flagrant délit de bêtise.

Moins de deux heures plus tard, alors qu'il se glissait

sous sa couette, il était encore sous le choc de son échec pitoyable. Quel amateur il avait été ! Des soirées à guetter les moindres mouvements de Julie, des heures passées immobiles dans un froid glacial, tout ça pour se faire cueillir aussi facilement. Pourtant et malgré la déconvenue de cette soirée, il n'imaginait pas renoncer. Julie dissimulait bien autre chose qu'une simple sexualité compulsive, Thierry était certain que quelque chose d'autre, de plus insidieux, couvait derrière tous ses excès. Il devait continuer à creuser la vie de cette femme mais d'une autre manière. Il allait devoir changer de stratégie sous peine de se ridiculiser définitivement. Il s'interrogeait sur l'intérêt qu'il avait à poursuivre ses observations sur le terrain. Le voyeurisme que cela lui imposait le rebutait foncièrement. Il rentrait de ces longues soirées avec un goût âcre dans la bouche. Tout cela le dégoûtait et le tourmentait. Et pour quel résultat concret ? Qu'avait-il découvert à part que Julie était frivole et complètement délurée ? Après tout, la nymphomanie n'était pas une infraction qui nécessitait une quelconque action de sa part. Au bout de ces quelques soirées, il ne pouvait que se féliciter d'être débarrassé de cette femme. Un mois plus tôt, il rêvait de mariage ; il louait aujourd'hui le ciel d'avoir échappé aux griffes inquiétantes de Julie. C'était son unique acquis.

Mais pourtant, toute une autre partie de son cerveau refusait encore l'idée de la perte de cette fille. Et finalement, la clé de ses soirées passées à la suivre pas à pas tenait peut-être plus simplement à l'attraction qu'elle continuait à exercer sur lui physiquement. À plusieurs reprises, en l'observant embrasser l'homme ou en l'apercevant faire l'amour, Thierry avait ressenti une excitation trouble. Il l'avait dans la peau et toutes les pires saloperies qu'il découvrait ne parvenaient pas à lui faire réellement et totalement tourner la page.

Il était en train de sombrer dans le sommeil lorsque son téléphone vibra annonçant l'arrivée d'un Sms. Il n'identifia pas le numéro et pensa tout d'abord à une erreur. Pourtant le message laconique ne laissait planer que peu de doutes sur l'identité de l'expéditrice.

Numéro inconnu @ Thierry : ALORS ÇA T'A PLU ?

Thierry bondit de son lit. Son ordinateur portable traînait à quelques mètres. Dès qu'il cliqua sur le programme de la petite caméra. Il la vit ! Elle souriait à l'objectif.

— Putain de merde ! jura-t-il, impressionné par la perspicacité et le culot de Julie.

Plantée là, devant sa propre porte, face à la gaine technique qui dissimulait la petite caméra, elle semblait lire dans ses pensées. Il l'observa tapoter sur son téléphone. La lueur de l'écran qu'elle activait nimbait la scène d'un halo bleuté.

Celui de Thierry vibra à nouveau.

Julie @ Thierry : JE TE L'AVAIS DIT LES VRAIS MECS NE MANQUENT PAS !

Quelques secondes passèrent, laissant Thierry seul avec les battements de son cœur.

Julie @ Thierry : RIEN D'AUTRE A FOUTRE DE TES SOIRÉES ?

Julie @ Thierry : T'AS ENCORE RIEN VU PAUVRE MEC !

Elle porta la main à sa bouche et lui adressa un baiser. Malgré la mauvaise qualité de l'image, il observa le mouvement de ses lèvres. Il ne comprit pas ce qu'elle était en train de lui dire. Après un clin d'œil diabolique, elle se retourna et s'éloigna. Thierry la vit ôter sa perruque brune avant de disparaître.

Il fut incapable de trouver le repos. Elle avait percé à jour le moindre de ses gestes. Il pensait maîtriser la situation et posséder quelques coups d'avance sur elle. En une soirée, elle venait de lui prouver le contraire avec un machiavélisme et un aplomb incroyable.

Fatigué de cette insomnie, les nerfs trop excités pour lâcher prise, il se leva.

Cette nuit marquait un nouveau tournant dans leur histoire. Elle le mettait au défi.

Mais pourquoi ?

Que voulait-elle vraiment se prouver ou lui prouver ?

— Mais bon sang, qui es-tu vraiment, Julie Demery ?

Que savait-il d'elle, en fait ? Que lui avait-elle révélé au cours des trois mois passés ensemble ? En douze semaines, plus de quatre-vingt jours dans son intimité, Thierry avait forcément engrangé des informations sur elle, sans compter l'année précédente où il l'avait côtoyée quasiment tous les jours dans les bureaux de l'unité ou en patrouille. Il avait parfois des réflexes scolaires mais il savait l'importance que revêtait une vision claire des choses. Il devait faire le point, sonder sa mémoire pour en extraire toutes les informations utiles. Lui s'était livré sans ambages, elle savait tout de lui. Il avait le travers de faire rapidement confiance et de n'être pas franchement très original. Facile pour elle d'avoir les cartes en mains, ce soir. Assis à la table de cuisine, face à une page blanche, il entreprit d'établir un inventaire, sachant d'expérience que cette maïeutique portait souvent ses fruits. Il élabora une liste des aspects connus de la vie de Julie Demery. Il fut stupéfait. Finalement, il était incapable de noter le moindre élément d'ordre réellement personnel. Où avait-elle grandi ? Que faisaient ses parents ? Avait-elle des frères ? Des sœurs ? Quelles étaient ses passions ? Quel établissement scolaire avait-elle fréquenté ? Combien de petits amis avant lui ? Comment occupait-elle son temps libre ? Lisait-elle ? Pouvait-il citer le nom d'amies, à part cette soi-disant Alexandra de Paris, alibi qui avait déjà largement volé en éclats.

La seule connaissance qu'il avait d'elle relevait des actes de la vie quotidienne ou provenait du dossier administratif constitué par la gendarmerie. Et encore, à l'époque où il l'avait eu entre les mains, il ne l'avait survolé que distraitement, préférant rêver niaisement devant la photo d'identité qui ornait le coin supérieur droit de la pochette cartonnée. Julie à 18 ans, lors de son engagement ! Déjà un regard à damner un saint ! Lui ne s'était pas damné, peu s'en était fallu, juste brûlé les ailes ! Il sourit face à la bêtise de son comportement d'alors.

Sa vision d'elle était parcellaire. Des pans entiers de la vie de cette fille n'avaient jamais été abordés. Pas étonnant qu'il soit à ce point pris au dépourvu !

Le lendemain, en milieu de matinée, il se rendit à Metz. L'adjudante Julie Demery n'appartenant plus à son unité, il n'avait pas la possibilité matérielle de se pencher sur le dossier détenu par le service des ressources humaines. Mais les règles ne résistaient jamais très longtemps aux amitiés vieilles de vingt ans. Un des gendarmes, qui gérait les dossiers du personnel, était une connaissance de Thierry. De longues années plus tôt, ils avaient travaillé dans deux unités voisines. Thierry dut néanmoins faire preuve d'une longue persuasion avant d'être autorisé à feuilleter les pièces en question. Finalement et de manière totalement officieuse, il se vit confier, pour l'heure suivante, le dossier qui retraçait la vie en gendarmerie de Julie Demery.

Pressé par le temps, le lieutenant Massilon ne s'intéressa pas aux nombreuses pièces administratives qui résumaient la carrière de l'intéressée. Il alla directement aux dernières pochettes de papier kraft. Celles qui contenaient les documents établis lors de l'engagement de Julie dans la gendarmerie. Comme tout postulant, elle avait dû remplir des formulaires relatifs à ses parents, à sa vie privée. Les gendarmes qui avaient participé à son recrutement avaient forcément dû remplir les fiches prévues par le règlement. Normalement, le dossier devait même contenir les épreuves que Julie avait réalisées pour satisfaire aux obligations de la sélection.

Finalement, il ne lut rien qui lui permette vraiment de mieux comprendre. Le compte-rendu médical de la visite d'enrôlement était sibyllin. À l'époque de son engagement, les tests psychologiques, désormais obligatoires pour tout candidat, n'avaient pas encore été systématisés, des centaines de candidats en étaient exclus chaque année. Pas de chance, Julie faisait visiblement partie de ces contingents. Si Julie souffrait déjà d'une quelconque pathologie psychique, elle avait fort bien pu la dissimuler durant toutes ces années puisque jamais personne ne l'avait soumise, et pour cause, à un examen poussé.

Thierry ne perça que de rares mystères. La principale information était que Julie était orpheline. L'identité de ses parents naturels n'apparaissait pas dans les différents formulaires. C'était là un manquement étrange à la rigueur gendarmesque ! De plus, la plupart des pièces qu'il souhaitait compulser n'étaient pas présentes alors qu'elles apparaissaient à l'inventaire du dossier. Étrange mais là encore pas surprenant, nombre de dossiers étaient incomplets. La gestion papier induisait une telle quantité d'actes que les couacs étaient forcément un biais de gestion.

À l'époque, le dossier avait été constitué par la brigade de gendarmerie de Vienne en Isère. Un lien existait donc entre cette commune et la jeune Julie Demery. À l'époque, elle avait dû grandir ou vivre dans cette ville.

Dès qu'il rentra à Guénange, Thierry prit contact par téléphone avec son homologue viennois

Quelques heures plus tard, sa boîte aux lettres électronique indiquait la réception d'un message transmis par l'interlocuteur avec qui il s'était entretenu. Le gendarme avait retrouvé la trace de plusieurs procédures impliquant Julie.

Il cliqua sur les nombreuses pièces jointes. La personnalité de Julie Demery se dessina peu à peu. L'excitation née de la réception du courrier électronique et de la découverte des premiers éléments concrets laissa vite la place à l'incrédulité.

Chapitre 2

Thierry Massilon raccrocha.

Il venait d'avoir la confirmation qu'il attendait. Depuis trois jours, Julie avait disparu. Elle avait, du moins, déserté son logement puisque les enregistrements de la caméra ne révélaient plus d'allées et venues.

Désemparé par son inaction forcée, hanté par ce qu'il savait désormais d'elle, il avait fini par appeler Metz. Le secrétaire de la Section de Recherches confirmait que l'adjudante Demery avait posé une semaine de permission.

Thierry attendit le soir sans parvenir à tromper sa nervosité grandissante. Dans la journée, il avait récupéré la clé du logement occupé par Julie. Comme tous les responsables de caserne, il était tenu de détenir un double de toutes les clés d'appartement pour d'évidentes raisons de sécurité. Ces passes étaient stockés dans une boite toujours verrouillée, elle-même remisée dans l'armoire-forte de la brigade. Cette fois-ci, contrairement au protocole imposé, il n'enregistra volontairement pas le retrait sur le cahier de perception. À l'aide de clés vierges, il avait relevé auparavant les empreintes des deux verrous supplémentaires que l'adjudante Demery avait posés à son arrivée sur la porte de son logement. Il ne lui avait jamais signalé que ces verrous devaient être retirés, le règlement interdisant tout dispositif de ce type. Encore un laxisme qu'il payait aujourd'hui. Heureusement, il s'agissait de modèles standards, relativement faciles à contrefaire. Il passa cependant plus d'une heure à ouvrager les clés, à l'aide d'une fine lime, afin de leur donner la forme permettant d'actionner l'ouverture.

Peu avant minuit, après s'être assuré une nouvelle fois, grâce aux enregistrements vidéo de la journée, que la jeune femme n'avait pas rejoint son logement, Thierry sortit de son appartement. Quelques secondes plus tard, sans un bruit, il ouvrit sans difficulté les serrures. Ses clés artisanales ripèrent mais en les actionnant doucement, il parvint à faire jouer les mécanismes. La clé retirée du coffre-fort lui permit d'actionner le pêne.

Il s'engouffra dans l'appartement de Julie. Pour la première fois, il découvrait son univers.

Une demi-heure plus tard, il avalait d'une traite un grand verre d'eau fraîche devant l'évier de sa cuisine. L'appartement de Julie lui avait laissé une impression déstabilisante, mais qui confirmait bien la personnalité tourmentée de la jeune femme.

Pas à pas, au gré des recherches effectuées, il cernait l'étrange femme qu'elle était et les secrets qu'elle dissimulait.

Le dépouillement de l'appartement avait surpris Thierry. Il était difficile d'imaginer qu'elle vivait là depuis plus de seize mois. Une vie recluse dans des pièces uniformément blanches et glacialement aseptisées. L'univers privé de Julie semblait condensé à la simple satisfaction physique de ses besoins primaires. Même dans cet ascétisme, rien ne trahissait le moindre souci qualitatif. Tout était réduit au strict nécessaire, vision minimaliste de l'existence et des plaisirs terrestres. Seuls les aspects fonctionnels semblaient intéresser l'occupante : un lit, des appareils électroménagers strictement indispensables. Peu de traces laissaient entendre que l'occupante était bien un être vivant et sociabilisé : un dressing plein à craquer, une machine à café rutilante et surtout un ordinateur dernière génération. Au-delà de ces trois seuls centres d'intérêt, rien ! Il n'avait jamais vu un appartement aussi vide. Aucun livre ou objet en rapport avec la culture. Aucun magazine ! Aucun signe particulier pouvant relier l'occupante à une vie passée.

Aucun souvenir de famille, aucune photo, aucun objet affectif ou sentimental. Lui qui n'avait pas encore pu se résigner à jeter les photos prises durant leur histoire, avait constaté avec amertume que celles qu'il lui avait offertes avaient toutes disparu. En fait, Julie ne paraissait avoir aucun lien social avéré. Certes, Thierry n'avait pas eu l'occasion de visiter la dernière pièce, fermée à double tour, mais il doutait sincèrement qu'elle puisse abriter de tels détails.

Il avait cherché des documents administratifs afin de conforter ce qu'il avait appris grâce aux emails transmis par Vienne. Mais, là encore, il avait échoué. Aucune de ces habituelles pochettes débordant de justificatifs, de factures ou de contrats n'avait été découverte. Nulle trace de correspondances, même officielles. À croire que Julie Demery n'existait pas en dehors de ces quelques mètres carrés et de sa profession. Il avait tenté d'allumer l'ordinateur mais avait dû se résigner rapidement, un mot de passe était réclamé. Eu égard au souci de protection que la jeune femme portait à son appartement, il avait immédiatement regretté son geste. Il n'avait aucunement l'intention de signaler sa présence mais avait pensé trop tard que la machine était sans aucun doute dotée d'un programme anti-intrusion.

Il réfléchissait à tous ces détails, assis dans le confortable fauteuil de son bureau. Accaparé par les investigations qu'il menait autour de la vie privée de son ancienne maîtresse, il avait laissé s'accumuler les tâches professionnelles. Lui qui veillait, en temps normal, à être en permanence à jour, il accusait un intolérable retard. Il lui faudrait travailler de longues heures pour rattraper le temps perdu. Les piles de documents à vérifier s'accumulaient, la boîte mail saturée et le nombre important de petits pense-bêtes jaunes que ses subordonnés avaient déposés au gré des appels urgents, des rendez-vous futurs à ne pas manquer et des demandes diverses, illustraient son manque de sérieux des derniers jours.

Découragé par la journée de profond ennui qui s'ouvrait devant lui, il opta pour la tâche la plus simple. L'épluchage des cent cinquante-quatre messages qui encombraient sa boîte aux lettres électronique. Thierry n'avait cependant pas la force nécessaire pour traiter correctement ce courrier et il se contenta le plus souvent de survoler les objets ou les titres des emails. Peu de courriels nécessitaient réellement une réponse immédiate. La plupart constituait des comptes-rendus rédigés par les gendarmes, des messages émanant des échelons supérieurs au sien et signalant l'activité des différentes gendarmeries à proximité.

Un message transmis la veille, le 17 novembre vers 18 h 00, capta toute son attention. Émis par la compagnie de gendarmerie de Metz, il signalait la disparition jugée inquiétante d'un homme de cinquante-et-un ans. Les faits avaient été signalés par l'épouse de ce dernier qui n'avait aucune justification précise à apporter. Le nom laissa Thierry abasourdi : Owen Mac Donald. Le compagnon de Julie ! Le militaire n'avait pas été vu à son travail au cours des deux journées précédentes. La rédaction du message n'était pas forcément alarmiste mais plusieurs détails retenaient tout de même l'attention des services d'enquête. L'armée avait vainement tenté de le joindre. L'épouse contactée avait alors signalé qu'il n'était pas rentré depuis deux jours. Elle s'inquiétait puisqu'un de leurs enfants avait été hospitalisé pour une intervention chirurgicale prévue de longue date et que d'après elle, le père n'aurait manqué ce rendez-vous sous aucun prétexte. À la vue de ces éléments, la gendarmerie avait finalement considéré cette disparition comme inquiétante. Elle avait donc été signalée à toutes les unités du secteur. Depuis l'arrestation du tueur de soldat, le niveau d'alerte n'était certes plus le même.

Cependant, les sens de Thierry furent immédiatement en alerte. L'implication de Julie semblait évidente à ses yeux.

Elle avait mystérieusement quitté son logement depuis trois jours, selon sa caméra de surveillance, soit depuis le dimanche 15 novembre.

Depuis le lundi 16, Julie était enregistrée comme permissionnaire par la section de recherches. Le même jour, visiblement, Owen Mac Donald ne rejoignait pas son domicile après sa journée de travail.

Étrangement, le mardi 17 novembre, Owen Mac Donald était signalé disparu.

Thierry observa dubitatif cette frise qui ne pouvait qu'interroger son esprit à juste titre suspicieux. Il avait beaucoup de mal à imaginer le couple improbable que Julie et Owen formaient, en train de partir pour une escapade romantique. Cette conjonction de disparation avait fait naitre une boule d'angoisse au fond de l'estomac du lieutenant Massilon.

Cette fille était suspecte. Mythomane, elle avait caché des pans entiers de sa vie lors de son engagement en gendarmerie. Elle avait ainsi omis de mentionner le patronyme qu'elle avait souhaité abandonner à sa majorité. Thierry avait appris avec une vraie surprise que Julie n'était pas née Demery mais qu'elle avait opté pour ce nom à sa majorité, quelques mois avant de rejoindre l'école de formation de la gendarmerie. Si après avoir poussé plus en avant ses recherches, Thierry comprenait le besoin que la jeune femme avait pu ressentir, il n'en demeurait pas moins que toute la vie publique de Julie Demery reposait sur des non-dits troublants ou des omissions volontaires savamment organisées et entretenues.

Au-delà de ses secrets bien gardés, elle se signalait par un comportement privé qui ne correspondait en rien à l'attitude qu'elle démontrait dans ses fonctions.

Cette dualité presque schizophrénique était suffisamment troublante pour que Thierry s'interroge. Jusqu'où était-elle capable d'aller dans la folie qui semblait parfois l'habiter ?

Cette femme n'était absolument pas digne de confiance. La gendarmerie n'aurait sans doute jamais accepté une telle personnalité dans ses rangs si elle avait eu connaissance des dissimulations volontaires que la jeune femme avait pris soin de mettre en place tout au long de sa carrière. Thierry était sans doute le premier à avoir pu l'approcher à la fois en tant que collègue et amant. L'observation concomitante des deux facettes de Julie avait été son malheur personnel. Son aventure amoureuse avait viré au cauchemar lorsque la véritable personnalité avait percé la carapace lisse du personnage public.

Pour autant, dans le cadre des questions qu'il se posait aujourd'hui, cette expérience était une chance. Il comprenait lentement mais avec une certaine acuité à qui il avait à faire. Sa méfiance était exacerbée. D'autres pressentiments plus négatifs l'envahissaient. Certes, il voulait comprendre ! Mais il doutait désormais de pouvoir aider la jeune femme. Il devait la confronter à ses ambivalences et faire en sorte qu'elle soit mise hors d'état de nuire. Il était désormais persuadé qu'elle n'avait plus sa place sous l'uniforme qu'elle portait. Guidé initialement par la plus vile des jalousies puis par une conscience professionnelle un peu tardive, il tenait à la démasquer et à confondre ses contradictions.

Vers seize heures, son téléphone vibra, annonçant un Sms en provenance du numéro de téléphone qu'elle utilisait depuis quelques jours.

Julie @ Thierry : CONTENT DE TA PETITE VISITE ?

Il blanchit en lisant le message. Il s'en doutait et l'avait, une nouvelle fois, sous-estimée. Elle se révélait une adversaire implacable, bien plus rusée que les petits délinquants ou trafiquants sur lesquels il se faisait habituellement les crocs. Le logiciel espion de l'ordinateur avait dû mentionner son passage. Sans compter qu'elle avait pu dissimuler d'autres mouchards qu'il n'avait pas décelés.

L'écran du téléphone s'alluma quelques secondes plus tard.

Julie @ Thierry : TU T'AMUSES BIEN J'ESPÈRE !

Il tergiversa sur l'attitude à adopter puis tapa un message à son tour. Il entra dans le jeu.

Thierry @ Julie : PAS VRAIMENT NON ! FAUT QU'ON SE VOIE !

Julie @ Thierry : POURQUOI ?

Que faire ? Pour la première fois depuis leur rupture, un semblant de conversation était en train de se mettre en place entre eux deux. Le fil qui les reliait était très ténu. S'il le rompait aujourd'hui, de longues journées pourraient passer avant une hypothétique nouvelle opportunité.

Il gigota sur son fauteuil, mal à l'aise à l'idée de faire une erreur.

Thierry @ Julie : POUR DISCUTER. POUR QUE TOUT CA S'ARRÊTE. TU ES ALLÉE TROP LOIN.

Il fallait qu'elle comprenne qu'il était au courant. Il attendit le cœur battant à tout rompre, les yeux rivés sur l'écran du téléphone. Moins d'une minute plus tard, l'appareil vibra.

Julie @ Thierry : CA NE S'ARRÊTERA JAMAIS !

Thierry @ Julie : POURQUOI ?

Julie @ Thierry : PAS ENVIE ! ET JE NE PEUX PAS

Thierry se prenait au jeu de cet échange, il éprouvait un

vrai plaisir physique à être de nouveau en contact avec elle.

Thierry @ Julie : LAISSE-MOI T'AIDER

Julie @ Thierry : TU N'AS PAS LE CRAN NÉCESSAIRE

Il grommela pour lui seul et se jeta nerveusement sur le clavier de son téléphone.

Thierry @ Julie : LAISSE MOI TE PROUVER LE CONTRAIRE

Julie @ Thierry : TROP TARD ! TU NE L'AS PAS FAIT LORSQUE TU EN AVAIS L'OCCASION.

Dans le mille ! L'attaque porta et il ressentit des picotements au fond du cœur. Mais l'essentiel n'était pas là. Dans le passé, aveuglé par sa seule envie de la séduire, Thierry s'était suffisamment fourvoyé en n'étant pas à la hauteur et en fermant volontairement les yeux. Il devait aujourd'hui ne pas se laisser entraîner en dehors du seul chemin qui convenait : celui de sa conscience !

Thierry @ Julie : ES-TU AVEC TON NOUVEAU MEC ?

Julie @ Thierry : LA JALOUSIE EST UN VILAIN DÉFAUT ! JE N'AI AUCUN COMPTE A TE RENDRE. TU T'EN ES APERÇU JE PENSE. LUI NE RECHIGNE JAMAIS LORSQUE JE LUI DEMANDE DE ME BAISER !

Julie @ Thierry : PAS TRES FORT EN FILATURE ! MEME DERRIERE UN MASQUE...

Elle cherchait visiblement à le blesser mais il ne releva pas. Il ne s'était pas trompé en tout cas. Julie avait su que Thierry était derrière elle dès le premier soir. Elle le savait pertinemment et jouait avec lui comme un chat manipule une souris. Il avait cru l'observer à l'abri de son masque blanc. Mais dès ce soir-là, elle avançait ses pions. Il se rappelait les regards insistants qu'elle avait posés sur lui lorsque l'homme la caressait. À quoi jouait-elle alors ? Voulait-elle juste le punir pour leur dispute ? Une manière classique de le rendre jaloux en le torturant de la pire des manières. Ce fut ce que Thierry avait pensé alors. En tout cas, il n'en revenait pas d'être à ce point prévisible. Elle lisait en lui comme dans un livre ouvert et la sensation d'être ainsi percé à jour acheva, si besoin était, de le déstabiliser. Mante religieuse sûre de sa domination, elle l'avait manipulé et il n'en avait jamais eu conscience.

Julie @ Thierry : TU AIMES CE QU'IL ME FAIT ?

Il ravala sa rancœur et garda le fil de sa pensée.

Thierry @ Julie : TU FAIS CE QUE TU VEUX MAIS C'EST A LUI QUE JE M'INTÉRESSE

Julie @ Thierry : HA HA HA ! QUELLE GRANDEUR D'ÂME !

Thierry @ Julie : SA FEMME A SIGNALE SA DISPARITION. IL DEVRAIT LA CONTACTER

Julie @ Thierry : CA VA ÊTRE DIFFICILE

Le sang de Thierry se glaça. Inconsciemment, il sentit que Julie ne jouait plus.

Thierry @ Julie : NE FAIS PAS N'IMPORTE QUOI, JE T'EN PRIE

— Je t'en supplie Julie, ne fais pas de conneries ! pria Thierry en cliquant sur la touche d'envoi.

Julie @ Thierry : TROP TARD !

Le couperet tomba. Il ne sut quoi répondre.

Julie @ Thierry : LA PREUVE ! HI HI HI

Le téléphone signala l'arrivée d'un nouveau Sms. Cette fois-ci, une photo avait été envoyée.

Thierry mit quelques secondes à reconnaître l'objet du cliché puis il comprit. Il se remémorait parfaitement l'immense tatouage qui occupait toute la surface du dos d'Owen Mac Donald. La photographie était de mauvaise qualité, les couleurs étaient ternes. La scène devait se jouer dans un lieu exigu, mal éclairé. Malgré cela, le contenu demeurait explicite et sans ambiguïté. L'homme apparaissait de dos. Il devait être attaché, les bras écartés au-dessus de sa tête. Il semblait totalement nu puisque

Thierry décelait la naissance de ses fesses.

Julie @ Thierry : TU LE RECONNAIS J'IMAGINE ?

Le téléphone trembla de nouveau dans sa main. Il était perdu dans ses réflexions, le bras posé sur l'accoudoir de son fauteuil. Il sursauta comme si une décharge électrique venait de titiller ses nerfs. Avant même de jeter un regard sur l'écran, il savait que la mise en scène se poursuivait. Elle allait abattre une nouvelle carte. Il était acculé. Elle possédait tous les atouts, et lui en était réduit à attendre qu'elle les abatte les uns après les autres. Désarmé, impuissant, cette frustration était difficile à soutenir pour l'homme d'action qu'il était.

Julie @ Thierry : TOUJOURS LÀ MON CŒUR ?

Thierry @ Julie : OUI

Julie @ Thierry : TU VEUX ENCORE JOUER ?

Thierry @ Julie : OUI

Julie @ Thierry : RDV CASEMATE DE KANFEN

Julie @ Thierry : SEUL !

Quelques secondes plus tard, un nouveau Sms fixa les règles de manière imparable.

Julie @ Thierry : SI JE ME RENDS COMPTE QUE TU N'ES PAS SEUL, JE TE PRÉVIENS TU LE PAIERAS TRÈS CHER ! N'OUBLIE PAS QUE JE SAIS TOUT DE TOI. ALORS NE JOUE PAS AU CON ET PENSE A TA MÔME !

Chapitre 3

Une partie de la ligne de fortifications voulue par le ministre de la Guerre André Maginot traversait l'arrondissement de Thionville d'est en ouest. Ce système de défense était un vaste ensemble alliant immenses ouvrages pouvant accueillir des milliers d'hommes, à des fortins et des casemates de taille plus réduite. Le tout formait un réseau complexe, imbriqué, particulièrement étendu. Près de soixante-dix ans après sa construction, la campagne frontalière était encore infestée de ces structures massives en béton. La région était réputée pour la concentration de sites. La mousse et la végétation ne parvenaient pas à ôter leur aspect martial aux blocs qui affleuraient du sol. Les entrées de nombreux blockhaus avaient été condamnées afin d'éviter les intrusions. Cheminer dans ces longs dédales de couloirs s'avérait dangereux et, chaque année, les services de secours extrayaient des aventuriers blessés et des voleurs appâtés par les infrastructures intérieures toujours présentes et regorgeant de métal à revendre.

À quelques kilomètres au nord de l'agglomération thionvilloise, le bois communal de la petite ville de Kanfen était balafré de part en part par l'autoroute qui reliait la France au Grand-Duché du Luxembourg. Cette large coupure traversait la ligne de défense locale et quelques fortins se trouvaient ainsi à quelques mètres de l'infrastructure routière.

Plusieurs ensembles bétonnés, plus ou moins enterrés, étaient présents dans ce bois. Thierry Massilon parcourait à la hâte les pages internet qui présentaient les bâtiments. De nombreuses associations d'amateurs et de passionnés s'occupaient de restaurer patiemment ces symboles d'un passé militaire pas si lointain. La Moselle avait toujours été une terre soumise aux caprices guerriers des hommes. Finalement, Thierry parvint à identifier une des principales casemates du bois en question, et décida de s'orienter vers celle-ci.

Avant de partir, il se confectionna un fond de sac. Il ne savait pas vers quoi il s'aventurait. Il se doutait que les prochaines heures allaient être décisives. Deux hypothèses selon lui : soit Julie avait, de longue date, intégré son ancien amant dans un plan que Thierry ne percevait que de manière très lacunaire ; soit leur rencontre prochaine était le seul fruit des circonstances récentes et elle allait agir de manière absolument pas préméditée. Au final, peu importait, la seule impression qui émergeait de son cerveau en ébullition était le sentiment de se jeter dans la gueule du loup. Même s'il refusait toujours d'écouter la voix de sa conscience qui lui murmurait, depuis plusieurs jours, que Julie Demery pouvait être, de près ou de loin, directement impliquée dans la macabre série des récents crimes ; il savait aller au-devant de réelles menaces et pour l'heure, peu importaient les réponses aux questions qui le taraudaient. Jusqu'à quel point avait-elle trempée dans cette affaire ? Quels étaient les liens qui l'unissaient à Ayala Ben-Aliouche ? La journaliste croupissait en prison et les preuves contre elle étaient accablantes. Les deux femmes étaient-elles liées ? Complices ? Rien dans l'enquête menée autour de la personnalité de la journaliste n'avait permis de supputer la présence d'un complice. Thierry savait désormais que Julie était suffisamment manipulatrice pour avoir effacé toute trace d'une éventuelle collaboration. Mais quel avait pu être son rôle dans la série des assassinats de militaires ?

Dans un petit sac à dos, il glissa une lampe torche, sa paire de menottes professionnelles et un litre d'eau. Son pistolet automatique Sig Sauer était remisé dans le coffre qui équipait chaque logement de gendarme. Il le chargea, l'arma et le glissa dans sa besace. Au cas où...

Avant de partir, les mains appuyées contre l'évier de cuisine, il fit un rapide point de la situation. Une vraie question restait en suspens : devait-il prévenir ses collègues ? Julie avait certes établi des règles précises en lui ordonnant de se présenter seul, mais il lui revenait tout de même de décider quelle marge de manœuvre il se donnait. La logique et les réflexes professionnels le sommaient de rendre des comptes à sa hiérarchie et de participer à la mise sur pied d'un vaste dispositif. Il savait d'expérience que la gendarmerie était en capacité de monter très rapidement en pression afin de se mobiliser largement face à une crise. De l'autre côté, il n'avait pour le moment rien de vraiment précis à mettre sur la balance. Quel discours pouvait-il tenir à ses chefs pour tenter de les convaincre de ses doutes et de ses prémonitions ? Toute sa théorie ne reposait que sur quelques informations mal recoupées et sur un vaste amalgame de suppositions confusément mâtinées d'une déception amoureuse pas du tout cicatrisée. Il avait toutes les chances de passer simplement pour un amant jaloux et prêt à tout pour salir une femme qui avait décidé de le laisser tomber. Quant à pouvoir inoculer le moindre doute aux enquêteurs de la section de recherches, il n'avait aucune chance. Julie avait été un pion essentiel du dénouement de l'affaire. Les prélèvements qui avaient permis de confondre Ben-Aliouche avaient été réalisés par elle. Alors penser qu'il pourrait avec sa fable mal dégrossie ouvrir une porte insoupçonnée !

Sa décision était prise. Il irait seul. Il jouerait son va-tout et tenterait de mettre un terme à cette histoire du mieux qu'il pourrait. Viscéralement, il ne tenait absolument pas à associer des tiers à l'histoire qu'il vivait avec Julie, quelle que soit la tournure qu'elle prendrait.

Rejoindre le bois de Kanfen en moto fut l'affaire de quelques minutes. Thierry mit, par contre, un long moment pour trouver le chemin forestier qui permettait de s'approcher de la casemate. Il était dix-huit heures largement passées lorsqu'il parvint enfin à destination. Selon ses observations préalables et grâce aux cartes visionnées sur internet, il devrait cheminer à pied sur plusieurs centaines de mètres puisque la casemate n'était pas accessible par voie carrossable. Une petite clairière s'ouvrit devant lui, sa moto permettait d'avancer sans trop de difficultés sur les chemins défoncés par de profondes ornières. Il roulait au pas, la nuit était tombée et il ne maîtrisait pas forcément la conduite tout-terrain. Le véhicule de Julie était stationné à l'entrée de la petite trouée. Il le reconnut immédiatement. Le 4x4 japonais était maculé de boue. Après être descendu de sa moto, il fit prudemment le tour du Rav 4. Il était verrouillé et il ne décela rien de particulier à l'intérieur.

L'obscurité était bien installée et l'humidité qui régnait dans la forêt s'avérait désagréable. Elle ouatait les vêtements qui se lestaient d'un froid engourdissant. Thierry ôta son casque et passa la main sur ses cheveux courts.

— Et maintenant, que faire ? se demanda-t-il.

Il sortit l'extrait de carte qu'il avait imprimé avant de quitter son bureau. À l'aide de sa lampe de poche, il tenta d'orienter le plan afin de déterminer la direction à prendre. Dans un bois qu'il ne connaissait pas, il y avait de fortes chances qu'il passe à quelques mètres du fortin sans même le remarquer.

— Tu es venu finalement ?

Absorbé totalement par sa feuille de papier, il sursauta. Il se retourna vivement et tenta en vain de localiser la jeune femme. L'étroit faisceau de sa torche balayait les sous-bois environnants, sans rien détecter. Aucun bruit ne trahissait la présence de Julie. Seul l'écho puissant des battements de son cœur résonnait à ses oreilles.

Thierry commençait à en avoir assez de ces mises en scène. Julie s'amusait certainement, folle qu'elle était, mais il prenait pour sa part un plaisir limité à se faire ainsi balader comme un pantin de chiffons. Il décida néanmoins de temporiser, nul besoin de réagir d'emblée avec trop de virulence. Bien que réellement inquiet, il devait se montrer suffisamment sûr de lui pour ne pas perdre trop vite le peu de contenance qui lui restait.

— Comme tu le vois ! rétorqua-t-il d'une voix volontairement forte. J'avais très envie de te voir abattre ton masque, s'amusa-t-il même.

— Ha, ha, ha ! Pas mal ! Tu ne vas pas être déçu. Tu apprécieras certainement en connaisseur le petit programme que je te réserve...

Il était parvenu à identifier la direction de la voix et il faisait face à cette zone boisée située à droite de la voiture. Sa lampe torche finit par se poser sur Julie.

— Tu vas voir, je me suis surpassée pour toi, mon cœur !

Elle était habillée en noir des pieds à la tête. Seules les mèches blondes et son visage tranchaient par leur blancheur presque spectrale dans le faisceau de la lampe. Elle s'approcha de lui en souriant. Pendant une seconde, il crut qu'elle allait venir l'embrasser. Sa tenue guerrière tranchait néanmoins avec le sourire qu'elle arborait. Elle avait revêtu un jean noir qui finissait dans de grosses chaussures de randonnée. Visiblement, elle était équipée pour affronter le terrain difficile et détrempé de la forêt. Son blouson noir brillait étrangement dans le halo de la lampe de Thierry. Un autre éclat le figea. La main gantée de la jeune femme était refermée sur la crosse d'un pistolet.

Thierry reconnut immédiatement l'arme de service que les gendarmes avaient en dotation. Lui aussi avait pensé à l'arme mais la sienne était stupidement rangée dans le sac à dos. Quel idiot ! Il avait imaginé disposer de quelques secondes avant de se retrouver face à elle. Une fois de plus, il s'avérait un amateur particulièrement inexpérimenté. Être systématiquement en retard d'un coup l'agaçait prodigieusement. Il ressentait une véritable humiliation de voir à quel point les sentiments qui étaient les siens annihilaient le bon sens professionnel dont il se targuait au quotidien.

— Qu'est-ce que tu attends de moi ? osa-t-il demander, feignant de ne pas remarquer l'arme.

— Te voir est déjà un vrai plaisir, tu sais ! Tu m'as manqué !

Son timbre de voix était presque sincère. Il haussa les épaules.

— Tu parles ! J'ai plutôt l'impression que tu es vite passée à autre chose. Tu es sacrément occupée, si j'ose dire.

Elle rit. Les éclats cristallins s'arrêtèrent vite.

— De ton côté, je trouve que tu te permets beaucoup de choses, ces temps-ci ! Tu aurais mieux fait de t'occuper de ta petite peste, plutôt que de jouer au redresseur de torts et de te mettre à ma poursuite. Et franchement, mon pauvre amour, tu n'es vraiment pas doué !

Elle s'était approchée de quelques mètres et il la vit sourire. L'arme demeurait pointée sur Thierry, qui préférait ne pas bouger.

Elle reprit.

— J'espère au moins que tu as amèrement regretté de m'avoir laissée filer. Moi, je me suis éclatée comme une folle… Tu as vu ? Lui, au moins, il ne dit jamais non quand il s'agit de me baiser. Tu m'as trouvée comment ? Je dois dire qu'il te surpasse réellement question bestialité…

Elle gloussa à nouveau, ravie de le tourmenter avec un sujet qu'elle savait douloureux.

— Il est où ? Tu lui as fait quoi ? enchaîna-t-il sans relever ses propos acerbes.

— Tttt ! Patience ! Le temps des réponses va venir... Tu n'es vraiment pas drôle ! Avec tout le mal que je me suis donnée pour toi, mon chéri !

Ils n'étaient plus qu'à quelques mètres l'un de l'autre.

— Ça t'a fait quoi de me regarder jouir ? Tu étais excité ? Dis-moi franchement ? J'ai réellement envie de savoir. Tu sais, moi je pensais vraiment à toi.

— Arrête, Julie !

— Non vraiment ! Te sachant à quelques mètres de moi, j'ai parfois réellement souhaité que tu nous rejoignes. Tu t'imagines, ce que nous aurions pu faire ?

— Tu es complètement folle.

À l'instant où il prononça ce mot, le sourire disparut et elle le fusilla du regard. Le ton badin qu'elle employait jusqu'alors disparut pour laisser place à une sécheresse autoritaire.

— T'es vraiment qu'un sale con ! Allez, on y va ! Mais n'en déplaise à ta foutue galanterie, c'est toi qui vas passer devant !

D'un geste de son arme, elle lui indiqua la direction à prendre. Même avec sa lampe, Thierry identifia difficilement le cheminement. Un petit layon naissait à quelques mètres de lui. Il s'engagea en prenant garde de bien allumer le sol. Il ne tenait pas à rajouter une chute malencontreuse ou une perte d'équilibre à la honte qu'il ressentait déjà de se faire manipuler aussi aisément. Il l'entendait marcher derrière lui. Elle profitait de la lumière émise par la torche de Thierry. D'une injonction sèche, elle lui indiquait la direction à suivre lorsqu'il s'arrêtait, hésitant. Au bout d'une progression relativement lente, il commença à distinguer la masse imposante de la casemate. Le béton bien que recouvert de végétation tranchait dans l'obscurité par son aspect plus clair.

Il n'avait aucune envie de rentrer dans ce tombeau de béton. Thierry prit sa décision sur un coup de tête. Il lui semblait que Julie était à trois ou quatre mètres derrière lui. Il venait de franchir un mouvement de terrain assez raide et pour les quelques secondes à venir, il la dominait et disposait d'un court avantage. Elle devait encore grimper la petite bosse pour le rejoindre.

Il éteignit sa lampe. Instantanément, l'obscurité lui parut impénétrable. Après avoir été habituées à la lumière électrique, ses pupilles auraient besoin de longues secondes avant de s'habituer à l'environnement sombre. Il partit en courant vers sa gauche, le dernier coup de lampe lui avait confirmé que le terrain était moins accidenté de ce côté-là. Les mains tendues devant lui pour éviter la collision avec un arbre, il progressait à l'aveugle.

Il avait craint qu'elle ne lui tire dessus mais aucun coup de feu ne vint troubler la quiétude du bois. Il entendait juste le bruit sourd de ses propres pieds qui martelaient le sol. Ses yeux commençaient à percer la nuit. Il identifia un tronc d'arbre assez large et orientant sa course, il se cacha brusquement derrière. Lentement, en essayant de faire le moins de bruit possible, il retira son sac à dos et se saisit de son propre pistolet. Rien ne trahissait que Julie soit partie à sa recherche. Il estimait avoir franchi cinquante ou soixante mètres. Pas assez pour se mettre réellement l'abri d'une balle mais suffisamment pour ne plus être totalement à sa merci. Il prêta l'oreille mais ne distingua aucun son. Ses yeux s'acclimataient de mieux en mieux à l'obscurité. Il percevait avec une meilleure acuité les abords immédiats de sa cachette. Face à lui, à environ cent mètres, la façade du blockhaus tranchait clairement sur le bois.

Un craquement dans son dos ! Il se retourna afin d'affronter le danger, son arme braquée dans la direction hostile. Julie devait essayer de le contourner pour l'attaquer par derrière. Il aurait fait la même chose à sa place. Il se recroquevilla, un genou au sol, l'autre replié. Il espérait que sa silhouette ramassée se confondait avec l'arbre. Son arme balayait lentement son champ de vision. Il ne voulait pas utiliser sa lampe, il aurait alors constitué une cible bien trop évidente.

Il entendit distinctement, sur sa droite, la chute d'un objet et instinctivement, il pivota dans la direction du bruit. Il comprit, au bout d'une seconde, qu'il avait commis une erreur. Encore une ! Ses sens perçurent un mouvement dans son dos désormais exposé. Elle avait dû jeter une pierre au loin afin de tromper sa vigilance et profitait de sa réaction pour approcher depuis une autre direction.

Il se retourna, prêt à l'affronter. Trop tard. Trop lentement. À l'instant où ses yeux percevaient une forme humaine, ils se crispèrent de douleur. Thierry lâcha son arme et chuta sur le sol. Ses muscles tendus à se rompre par la décharge électrique qui le paralysait ne répondaient plus à son cerveau. Se dents se serrèrent, sa mâchoire paraissait prête à éclater.

Lorsque la douleur cessa enfin, il n'avait pas perdu connaissance. Elle venait de le neutraliser à l'aide d'un pistolet électrique. Thierry était abasourdi par la douleur. Trop choqué pour se redresser, il perdit la bataille. Elle était déjà sur lui.

Rageuse, elle lui asséna un violent coup de pied dans le flanc. Il sentit le froid du canon de son arme s'enfoncer dans la peau de sa nuque.

Son visage s'approcha du sien. Dans le froid de la nuit, il percevait la chaleur de son souffle. Elle articula distinctement chaque syllabe. Ses menaces claquèrent dans la nuit comme autant de coups de semonce.

— Tu refais ce genre de conneries, et je te bute comme une merde. Je sais qu'au fond de toi-même, tu en doutes mais je le ferai sans hésiter, tu as compris ?

À son ton, il sut qu'elle était prête à mettre ses paroles à exécution. Benoîtement, il hocha la tête pour acquiescer. Sous la menace de son pistolet, Julie l'obligea à passer ses mains dans le dos et elle le menotta. Pour la première fois de sa vie, il se retrouvait entravé et à la merci d'un individu.

Thierry fut contraint de rejoindre la casemate. Une douve entourait le bâtiment. À cette époque de l'année, le large fossé était empli d'une eau stagnante. La lune miroitait distinctement sur la surface glacée. Une planche en bois vermoulue et étroite, lancée en travers, permettait de franchir l'obstacle humide et de pénétrer dans le fortin. Julie éclaira la planche. À petits pas, Thierry s'aventura dessus et manqua de tomber dès les premiers centimètres. La planche était glissante, recouverte de moisissures. L'équilibre n'avait jamais été son fort et l'appréhension le rendait encore plus instable. Il aurait aimé pouvoir écarter les bras, dans un stupide réflexe enfantin. Finalement, il parvint au bout et pénétra dans le blockhaus. Il eut l'impression de se glisser dans une tombe. Une humidité glaciale l'accueillit. L'odeur nauséabonde de pourriture était difficile à supporter. Julie était déjà de l'autre côté de la planche et lui indiquait le chemin à suivre. Thierry s'enfonça dans la structure de béton. Au bout d'un couloir de quelques mètres, plusieurs pièces s'ouvraient. La jeune femme éclaira la seconde porte et le lieutenant Massilon suivit la lumière.

La première chose que Thierry perçu fut les gémissements étouffés. Une personne se trouvait dans cette pièce. Très vite, il pressentit qu'Owen Mac Donald était là.

La seconde impression qui prit Thierry à la gorge fut l'odeur. Un cadavre ! L'odeur pestilentielle d'un corps en décomposition. Avant même de le voir, il eut immédiatement la certitude qu'un cadavre était dans la pièce.

Le seul halo de la lampe de Julie ne lui permettait pas d'apercevoir l'espace dans son intégralité. Et elle ne lui laissa pas le temps de s'acclimater à l'environnement. Elle le força à avancer d'un coup de pistolet asséné contre la colonne vertébrale. Une fois arrivé à l'angle de la pièce, il s'arrêta. La mâchoire métallique qui meurtrissait un des poignets de Thierry s'ouvrit et Julie referma, d'un mouvement sec, cette partie de la menotte autour d'une canalisation. Thierry était désormais attaché à un tuyau qui courait verticalement le long du mur sur toute la hauteur. La menotte glissait contre le métal dans un raclement désagréable.

Tout en massant son poignet endolori de sa main encore prisonnière, il observa. Accroupie, Julie était affairée à allumer des lampes à l'aide d'un briquet. Malgré l'atmosphère saturée de puanteurs, Thierry sentait l'odeur caractéristique du pétrole. Les flammes vacillantes percèrent la noirceur de la salle et Owen Mac Donald apparut.

Il était entravé, nu, comme sur la photographie. Ses poignets étaient ligotés à deux crochets métalliques qui pendaient du plafond. La pièce était basse et la carrure imposante de l'homme emplissait toute la hauteur. Il semblait épuisé et malgré sa masse musculaire saillante, il pendait lamentablement. Ses mains étaient bleuies, comprimées par les liens et par le poids du corps qu'elles supportaient. Pourtant, il leva la tête. Toute combativité avait quitté son regard. Il était déjà vaincu. Thierry se demanda quelles épreuves Julie lui avait fait subir et depuis combien de temps il était là.

Les deux hommes s'observèrent furtivement. Et Thierry finit par apercevoir les profondes coupures qui barraient le torse de l'homme. Du sang séché avait coagulé dans les poils. Julie avait commencé à le torturer. Depuis la soirée du Feu Follet, cette brute avait été dans toutes les pensées de Thierry. Il avait appris à détester ce rival qui l'avait suppléé auprès de Julie. Voir le couple s'ébattre avait été un cauchemar. Plus d'une fois, il avait envisagé les manières dont il aurait souhaité faire souffrir cet enfoiré. Lui et ses muscles, lui et ses mains qui fourrageaient sa Julie, lui et son sexe dont elle semblait se rassasier. Lui ! Lui ! Lui ! D'abord incapable de canaliser sa hargne contre celle qu'il continuait à aimer, Thierry avait dirigé contre Owen toute la violence qui lui brûlait les tripes. Là, en une seconde, une même communauté les réunit. Ils étaient désormais du même bord. Leur destin se scella dans cet échange silencieux de regards. Victimes de cette même garce sanguinaire, ils étaient des frères.

Julie se planta entre les deux hommes. Un large sourire barrait son visage.

— Owen chéri ! Je te présente Thierry ! Thierry, mon cœur, voici Owen ! Tu reconnais, j'imagine, aisément certaines belles parties de son anatomie.

Elle accompagna sa déclaration d'un mouvement en direction de l'entrejambe de l'homme. Celui-ci hurla. Sa voix était éraillée, désespérée. Son cri se répercuta dans toute la pièce et sembla se propager dans le bâtiment en un long écho sinistre. Thierry aperçut alors le pistolet électrique que Julie appliquait contre le sexe du soldat.

— Tttt, Owen chéri, un peu de retenue tout de même. D'habitude, c'est toi qui fais hurler ces dames !

Elle rit de bon cœur et reprit d'une voie moqueuse.

— Tu sais Owen, que Thierry est un sacré coquin ! Il n'a

pas perdu une miette de nos petites escapades nocturnes. Alors, mon bel étalon, à toi d'être à la hauteur de ta réputation tout de même !

Thierry suivait des yeux chaque mouvement de Julie. Il avait une peur panique de la souffrance physique et appréhendait viscéralement de subir à son tour les sévices qu'elle infligeait à l'autre homme. Elle rayonnait d'une joie diabolique et semblait étrangement sereine dans cet univers morbide.

— Mets-toi à l'aise, Thierry, la nuit va être longue, tu sais ! Tu seras mon invité d'honneur, aux premières loges, veinard ! Et tu verras, tu auras le premier rôle, je t'ai préparé une petite surprise mon cœur ! Quant à toi, Owen, j'espère que tu montreras un peu plus de résistance. Un grand gaillard comme toi. Je m'attendais à mieux. Tu beugles comme une mauviette. Tu étais plus vaillant lorsque tu me baisais, dis-moi !

Le temps se figea dans la casemate. Bientôt, seuls les hurlements d'Owen rythmèrent la succession d'horreurs que Julie imposa au corps entravé et au regard effrayé de Thierry.

Elle avait, tout d'abord, pris son temps, disposant avec une méticulosité exaspérante, des objets sur une toile. Agenouillée, soufflant sur les flammes vacillantes, elle passa ensuite de longues minutes à allumer un brasero. Lorsque les braises rougirent, elle fourra un long objet métallique à l'intérieur.

Thierry ne put retenir un cri d'épouvante lorsqu'elle passa à l'action. Elle s'acharna sur le corps d'Owen. Ses mains semblaient expertes pour imposer la souffrance. Elles glissaient sur le torse, laissaient derrière leur passage de longs sillons de sang s'échappant des coupures profondes et des chairs scarifiées.

Thierry était étouffé par le goût âpre de la peur. Il

assistait à la mise à mort d'un homme sans pouvoir intervenir. À plusieurs reprises, il tira sur la canalisation, cherchant vainement à se libérer. Il avait déjà vu des personnes trépasser. Mais à chaque fois, la mort avait agi sournoisement, alors que des équipes médicales œuvraient pour conserver en vie des accidentés polytraumatisés, des suicidés ou des blessés graves. Là, rien n'était fait pour abréger la douleur, bien au contraire. Concentrée sur sa tâche, Julie montrait un sadisme affreux. Une odeur de sang et de merde nimbait toute la pièce.

Thierry détourna le regard et hurla. Julie venait se saisir du sexe de l'homme, prenant soin de rassembler dans sa main la verge et les testicules. De l'autre, un long couteau d'autopsie attendait de faire son ouvrage. Le lieutenant Massilon ferma les yeux. La maigre protection de ses paupières serrées ne l'empêcha pas de percevoir l'abomination de ce qui se produisait.

Owen Mac Donald poussa un feulement rauque. Thierry avait le sentiment d'assister à l'agonie d'un animal. Les bruits, les cris, l'odeur étaient ceux d'un abattoir. Le gendarme tirait contre le tuyau, rassemblant les forces nécessaires dans son instinct de survie. Il cherchait à rompre les liens qui le maintenaient attaché. Il voulait agir. La peur, la rage, le sentiment qu'il devait tenter quelque chose pour arrêter ce monstre décuplaient ses forces. En vain ! Il se meurtrissait le poignet sans parvenir à gagner la moindre liberté d'action.

Une écœurante odeur de chairs grillées nappa l'atmosphère, anesthésiant par sa pestilence forte tous les autres remugles. Le grésillement de la viande qui brûlait était infernal. Thierry se replia sur lui-même, tentant de se couper du monde et des cris abominables. Recroquevillé en boule au pied du tuyau, les paupières douloureuses à force d'être closes, les bras refermés autour de son crâne pour empêcher les hurlements de parvenir jusqu'à lui, il se força à réfléchir. Mobiliser ses neurones pour fuir l'enfer, se concentrer pour faire face à la suite des événements. Il devait agir en professionnel qu'il était et sortir de son amateurisme fleur bleue. La tueuse était à sa portée, il devait juste ne plus considérer ce monstre comme sa petite amie mais bien comme la bête qu'il devait terrasser.

Ainsi, ils s'étaient tous trompés ! Ayala Ben-Aliouche n'était pas la seule impliquée dans la série de meurtres de militaires. L'était-elle seulement ? Julie Demery était responsable de ces crimes affreux. Elle les avait tous bernés, parvenant jusqu'au bout à masquer son rôle. Toutes les informations que Thierry avait glanées les jours ou les heures précédentes se mettaient en place peu à peu. Il savait désormais qui elle était. Certains mots lus dans des rapports ou procès-verbaux trouvaient un sens. Elle lui avait un jour parlé de démons qu'elle devait maîtriser. Les forces maléfiques avaient finalement emporté Julie, la perdant à tout jamais. Thierry se doutait des raisons qui la poussaient à agir ainsi. Les informations obtenues, grâce aux gendarmes viennois, constituaient un mobile évident. L'enquête allait prendre une orientation nouvelle grâce aux éléments recueillis par ses soins. Le mobile d'Ayala n'avait jamais été compris et aucune explication cohérente n'était pour l'heure avancée par les enquêteurs pour justifier qu'une journaliste bien établie, réputée frivole mais épargnée par les affres de la vie, puisse commettre une telle série de crimes. Julie Demery, a contrario, présentait une personnalité complexe et tirait derrière elle une vie non épargnée par les abominations !

Lorsqu'un calme relatif régna à nouveau dans le fortin. Le lieutenant Massilon ouvrit les yeux. Une vraie détermination éclairait son regard. Il devait lutter pour sa survie d'une part mais surtout pour mettre hors d'état de nuire la tueuse diabolique. Il tenta de faire abstraction de l'amalgame violacé et noirâtre qui occupait l'entrejambe d'Owen. Son sexe avait disparu. Julie l'avait émasculé avant de cautériser la plaie avec un fer chauffé à blanc.

Chapitre 4

— Ainsi, c'était toi depuis le début, n'est-ce pas ? commença-t-il.

Avec un linge, Julie essuyait consciencieusement le couteau ensanglanté. Elle se retourna et regarda longuement Thierry avant de répondre. Le visage était impassible, seul son regard brûlait d'excitation.

— Tu disais ?

— Les soldats ? Les meurtres ? C'était toi, n'est-ce pas ?

— Hi, hi, hi, ricana Julie. Je sais que tu as retourné ciel et terre ces derniers jours. Mon appartement entre autres ! Je t'écoute, petit détective, je suis curieuse d'entendre la théorie du fameux lieutenant Massilon.

Derrière les sarcasmes et l'ironie affichée, Thierry comprit que Julie attendait réellement de savoir jusqu'où ses investigations l'avait mené. D'entrée de jeu et à l'encontre de toute logique, il décida d'abattre une carte majeure afin qu'elle réalise l'ampleur de ses découvertes. Elle ne cessait de marquer des points, le laissant le plus souvent les bras ballants. Il devait prendre l'initiative. Il planta ses yeux dans les siens.

— Je ne sais pas si ta sœur, Laura, accepterait ou comprendrait de voir sa mémoire souillée par les horreurs que tu commets !

Julie vacilla imperceptiblement à l'évocation de ce nom. Ainsi, il savait ! Il avait compris ! Malgré toutes les précautions prises pour brouiller les liens entre elle et ce passé honni, il avait dénoué la pelote. Elle mit plusieurs secondes à reprendre pied.

Thierry en profita et tenta l'estocade.

— Elle est morte sous les coups de monstres qui méritaient d'être punis. Je le comprends aussi bien que toi, mais la justice s'est chargée de leur faire payer. J'ai vu qu'ils ont tous été condamnés à des peines conséquentes. Je ne comprends pas ce que tu fais. En tout cas, ce n'est pas de la justice, c'est juste de la bestialité !

— Ta gueule ! Tu ne sais rien ! Rien ! Rien ! Rien du tout ! La justice ? Tu oses me parler de justice et de peines ! Quelle mascarade ! Tu penses qu'ils ont vraiment payé pour leur crime ? Conneries !

Julie était à quelques centimètres de lui, agitant le couteau sous ses yeux. Elle avait bondi, animée d'une colère sourde. La clé de tout son comportement résidait bien dans la vengeance. Un motif comme un autre. Affligeant de banalité. Une cohérence certaine pouvait être établie et offrir un motif plausible au regard du drame qui avait dévasté la famille Jankowski. Pourtant, tout ne collait pas avec la réalité des crimes récemment commis. Rien ne reliait les victimes au meurtre de Laura. Un biais incompréhensible faussait la cohérence de la démarche et brouillait les clés de compréhension. Seule l'explication de la déviance psychiatrique restait plausible. La vengeance avait sans aucun doute été le mobile initiateur mais ensuite, ce mobile avait été emporté par un tourbillon de violence sadique.

Thierry avait réussi à la démasquer mais il avait également abattu le principal atout de son jeu. Il lui restait encore beaucoup de choses à comprendre. Il joua l'apaisement.

— Je comprends que tu aies voulu te venger, je n'ose pas imaginer ce que ta sœur a dû endurer…

Julie ne réagissait pas, visiblement réfugiée dans ses pensées et occuper à ranger son matériel. Thierry parlait pour gagner du temps. Il reprit sur le même registre d'empathie.

— Julie, je me suis fait du souci pour toi… Je voulais

comprendre. C'est uniquement pour cela que je me suis permis de m'intéresser à toi de plus près.

Elle le regardait, incrédule, hésitant entre la haine et l'incompréhension. Il ne lui laissa pas le temps de choisir.

— Oui, je l'avoue, j'ai passé un certain nombre de coups de fil. Je voulais comprendre ce qui s'était passé à Vienne. Tout ce que j'ai fait, c'était pour te connaître, pour essayer de t'aider. J'ai fini par découvrir les horribles drames que tu as été obligée d'affronter lorsque tu étais enfant. Ce qu'ils ont fait subir à ta sœur, bien sûr. Ce que tu as du vivre une fois que ton père est mort. J'ai même pu discuter au téléphone avec cette vieille dame qui s'occupait de toi alors. Anne-Chantal Landréon, tu te souviens sans doute d'elle ? Elle m'a expliqué les années que tu as passées dans cet orphelinat. Elle se rappelle de toi, tu sais ! Elle était visiblement émue d'évoquer la petite fille que tu étais alors. Oui, je t'ai suivie pour comprendre. Lorsque tu as disparu, j'ai également fouillé ton appartement. Et je te prie de m'excuser pour cette intrusion. J'avais besoin d'explications ...

Elle détourna le regard. Il avait vu juste. Tout prenait racine dans ces années au cours desquelles la vie avait inexorablement balayé l'innocence de la petite Julie.

— Mais même en sachant ce que tu as enduré, je ne comprends pas pourquoi aujourd'hui tu agis ainsi ! Pourquoi fais-tu cela à ces hommes ? Tu n'avais pas à devenir comme eux ! Toute cette mise en scène, ces horreurs ? Tout cela dans quel but ? Pourquoi t'en prendre à des innocents ? La plupart des hommes que tu as... Thierry n'osait pas franchement prononcer le verbe. Il préféra se réfugier derrière une métaphore. ... que tu as rencontrés, étaient des gamins au moment du viol de ta sœur...

La jeune femme recula de quelques pas. Il avait au moins gagné un répit. La distance entre eux s'accentuait de manière encourageante. Elle était déstabilisée et semblait vouloir se terrer au plus profond de l'obscurité. Désormais, il devait nourrir ce dialogue afin de gagner du temps. Le temps nécessaire pour quoi ? Il n'avait aucune idée de la manière dont il pourrait se tirer de cette situation. Mais le seul fait de garder un court avantage le rassurait. Au moins, pendant qu'elle l'écoutait, elle ne faisait plus subir à Owen les pires horreurs.

– Pourquoi tant de sang ? Pourquoi encore maintenant t'acharner sur lui ?

Elle redressa la tête. Le charme était rompu. Il s'était pris les pieds dans son propre raisonnement. Trop direct ! Au lieu de la faire trébucher dans la toile de ses souvenirs, voilà qu'il la ramenait bêtement dans la réalité glauque de la pièce qu'ils étaient tous deux en train de jouer.

– La loi du Talion, tu connais, petit détective ?

Le ton de sa voix prouvait qu'elle s'était ressaisie.

– Bien entendu, œil pour œil, dent pour dent ! Mais il n'y a plus que les barbares qui reconnaissent cette règle…

– On a tort de croire que la justice dite civilisée, dont on se gargarise tellement, ait un réel impact sur les auteurs de monstruosités ! Il y a un cap à partir duquel, certains ne méritent plus l'humanité d'une justice qui n'ose pas aller au bout des choses. Des hommes ont fauté en arrachant de la pire des manières une vie totalement innocente ? Leurs semblables, ceux de leur clan, doivent payer ! Ça, c'est la justice à laquelle je crois ! Le reste, ce sont juste des conneries pour les beaux parleurs et tous les bien-pensants de ton espèce ! Crois-tu qu'ils aient eu la moindre velléité de se racheter en prison ? Non ! La prison ne sert à rien pour de tels monstres…

Ainsi, toute l'incohérence de ses actes résidait dans cette équation.

Thierry se rappelait les discours tenus par certains

psychiatres. Parfois, les praticiens n'hésitaient pas à faire preuve d'une véritable violence pour ébranler les certitudes de leurs patients. La forteresse dans laquelle certains se réfugiaient avait besoin de se fissurer, voire de s'écrouler, pour rompre le charme de la folie. Il tenta de lui faire prendre conscience de l'absurdité de son attitude.

— Mais, Julie, quels liens entre les meurtriers de ta sœur et ces hommes que tu abats sauvagement ? Quels liens entre eux et Owen ? Tous les hommes que tu as tués ne connaissaient pas Laura ou les meurtriers de ta sœur.

— Ils sont tous de la même veine ! Elle bondit vers lui, menaçante. Des salopards ! Ils méritent tous de payer ! Je peux te l'assurer, ils se valent tous... Ils cherchent à abuser de nous. Tu as vu comme celui-là me traitait ? Pour lui, je n'étais qu'une traînée, une putain qu'il baisait tout son saoul. Chaque fois qu'un de ses porcs disparaît, nous, les femmes, nous gagnons en sécurité !

— Non, Julie ! Les seuls vrais coupables sont ceux qui ont tué ta sœur... Les autres ne sont que d'autres victimes. Toi et eux ! Vous êtes victimes de la même folie !

La main vint s'écraser sur la joue de Thierry, coupant court à toute discussion.

— Ta gueule ! Tu me fais chier avec ta candeur !

Il ne l'atteignait pas. C'était plutôt tout le contraire ! La logique raisonnée qui était la sienne s'opposait frontalement au comportement de Julie. Perdurer dans cette voie ne lui permettrait pas d'avancée notable. Elle allait se braquer et il appréhendait d'affronter la fureur qu'il avait vue à l'œuvre un peu plus tôt. La violence dont Julia était capable le terrorisait. Quant à son pouvoir de persuasion et de dialogue, la gifle montrait à quel point face à elle, il faisait fausse route. Tout était vicié ! La logique n'était plus de mise avec elle. Elle reprochait à l'Irlandais de l'avoir traitée comme une garce alors que

Thierry avait lui-même constaté les attitudes dépravées et provocantes de Julie. Il pouvait témoigner de son hypersexualité. Sa relation au sexe était visiblement ambivalente, complètement brouillée par le viol de sa sœur et par son enfance humiliée.

Elle était complètement folle, incapable d'envisager une relation autrement que sous l'angle de la violence, de la domination. Une luxure bestiale teignait les actes de la jeune femme et renforçait le caractère sordide de ses passages à l'acte.

— Excuse-moi, Julie ! Tu as sans doute raison, abdiqua-t-il. Parle-moi de Laura, si tu le veux bien...

Pour la première fois, les traits de Julie s'adoucirent.

— Laura est là en permanence. Quoi qu'ils aient pu lui faire, elle a été plus forte qu'eux et elle ne m'a jamais quittée... Je suis la seule à penser à elle, à me soucier d'elle. Tous les autres se sont foutus de ce qu'elle a enduré.

— Elle est avec toi ?

— Bien sûr qu'elle est avec moi ! C'est ma sœur ! Elle vit avec moi ! Je suis la seule personne sur qui elle peut compter ! Et puis elle me donne la force. Quand j'étais toute petite, Laura s'occupait de moi. Après son accident, j'ai cru qu'elle m'avait abandonnée. Mais non ! Les sœurs ne se laissent jamais tomber entre elles. Elle est revenue juste pour moi. Pour m'aider !

La jeune femme semblait physiquement gênée d'aborder ce sujet. Thierry aurait juré qu'elle était intimidée. Elle semblait redevenue une enfant. Tout dans son discours, dans sa posture, trahissait la candeur de la petite fille.

— Tu es le premier à qui je parle d'elle ! avoua-t-elle dans un sourire.

— C'est elle qui t'a demandé de faire tout cela ?

Thierry avait le sentiment de discuter avec sa propre fille, quelques années plus tôt, lorsqu'il la prenait en faute et qu'elle cherchait à se dédouaner sur ses ours en peluche ou ses amis imaginaires.

— Au début, c'est un peu elle qui voulait que l'on se venge... Elle était si malheureuse... Elle se sentait si seule...

— Tu lui as obéi alors ? C'est ça ?

— Les premières fois ? Un peu oui... mais maintenant j'ai appris à être forte et on a tout fait ensemble. C'est normal que je fasse cela pour elle. Je lui dois...

Thierry décida de la laisser parler. À son rythme. Pour la première fois, Julie semblait laisser libre cours aux sentiments qui animaient son cœur.

— Au départ, la première fois, je l'ai vraiment fait pour elle, pour l'apaiser. Maintenant je le fais pour nous deux et pour toutes les autres femmes qui souffrent à cause de ces porcs... Il faut que quelqu'un s'en occupe... Moi, je peux le faire... Ils finiront par connaître la peur. À leur tour de trembler ! À leur tour d'appréhender les rues obscures, les rencontres importunes, les rendez-vous qui dérapent. Ils commencent déjà à comprendre. Tu as vu comme ce mec tremblait de peur ?

Elle désigna d'un geste le corps toujours pendu de Mac Donald et reprit :

— En groupe, ils paradent, roulent des mécaniques. Avec les filles, ils jouent les durs pour mieux nous faire du mal. Mais seuls, ils gueulent, supplient, appellent leur mère... Ce sont des mauviettes !

— Mais Julie, tu es gendarme, bon sang ! Cela représente quelque chose, tout de même ! Comment peux-tu accepter d'être ces deux personnes à la fois ?

Thierry était réellement incrédule face à la duplicité de cette jeune femme.

— Tu te trompes... Je ne suis qu'une seule personne. Et le choix est bien plus cohérent que ce que tu penses... Le métier me plaît, me permet d'agir sur différents niveaux...

Certains délinquants doivent être punis par la justice et je contribue à cette fonction sociétale. Plutôt bien si j'en crois ce que mes chefs pensent de moi !

Elle lui adressa un clin d'œil complice avant de reprendre.

— D'autres doivent être traités directement, de manière préventive… Je m'en occupe aussi, de la seule manière efficace. Comme ça, je joue sur les deux tableaux. Tu vois, je suis complète.

Le raisonnement de Julie le laissait abasourdi. En venant la rejoindre ici, il avait enfoui au plus profond de son cœur, l'espoir que tout ce qu'il vivait depuis quelques jours n'était qu'un cauchemar. Il savait que l'idylle était derrière eux et que désormais, une épreuve décisive s'ouvrait. Face à la réalité crue de cette femme, son sang se glaçait pourtant. Qu'un tel monstre ait pu faire battre son cœur le révulsait. Elle était complètement folle ! Ce constat cinglant tournait en boucle dans sa tête. Tout le système de pensées de Julie s'était construit autour de quelques idées structurantes et désormais, rien ne pourrait la faire dévier de la voie qui était la sienne. Les traumatismes de l'enfance avaient inéluctablement faussé la femme qu'elle était devenue.

Elle était dangereuse. Un être nuisible, implacable, et pourtant il ne pouvait s'empêcher de ressentir cette attirance physique qui, depuis leur première rencontre, était là, sous-jacente ! Le pire était la beauté qu'elle continuait à dégager malgré tout et dont il ne parvenait pas à se défaire véritablement. Son charme nimbait de manière fantasmatique cette nuit infernale. Elle l'attirait autant qu'elle le dégoûtait. Thierry avait les plus grandes difficultés à demeurer conscient des enjeux. Malgré la nécessité de la mettre hors d'état de nuire, il sentait à chaque seconde la précarité de sa résolution. Il l'aimait encore mais comprenait que rien ne l'arrêterait. La course sanglante perdurerait jusqu'à la destruction du monstre qu'elle était. Il devait l'empêcher de continuer ce cheminement macabre. Il comprenait que même sa propre vie passait désormais par la faculté qu'il aurait à l'arrêter. Et pourtant, il savait qu'il aurait pu aussi la prendre dans ses bras pour la consoler… Il oscillait d'une haine viscérale à une empathie irraisonnée.

Julie s'était éloignée de quelques mètres. Dans l'ombre, il l'apercevait en train de fouiller le sac de sport. Visiblement, elle n'en avait pas terminé. Il se raidit. Son tour était-il déjà venu ? Allait-elle lui faire subir le même traitement que l'autre homme qui continuait à geindre par intermittences ? À force de secouer ses poignets agrippés au tuyau de métal, il sentait un léger jeu s'installer. Peu à peu, le tuyau semblait se plier, accompagnant de plus en plus les mouvements que Thierry lui imposait dès que Julie avait le dos tourné. Les fixations qui le maintenaient dans le mur étaient gangrenées par l'humidité accumulée depuis des décennies.

— Quand as-tu décidé de changer d'identité ? Rien dans ton dossier administratif n'évoque cette modification de ton état civil…

Il avait découvert le pot aux roses à l'occasion des contacts noués avec les administrations viennoises. Les extraits de presse transmis par l'ancienne tutrice de Julia Jankowska avait achevé de lever les zones d'ombres.

— Dès mes dix-huit ans ! À l'époque, aucune justification vraiment légale ne le permettait mais l'avocat qui m'avait accompagnée durant le procès de ma sœur a réussi à tordre le droit. Il a argué des difficultés psychologiques qui étaient les miennes et qui ne manqueraient pas de me poursuivre. Porter le nom d'une sœur morte, d'un père pendu… Pas évident pour une jeune adulte qui tentait d'échapper à ses propres démons ! Une gentille fille qui se destinait en plus à la gendarmerie ! Un peu à la surprise de tout le monde, les motifs ont été acceptés.

— Mais pourquoi Demery ?

— Demery ! J'ai opté pour le nom de jeune fille de ma mère, ce qui a facilité la décision. Quant au prénom, j'ai juste choisi le deuxième prénom qui était le mien. Anna-Julia Jankowska a laissé place à Julie Demery. Aussi simple que cela !

— L'occasion pour toi de changer de vie en quelque sorte ! acquiesça Thierry. Pourquoi n'as-tu pas définitivement coupé le lien avec ce passé obsédant ?

— Comme si c'était aussi simple ! Je pensais pouvoir le faire alors ! avoua la jeune femme. Mais on n'échappe jamais réellement à ses racines. La famille Jankowska, le drame de ma sœur, tout cela ne m'a jamais vraiment quitté. Aujourd'hui, je regrette presque d'avoir trahi le lien qui m'unit à eux. Je devrais pouvoir porter avec fierté ce nom !

Tout en discutant, Julie s'était approchée d'Owen Mac Donald. Sans sourciller, elle passa à l'acte.

— Il est temps pour toi de rejoindre le monde des damnés !

— Arrête, Julie ! Je t'en prie, hurla Thierry.

— Retourne d'où tu viens, sale porc !

Thierry entendit distinctement le chuintement de la lame qui pénétrait les chairs de l'homme. Il ne parvint pas à fermer les yeux, hypnotisé par la violence de la scène qui se déroulait à quelques mètres de lui.

Julie força de tout son poids sur le manche du couteau. La lame était enfoncée jusqu'à la garde dans le ventre de l'homme. Thierry vit le couteau éventrer le soldat. La plaie s'ouvrait peu à peu, béante. Des gargouillis sinistres accompagnaient cette boucherie. Julie pesait sur l'arme, l'accompagnant d'un ahan. Arrivée au niveau du pubis, elle retira le couteau et contempla quelques secondes la scène de boucherie.

— Tu es malade, Julie ! ne put s'empêcher d'éructer Thierry dans un haut-le-cœur.

La jeune femme nettoyait son arme. Absorbée par le geste qu'elle venait de commettre.

Il aurait voulu vomir le moindre souvenir de cette relation et le malaise nauséeux que cette femme lui causait. Il voulait en finir une bonne fois, mettre un terme à ce cauchemar dans lequel il s'engloutissait chaque minute un peu plus. Une colère irrépressible l'envahit.

— Arrête ça ! Tu es folle ! Une putain de folle ! Va au diab… !

Un violent coup porté au niveau de son visage transforma les derniers mots en un borborygme incompréhensible.

— Tu perds ton sang-froid, mon pauvre ami ! Tu dois te calmer !

Des longues succions monstrueuses sifflaient depuis le ventre béant d'Owen. Les souffles émaillés de plaintes presque inaudibles rendaient la scène encore plus abjecte. Malgré l'ampleur de la blessure infligée, l'agonie durait encore. La plaie qui l'ouvrait littéralement en deux n'avaient pas éteint le souffle de vie qui résistait dans sa carcasse martyrisée. Les yeux de Thierry ne cillaient plus, fixés sur l'abomination de ce corps qui se vidait en de longs remugles à quelques mètres de lui.

— Tu sais que le plus incroyable, c'est qu'il va continuer à vivre encore un bon moment comme ça !

La voix de Julie n'était qu'un murmure. Il sentait le souffle chaud de ses paroles caresser son oreille. Penchée contre lui, elle reprit. Sa voix douce tranchait étrangement avec la bestialité environnante.

— Tu disais vouloir m'aider ? Tu vas en avoir l'occasion, mon cœur, continua-t-elle.

Thierry se contracta.

— Tu vois, comme la vie s'accroche à lui ? Il la sent partir et la douleur est telle que c'est un soulagement pour lui d'approcher de la fin... et pourtant, il lutte pour conserver encore un peu cette étincelle... Pas facile de comprendre cet instinct animal, non ? Quel putain de paradoxe !

Owen gémissait. Un long vagissement sortait de ses lèvres. Il suppliait en psalmodiant. Thierry parvenait à saisir quelques syllabes dans le flot sanglotant de sa logorrhée.

— Julie ! Je t'en supplie ! On peut encore l'aider ! Arrête ce massacre !

— Moi ? Mais pourquoi ? Mon œuvre est accomplie, mon cœur ! murmura-t-elle. Toi, par contre, tu vas pourvoir faire ton entrée sur la scène maintenant.

Elle exhiba une arme. Un pistolet automatique. Sans doute celui qu'elle lui avait confisqué à son arrivée, conclut Thierry. D'un geste rompu à ce genre d'action, elle éjecta le chargeur. L'objet rectangulaire chuta sur le sol et d'un coup de pied rapide, elle le projeta au fond de la pièce.

— Je vais te laisser avec ce cher Owen, mon cœur. Tu verras comme c'est interminable l'agonie d'un homme. Certains ont mis plus de six heures à mourir, tu sais ? Tu vas pouvoir savourer chacune de ses minutes privilégiées. Tu as déjà eu l'habitude d'observer Owen dans ses œuvres, coquin ! Tu vas pouvoir assister à sa dernière culbute !

— Tu es malade, Julie !

— Arrête de ressasser, mon cœur, on a compris ! Je disais donc : je vais vous laisser mais je ne suis pas si méchante que tu le penses. Je te laisse ça !

Julie agita l'arme sous les yeux de Thierry avant de la déposer à ses pieds. Elle prit la peine de coiffer le pistolet avec son propre brodequin.

— Comme ça, tu auras le loisir de choisir la fin que tu

souhaites pour cette belle histoire. Tu disposes d'une balle ! À toi de choisir ta manière de conclure ce joli tête-à-tête. Lui ? Toi ? Toi ou lui ! Tu achèves ses souffrances ou tu t'échappes définitivement... à toi de voir. Dans tous les cas, tu l'as compris, pas question pour toi de repartir d'ici... Tu as une seule question à résoudre : tu mets un terme rapide à ta vie ou tu fais un acte d'humanité en achevant ce pauvre Owen, tu mettras longtemps à mourir, certes, mais tu auras la satisfaction de la bonne action accomplie. Mais réfléchis bien, tu as une seule opportunité. Pas le droit à l'erreur donc !

— ...

— Moi ? J'ai tout mon temps, je vais manger un morceau et je reviens. Je ne remettrai les pieds ici qu'après avoir entendu un coup de feu... Bisous, mon cœur, je vous laisse entre mecs, souffla-t-elle en déposant un baiser rapide sur la joue de Thierry Massilon.

Thierry fut incapable d'évaluer le temps qui s'écoula après la sortie de scène de Julie. La longue descente aux enfers se déroula hors de toute considération temporelle, hors de tous les repères traditionnels chargés de rythmer le fil du temps. Un long silence glacial s'installa après le départ de Julie. Successivement, il entendit la lourde porte métallique de la pièce se fermer derrière la tueuse, puis le bruit des pas se perdre dans le dédale de béton, puis plus rien. Les échos se perdirent lentement. Peu à peu, une autre symphonie entêtante se mit en place. Bien qu'imperceptibles, les râles étouffés du blessé s'imposèrent comme fond sonore. L'homme émettait des sons animaux. Thierry chercha toutes les positions possibles afin d'échapper à la vision terrifiante offerte par l'homme. Quant à vouloir se protéger des insupportables sons, il s'aperçut rapidement qu'il ne fallait pas y compter. La main toujours accrochée à la canalisation lui manquait pour boucher ses oreilles. Il lutta contre le tuyau. Bien que fragilisée par toutes les tensions qu'il lui avait imposé depuis qu'il était attaché, la canalisation tenait bon et ne cédait pas. Démoralisé, il arrêta de lutter contre elle.

Le froid était paralysant. L'humidité suintait des murs et les vêtements de Thierry étaient gorgés d'une gangue poisseuse qui l'enserrait dans une morsure implacable. Ses dents claquaient par intermittence. Il laissait s'entrechoquer ses mâchoires, elles avaient alors l'avantage de couvrir par leur martèlement répétitif les halètements du soldat mourant. Après le soulagement causé par la disparition de Julie et de sa folie, Thierry sentit une apathie anesthésiante l'assommer peu à peu. Ses muscles ankylosés finirent pourtant par se réveiller douloureusement. Des crampes fulgurantes l'obligèrent alors à changer régulièrement de position. D'abord à intervalles assez éloignés puis de plus en plus souvent. Finalement, il ne sut plus comment se recroqueviller et l'agacement prit le pas sur la torpeur. Il sentait la colère l'envahir. Fureur contre cette femme ! Hargne contre sa propre bêtise et son incapacité patente à contrôler la succession de bévues qu'il avait commises ces dernières journées ! Rage contre cet homme qui n'arrêtait pas de sangloter et n'en finissait plus de crever. Le cadavre vivant exhalait une odeur pestilentielle d'abattoir, mélange écœurant de sang et de merde. Cette puanteur lui retournait l'estomac et les râles incessants lui tapaient sur les nerfs. Trois fois, Thierry lui hurla de fermer sa gueule. Le pistolet abandonné par Julie gisait entre ses jambes. Thierry le soupesa longuement. Avant de le reposer sans pourtant pouvoir soustraire de ses pensées l'attraction créée par l'arme. Combien de temps allait-il pouvoir tenir ainsi ? La confusion de ses sentiments ne lui permettait plus de réfléchir posément. Il refusait l'idée même de pouvoir utiliser cette arme contre Owen. Quant à la retourner contre lui ? Il ne voulait pas penser à cette extrémité. Pourtant, le froid, la fatigue, la peur de se retrouver une nouvelle fois face à Julie mais surtout les plaintes lancinantes du blessé, tout cela concourait à mettre ses nerfs à vif. Plusieurs fois, il se surprit à prier pour que l'homme expire. Plusieurs fois, la rage prit le pas sur sa raison fatiguée et il pointa l'arme en direction de l'agonisant. Thierry voulait juste du calme. Quelques secondes de silence pour permettre à tout son corps de se reposer. Les pleurs, les gémissements lancinants empêchaient toute évasion de cette pièce sordide. Tout le clouait ici ! L'odeur, le froid, les pleurs !

Thierry sentait son esprit vaciller. Il doutait de plus en plus de sa capacité à survivre à cette nuit. En tout cas, il redoutait le retour de Julie et les paroles de la jeune femme hantaient son esprit. Elle attendrait le bruit d'une détonation pour revenir. Et sinon ? Allait-elle réellement le laisser crever comme une bête prise au piège ? Comme un con de lièvre pris dans un collet ? Plusieurs fois, abêti par l'idée même qu'il n'était plus qu'une proie attendant l'hallali, il se mit à tirer sur le lien de métal qui le retenait prisonnier. Sans autre résultat que raviver les brûlures et les écorchures qui lui tailladaient le poignet. Et puis, à bout de force, il perdit pied et sombra dans un chaos incohérent où se mêlait indistinctement des images cauchemardesques.

Lentement, comme il l'avait appris et tant de fois répété, il pressa la détente de l'arme. La détonation retentit. Et ce fut comme si l'enfer se déchaînait. Une fois la longue litanie des échos absorbée par les épais murs de l'ouvrage fortifié, un silence encore plus glacial prit à nouveau possession des lieux.

Thierry gisait l'arme à la main. Le bras toujours lié à la

canalisation du mur prenait un angle improbable. Un mince filet de fumée teintée d'odeur de poudre et d'huile brûlée finissait de se dissiper au niveau de la bouche du canon. La culasse retenue en arrière prouvait que Julie avait dit vrai. L'unique balle avait été tirée et désormais le pistolet était inopérant.

Lentement, comme si toute l'horreur que cette pièce contenait s'était accumulée sur ses épaules, l'homme se redressa. Sans jeter un regard à l'abomination qu'il venait de commettre, Thierry émergeait de la torpeur qui avait suivi son passage à l'acte. Ses oreilles hurlaient encore, les tympans blessés par l'incroyable explosion de décibels causée par le coup de feu dans un espace si confiné. Le temps pressait, Julie allait faire son apparition d'une minute à l'autre, il se leva et utilisa le pistolet automatique pour forcer sur la canalisation qui le maintenait toujours prisonnier.

Il banda les muscles de ses bras et l'arme servant d'outil pour découpler sa traction, il arracha d'un geste déterminé le tuyau. La canalisation résistait toujours. Thierry dut tirer à plusieurs reprises et finalement il sentit l'ensemble se rompre. La menotte pendait au bout de son poignet. Finalement libre de ses mouvements, Thierry resta indécis quelques secondes, comme gêné de devoir choisir ce qu'il devait désormais faire. Le pistolet inutile gisait au pied de la canalisation.

Le seul objet à portée de main était une lampe tempête qui éclairait le coin où il se trouvait. Il saisit de la poignée. L'oreille apposée contre la porte métallique, Thierry perçut le son chuintant de pas qui avançaient dans sa direction. Julie arrivait. Il se colla à la paroi humide. Le verrou joua, le panneau bougea sur les gonds. Il balança son bras lesté de la lampe pour heurter la tête de Julie.

Le choc de l'objet sur l'os crânien émit un son mat. La

lampe tempête emportée par l'élan finit sa course dans un fracas métallique. La jeune femme s'affaissa. Toujours consciente malgré la plaie profonde qui balafrait son front. Elle reprit ses esprits, un genou à terre.

Dans le halo distillé par les autres sources lumineuses qui continuaient à nimber la pièce, Thierry aperçut le pistolet que Julie avait lâché, surprise par le coup. Il s'en empara et prit la fuite dans le couloir. Dans le noir complet, il craignait de trébucher mais finit par apercevoir la lumière naturelle de la fin de nuit qui éclairait faiblement l'entrée du bunker.

Il voulait sortir. Quitter cet enfer ! Mettre la plus grande distance entre elle et lui. La lutte contre cette diablesse reprendrait ensuite, pour le moment, il fallait sortir ! La casemate ne devait avoir qu'une seule entrée et il lui serait facile de la surveiller depuis l'extérieur. Pour rien au monde, il ne souhaitait l'affronter dans les remugles de la pièce. Thierry commençait à sentir l'air frais de la nuit lorsqu'une douleur lui traversa le flanc. Une énorme explosion accompagna le choc qui le fit chanceler, le projetant contre le béton suintant du couloir. Julie venait de lui tirer dessus. D'instinct, il porta sa main au côté. Il ne percevait rien d'autre que la douleur qui lui brûlait le flanc. S'il saignait, ses vêtements parvenaient pour le moment à absorber le liquide. Il devait sortir. Quoiqu'il advînt, il devait quitter le piège infernal constitué par le fortin de béton. Le froid de la nuit le dopa et le lieutenant parvint jusqu'à la planche de bois. Au bout de ces quelques mètres, il était certain de trouver le salut. Il prendrait alors l'avantage sur elle puisqu'elle devrait traverser, à son tour, le petit pont de fortune si elle voulait sortir. Peut-être parviendrait-il même à pousser la planche au fond de la douve pour emprisonner la tueuse dans sa propre nasse. Pressé d'arriver, déséquilibré par la douleur, il glissa avant d'atteindre le sol ferme. Dans un ultime effort pour éviter la chute dans l'eau glacée du fossé, il se projeta en avant. Thierry tomba à cheval sur le parapet de béton. L'arrivée non amortie sur cette marche dure lui coupa le souffle et il crut entendre ses côtes se briser. La douleur de la blessure par balle le fit hurler. Dans son malheur, il évita le pire. Seules ses jambes plongèrent dans l'eau. En rampant, une main toujours accrochée à l'arme, il réussit à gagner quelques mètres afin de s'extraire du piège glacial. Il se roula sur le sol, l'odeur fraîche presque hospitalière de l'humus le rassura. Il avait quitté la casemate. Un coup de feu retentit à nouveau. Elle cherchait à l'achever. Le buste penché en avant, il jeta ses dernières forces pour rejoindre l'abri d'un tronc d'arbre. Là, il se laissa glisser et se mit immédiatement en position, face au danger, prêt à vendre chèrement sa peau.

— Tu crois m'échapper, connard ?

La voix de Julie lui parvint distinctement. Il balaya du regard la porte du fortin. Rien ! Soit elle était toujours à l'intérieur, soit elle était déjà sortie et avait réussi à se dissimuler derrière un obstacle végétal. Il opta pour la première solution, persuadé de l'avoir distancé. Il resta concentré sur l'ouverture.

— Jette ton arme ! hurla-t-il. Arrête tes conneries et sors de là ! Il faut en finir !

— Compte là-dessus !

Un coup de feu retentit et Thierry aperçut distinctement la flamme à l'entrée de la casemate. La balle vint se loger quelques centimètres au-dessus de sa tête dans le tronc du chêne. Il eut une double confirmation. Elle était toujours à l'intérieur et elle savait où il était caché.

Sans quitter le fort des yeux, il glissa sa main à la découverte de son flanc blessé. La douleur commençait à irradier et ses vêtements étaient poisseux de sang. La balle avait dû traverser la chair. Il ne lui restait plus qu'à espérer qu'aucun organe vital n'ait été touché. Il tenta de comprimer la plaie, mais sans résultat. Il avait besoin d'un tissu assez long pour entourer tout son ventre.

Il tenta d'évaluer le temps qui lui restait avant que la quantité de sang perdu ne le plonge dans une torpeur fatale. Il devait s'efforcer de rester lucide. Julie exploiterait chacune de ses faiblesses et il ne tenait pas à finir entre ses mains. La vision du corps supplicié le hantait encore. Il savait qu'elle ne laisserait personne s'opposer au destin qu'elle s'était choisi. Elle ou lui ! Pas d'autre perspective !

De longues minutes passèrent. Le froid humide du sol commençait à le transpercer. Il grelottait, la toile trempée de son pantalon collait à sa peau et ses pieds étaient glacés.

Le temps jouait pour Julie. Il s'affaiblissait à chaque instant. À plusieurs reprises, il se mordit la langue pour ne pas hurler. Un mal atroce le torturait. Julie prit l'avantage. L'enfer se déchaîna. La silhouette de la jeune femme se dessina dans l'ouverture de la casemate. Un premier coup de feu retentit. Elle avançait sur la planche. Elle continuait à viser le tronc d'arbre derrière lequel Thierry était dissimulé. Il était contraint de baisser la tête afin de réduire au maximum sa surface corporelle. À l'aveugle, il tira à deux reprises, sans espoir de la toucher. Juste pour lui montrer qu'il se battrait jusqu'au bout.

Chapitre 5

Lorsque les tirs cessèrent, il leva la tête. Juste à temps pour la voir disparaître dans le sous-bois à une dizaine de mètres de sa position. En un instant, il fut sur ses jambes. Une main posée sur le tronc d'arbre, il évalua ses forces. Pantelant mais il tenait encore debout. Dans cette position, il parvenait à mieux compresser son flanc blessé. Il commença à progresser dans la direction de fuite de la jeune femme. Elle allait tenter de contourner sa position, il en était certain. Elle ne fuyait pas. Elle le chassait. Hors de question de rejouer la pantomime de leur arrivée devant le fort. Cette fois-ci, il n'allait pas rester planté. Il ne devait pas se laisser distancer. Elle voulait le traquer, à lui d'inverser les rôles.

Il bondissait d'arbre en arbre, épiant le moindre bruit, tentant de discerner la silhouette de Julie. Au bout de quelques dizaines de mètres, il distingua la jeune femme qui courrait elle aussi d'un abri à l'autre. Il ne prit pas le temps de viser et tira dans sa direction. Profitant de l'avantage donné, il courut vers elle. Il réussit ainsi à gagner quelques mètres. Ils étaient désormais très proches.

Ils progressèrent de cette manière durant de longues minutes. Elle, devant, à quelques dizaines de mètres de lui. Quelques coups de feu furent échangés. Le plus souvent au hasard. Il tirait pour protéger ses déplacements plutôt que pour réellement atteindre Julie. Il ignorait de combien munitions disposait la tueuse. Quant à lui, l'unique chargeur qu'il avait dans son arme avait déjà été bien sollicité. Il avait déjà tiré à six ou sept reprises.

Au fur et à mesure qu'ils avançaient, le bruit roulant de l'autoroute qui reliait Thionville au Luxembourg ne cessait de s'amplifier. Il se réjouit. Une barrière difficilement franchissable allait bientôt bloquer la fuite de Julie. Il la rejoindrait alors pour le duel final.

Ragaillardi par cette nouvelle, il prit son élan pour rejoindre le prochain abri qu'il avait identifié. Il devait franchir cinq à six mètres. Il s'élança, courbé vers l'avant. Il allait parvenir à la protection lorsqu'un coup de feu retentit à nouveau. Il eut l'impression que son bras gauche se brisait juste au-dessus du poignet. Avec une chance incroyable, elle venait de réussir à le blesser une nouvelle fois. Il hurla de douleur et de rage. Sans réfléchir, il tira dans la direction de Julie et la vit partir en courant.

Dans sa hargne, il n'arrêta pas son élan et poursuivit sa course pour ne pas se laisser distancer. Si elle disparaissait, elle aurait alors un avantage certain sur lui. Il devait rester dans ses pas. Elle le distançait d'une trentaine de mètres. La nuit s'achevait et la noirceur faisait place à une luminosité plus marquée. La végétation, moins touffue à l'approche de l'autoroute, lui permettait de surcroit de bien garder le contact visuel avec la meurtrière.

Muraille scintillante, il distinguait désormais le grillage de métal qui empêchait l'accès à la large route. Dans quelques mètres, elle serait prise au piège et ils s'affronteraient, face à face. Julie perçut le danger et elle orienta sa course parallèlement à la clôture.

Il soufflait bruyamment. Sa course se ralentissait. Il perdait du sang de manière abondante. Il posa un genou au sol et prit cette fois-ci le temps de viser. Il devait l'arrêter maintenant ou il n'aurait plus la force de poursuivre bien longtemps cette stupide course. Il visa, prenant le temps nécessaire pour bien aligner la femme qui fuyait, il tira à deux reprises. Comme à l'instruction. Deux coups très rapprochés. Il vit la silhouette chuter lourdement sur le sol. Il l'avait touchée. Au moins un coup au but. Il se redressa et avança prudemment. Les lueurs des véhicules qui circulaient sur l'autoroute éclairaient par intermittence le paysage immédiat. Deux ou trois balles ? Il était absorbé par le nombre de coups qu'il avait encore à sa disposition. Capacité théorique du chargeur : quinze balles. Combien étaient encore dans le magasin métallique ?

Julie reprit son souffle. Un des projectiles lui avait traversé la cuisse. Elle se redressa et commença à claudiquer. Le muscle ne paraissait pas avoir été atteint. Elle devait fuir. Hors de question de tomber entre les mains de ce guignol. Le salut était là, à quelques mètres. Avant d'être atteinte, elle avait aperçu sa porte de sortie. Un arbre était tombé, écrasant la haute clôture sur quelques mètres. Encore une dizaine de pas et il ne lui resterait plus qu'à franchir l'obstacle. Une fois sur l'autoroute, elle forcerait le premier véhicule venu à s'arrêter.

En évitant au maximum de peser sur sa jambe blessée, elle se traîna jusqu'à l'arbre abattu. Elle enjamba les premières branches. Un coup d'œil lui permit de distinguer son ancien amant qui continuait à s'approcher prudemment. Il avait ralenti sa course. Rageusement, elle tira trois balles dans sa direction. Elle le vit plonger. Elle avait gagné un court répit et en profita pour escalader la clôture détériorée. La bande de l'autoroute courait quelques mètres plus bas, au pied de la butte. Elle s'accroupit et commença à descendre le talus, sur les fesses, comme les enfants trop intimidés par les grandes pentes. Chaque mètre franchi lui coûtait un effort presque surhumain. La douleur causée par la blessure était fulgurante.

Ses pieds atteignirent enfin le revêtement sombre de la bande d'arrêt d'urgence.

Un coup de feu tiré par Thierry ricocha à ses pieds sans l'atteindre. Il était parvenu au sommet de la butte qu'elle venait de descendre. Elle s'engagea sur les voies. La circulation était quasiment inexistante à cette heure matinale. De longues secondes séparaient le passage de chaque véhicule. La plupart du temps, il s'agissait de camions. Avant d'atteindre le terre-plein central, elle se retourna. Thierry était à mi-pente. Il éprouvait visiblement de grandes difficultés à garder son équilibre.

Elle s'arrêta et prit le temps de viser. La blessure à la jambe l'empêchait de prendre la posture adéquate et elle compensa son manque de stabilité en se concentrant sur sa respiration. La silhouette apparut clairement dans l'alignement des organes de visée de son pistolet. Elle ferma son œil gauche, retint son souffle et son index écrasa la queue de détente du pistolet automatique. Le départ du coup de feu la surprit. Aux sensations perçues, elle savait que son tir avait été précis. Avant même d'ouvrir l'œil, elle vit l'homme perdre l'équilibre. Il glissait et la pente l'entraîna dans une succession de roulades incontrôlées. Sans attendre la fin de cette longue chute, elle reprit sa marche et enjamba la barrière de sécurité centrale.

Thierry avait été surpris par l'attitude de Julie. Il l'avait vu le mettre en joue. Sûr qu'elle l'ajustait, il avait plongé la tête en avant pour anticiper le coup mortel. La balle l'avait raté. Il avait lourdement dégringolé les quelques mètres. Ses blessures le meurtrissaient à chaque heurt mais il avait échappé au projectile. Il s'écrasa lourdement, presque assommé par le contact brutal contre l'asphalte.

Pendant quelques courtes secondes, il eut un voile noir. Il était incapable de réagir, totalement désorienté. Son corps entier n'était que plaies et souffrances. Des larmes lui mouillaient les joues. Peu à peu, il retrouva une partie de sa vision. Suffisamment pour pouvoir retrouver ses sens. Il finit par se redresser. Julie était presque arrivée à l'autre extrémité de l'autoroute.

Thierry trouva la force de se mettre debout et il avança à son tour sur les voies de circulation. Les blessures ne l'empêchaient pas encore de marcher. Du sang coulait le long de son bras paralysé et des gouttes de plus en plus rapprochées tombaient de ses doigts. Il leva son arme en arrivant au niveau du terre-plein central. Il tira trois fois, à l'instinct, il n'avait plus la force de viser. Il n'arrêta que lorsque la culasse de son pistolet se bloqua en position arrière. Il avait épuisé ses munitions. L'arme portée à bout de bras semblait peser des kilos. Il lâcha le pistolet devenu inutile. Julie tomba sur le sol. Il vit sa tête rebondir sur le goudron de la voie qu'elle traversait au moment de l'impact. Il l'avait atteinte alors qu'elle s'engageait sur la voie d'arrêt d'urgence.

Un halo de lumière commença à envelopper le corps inanimé. Thierry mit du temps à comprendre qu'un véhicule approchait. Désormais nimbée dans une lumière blanche, Julie bougea. Elle leva la tête et regarda Thierry. Le lieutenant Massilon la vit remuer un bras. Visiblement, elle tentait de s'extraire du danger qui approchait mais ne parvenait plus à bouger et à quitter sa position. Elle semblait paralysée. Une balle avait dû atteindre une zone motrice, clouant inéluctablement la jeune femme sur le sol. La lumière se faisait de plus en plus intense. Un grondement sourd approchait. Depuis sa position, au niveau du terre-plein central matérialisé par un muret de béton, Thierry tourna légèrement la tête et distingua le poids lourd qui arrivait à grande vitesse. Le chauffeur aperçut la masse sombre qui recouvrait la voie. Dans un réflexe conditionné, il écrasa dans la même seconde la pédale de frein et le puissant klaxon.

Le hurlement des freins et de la corne retentit dans un vacarme infernal. Thierry distinguait parfaitement la tête de Julie. Elle avait vu le camion. Il en était certain. Au lieu de se couvrir du masque d'épouvante qu'il s'attendait à voir, le visage de la jeune femme s'illumina d'un large sourire. Ses lèvres remuèrent. Elle s'adressait à lui. Thierry ne comprit pas les mots qu'elle prononçait. Les sons de sa voix étaient totalement absorbés par la fureur du poids lourd.

En une seconde, Julie Demery disparut. Thierry regardait le visage de la jeune femme et un battement de paupière plus tard, tout avait disparu. Le véhicule, emporté par son élan la heurta de plein fouet. Pendant un temps qui lui parut interminable, Thierry ne vit plus que la masse de la semi-remorque. Un mur semblait avoir surgi de nulle part. Les énormes roues écrasèrent puis emportèrent la jeune femme. Son corps désarticulé fut comme aspiré par le véhicule. Thierry ne le voyait plus. Puis le camion quitta son champ de vision et le corps fut éructé, comme vomi par le maelström de fer. La vitesse projeta la masse sanglante à une dizaine de mètres de là.

Les oreilles encore assourdies par la violence des sons, Thierry tituba dans la direction des restes de Julie. En une seconde, il comprit son erreur. À son tour, il fut absorbé par de puissants projecteurs. Comme un animal piégé, il se figea, hagard. C'était fini. Il ferma les yeux.

Le conducteur avait réalisé que le poids lourd qu'il s'apprêtait à dépasser rencontrait un problème. Les feux rouges plus lumineux annonçaient le freinage et il entendit clairement l'avertisseur sonore. La lourde remorque semblait se déporter sur la gauche, se mettant légèrement en travers. À son tour, il freina, il doublerait le camion plus tard. Pour l'heure, il était préférable de se laisser distancer. Totalement absorbé par la manœuvre, il ne vit le pantin planté, debout, au milieu de la voie de gauche, qu'au dernier moment. Dans l'espoir d'éviter cet homme, le conducteur braqua désespérément le volant. La violence de la manœuvre fit perdre toute adhérence à la petite voiture. Elle se mit en travers. Les cris poussés par le vieil homme l'empêchèrent d'entendre l'impact. L'arrière de la voiture faucha Thierry qui virevolta dans les airs avant de retomber quelques mètres plus loin. Juste après le choc, l'effet conjugué du poids et de la vitesse entraînèrent l'automobile dans le premier tonneau d'une longue série.

Épilogue

Février 2016. Ayala Ben-Aliouche ferma les yeux.

C'était incroyable !

Même l'air semblait plus pur de ce côté du mur. Elle gonfla à plusieurs reprises ses poumons, tentant de se gorger jusqu'au plus profond d'elle-même de cette sensation de liberté. La fin du cauchemar. La fin de cette boule qui lui comprimait le ventre depuis de trop nombreux mois. Elle entendait les cris presque hystériques de ses anciens confrères et consœurs. Difficilement contenue par une rangée de policiers et de barrières disposées en prévision de ce cirque médiatique, une masse grouillante de journalistes, de caméras, d'appareils photographiques l'attendait à dix mètres de la lourde porte qui venait de claquer derrière elle. Ils piaffaient de pouvoir poser la première question à celle qui, en quelques jours, était devenue à nouveau leur égérie. Elle était le symbole d'une erreur judiciaire évitée de justesse. Aux yeux de tous, elle était passée du statut de bourreau implacable à celle de victime expiatoire. Ayala les regarda avec mépris. Qu'ils aillent tous se faire foutre !

Elle avait trop souffert de sa mise au pilori près de dix mois plus tôt. Elle avait connu l'enfer de la fusillade journalistique, de la mise à mort publique. Elle n'ignorait pas que, parmi ces hommes et femmes qui la pressaient de s'approcher, certains et certaines avaient réclamé haut et fort le rétablissement de la peine de mort ! Ils voulaient la voir expirer ! Ils ne supportaient pas que leur sacro-sainte profession, ce métier réputé au-dessus des autres, puisse avoir nourri en son sein une telle brebis galeuse.

Un an auparavant, elle aurait trépigné avec eux. Hurlant ses questions, impatiente de s'écouter pérorer, grisée par sa propre logorrhée.

Aujourd'hui, elle méprisait les représentants de son ancienne confrérie.

Elle n'avait jamais été une femme de convictions. Mais plus qu'auparavant, elle était maintenant une ancienne détenue et ce statut impliquait la fin de toutes ses illusions d'antan. Elle avait touché le fond. Ayala n'ignorait plus rien de la déchéance humaine absolue et de l'abject sous toutes ses formes.

En prison, elle avait dû être isolée des autres détenues. Les femmes voulaient lui faire la peau pour la punir des horreurs qu'elle était censée avoir commises. Seule durant plus de quarante semaines ! Seule dans sa cellule ! Seule dans la cour de promenade ! Seule face à ses peurs ! Même les gardiennes avaient mis du temps à se détendre face à elle, visiblement impressionnées par son pedigree supposé.

Elle avait eu tout le temps de réfléchir à sa vie d'avant, à sa situation du moment et surtout aux rêves de l'après. Que lui restait-il d'autres que l'utopie des songes alors que tout le monde prévoyait avec jubilation une sentence exemplaire, à la sévérité exceptionnelle ?

Elle avait fait la promesse de ne jamais plus s'intéresser au monde de la presse. Durant son emprisonnement, elle avait refusé toutes les publications que la bibliothèque de la prison mettait à disposition. La seule vue d'un journal ou d'un magazine la révulsait. Libre depuis quelques minutes, elle avait bien l'intention de maintenir cette posture.

Dès l'annonce officielle du classement définitif de son dossier par le parquet de Metz, son avocat et le directeur de la prison avaient pris soin d'établir les modalités pratiques de sa sortie.

Ils se doutaient du déferlement qui allait entourer sa sortie. Ayala les avait rassurés. Elle n'avait pas l'intention de s'accoquiner à nouveau avec les vautours du sensationnel.

Comme convenu, une puissante moto vint à sa rencontre et l'homme au guidon lui tendit un casque. En quelques secondes, elle chevaucha l'engin et elle eut l'impression de décoller lorsqu'il mit les gaz, lui permettant de fuir définitivement ce lieu honni, cette foule vomie, cette période qu'il ne lui restait plus qu'à oublier.

Toute la presse nationale se délectait depuis plusieurs jours des conclusions rocambolesques de l'affaire du meurtrier des soldats.

Cette chronique d'un fiasco inédit déchaînait les passions !

Les enquêteurs leur avaient présenté Ayala Ben-Aliouche comme étant la coupable idéale, impliquée par des preuves scientifiques incontestables.

Quelques semaines plus tard, et alors qu'une des principales enquêtrices trouvait la mort dans des circonstances à première vue très compliquées à comprendre, ces mêmes enquêteurs avaient reconnu leur erreur.

Ayala Ben-Aliouche avait été disculpée puis libérée.

Le brio avec lequel la véritable tueuse avait brouillé les pistes avait été longuement commenté et chaque geste disséqué à l'envi. Désormais, l'heure du règlement de compte avait sonné et seules comptaient les erreurs commises, les prises de position d'alors aujourd'hui tellement ridicules et surtout l'incurie supposée des services d'enquête ! Comment magistrats et gendarmes avaient-ils pu se fourvoyer dans une si mauvaise direction ?

Députés de tous bords au palais Bourbon, syndicats, associations d'anciens détenus, journalistes, experts autoproclamés, présentateurs vedettes aux mines de circonstances : toute l'intelligentsia avait une idée de ce qui aurait dû être fait, de ce qui était impardonnable de ne pas avoir fait, de ce qu'il faudrait désormais faire !

Quelques jours après le décès, dans d'atroces circonstances, de la gendarme Demery, le ministre de l'Intérieur avait tenu à offrir à cette femme les obsèques nationales auxquelles tout membre des forces de l'ordre ou de sécurité avait droit dès lors qu'il décédait en service.

À l'époque, fin novembre 2015, rien ne permettait alors d'expliquer concrètement les circonstances des collisions en chaîne qui avaient tué la gendarme et plongé son collègue officier dans le coma.

Seule comptait l'émotion soulevée par cette mort !

Le ministre avait pris sa part, égrenant d'une voix chevrotante les qualités de la défunte, scandant de formules incantatoires la détermination de son gouvernement à traquer le coupable, puis quittant aussi vite qu'il était arrivé la place d'armes de Metz qui accueillait la cérémonie.

Les enquêteurs aux ordres du colonel Muret de la Croix-Sainte avaient été chargés de l'enquête relative à la mort de leur collègue. Ils peinèrent dans un premier temps à déchiffrer les circonstances de cette nuit.

L'adjudante Demery n'était plus que lambeaux, suite au choc effroyable avec la semi-remorque. Pourtant, le légiste était parvenu à extraire une balle de pistolet de l'amas de chairs.

De son côté, le lieutenant Thierry Massilon avait miraculeusement survécu. Considéré comme mourant par les urgentistes qui durant plusieurs heures avaient tenté de le maintenir en vie sur les lieux-mêmes du drame, il avait fini par être évacué, par hélicoptère, vers l'hôpital de Metz. Les chirurgiens qui s'étaient relayés sur son corps avaient réalisé des prouesses médicales, pour traiter les blessures et polytraumatismes de l'homme. Ils avaient refusé de se prononcer sur une éventuelle sortie du coma ni sur ses chances de survie. Il était trop tôt ! Rien ne permettait d'envisager les complications à venir ! Il fallait être patient ! Il fallait espérer !

Ils avaient remis, aux collègues de l'homme, de courts rapports expliquant la découverte d'une balle de pistolet. Elle avait été trouvée dans l'avant-bras fracturé de l'homme. Il semblait également avoir été touché au niveau du bas-ventre mais là, aucun projectile n'avait été retrouvé.

Comment expliquer ces blessures par balles ? Le pistolet utilisé par Julie Demery avait été retrouvé. Les restes broyés de l'arme étaient inexploitables tant ils avaient souffert au cours de la collision avec le camion. L'arme du lieutenant avait été transmise à l'IRCGN pour expertise.

Comment expliquer la présence de deux gendarmes en tenue civile dans ce coin de campagne ? Qui étaient-ils en train de traquer ? Rien dans les dossiers qu'ils traitaient ne justifiait cette escapade dramatique.

Peu à peu, les autres militaires de la brigade de Guénange avaient livré quelques secrets jusqu'alors bien gardés. La liaison des deux collègues, la rupture brutale jamais avouée mais qu'ils avaient eu le loisir d'observer. Ne s'agissait-il alors que d'une simple dispute conjugale qui avait pris des proportions dantesques ?

Les enquêteurs messins avaient perquisitionné dans les appartements de Julie et de Thierry. Chez la première, ils n'avaient rien trouvé de probant. Ils s'étaient contentés d'acter la découverte d'un univers totalement aseptisé et dénué de toute humanité. Une pièce close avait dû être forcée avec l'aide d'un serrurier. Là encore, rien ! Si ce n'est, posée à même le sol, une tête en plastique permettant de poser une perruque. Tout l'appartement semblait avoir été nettoyé afin d'ôter toute trace de vie.

Chez Thierry, ils avaient saisi l'appareillage électronique qu'il avait mis en place pour surveiller les allées et venues dans le couloir. L'exploitation de l'ordinateur n'avait rien révélé d'autre que le passage innocent de personnes pour certaines difficilement identifiables.

Ces enregistrements pouvaient accréditer la thèse de la jalousie d'un amant délaissé. L'officier avait-il disjoncté après la rupture ?

Finalement, les investigations patinaient et tous espéraient le réveil de la seule personne capable d'éclairer les nombreuses zones d'ombre.

Quatre semaines après avoir été pris en charge par le service des soins intensifs, Thierry Massilon entama, sous le contrôle permanent d'un aréopage de médecins, son lent processus de réveil.

Durant une semaine, il émit des signes, d'abord imperceptibles puis de plus en plus évidents et encourageants. Le 25 décembre, il ouvrit les yeux et parvint même à sourire à l'infirmière qui l'accueillit dans la vie, la tête coiffée d'un joli bonnet rouge de père Noël.

Le lieutenant récupéra rapidement. Mi-janvier, il réussit à se lever malgré ses fractures encore plâtrées. Les médecins étaient confiants et aucune séquelle majeure n'avait, pour l'heure, été décelée par la lourde batterie d'examens auxquels il était astreint quasi journellement. Il avait retrouvé l'appétit, parvenait à se remémorer des souvenirs d'origines différentes, mêlant sans trop de difficultés ceux de l'enfance et ceux tirés de sa vie d'homme.

Émeline fondit en larmes dans les bras de ce père qu'elle avait cru perdre. Elle lui annonça dans une seule et même phrase interminable qu'elle ne supportait plus de le quitter, qu'elle ne voulait plus vivre avec son stupide beau-père et que maintenant qu'il allait mieux, elle voulait habiter chez lui. Le père et la fille discutèrent longtemps avant que la fatigue ne finisse par plonger Thierry dans le sommeil.

Quelques jours plus tard, les médecins donnèrent leur accord et trois enquêteurs de la section de recherche purent s'enfermer dans la chambre individuelle qu'occupait Thierry depuis sa sortie des soins intensifs.

Le colonel Muret de la Croix-Sainte était présent. Il posa les premières questions, laissant aux deux gendarmes qui l'accompagnaient le soin de transcrire mot à mot les longues déclarations de leur collègue.

Thierry n'eut aucune difficulté à révéler ce qu'il avait découvert. Il coopéra pleinement. Il avait profité des longues périodes de tranquillité offertes par le séjour à l'hôpital pour mettre sa mémoire en ordre. Un cahier d'écolier avait été noirci. Il avait minutieusement acté tous les résultats des recherches effectuées autour du passé de Julie Demery. Il était désormais temps pour lui de révéler les dessous de sa relation avec la jeune femme. Il n'édulcora rien. Il fut précis, exhaustif, prenant soin de ne pas porter de jugement déplacé mais se contentant de lever des pans entiers d'une existence construite autour de la dissimulation.

À plusieurs reprises, le colonel Muret de la Croix-Sainte passa des appels téléphoniques. Il demanda des vérifications rapides. Il devait savoir si le lieutenant affabulait ou si la vérité était bien telle qu'il la découvrait. Un appel reçu en milieu d'après-midi permit de confirmer que la casemate de Kanfen contenait bien le cadavre putréfié d'un homme affreusement torturé. Les spécialistes avec, à leur tête, l'indéboulonnable major Meunier, établirent que de toute évidence, l'homme était bien passé entre les mains du tueur de soldats. Comme l'avait détaillé le lieutenant Massilon, les enquêteurs découvrirent la scène telle qu'elle avait été abandonnée le 18 novembre précédent.

Tout le matériel présent dans la salle fut saisi.

Les restes du cadavre sans tête d'Yvan Ben-Aliouche furent également découverts lors de la fouille du blockhaus.

En fin de journée, avant de quitter l'hôpital, le commandant de la section de recherches quitta la chambre et demanda à pouvoir s'isoler. Durant plus d'une heure trente, il ne cessa d'appeler ses supérieurs afin de leur révéler l'implication confirmée d'une des leurs dans l'épouvantable série macabre.

Le colonel Muret de la Croix-Sainte était dans son véhicule lorsque le directeur général de la gendarmerie en personne l'appela. Il tenait, à son tour, à recueillir les révélations de la voix-même du principal enquêteur. Le plus haut gradé de la gendarmerie précisa que, dès le lendemain matin, le ministre de l'intérieur et lui-même se déplaceraient à Metz afin de rencontrer les protagonistes de ces ultimes rebondissements.

Le 14 février 2016, en quittant la chambre occupée par le lieutenant Thierry Massilon, le locataire de la place Beauvau accorda une conférence de presse. En ouvrant ses propos, il rendit une nouvelle fois hommage à l'adjudante Julie Demery et salua le courage dont avait fait preuve le lieutenant Thierry Massilon, un miraculé qui, précisa-t-il, venait d'être élevé, par ses soins et sur son lit d'hôpital, au rang de chevalier de la Légion d'Honneur. Sans donner trop de détails sur le déroulement précis de cette terrible nuit du 18 au 19 novembre 2015, il révéla que les deux gendarmes avaient contribué directement à la neutralisation d'une dénommée Anna Jankowska, jeune femme identifiée comme étant la véritable tueuse responsable de la mort de huit militaires et d'un neuvième individu. À la question des motivations de la tueuse, le ministre répondit en évoquant un profil psychiatrique lourd. "L'action publique était caduque puisque l'unique auteur était décédé", prit soin de préciser le responsable politique. Face aux questions des journalistes, il se borna à préciser que le travail conjointement conduit par les deux gendarmes et leur sacrifice héroïque avaient permis la résolution d'une affaire particulièrement sordide et traumatisante.

Le dossier était officiellement clos.

Le matin même, le colonel Muret de la Croix-Sainte avait transmis l'ensemble des pièces de procédure au juge Diosberger.

Trois semaines plus tard, le journal officiel annonçait le remplacement du directeur général de la gendarmerie nationale. Les cénacles parisiens les mieux informés bruirent pendant quelques temps de rumeurs évoquant un désaccord profond entre ce chef militaire et son ministre de tutelle.

Fin

Postface

Deux ans se sont écoulés !

Je suis consciente que ce livre va me propulser à nouveau, pour quelques temps, sur les devants de la scène médiatique et que des polémiques ne manqueront pas de faire surface.

Les maux de Pandore, révèle la perception qui est la mienne de cette affaire judiciaire. Je ne crois pas être loin de la vérité des faits. Mais où est la vérité face à de tels drames ? J'ai volontairement choisi la structure romanesque pour écrire ce témoignage. J'ai longuement hésité avant d'ouvrir le lourd couvercle qui scellait ma mémoire. Finalement, l'exercice d'écriture qui m'a occupée durant de longs mois a été un véritable processus de catharsis. Mon psy avait vu juste. Laisser filer hors de moi les démons qui me hantaient, m'a permis de retrouver l'espoir et le goût de vivre.

Pandore a libéré ses maux, jetant à jamais un voile de douleurs sur le monde.

La vie n'était pas que cette mascarade. Elle peut encore et doit me sourire.

Une fois le manuscrit adressé à différentes maisons d'édition, sans même attendre les retours, Jean-Édouard et moi avons quitté la France. Direction Tel-Aviv. Quelques mois plus tôt, l'ancien gendarme avait initié un processus de reconversion. Il voulait également embrasser le judaïsme afin de pouvoir épouser la jeune veuve que j'étais. Lui seul m'est demeuré fidèle. Malgré tout...

J'ai finalement cédé aux sirènes de mon père et nous avons emménagé dans une villa à quelques encablures de celle du vieux Juif.

Donner naissance au fils que je porte ailleurs que sur cette terre ne me paraissait pas envisageable.

Ayala B. A.
Octobre 2017.
Jérusalem.

Sommaire

librinova
www.librinova.com

Imprimé en France
FROC020549260220
23502FR00005B/35

9 791026 239970